KB070855

제2의 기계 시대

The Second Machine Age

THE SECOND MACHINE AGE:

Work, Progress, and Prosperity in a Time of Brilliant Technologies
by Erik Brynjolfsson and Andrew McAfee

제2의 기계 시대

인간과
기계의
공생이
시작된다

에릭 브린욜프슨 · 앤드루 맥아피 지음 | 이한음 옮김

c
청림출판

사랑하는 마사 파블라키스에게

개인에게 허락된 모든 장점을 주어
제2의 기계 시대를 준비할 수 있도록 해주신 나의 부모님,
데이비드 맥아피와 낸시 할러께

원대한 이야기의 시작

기술은 신의 선물, 아마 생명이라는 선물 다음으로
신이 준 가장 크나큰 선물일 것이다. 기술은 문명, 예술, 과학의 어머니다.
_프리먼 다이슨(Freeman Dyson)

인류 역사에서 이루어진 가장 중요한 발전은 무엇이었을까?

이 질문을 연구하는 사람은 답하기가 쉽지 않다는 사실을 곧 알아
차린다. 우선 대체 언제부터를 '인류 역사'라고 할 수 있을까? 해부학
과 행동을 기준으로 할 때, 언어를 갖춘 현생 인류인 호모 사피엔스는
약 6만 년 전에 고향인 아프리카 바깥으로 퍼져 나가기 시작했다.[1] 기
원전 2만 5000년경에 그들은 네안데르탈인을 비롯한 사람과 다른 종
들을 전멸시켰다.[2] 그 뒤로 뇌가 크고 직립보행을 하는 경쟁자는 더 이
상 나타나지 않았다.

따라서 기원전 2만 5000년부터 인류의 원대한 이야기가 시작되었
다고 보아도 타당할 수 있겠다. 당시 지구가 빙하기에 있었기에 인류

발전이 지체되었다는 점을 고려하지 않는다면 말이다.³ 인류학자 이언 모리스(Ian Morris)는 저서 《왜 서양이 지배하는가*Why the West Rules-For Now*》에서 세계가 점점 따뜻해지기 시작한 때인 기원전 1만 4000년부터 인류 사회의 발전을 추적하기 시작한다.

대답하기 어려운 또 한 가지 이유는 무엇을 기준으로 삼아야 할지가 모호하다는 것이다. 진정으로 중요한 발전이란 무엇을 가리키는 것일까? 아마 대다수의 사람들은 자연스러운 진행 경로를 크게 바꾸는, 즉 인류 역사의 '궤도를 바꿔놓은' 사건이나 발전을 염두에 둘 것이다. 많은 이들은 동물의 가축화가 바로 그런 사례이며, 그것이 인류가 최초로 이룬 중요한 성취 중 하나라고 주장해왔다.

개는 기원전 1만 4000년보다 더 이전에 길들여진 듯하지만, 말은 그렇지 않다. 인류가 말을 번식시키고 우리에 가두어 키우기 시작한 것은 그로부터 6000여 년이 더 흐른 뒤였다. 소도 그 무렵(기원전 약 6000년)에 길들여져서 쟁기를 끌었다. 일할 동물을 길들임으로써 채집에서 농경으로 옮겨가는 과정에 더 속도가 붙게 되었다. 이 중요한 발전 과정은 기원전 8000년 무렵에 이미 진행되고 있었다.⁴

농경 덕분에 인류는 많은 식량 자원을 안정적으로 확보할 수 있었고, 그에 힘입어 정착 마을은 점점 더 커졌고 이윽고 도시가 생겨날 수 있었다. 그리고 도시는 약탈하고 정복하려는 이들의 탐나는 표적이 되었다. 따라서 중요한 인류 발전의 목록 속에 큰 전쟁과 그 산물인 제국도 포함될 수밖에 없다. 몽골, 로마, 아랍, 오토만제국 등 많은 제국들은 인류 사회를 변화시켰다. 드넓은 지역에 걸쳐 왕국, 상업, 관습에 영향을 미쳤다.

물론 중요한 발전 중에는 동물이나 식물, 싸우는 사람과 아무런 관련이 없는 것들도 있다. 그저 사상 자체가 큰 발전을 가져온 사례도 있다. 철학자 카를 야스퍼스(Karl Jaspers)는 붓다(기원전 563-483년), 공자(기원전 551-479년), 소크라테스(기원전 469-399)가 거의 동시대에 살았다는 점에 주목한다. 비록 지역은 달랐지만 말이다. 그는 이들이 기원전 800년에서 200년에 걸친 이른바 '축의 시대(Axial Age)'의 핵심 사상가들이라고 분석한다. 그는 이 시대가 '가장 명료한 의식을 토해낸 심호흡'과 같으며, 당시의 철학자들이 인도, 중국, 유럽의 세 주요 문명에 혁신적인 지적 전통을 제공했다고 본다.[5]

또 붓다는 세계의 주요 종교 중 하나를 창시했고, 상식적으로 볼 때 인류의 주요 발전 목록에는 힌두교, 유대교, 기독교, 이슬람교 등 다른 주요 종교들의 창시도 포함시켜야 한다. 이 종교들 각각은 수많은 사람들의 삶과 관념에 영향을 미쳐왔다.[6]

이 종교들의 사상과 계시 중 상당수는 문자를 통해 퍼졌고, 그 문자 자체도 인류 역사를 근본적으로 혁신시킨 발명이었다. 문자가 정확히 언제 어디서 어떻게 발명되었는지는 열띤 논쟁의 대상이지만, 기원전 3200년경에 메소포타미아에서 출현했다고 보는 편이 안전할 것이다. 당시 수를 셀 때 쓰는 기호도 존재했지만, 오늘날의 우리가 기본적인 것이라고 여기는 0이라는 개념은 없었다. 우리가 아라비아 숫자라고 하는 현대의 수 체계는 서기 830년경에 출현했다.[7]

중요한 발전은 계속 이어진다. 아테네인들은 기원전 500년경에 민주주의를 실천하기 시작했다. 1300년대 후반기에 유행한 흑사병은 적어도 유럽 인구의 30퍼센트를 지구상에서 사라지도록 만들었다. 콜럼

버스는 1492년 대양을 가로지름으로써 신대륙과 구대륙의 상호작용을 촉발했고, 그 결과 양 대륙은 크게 변하게 되었다.

인류 역사가 담긴 하나의 그래프

이 발전 중 어느 것이 가장 중요한지를 한눈에 명확히 파악할 방법이 없을까? 앞서 열거한 발전들마다 그것이 최고라고 열렬히 옹호하는 이들이, 즉 다른 모든 발전들을 좌우하는 발전이라고 강력하면서 설득력 있게 주장하는 사람들이 있다. 그리고 《왜 서양이 지배하는가》에서 모리스는 더 근본적인 논쟁을 다룬다. 인류 역사에 일어났던 사건들과 발전들을 서로 비교하거나 순위를 매기려는 시도가 과연 의미가 있는지 또는 합당한지에 관한 논쟁이다. 많은 인류학자들을 비롯한 여러 분야의 사회과학자들은 무의미하다고 말한다. 모리스는 동의하지 않으며, 대담하게 인간의 발전을 정량화하려고 시도한다. '산더미 같은 사실들을 단순한 점수로 환산하는 것이 문제가 없진 않지만, 거기에는 한 가지 큰 장점이 있다. 바로 모두가 똑같은 증거를 직시하도록 하는 것이며, 그럼으로써 놀라운 결과들이 도출된다.'[8] 다시 말해, 어느 발전이 인류 역사의 궤도를 바꿔놓았는지를 알고 싶다면, 그러한 궤도를 그려보는 것이 이치에 맞다.

모리스는 자신이 정의한 사회 발전(자신의 물질적 및 지적 환경을 지배함으로써 일을 성취하는 집단의 능력)을 시간별로 정량화하는 작업을 신중하고도 세심하게 해왔다.◆ 그가 말한 그대로, 놀라운 결과가 드러난다. 지금까지 말한 발전들 중 매우 중요하다고 할 수 있는 것은 전혀 없다. 다른 무언가와, 그 이전에도 그 이후에도 유례가 없는 방식으로 인류

| 그림 1 | 인구 성장과 사회 발전의 관계

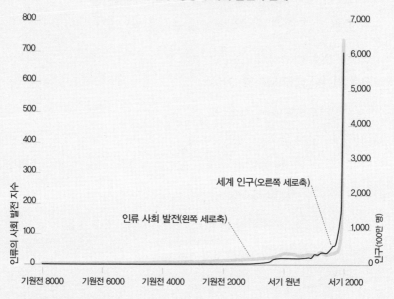

역사의 궤도를 바꿔놓은 것과 비교할 때 더욱 그렇다. 그래프를 보자. 세계 인구와 사회 발전을 시기별로 나타낸 그래프다. 보다시피, 두 선은 거의 똑같다.

수천 년 동안 인류는 아주 서서히 상향 궤도를 그려왔다. 발전은 감

❖ 모리스는 인류의 사회 발전이 네 가지 속성으로 이루어져 있다고 정의한다. 에너지 포획(식량, 주거와 상업, 산업과 농업, 교통을 위해 환경에서 얻는 1인당 열량), 사회 조직(가장 큰 도시의 크기), 전쟁 수행 능력(군대의 수, 화력, 무기의 속도, 병참 능력, 기타 비슷한 요소들), 정보기술(정보를 공유하고 가공하는 데 쓰는 도구의 정교한 정도, 활용 범위)이 그렇다. 각 속성은 시간의 흐름에 따라 0에서 250까지의 숫자로 환산된다. 전체 사회 발전은 단순히 이 네 숫자의 합이다. 그는 서양(유럽, 메소포타미아, 북아메리카 중에서 시대별로 가장 발전된 지역)과 동양(중국과 일본)을 비교하는 데 관심이 있었기에, 기원전 1만 4000년부터 서기 2000년까지 양쪽 지역의 사회 발전을 따로 계산했다. 2000년에는 동양이 사회 조직에서만 더 높았고(도쿄가 세계 최대의 도시이므로), 사회 발전 지수는 564.83이었다. 2000년에 서양의 지수는 906.37이었다. 이 책에서는 두 지수를 평균했다.

질날 만큼, 거의 보이지 않을 만큼 느렸다. 가축화와 농경, 전쟁과 제국, 철학과 종교 모두 큰 영향을 미치는 데 실패했다. 그러다가 겨우 200년 전에 갑자기 어떤 엄청난 일이 벌어짐으로써 인류 역사의—인구와 사회 발전의—궤도를 거의 수직으로 바꿔놓았다.

진보의 엔진

지금쯤이면 독자는 그것이 무엇이었는지 아마 감을 잡았을 것이다. 이 책은 기술이 미친 충격을 다루고 있으므로, 기술이 얼마나 중요한 역할을 했는지를 설명하기 위해 이런 식으로 말문을 여는 것이라고 추측할 법하다. 그리고 그래프에서 갑작스럽게 변화가 나타난 시기인 18세기 말은 우리가 익히 들어온 어떤 발전이 이루어진 시기에 해당한다. 바로 산업혁명이다. 산업혁명은 기계공학, 화학, 야금학 등 여러 분야에서 거의 동시에 일어난 몇 가지 발전이 종합된 것이다. 따라서 독자는 이 기술 발전이 인류 발전의 그래프에 갑작스럽게 나타나서 계속 유지된 급격한 도약의 근원이라고 추정할 가능성이 높다.

독자의 추측은 정확하다. 그리고 우리는 어느 기술이 가장 중요했는지까지 더 정확히 짚어낼 수 있다. 바로 증기기관, 더 정확히 말하면 18세기 후반기에 제임스 와트(James Watt)를 비롯한 이들이 개발하고 개량한 증기기관이었다.

와트 이전의 증기기관은 매우 비효율적이었다. 석탄을 땔 때 나오는 에너지의 약 1퍼센트만 활용하는 수준이었다. 와트는 1765년에서 1776년 사이에 이 기관을 이렇게 저렇게 뜯어고쳐서 효율을 세 배 이상 높일 수 있었다.[9] 모리스는 바로 그것이 그 모든 차이를 가져온 근

| 그림 2 | 인류 역사의 궤도를 바꿔놓은 산업혁명

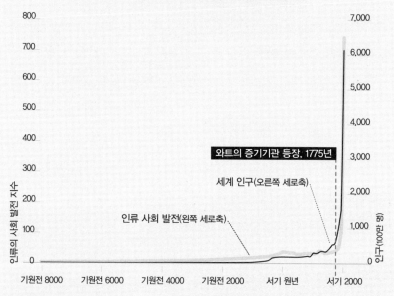

원이라고 말한다. "설령 '증기기관' 혁명이 수십 년에 걸쳐 일어난 것이라고 해도…… 그것은 세계 역사를 통틀어서 가장 큰 규모로 가장 급격한 변화를 일으켰다."[10]

물론 산업혁명이 증기력만의 이야기는 아니지만, 그 모든 것의 출발점은 증기기관이었다. 증기기관은 인간과 가축의 근육이 지닌 한계를 넘어서서 유용한 에너지를 원하는 만큼 낼 수 있게 해주는 능력이 다른 어떤 수단보다도 뛰어났다. 증기기관은 큰 공장과 대량생산, 철도와 대중교통을 탄생시켰다. 다시 말해, 현대 생활을 낳은 것이다. 산업혁명을 통해 인류는 제1의 기계 시대—기술 혁신이 인류 발전의 주된 원동력이 된 첫 번째 시대—에 들어섰고, 그 시대에 우리 세계는 역사상 유례없는 변화를 겪게 되었다.◆ 모리스의 표현을 빌리자면, "더 이전의 세계 역사에서 펼쳐졌던 모든 사건들을 같잖아 보이게 할 만큼"[11] 엄청난 기계력(mechanical power)을 만들어내는 능력은 대단히 중요한 영향을 미쳤다.

우리는 이제 제2의 기계 시대에 들어서고 있다. 증기기관과 그 후속 기술들로 근력이 대폭 강화된 것처럼, 컴퓨터를 비롯한 디지털 기술로 우리의 정신적 능력—뇌를 써서 환경을 이해하고 변모시키는 능력—이 대폭 강화되는 시대다. 디지털 기술의 발전에 힘입어 우리는 이전의 지적 한계를 뛰어넘어 신세계로 들어서고 있다. 이 변화가 정확히 어떻게 펼쳐질지는 아직 모르지만, 새로운 기계 시대가 와트의 증기기관처럼 극적으로 궤도를 변화시킬지 여부가 대단히 중요한 현안임에는 분명하다. 이 책은 그 이유를 설명한다.

우선은 아주 짧게 간단히 답하기로 하자. 우리의 정신적 능력은 적어도 육체적 능력만큼 진보와 발전에—자신의 물질적 및 지적 환경을 지배하여 일을 성취하는 능력에—중요하다. 따라서 정신적 능력을 유례없이 엄청나게 증대시킨다면, 육체적 능력을 증대시켰을 때 그랬던 것과 마찬가지로 인류가 극적으로 발전할 것이 분명하다.

기술 따라잡기

우리가 이 책을 쓴 이유는 혼란에 빠졌기 때문이다. 우리는 오랜 세월 컴퓨터, 소프트웨어, 정보 통신망 같은 디지털 기술이 미치는 충격

❖ 이 책에서는 산업혁명기를 '제1의 기계 시대'라고 지칭한다. 하지만 일부 경제사가들은 19세기 말에서 20세기 초까지 기술 발전이 급속히 일어난 시기를 '기계 시대'라고 말한다. 이 시기를 '제2차 산업혁명기'라고 말하는 이들도 있으며, 우리도 뒤에서 이 용어를 쓸 것이다.

을 연구해왔으며, 그런 기술의 능력과 한계를 제대로 이해하고 있다고 생각했다. 하지만 지난 몇 년에 걸쳐 우리는 디지털 기술의 발전에 계속 놀라게 되었다. 컴퓨터는 질병을 진단하고, 우리의 말을 들으며 우리에게 말을 걸고, 수준 높은 글을 짓기 시작했으며, 로봇은 창고 안을 알아서 돌아다니고 안내를 거의 또는 전혀 받지 않으면서 자동차를 운전하기 시작했다. 오랜 세월 동안 디지털 기술은 그런 일들을 하기에는 우스꽝스러울 정도로 낮은 상태에 머물러 있었다. 그러다가 어느 순간 갑자기 대단히 뛰어난 능력을 보여주기 시작했다. 대체 어떻게 이런 일이 일어난 것일까? 그리고 이 발전은 어떤 의미를 함축하고 있을까? 지금은 놀랍지만, 시간이 좀 지나면 당연한 일로 여겨지게 될까?

우리는 이런 질문들에 답할 수 있는지 알아보기 위해 공동 연구를 하기로 결심했다. 우리는 경영학도들이 으레 하는 방식으로 연구를 수행했다. 많은 논문과 책을 읽고, 다양한 자료들을 살펴보며, 서로 이런저런 개념과 가설을 논의하는 등의 일을 했다. 이런 일들은 필요하고 유용했지만, 우리가 진정으로 무언가를 깨닫고 흥미를 느끼기 시작한 것은 바깥세상으로 나가면서였다. 발명가, 투자자, 기업가, 공학자, 과학자 등 새로운 기술을 만들고 작동시키는 일을 하는 많은 사람들을 만나 대화를 나누기 시작하면서였다.

그들이 흔쾌히 열린 마음으로 이야기를 해준 덕분에, 우리는 디지털 혁신이 잇따르는 지금의 놀라운 환경을 마치 미래를 엿보듯이 경험할 수 있었다. 우리는 운전사가 없는 자동차를 타보고, 퀴즈쇼 〈제퍼디!*Jeopardy!*〉에서 컴퓨터가 하버드와 MIT의 학생들을 상대로 싸워 이기는 광경을 목격했으며, 산업용 로봇의 손목을 붙잡고 이끌어서 일련의 단계들을 수행하도록 훈련시키고, 3D 프린터로 만든 아름다운 금속 그릇을 만져보는 등 기술과 무수한 경이로운 만남을 가졌다.

우리는 어디에 있는가

이 연구를 통해 우리는 크게 세 가지 결론에 이르렀다.

첫 번째는 우리가 디지털 기술에 힘입어 경이로운 발전을 거듭하는 시대에 살고 있다는 것이다. 컴퓨터 하드웨어, 소프트웨어, 통신망이 그 기술의 핵심을 이룬다. 이 기술이 완전히 새로운 것은 아니다. 기업이 컴퓨터를 구매하기 시작한 지는 이미 반세기가 넘었고, 잡지 〈타임 Time〉은 1982년에 개인용 컴퓨터를 '올해의 기계'로 선정한 바 있다. 하지만 증기기관이 산업혁명을 추진할 수 있는 수준까지 개량되기 위해서는 여러 세대가 지나야 했듯이, 우리의 디지털 엔진도 개선되는 데 시간이 좀 걸렸다.

우리는 이 기술이 최근에 어떻게 왜 이런 완벽한 힘(full force)을 획득했는지를 살펴보고, 그 힘의 사례를 제시하고자 한다. 하지만 '완벽한'이 '성숙한'을 뜻하는 것은 아니다. 컴퓨터는 계속 개선될 것이고 새롭고 유례없는 일들을 할 것이다. 여기서 '완벽한 힘'이란 그저 디지털 기술이 증기기관처럼 사회와 경제에 중요하면서 그것들을 변화시킬 수 있을 만큼, 그 기술의 핵심 구성 요소들이 제자리에 끼워졌다는 의미다. 한 마디로, 우리는 변곡점에, 컴퓨터 때문에 궤도가 크게 구부러지는 지점에 와 있다. 제2의 기계 시대로 진입하고 있는 것이다.

두 번째 결론은 디지털 기술이 일으키는 변화가 대단히 유익하리라는 것이다. 우리는 단순히 또 다른 시대로 진입하는 것이 아니다. 그 시대에는 소비의 양뿐 아니라 다양성이 훨씬 커질 것이므로, 삶이 더 나아질 것이다. 하지만 이렇게 경제학의 무미건조한 어휘를 써서 말하면, 그다지 호소력이 없게 들린다. 누가 항상 소비를 더욱더 늘리고 싶어 하겠는가? 하지만 우리는 열량과 휘발유만 소비하는 것이 아니다. 책과 친구로부터 얻는 정보, 슈퍼스타와 아마추어가 제공하는 연예, 교사와 의사가 주는 전문지식 등 물질 원자로 이루어지지 않은 무수한 것들도 소비한다. 기술은 우리에게 더 많은 선택권과 더 나아가 자유까지 줄 수 있다.

이런 것들은 디지털화할 때—컴퓨터에 저장되고, 통신망을 통해 전송될 수 있는 비트(bit)로 전환될 때—몇 가지 기이하면서 놀라운 속성들을 획득한다. 다른 경제학의 대상이 되는 것이다. 이 경제학에서는 풍요가 희소성이 아니라 표준을 의미한다. 뒤에서 살펴보겠지만, 디지털 제품은 물질 제품과 다르며, 이 차이는 중요하다.

물론 물질 제품도 여전히 필수적이지만, 우리 대다수는 그런 상품의 양, 다양성, 질이 증가하기를 바랄 것이다. 더 많이 먹고 싶든 그렇지 않든 간에, 우리는 더 낫거나 다른 음식을 먹고 싶어 할 것이다. 화석연료를 더 많이 태우고 싶은지 여부를 떠나서, 우리는 덜 번잡스럽게 더 많은 장소를 여행하기를 원할 것이다. 컴퓨터는 이런 목표들을 비롯한 많은 목표들을 이룰 수 있도록 돕는다. 디지털화는 물질세계를 개선하고 있으며, 이 개선은 점점 더 중요해지고 있다. 경제사가들은 마틴 와이츠먼(Martin Weitzman)의 다음과 같은 말에 대체로 동의한다. "선진 경제의 장기 성장은 기술 발전이 주도한다."[12] 뒤에서 살펴보겠지만, 기술 발전은 기하급수적으로 일어난다.

세 번째 결론은 덜 낙관적이다. 디지털화에는 몇 가지 골치 아픈 문제들이 수반되리라는 것이다. 이 자체는 그다지 놀랄 일도 우려할 일도 아니다. 가장 유익한 발전조차도 처리해야 할 좋지 않은 결과들을 수반하기 마련이니까 말이다. 산업혁명에는 검댕으로 가득한 런던의 하늘과 끔찍한 아동 노동 착취가 수반되었다. 그것들의 현대판은 무엇일까? 급격한 디지털화가 이루어진다면, 환경 파괴보다는 경제 붕괴를 일으킬 가능성이 더 높다. 컴퓨터의 성능이 더 좋아질수록 특정 분야들에서 기업이 필요로 하는 직원의 수도 줄어든다는 사실 때문이다. 기술 발전이 가속될수록, 뒤처지는 사람이 나타날 텐데 그 수는 적지 않을 것이다. 뒤에서 설명하겠지만, 특별한 실력을 갖추거나 적절한 교육을 받은 근로자에게는 지금이 가장 좋은 시대다. 기술을 써서 가치를 창조하고 확보할 수 있기 때문이다. 하지만 '평범한' 실력이나 능력을 갖추었을 뿐인 근로자에게는 지금이 최악의 시대다. 컴퓨터, 로봇, 기타 디지털 기술들이 유달리 빠른 속도로 그 실력과 능력을 습득해가기 때문이다.

시간이 흐르면서 영국을 비롯한 나라들의 국민들은 산업혁명에 용납할 수 없는 측면들이 있다고 결론을 내리고, 그것들을 종식시키기 위한 조치를 취했다(여기에 민주 정부와 기술 발전이 도움을 주었다). 영국에서 아동 노동은 더 이상 발을 붙일 수 없으며, 적어도 1500년대 말부터 따졌을 때 런던의 공기는 지금이 매연과 이산화황의 농도가 가장 낮다.[13] 디지털 혁명에 수반되는 문제들도 마찬가지로 해결할 수 있겠지만, 먼저 그것들이 무엇인지부터 명확히 할 필요가 있다. 제2의 기계 시대에 나타날 가능성이 있는 부정적인 결과들을 살펴보고 그것들을 완화할 방안을 논의하는 것은 매우 중요한 일이다. 우리는 그런 문제들이 극복 불가능하지 않다고 확신한다. 하지만 그 문제들이 저절로 해결되는 것은 아니다. 뒤의 장들에서 우리가 이 중요한 주제를 어떻게 생각하는지 소개할 것이다.

따라서 이 책은 바로 지금 펼쳐지고 있는 제2의 기계 시대를 다룬다. 디지털화로 우리 경제와 사회의 역사에서 나타나고 있는 변곡점을 말이다. 이 변곡점은 바람직한 방향—희소성 대신 풍요, 속박 대신 자유—으로 휘어져 있지만, 따라가려면 몇 가지 어려운 과제와 선택을 해야 한다.

이 책은 3부로 나뉜다. 1부에서는 제2의 기계 시대의 기본 특징들을 기술한다. 여기서는 과학 소설에나 나올 법한 최근의 기술 발전 사례들을 제시하면서, 왜 지금(수십 년 동안 컴퓨터를 써왔는데) 그런 일들이 일어나고 있는지 설명하고, 컴퓨터, 로봇, 기타 디지털 기기들에서 일어나고 있는 혁신의 규모와 속도가 앞으로도 계속 가속될 것이라고 우리가 확신하는 이유를 설명할 것이다.

2부에서는 풍요(bounty)와 격차(spread)라는 이 과정의 두 가지 경제적 결과를 탐구한다. 풍요는 현대 기술 발전으로 많은 제품들의 양, 다양성, 질이 증가하고 비용이 감소하는 것을 뜻한다. 오늘날의 세계에서 경제 분야의 가장 희소식인 셈이다. 반면에 격차 면에서는 그다지 희소식이 없다. 부(富), 소득, 이동성 등 중요한 척도들을 볼 때, 경제적 성공 측면에서 사람들 사이의 격차가 점점 더 벌어지고 있기 때문이다. 격차는 최근 들어 점점 더 커져왔다. 이것은 여러 가지 이유로 문제가 되며, 우리가 개입하지 않는다면 제2의 기계 시대에 더 빠른 속도로 커질 것이다.

3부에서는 이 시대에 어떤 개입이 적절하고 효과적일지를 논의한다. 우리의 경제적 목표는 격차의 부정적인 효과를 완화하면서 풍요를 최대화하는 것이어야 한다. 이 책에서 우리는 과학 소설에나 나올 법한 수준으로 기술이 고도로 발전한 시대로 진입하는 상황에서, 이 두 가지 목표를 단기적으로 및 중기적으로 어떻게 해야 가장 잘 달성할 수 있을지 우리 나름의 생각을 제시하고자 한다. 끝맺는 장에서도 강조하고 있듯이, 지금 우리가 내리는 선택에 따라 앞으로 다가올 세계의 모습이 결정될 것이다.

2부 기술의 진보와 불평등

3부 생존을 위한 전략

일러두기 ——
저자의 주는 ◆를 붙여 본문 중에 각주로 넣거나 번호를 붙여 책의 맨 끝에 후주로 실었으며, 역자의 주는 괄호로 묶어 본문 속에 풀어 썼다.

1부
—
새로운 기계의 능력

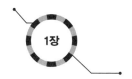

1장

기술이 인간을 능가하다

"충분히 발달한 기술은 마법과 구분할 수 없다."
_ 아서 클라크(Arthur Clarke)

2012년 여름, 우리는 운전자 없이 달리는 차를 시승하러 갔다.

연구 목적으로 실리콘밸리에 있는 구글 본사를 방문했을 때, 구글이 쇼퍼 프로젝트(Chauffeur Project)의 일환으로 개발한 자율 주행 자동차를 타보았다. 우리는 앞좌석에는 아무도 타지 않고 자동차의 뒷좌석에만 사람들이 앉을 것이라고 생각했지만, 구글은 자율 주행 자동차를 도로에 내놓는 데 신중했다. 우리가 생각한 대로 했다가는 보행자와 다른 운전자를 깜짝 놀라게 하거나 경찰의 주의를 끌 가능성이 높기 때문이다. 그래서 우리는 뒷좌석에 타고 쇼퍼 연구진 두 명이 앞좌석에 앉았다.

101번 고속도로를 타고 있을 때, 구글 직원 한 명이 단추를 눌러 자동차를 완전한 자율 주행 모드로 전환했고, 우리는 호기심—그리고 자기 보호 본능—이 동했다. 101번 고속도로의 교통 상황이 언제나 예측 가능하거나 평온한 것은 아니다. 그 도로는 곧게 잘 뚫려 있지만, 거의 항상 혼잡하며, 교통 흐름이 뚜렷한 주기나 이유 없이 바뀌곤 한다. 주행 속도가 빠를 때 자칫 실수라도 하면 심각한 사고로 이어질 수 있다. 우리가 쇼퍼 실험의 일부가 되었기에, 갑자기 사고 가능성은 단순한 지적 관심사를 초월하는 문제가 되었다.

자동차는 완벽하게 운행을 했다. 사실상 지루한 운행이었다. 속도를 내지도, 다른 차들 사이를 오락가락하지도 않았다. 그저 우리가 운전 교육 때 배우는 그대로 운전을 했다. 우리는 자동차에 있는 노트북으로 구글 자동차가 고속도로를 달리면서 '보는' 것들을 고스란히 실시간으로 볼 수 있었다. 자동차는 감지기들을 통해 주위에 있는 모든 대상들을 인식했다. 가장 가까이 있는 차들뿐 아니라 주위에 있는 모든 차들을 인식했고, 그 차들이 어디로 움직이는가에 상관없이 모두 계속 인식하고 있었다. 한 마디로, 맹점이 없는 차였다. 하지만 운전을 하고 있는 소프트웨어는 사람들이 모는 승용차와 트럭에는 맹점이 있다는 사실을 알고 있었다. 노트북 화면에는 소프트웨어가 그 모든 맹점들이 어디에 있는지를 추측하여 맹점들과 거리를 두는 운행 경로가 표시되어 있었다.

우리가 실제 도로에는 아예 관심을 끊은 채 화면을 바라보고 있을 때, 앞쪽의 교통 흐름이 완전히 멈추었다. 자율 주행 자동차는 그에 반응하여 매끄럽게 제동을 하여 앞차와 안전한 거리를 두고 멈추었다가, 차들이 다시 움직이기 시작하자 따라서 출발했다. 그런 일들이 벌어지는 내내 앞좌석에 앉은 구글 직원들은 초조한 기색 따위는 보이지 않은 채, 아니 사실상 도로의 현재 상황에 전혀 관심을 두지 않은 채 계속 대화를 나눴다. 이 자동차를 타고 수백 시간을 주행했기에, 멈추었다 출발했다 하는 교통 상황쯤은 자동차가 얼마든지 다룰 수 있다고 확신하기 때문이었다. 주차장으로 다시 돌아올 때쯤 우리도 같은 확신을 갖게 되었다.

인간과 컴퓨터의 분업

그날 101번 고속도로를 타면서 우리는 유독 더 기묘한 기분이었다. 몇 년 전만 해도 우리는 컴퓨터가 차를 몰 수 없을 것이라고 믿었기 때문이다. 우리가 크게 신뢰하는 동료들이 탁월한 연구와 분석을 통해 내린 결론은 가까운 미래에도 운전이 사람의 일로 남아 있으리라는 것이었다. 그들이 어떻게 그런 결론에 이르렀고, 쇼퍼 같은 기술이 어떻게 겨우 몇 년 사이에 그 결론을 뒤엎기 시작했는지를 살펴보면, 디지털 기술의 발전에 관한 중요한 교훈을 얻을 수 있다.

2004년에 프랭크 레비(Frank Levy)와 리처드 머네인(Richard Murnane)은 《새로운 노동 분업 *The New Division of Labor*》이라는 책을 펴냈다.[1] 그들은 인간의 노동과 디지털 노동 사이의 분업, 다시 말해 인간과 컴퓨터의 분업에 초점을 맞추었다. 제 기능을 하는 모든 경제 체제에서 사람들은 컴퓨터보다 비교우위에 있는 업무와 직업에 초점을 맞추고, 컴퓨터에게는 더 적합한 일을 맡겨야 한다. 레비와 머네인은 저서에서 어떤 업무를 어느 범주에 넣을지 판단하는 방법을 제시했다.

100년 전이었다면, 위에서 한 말이 아무런 의미도 없었을 것이다.

당시 컴퓨터는 사람이었다. 원래 그 단어는 기계에 붙이는 꼬리표가 아니라 직종을 뜻했다. 20세기 초에 컴퓨터는 대개 여성이었고, 그들은 온종일 계산을 하고 그 결과를 표로 작성하는 일을 했다. 수십 년이 흐르는 동안, 혁신가들은 그 일을 떠맡을 수 있는 장치를 고안했고, 장치의 성능이 좋아짐에 따라 그 일은 점차 장치가 맡게 되었다. 장치는 처음에는 기계식이었다가, 그다음에는 전자-기계 혼용 방식이 쓰였고, 이윽고 디지털 방식으로 변했다. 지금은 단순히 계산을 하고 결과를 기록하는 일을 직업으로 삼는 사람은 거의 없다. 임금 수준이 가장 낮은 나라에도 인간 컴퓨터는 없다. 인간이 아닌 컴퓨터가 훨씬 더 값싸고 더 빠르고 더 정확하기 때문이다.

컴퓨터 내부의 작동 방식을 살펴본다면, 컴퓨터가 단순히 수 계산기가 아니라, 기호 처리기임을 알아차리게 된다. 컴퓨터 회로는 0과 1의 언어로만이 아니라 참 또는 거짓, 맞다 또는 아니다, 그 밖의 다른 어떤 기호 체계로 해석해도 똑같이 타당하다. 원리상 컴퓨터는 수학부터 논리와 언어에 이르기까지, 모든 기호 작업을 할 수 있다. 하지만 디지털 소설가는 아직 없으므로, 베스트셀러 소설 목록에 오르는 책들은 모두 여전히 사람이 쓰고 있다. 또 기업가, CEO, 과학자, 간호사, 식당 종업원 등 수많은 직업에서 하는 일들도 아직 컴퓨터화가 이루어지지 않았다. 왜 그럴까? 인간 컴퓨터가 하던 일에 비해 그들의 일이 디지털화가 더 어려운 이유가 무엇일까?

기계가 인간보다 잘 할 수 있는 일

레비와 머네인은 《새로운 노동 분업》에서 이 의문들을 살펴보았고,

매우 설득력 있는 답들을 내놓았다. 그들은 정보 처리 업무들—모든 지식 활동의 토대—을 하나의 스펙트럼에 놓았다. 한쪽 끝에는 충분히 이해한 규칙을 적용하기만 하면 되는 계산 같은 업무들이 있다. 컴퓨터는 규칙을 따르는 일을 정말로 잘하므로, 계산 같은 업무들을 맡아야 하는 셈이다.

레비와 머네인은 더 나아가, 규칙으로 표현 가능한 다른 유형의 지식 활동들도 살펴본다. 예를 들어, 개인의 신용 점수는 주택담보대출금을 기한 내에 갚을지 여부를 예측할 때 유용한 지표이며, 개인의 재산, 소득, 다른 부채에 대한 주택담보대출금의 비율도 마찬가지다. 따라서 누군가에게 주택담보대출을 해줄지 여부를 결정하는 일은 사실상 하나의 규칙으로 압축시킬 수 있다.

말로 표현한다면, 주택담보대출 규칙은 이럴 것이다. "주택담보대출금 M을 신청한 개인의 신용 점수가 V 이상이거나, 연소득이 I 이상이거나, 총재산이 W 이상이고, 총부채가 D 이하라면 승인한다." 컴퓨터 부호로 나타내면, 이런 주택담보대출 규칙은 하나의 알고리듬이 된다. 알고리듬은 단순화라 할 수 있다. 즉 모든 사항(대출 신청자에게 유산을 물려줄 백만장자 삼촌이 있는데, 그 삼촌이 맨손 암벽 등반을 즐긴다는 사실 같은)을 다 고려할 수도 없고 고려하지도 않는다. 하지만 알고리듬은 가장 일반적이면서 중요한 사항들을 포함하고 있으며, 대체로 회수율 예측 같은 업무를 매우 잘해낸다. 따라서 컴퓨터는 주택담보대출 승인 업무에 이용될 수 있고, 이용해야 한다.◆

하지만 레비와 머네인의 스펙트럼의 반대편 끝에는 규칙이나 알고리듬으로 압축시킬 수 없는 정보 처리 업무들이 놓여 있다. 그들은 인간의 패턴 인지 능력에 기대는 업무들이 그렇다고 말한다. 우리 뇌는 감각 기관을 통해 정보를 받아들여 패턴을 찾아내는 능력이 매우 뛰어나다. 하지만 어떻게 그런 일을 해낼 수 있는지 묘사하거나 설명하려고 시도할 때면, 말문이 막히고 만다. 급속히 변하는 대량의 정보가 빠르게 유입되는 상황에서는 더욱 그렇다. 철학자 마이클 폴라니(Michael Polanyi)는 유명한 말을 남겼다. "우리는 말로 할 수 있는 것보다 더 많은 것을 안다."[2] 레비와 머네인은 그런 업무는 컴퓨터화할 수가 없고, 인간의 업무로 계속 남아 있을 것이라고 말한다. 그들은 실제 교통 상황에서의 자동차 운전이 바로 그런 업무의 한 예라고 본다.

> 운전자는 좌회전을 할 때, 마주 오는 차량, 교통 신호등, 상점, 간판, 가로수, 교통 경찰관이 내는 온갖 이미지와 소리의 장벽과 마주한다. 자신의 지식을 토대로, 그는 이 대상들 각각의 크기와 위치를 파악하고 위험이 될 가능성을 추정해야 한다……. 트럭 운전자는 자신이 마주치는 것이 무엇인지를 인지할 수 있는 도식을 갖고 있다. 하지만 이 지식을 낱낱이 분석하여 고도로 구조화한 상황을 다루는 소프트웨어에 집어넣는다는 것은 현재로서는 엄청나게 어려운 과제다……. 컴퓨터는 (운전 같은 직종에서) 사람을 쉽사리 대체할 수 없다.

----

* 2007년 대침체기가 시작되기 이전까지, 여러 해 동안 금융 회사들은 점점 신용 점수가 더 낮고, 소득과 재산도 더 적으면서 부채는 더 많은 사람들에게까지 주택담보대출을 해주고 있었다. 다시 말해, 그 회사들은 이전의 주택담보대출 승인 알고리듬을 수정하거나 아예 무시했다. 기존의 주택담보대출 알고리듬이 작동을 멈춘 것이 아니었다. 그저 쓰이지 않았을 뿐이다.

현실이 된 자율 주행 자동차

우리는 2004년에 《새로운 노동 분업》을 읽었을 때, 레비와 머네인의 논증이 옳다고 확신했다. 바로 그해에 운전자 없는 차를 선보이겠다는 이른바 '다르파 그랜드 챌린지(DARPA Grand Challenge)'의 첫 시도가 실패로 끝났기에 우리는 더욱 그렇게 확신했다.

다르파, 즉 미국 국방첨단연구계획국(Defense Advanced Research Projects Agency)은 1958년에 설립되어(소련이 스푸트니크 인공위성을 발사하자 그 대책으로) 군사적으로 응용될 만한 기술의 발전에 박차를 가하는 일을 해왔다. 2002년에 그 기관은 첫 번째 그랜드 챌린지 경주 계획을 발표했다. 캘리포니아의 모하비 사막을 관통하는 약 240킬로미터의 도로를 완주할 수 있는 자율 주행 자동차를 만들겠다는 구상이었다. 참가 신청한 자동차 중에 열다섯 대가 성능 시험에서 완주할 만한 능력을 갖추었다는 판단이 내려졌고, 2004년 3월 13일에 경주 대회가 열렸다.

결과는 참담했다. 두 대는 아예 출발 지점에서 멈춰서버렸고, 한 대는 출발하자마자 뒤집혔다. 경주가 시작된 지 세 시간 뒤에 주행하고 있는 자동차는 네 대뿐이었다. 선두는 카네기멜론대학의 샌드스톰(Sandstorm)이었는데, 겨우 12킬로미터(총길이의 5퍼센트도 안 되는)를 달리다가 U자형으로 굽은 길에서 도로를 벗어나 제방에 처박히고 말았다. 100만 달러의 우승 상금을 받을 수 있는 사람은 아무도 없었고, 과학 잡지 〈파퓰러사이언스Popular Science〉는 그 행사에 '다르파의 사막 대실패'라는 이름을 붙였다.[3]

하지만 사막의 대실패가 있은 지 몇 년 지나지 않아서, 우리는 '101번 고속도로의 재미'를 경험했다. 구글은 2010년 10월, 블로그에 완전한 자율 주행 자동차가 실제 교통 상황에서 미국의 도로와 고속도로를 주행하는 데 성공했다고 발표했다. 2012년 여름 우리가 그 차를 탈무렵, 쇼퍼 계획은 더 확대되어 소규모 자율 주행 자동차 집단이 총 수십만 킬로미터를 주행하면서 자료를 수집했다. 사람은 전혀 타지 않았지만, 사고는 단 두 차례밖에 일어나지 않았다. 한 번은 사람이 쇼퍼 자동차를 운전할 때 일어났고, 다른 한 번은 구글 자동차가 빨간불에 멈추었을 때 사람이 몰던 뒤의 자동차에 받힌 사건이었다.[4] 구글 자동차가 다룰 수 없는 상황이 아직 많다는 것은 분명하다. 특히 도시의 복잡한 교통 상황이나 비포장도로나 구글이 미리 상세히 지도를 작성하지 않은 지역에서 주행하는 경우가 그렇다. 하지만 고속도로를 달려본 뒤, 우리는 그 차가 수많은 일상적인 운전 상황에서도 주행 가능하다고 확신하게 되었다.

자율 주행 자동차는 과학 소설의 소재였다가 겨우 몇 년 사이에 진짜 도로에 등장했다. 그런 자동차가 왜 당분간 출현할 수 없는지를 설명한 첨단 연구 결과는 겨우 몇 년 뒤 그 자동차를 선보인 첨단 과학과 공학에 밀려났다. 이 과학과 공학은 급속히 발전하여 5년 사이에 대실패를 승리로 바꾸어놓았다.

자율 주행 자동차의 성능 향상을 볼 때면, 사람이 어떻게 파산하는지를 묘사한 헤밍웨이의 말이 떠오른다. '서서히 그러다가 갑자기.'[5] 그리고 자율 주행 자동차는 비정상적인 예가 아니다. 그것은 더 폭넓고 흥미로운 패턴의 일부다. 컴퓨터, 로봇, 기타 디지털 기기와 관련된 가장 오래되고 가장 힘겨운 도전 과제 중 몇 가지에서는 오랜 세월에 걸쳐 서서히 발전이 이루어져왔다. 그러다가 지난 몇 년 사이에 갑자기 상황이 바뀌었다. 디지털 기기는 늘 엉성하게밖에 못하던 일들을 제대로 해내고, 당분간은 할 수 없을 것이라 여긴 일들을 가능하게 만들면서 빠르게 질주하기 시작했다. 최근의 놀라운 기술 발전 사례들을 몇 가지 더 살펴보기로 하자.

좋은 청취자와 달변가

레비와 머네인은 패턴 인지 외에 '복잡한 의사소통'도 《새로운 노동분업》에서 인간 쪽에 계속 놓여 있을 영역이라고 역설한다. 그들은 이렇게 쓰고 있다. "대화는 효과적인 교육, 관리, 판매 등 많은 업무 분야에서 매우 중요하며, 폭넓은 정보를 전달하고 해석하는 능력을 요구한다. 이 분야들에서는 다른 사람이 아니라 컴퓨터와 정보를 주고받을 가능성이 실현되려면 아직 멀었다."[6]

2011년 가을 애플은 '시리(Siri)'를 앞세운 아이폰 4S를 선보였다. 시리는 자연어 사용자 인터페이스로 작동하는 지적인 개인 비서다. 다시 말해, 사용자는 다른 사람에게 말을 하는 것과 똑같이 시리에게 말을 건다. 시리의 기반이 되는 소프트웨어는 2010년에 애플이 매입한, 캘리포니아에 있는 SRI인터내셔널(SRI International)이라는 연구소에서 개발한 것으로, 사용자가 하는 말을 듣고 무엇을 원하는지 파악한 뒤, 행동을 취한 다음 합성한 목소리로 실행한 내용을 사용자에게 알린다.

시리가 나온 지 약 8개월 뒤, 기술 전문 블로그인 〈기즈모도Gizmodo〉의 카일 와그너(Kyle Wagner)는 시리의 가장 유용한 기능 중 몇 가지를 나열했다. "지금 하고 있는 게임의 점수를 물어볼 수 있다. '자이언츠 게임의 점수는 얼마야?' 또는 개별 게임자의 점수 통계를 질문할 수도 있다. 또 오픈테이블(OpenTable, 온라인 식당 예약 서비스를 제공하는 회사-옮긴이) 예약을 할 수 있고, 옐프(Yelp, 미국의 생활 정보 사이트-옮긴이)에 매겨진 평가 점수를 알아볼 수 있으며, 동네 극장에서 어떤 영화가 상영되는지 묻고 예고편을 볼 수 있다. 바빠서 전화를 받을 수 없다면, 시리에게 나중에 그 사람에게 전화하라고 말해달라고 부탁할 수 있다. 음성으로 이런 일상적인 일들을 지시할 수 있는 것은 대단히 유용한 일이다."[7]

〈기즈모도〉에 실린 그 글은 경계하는 말로 끝을 맺는다. "이렇게 말하니 매우 근사해 보인다. '실제로 작동한다면'이라는 분명한 기준이 있다는 점을 제외한다면 말이다."[8] 시리가 나왔을 때, 많은 사람들이 애플의 지적인 개인 비서가 일을 그다지 잘하지 못한다는 것을 알아차렸다. 시리는 자신에게 하는 말을 이해하지 못했고, 다시 명확히 말하라고 요청하곤 했으며, 엉뚱하거나 부정확한 답을 내놓았고, "정말 죄송하지만 지금은 요청을 받을 수 없습니다. 잠시 뒤에 다시 시도하세요"라는 식으로 답을 미루기도 했다. 분석가 진 먼스터(Gene Munster)는 시리가 제대로 답하지 못하는 질문들을 열거했다.

- 엘비스는 어디에 묻혀 있지?(Where is Elvis buried?) 대답할 수 없다고 답했다. 시리는 그 사람의 이름이 엘비스 베리드라고 생각했다.
- 〈신데렐라〉 영화가 언제 나왔지?(When did the movie Cinderella come out?) 시리는 옐프에서 극장을 검색하여 답했다.
- 핼리 혜성은 다음에 언제 찾아올까?(When is the next Halley's Comet?) "핼리와 만날 약속이 없습니다"라고 답했다.

- 슈피리어 호에 가고 싶어.(I want to go to Lake Superior.) 레이크슈피리어엑스선이라는 회사로 가는 길을 보여주었다.[9]

결국 시리가 이따금 기묘하고 좌절감을 일으키는 답을 내놓는다는 사실이 널리 알려지게 되었지만, 이 기술이 놀랍다는 사실을 부정할 수는 없다. 시리는 우리가 필요로 할 때 확실한 도움을 줄 수 있다. 자율 주행 자동차를 탔던 바로 그 시기에 우리는 그 사실을 실감했다. 샌 프란시스코에서 회의를 마친 뒤, 우리는 렌트카를 타고 마운틴뷰에 있는 구글 본사로 향했다. 휴대용 GPS 기기를 지니고 있었지만, 다음 목적지로 가는 길을 알고 있다고 생각했기에 전원을 켜놓지 않았다.

불행히도 우리는 길을 제대로 알지 못했다. 고가도로, 진출입로, 일반 도로가 초현실적인 미로처럼 뒤얽힌 거리에서 고속도로의 진입로를 찾아 빙빙 돌았고, 시간이 흐를수록 진땀이 났다. 구글 본사에서의 회의, 이 책의 집필 계획, 동료 전문가들과의 관계 등이 심각한 위험에 처할 것처럼 느껴졌을 때, 에릭이 휴대전화를 꺼내더니 시리에게 '101번 남쪽 방향으로 가는 길'을 물었다. 휴대전화는 즉시 완벽한 답을 알려주었다. 화면에 우리가 있는 위치와 그토록 눈에 띄지 않았던 진입로를 찾아가는 길을 보여주는 지도가 떡하니 나타났다.

물론 차를 길가에 댄 뒤, 휴대용 GPS를 꺼내어 전원을 켜고 목적지를 입력한 다음 경로가 나오기를 기다릴 수도 있었지만, 그런 식으로 정보를 얻고 싶지 않았다. 우리는 말로 질문을 하고 답을 듣고 보고(지도가 수반되기 때문에) 싶었다. 시리는 우리가 찾던 바로 그 자연어 상호작용을 제공했다.

2004년에 그 이전의 반세기에 걸쳐 이루어진 자동 음성 인식(자연어 처리의 핵심 부분) 연구들을 검토한 논문이 한 편 나왔다. 논문은 "인간 수준의 음성 인식은 달성하기 힘든 목표임이 입증되었다"고 인정하는 말로 시작했다. 하지만 그로부터 10년이 채 지나기도 전에, 그 목표의 주요 요소들이 달성되었다. 애플을 비롯한 기업들이 휴대전화를 통해 수억 명이 이용할 수 있는 확고한 자연어 처리 기술을 고안해낸 것이다.[10] 카네기멜론대학의 기계학습과를 이끄는 톰 미첼(Tom Mitchell)은 이렇게 말한다. "우리는 컴퓨터가 언어를 이해할 수 없는 시대에서 컴퓨터가 언어에 관해 꽤 많은 것을 이해할 수 있는 시대로 나아가는 10년에 걸친 전환기의 초입에 서 있다."[11]

바벨피시의 출현

자연어 처리 소프트웨어는 아직 완벽함과는 거리가 멀며, 컴퓨터가 복잡한 의사소통을 인간만큼 능숙하게 하는 것도 아니지만, 시간이 흐르면서 점점 더 나아지고 있다. 그리고 한 언어를 다른 언어로 번역하는 것 같은 과제에서도 놀라운 발전이 이루어지고 있다. 컴퓨터의 의사소통 능력은 평균적인 인간의 능력보다 깊이는 없지만, 폭이 훨씬 더 넓다.

둘 이상의 언어를 말할 수 있는 사람은 대개 한쪽 언어를 다른 언어로 상당히 정확히 번역할 수 있다. 반면에 자동 번역 서비스는 인상적이긴 하지만, 거의 대부분 오류가 있다. 설령 독자의 프랑스어가 서툴다고 할지라도, 아마 독자는 "몬티 파이튼의 〈음란한 헝가리 숙어집〉 촌극은 그들의 촌극 중 가장 재미있는 것에 속한다(Monty Python's

'Dirty Hungarian Phrasebook' sketch is one of their funniest ones)"는 문장을 구글 번역기보다 더 훌륭하게 번역할 수 있을 것이다. 구글 번역기는 이렇게 옮겼다. "스케치 몬티 파이튼 '불결한 헝가리 숙어집'은 가장 웃긴 그들의 것이다." 핵심 내용은 전달하지만, 문법적으로는 심각한 오류가 있다.

이 문장을(또는 다른 어떤 문장이든 간에) 구글 번역 서비스의 일부인 프랑스어를 제외한 헝가리어, 아랍어, 중국어, 러시아어, 노르웨이어, 말레이어, 이디시어, 스와힐리어, 에스페란토어 등 63가지 언어로 번역하는 일은 아마 독자에게 벅찬 일일 것이다. 하지만 구글은 이 가운데 어떤 언어로 쓴 문장이든 간에, 그것을 다른 언어로 번역하여 웹에서 누구든 무료로 볼 수 있도록 할 것이다.[12] 구글 번역 서비스의 스마트폰 앱을 이용하는 사용자들은 전화기에 대고 열다섯 개 이상의 언어로 말하고, 약 일곱 가지 언어로 번역된 합성 음성을 들을 수 있다. 세계에서 가장 많은 언어를 쓸 수 있는 사람도 이 정도는 하지 못할 것이다.

동시 번역 장치는 오랜 세월 과학 소설의 소재로 남아 있었다(《은하수를 여행하는 히치하이커를 위한 안내서*The Hitchhiker's Guide to the Galaxy*》에 등장하는 바벨피시가 가장 유명하다. 바벨피시는 귀에 집어넣으면, 어떤 언어든 이해할 수 있도록 해주는 기이한 생물이다).[13] 지금 구글 번역을 비롯한 유사한 서비스들은 그것을 현실로 만들고 있다. 사실 지금 그런 서비스 중 적어도 하나는 국제 고객 서비스 상담에 쓰이고 있다. 번역 서비스 회사인 라이언브리지(Lionbridge)는 IBM과 공동으로 서로 다른 언어를 사용하는 고객과 수리 기사 사이의 대화 내용을 즉시 번역해주는 온라인 어플리케이션인 지오플루언트(Geo Fluent)를 제공하고 있다. 첫 시험 사용 기간에, 지오플루언트 사용자의 약 90퍼센트가 그것을 사업에 활용할 만하다고 평가했다.[14]

인간과 컴퓨터의 대결

현재 컴퓨터는 패턴 맞추기를 복잡한 의사소통과 결합시켜 말 그대로 인간의 게임에서 인간을 물리치고 있다. 2011년 2월 14일과 15일, TV 게임 쇼인 〈제퍼디!〉에 인간이 아닌 참가자가 등장했다. IBM이 이 게임을 위해 특별히 개발한 '왓슨(Watson)'이라는 이름의 슈퍼컴퓨터였다. IBM의 전설적인 CEO인 토머스 왓슨(Thomas Watson)을 기리기 위해 그렇게 이름 붙인 것이다. 1964년에 처음 전파를 탄 〈제퍼디!〉는 2012년에 미국에서 다섯 번째로 인기 있는 신디케이티드 TV 프로그램으로 선정되었다.[15] 평균 약 700만 명의 사람들이 사회자인 알렉스 트레벡(Alex Trebek)이 참가자들에게 다양한 주제의 사소한 질문을 던지고, 가장 먼저 정답을 맞춘 사람이 게임에서 이기는 장면을 지켜본다.◆

문제는 그리 어렵지 않지만, 잘하기는 대단히 어렵다는 점이 바로 이 쇼의 장수와 인기 비결이다. 거의 누구나 한 회에서 나오는 답들에 해당하는 질문 중 몇 가지는 할 수 있지만, 거의 다 할 수 있는 사람은 극히 드물다. 주제가 매우 다양하며, 참가자들은 어떤 주제가 나올지 전혀 알 수 없기 때문이다. 또 참가자들은 빠르고 대담하고 정확해야

◆ 더 정확히 말하자면, 트레벡이 답을 읽으면, 참가자들은 그 답이 나오도록 질문을 해야 한다.

한다. 각 질문에 답할 기회를 놓고 서로 경쟁하기 때문에 빨라야 하고, 우승할 수 있을 만큼 상금을 많이 쌓으려면 많은 질문에, 특히 어려운 질문에 답해야 하므로 대담해야 하며, 틀린 답을 할 때마다 상금이 줄어들기 때문에 정확해야 한다.

〈제퍼디!〉의 제작진은 재담, 운율 등 다양하고 재치 있는 말놀이를 통해 참가자들을 더욱 곤경에 빠뜨린다. 이를테면, 단서를 이런 식으로 제시하는 것이다. 'NBA 제왕들의 도시에서 과거를 떠올리게 하는 운율.'[16] 참가자는 정답을 내놓으려면, NBA가 무엇의 약자인지 알아야 한다. 여기서는 국가은행법(National Bank Act)이나 화합물인 n-부틸아민(n-Butylamine)이 아니라, 미국프로농구(National Basketball Association)의 약자다. NBA 제왕들이 경기를 펼치는 도시는 새크라멘토(Sacramento)이고, 과거를 떠올리게 하는 운율이라는 단서를 고려할 때, 정답은 '새크라멘토 기념품(Sacramento souvenir)'이나 다른 어떤 사실적인 사항을 가리키는 것이 아니라, "새크라멘토의 추억은 무엇일까?(What is a Sacramento memento?)"다. 이런 단서들을 제대로 이용하려면, 패턴 맞추기와 복잡한 의사소통에 숙달되어야 한다. 그리고 〈제퍼디!〉에서 이기려면, 그 두 가지를 반복적으로 정확하게, 거의 즉시 해야 한다.

2011년에 출전한 왓슨의 상대는 켄 제닝스(Ken Jennings)와 브래드 루터(Brad Rutter)였다. 둘 다 이 난해한 작업에 능통한 최고의 지식 노동자였다. 제닝스는 2004년에 74번이나 연달아 우승해 317만 달러가 넘는 상금을 받음으로써 영웅이 된 사람이었다.[17] 사람들은 흔히 사실 왓슨이 탄생하게 된 것은 제닝스 덕분이라고 말한다.[18] IBM 내에서

떠도는 이야기에 따르면, 인공지능의 한계를 극복하는 데 관심이 많던 연구 관리자인 찰스 리클(Charles Lickel)은 2004년 가을 어느 날 저녁, 뉴욕 피시킬의 한 식당에서 식사를 하고 있었다. 그런데 7시 정각이 되자, 식사를 하던 손님들 중 상당수가 자리에서 일어나 카운터로 향했다. 무슨 일인가 하고 따라갔더니, 사람들이 카운터의 TV 앞에 모여 제닝스가 50번 넘게 연달아 우승을 거머쥐는 모습을 지켜보고 있었다. 리클은 〈제퍼디!〉에 슈퍼컴퓨터가 출현해 제닝스와 겨룬다면, 엄청난 화젯거리가 될 것임을 알아차렸다. 슈퍼컴퓨터의 패턴 맞추기 및 복잡한 의사소통 능력을 엄밀하게 검사하는 자리도 될 테고 말이다.

〈제퍼디!〉는 세 명이 경쟁하도록 되어 있으므로, 세 번째 참가자로는 루터가 적격이었다. 루터는 2005년 최종우승자대회(Ultimate Tournament of Champions)에서 제닝스를 물리치고 340만 달러가 넘는 상금을 받았다.[19] 두 사람 모두 뇌에 온갖 정보가 가득 차 있었고, 이 게임과 게임에 관한 모든 특성들을 잘 알고 있었으며, 여러 압력들에 대처하는 법도 알고 있었다.

기계가 이 두 사람을 이기기는 힘들 터였고, 실제로 왓슨의 초기 버전들은 그들의 발끝도 따라가지 못했다. 프로그래머들은 왓슨이 더 공격적인 자세로 질문에 답하게 하거나(그러면 틀린 답을 할 가능성도 더 높아진다) 더 보수적인 태도로 정확한 답을 하도록 '조정할' 수 있었다. 2006년 12월, 계획이 시작된 직후에 총 질문의 70퍼센트 정도에 답하도록 왓슨을 조정하자(상대적으로 공격적인 태도에 해당), 왓슨은 약 15퍼센트만 제대로 답할 수 있었다. 정반대로 제닝스는 첫 번째로 단추를 누른 횟수(즉 답을 할 권리를 얻은 횟수)가 총 질문의 70퍼센트에 해당했

을 때, 정답을 맞힌 비율이 약 90퍼센트였다.[20]

그러나 곧 왓슨의 학습 속도가 매우 빠르다는 사실이 드러났다. 이 슈퍼컴퓨터의 공격적인 태도 대 정확성의 비율을 적절히 조정하자 성능은 급격히 향상되었고, 2010년 11월 즈음에는 가상 대결에서 총 질문 중 70퍼센트에 답할 권리를 얻는 공격적인 자세를 취하자 정답을 맞힐 확률이 약 85퍼센트에 이르렀다. 눈부신 성능 개선을 이룬 것은 사실이었지만, 그래도 최고 점수를 올린 사람과 대결할 수준은 아니었다. 왓슨 연구진은 2월 방송분을 녹화하는 2011년 1월 중순까지 계속 성능 향상에 매달렸다. 하지만 자신들의 창조물이 제닝스와 루터에 맞서서 얼마나 잘할지 알 수 없었다.

놀랍게도 왓슨은 그들에게 참패를 안겨주었다. 왓슨은 '올림픽의 별난 기록("1976년 '근대' 경기에 추가된 것으로, 칼로 상대를 건드리지 않고 점수를 얻을 수 있는 종목"이라는 질문에 "근대 5종 경기"라고 답했다)'에서 '교회와 국가(Church and State)'("마음속에서 서서히 발달하거나 아기를 배고 있는 상태를 의미할 수 있다"는 말이 나왔을 때, 컴퓨터는 이 두 단어 중 하나 이상을 포함한 단어가 답임을 알아차리고 '임신하다(gestate)'라고 답했다)에 이르기까지, 다양한 주제의 질문들에 제대로 답했다. 슈퍼컴퓨터는 완벽하지는 않았지만(한 예로, '다른 의미'라는 주제 아래 '우아한 옷차림 또는 같은 해에 졸업하는 모든 학생'이라는 질문이 나왔을 때, '클래스(class)'가 아니라 '칙(chic)'이라고 답했다), 아주 뛰어났다.

또 왓슨은 대단히 빨랐다. 계속 단추를 빨리 누르는 바람에 제닝스와 루터는 답할 기회조차 얻지 못했다. 예를 들어, 처음 두 차례 게임이 진행될 때, 왓슨은 43번 단추를 먼저 눌러 38번 정답을 맞혔다. 제

닝스와 루터가 먼저 누른 횟수는 둘이 합쳐 33번에 불과했다.[21]

이틀에 걸친 대회가 끝났을 때, 왓슨은 상대인 인간들이 번 액수의 세 배가 넘는 7만 7천147달러를 벌었다. 2위를 한 제닝스는 마지막 질문에 답하면서 이렇게 말했다. "새로운 컴퓨터 제왕의 등장을 환영하는 바입니다." 나중에 그는 설명을 덧붙였다. "20세기에 새 조립라인 로봇이 등장하면서 공장 일자리가 사라졌듯이, 브래드와 나는 새로운 세대의 '생각하는' 기계에 밀려난 최초의 지식 산업 노동자입니다. '퀴즈 쇼 참가자'는 왓슨에게 밀려난 최초의 일자리라고 볼 수 있지 않을까요? 그리고 나는 내가 마지막이 아닐 것이라고 믿습니다."[22]

로봇 '발전'의 역설

최근에 급격히 발전되고 있는 또 하나의 중요한 디지털 분야는 로봇공학이다. 즉 공장, 창고, 전쟁터, 사무실 등의 물리적 세계를 돌아다니며 상호작용할 수 있는 기계를 만드는 분야다. 여기서도 발전이 아주 느리게 이루어지다가 갑자기 가속된 것을 알 수 있다.

로봇(robot)이라는 단어는 1921년 체코의 카렐 차페크(Karel Capek)가 쓴 〈알유알(로섬의 유니버설 로봇)R.U.R. (Rossum's "Universal" Robots)〉이라는 희곡에서 처음 등장했다. 그 뒤로 인류는 자동 기계에 계속 관심을 가졌다.[23] 대공황 때, 잡지와 신문에는 로봇이 전쟁을 수행하고, 범죄를 저지르며, 노동자를 대체하고, 심지어 권투 헤비급 챔피언인 잭 뎀프시(Jack Dempsey)도 이길 것이라고 추정하는 기사들이 무수히 실렸다.[24] 아이작 아시모프(Isaac Asimov)는 1941년 로봇공학(Robotics)이라는 용어를 창안했고, 유명한 로봇 3원칙(Three Laws of Robotics)을 제시함으로써 이 신생 분야가 따라야 할 기본 규칙을 마련했다.

1. 로봇은 인간에게 해를 끼치거나, 아무런 행동도 하지 않음으로써 인간에게 해가 가도록 해서는 안 된다.
2. 로봇은 인간의 명령에 복종해야 한다. 단 명령이 첫 번째 원칙과 충돌할 때에는 예외로 한다.
3. 로봇은 스스로를 보호해야 한다. 단 첫 번째와 두 번째 원리와 충돌할 때에는 예외로 한다.[25]

아시모프는 70년 동안 과학 소설계와 현실의 로봇 제작 세계 양쪽에 지대한 영향을 미쳤다. 하지만 이 두 세계 중 한쪽이 훨씬 더 앞서 나갔다. 과학 소설계는 수다스러우면서 충직한 로봇인 R2-D2와 C-3PO(영화 〈스타워즈〉에 등장하는 로봇들-옮긴이), 〈배틀스타 갤럭티카*Battlestar Galactica*〉의 기분 나쁜 사일런, 무시무시한 터미네이터, 온갖 안드로이드(인간과 똑같은 모습을 하고 인간과 닮은 행동을 하는 로봇-옮긴이), 사이보그, 자기 복제 로봇을 선보였다. 이와는 대조적으로, 로봇공학 분야가 수십 년 동안 연구한 끝에 내놓은 것은 혼다의 아시모 (ASIMO)였다. 인간형 로봇인 아시모는 세상에 처음 데뷔하는 시연회에서 아시모프가 말한 로봇의 세 번째 원리를 지키지 못하고 화려하게 실패함으로써 더욱 유명세를 탔다. 2006년 도쿄의 청중 앞에 나타난 아시모는 무대에 설치된 얕은 계단을 걸어 올라가려 했다. 그러다가 세 번째 계단에서 무릎이 꺾이면서 뒤로 굴러떨어져 바닥에 얼굴의 금속판을 부딪치고 말았다.[26]

아시모는 다시 일어나 계단을 오르내리고, 축구공을 차며, 춤을 추는 능력을 선보였지만, 그것이 드러낸 결함에는 한 가지 중요한 진리가 담겨 있다. 즉 인간이 물리적 세계에서 쉽고도 자연스럽게 하는 많은 일들이 로봇에게는 대단히 어려운 일이라는 것이다. 로봇공학자 한스 모라벡(Hans Moravec)도 그 점을 간파했다. "지능 검사나 서양장기에서 어른 수준의 성능을 발휘하는 컴퓨터를 만들기는 상대적으로 쉬운 반면, 지각이나 이동 능력 면에서 한 살짜리 아기만 한 능력을 갖춘 컴퓨터를 만드는 일은 어렵거나 불가능하다."[27]

이 상황은 '모라벡의 역설'이라고 불리게 되었고, 위키피디아에 잘 요약되어 있다. "인공지능과 로봇공학 연구자들은 기존에 가정했던 것과 정반대로 고등한 추론에는 연산 능력이 거의 필요 없는 반면, 낮은 수준의 감각운동 기능은 엄청난 연산 자원을 필요로 한다는 것을 깨달았다."[28]◆ 모라벡의 통찰은 대체로 정확하며, 중요한 의미를 갖는다. 인지과학자 스티븐 핑커(Steven Pinker)는 이렇게 설명한다. "35년 동안의 인공지능 연구가 주는 중요한 교훈은 어려운 문제는 쉽고 쉬운 문제는 어렵다는 것이다……. 새로운 세대의 지적인 장치가 등장함에 따라, 주식 분석가와 석유화학 공학자, 가석방위원회 위원은 기계로 대체될 위험에 처할 것이다. 반면에 정원사, 안내원, 요리사는 앞으로도 수십 년 동안 직장을 지킬 것이다."[29]

핑커의 요지는 로봇공학 전문가들이 최소한의 훈련을 받은 육체노동자와 맞먹는 수준의 기계를 만드는 것조차도 지독히 어렵다는 사

◆ 감각운동 기능은 물리적 세계를 감지하고 몸을 통제해 그 세계를 돌아다니도록 하는 능력을 말한다.

실을 알아차렸다는 것이다. 예를 들어, 로봇 전문 기업인 아이로봇 (iRobot)의 로봇 청소기 룸바는 가정부가 하는 일들을 다 할 수가 없다. 그저 바닥의 먼지만 빨아들일 뿐이다. 룸바는 지금까지 600만 대가 넘게 팔려나갔지만, 그중에 커피 탁자 위의 잡지들을 정돈할 수 있는 기계는 한 대도 없다.

물리적 세계에서 일할 때, 인간은 기계가 따라오지 못하는 엄청난 융통성을 발휘한다. 회로판에 전선을 납땜하거나 나사로 두 부품을 꽉 죄는 것 같은 단일한 활동을 자동화하기는 쉽지만, 그런 업무는 시간이 흘러도 한결같은 상태를 유지하는 '일정한' 환경에서 이루어져야 한다. 이를테면, 회로판은 매번 정확한 위치에 놓여야 한다. 기업은 그런 일들을 할 특수한 기계를 구입하고, 공학자에게 그 기계를 프로그래밍하고 시험하도록 한 뒤에 조립라인에 투입한다. 매번 과업이 바뀔 때마다—예를 들면, 나사 구멍의 위치를 옮길 때마다—생산을 중단하고 기계의 프로그램을 다시 짜야 한다.

오늘날의 공장, 특히 임금 수준이 높은 나라의 대규모 공장은 고도로 자동화되어 있지만, 다목적 로봇들이 우글거리지는 않는다. 구입하고 배치하고 재배치하는 데 많은 비용이 드는, 한 가지 일만 하는 특수 기계만이 가득하다.

공장 자동화의 재고

아이로봇의 공동 창업자인 로드니 브룩스(Rodney Brooks)는 현대적인 고도로 자동화한 공장 바닥에서 다른 무언가, 즉 돌아다니는 사람을 보기는 어렵지만 그들이 아예 없지는 않다는 사실에 주목했다. 그들은 대개 생각할 필요가 없는 반복적인 일을 하고 있다. 예를 들어, 병에 젤리를 담는 조립라인에서 기계는 정확히 똑같은 양의 젤리를 각각의 병에 쏟아붓고, 뚜껑을 돌려 닫은 뒤, 라벨을 붙인다. 하지만 그 공정이 시작되는 컨베이어벨트 앞에 빈 병을 놓는 일은 사람이 한다. 이 단계는 왜 자동화되지 못했을까?

이유는 병이 제자리에 고정되지 않은 종이 상자에 담겨 하루에 열두 차례에 걸쳐 조립라인으로 운반되어 오기 때문이다. 사람은 그 정도의 부정확함을 아무런 문제없이 처리할 수 있지만(그냥 상자에 든 병을 꺼내 컨베이어벨트에 올려놓으면 된다), 전통적인 산업 자동화 설비는 매번 정확히 똑같은 위치에 놓이지 않는 병들을 처리하기가 대단히 어렵다.

2008년 브룩스는 비정통적인 산업 자동화를 추구하는 리싱크로보틱스(Rethink Robotics)라는 새로운 회사를 창설했다. 젤리 병을 집어서 놓는 등 현재 공장에서 사람들이 맡고 있는 무수한 부정확한 업무들을 처리할 수 있는 로봇을 만들겠다는 것이다. 그는 모라벡의 역설을 극복하고 발전을 이루겠다는 야심을 품고 있다. 더 나아가, 브룩스는 고임금 공학자가 프로그래밍할 필요가 없는 로봇을 만들 생각이다. 대신에 공장 노동자가 해당 업무를 하는 방법을 기계에게 가르친다(또는 새 업무를 재교육시킨다)는 것이다. 노동자는 한 시간쯤 교육을 받으면, 새 기계 동료를 가르치는 법을 배울 수 있다. 게다가 브룩스의 기계는 저렴하다. 약 2만 달러면 된다. 현재 산업용 로봇에 드는 비용에 비하면 극히 적은 비용에 불과하다. 우리는 리싱크로보틱스가 백스터(Baxter)라는 첫 로봇을 공개한 직후에, 이 역설을 타파하는 역할을 하게 될지 모를 로봇을 볼 기회를 얻었다. 우리는 브룩스의 초청으로 그 로봇을 보러, 또 그 로봇이 어떤 일을 할 수 있는지 알아보러 보스턴 본사로 향했다.

백스터는 금방 알아볼 수 있는 인간형 로봇이다. 관절로 연결된 두 개의 튼튼한 팔에 집게처럼 생긴 손이 달려 있다. 팔은 몸통에 붙어 있고, 머리에는 가장 가까이에 있는 사람을 '볼' 수 있도록 회전하는 LCD 얼굴이 있다. 하지만 다리는 없다. 회사는 백스터에 바퀴를 달고 사람이 원하는 곳으로 옮기도록 함으로써, 자율 운동이라는 엄청난 도전 과제에서 옆으로 한 발짝 비켜났다. 회사는 백스터가 스스로 이동하는 능력이 없어도 많은 유용한 일을 할 수 있다고 주장한다.

백스터를 훈련시키려면, 백스터의 손목을 잡고 시키고자 하는 작업 과정을 따라 움직여주기만 하면 된다. 훈련을 시키는 단계에서는 백스터의 팔 무게를 전혀 느낄 수 없다. 모터가 알아서 작동하기 때문에 억지로 잡아당길 필요가 없다. 백스터는 안전성도 확보하고 있다. 두 팔은 절대로 부딪히는 법이 없으며(두 팔을 부딪치려고 하면 모터가 저항한다), 움직이는 범위 내에 사람이 들어오면, 감지해서 자동적으로 움직임을 늦춘다. 이런 설계상의 특징들 덕분에, 자연스럽고 직관적이며 전혀 위협을 느끼지 않고 이 로봇과 일할 수 있다. 처음 백스터에게 다가갔을 때, 우리는 로봇 팔을 직접 잡는다는 생각에 좀 겁이 났지만, 그런 마음은 곧 사라지고 호기심이 그 자리를 차지했다.

브룩스는 회사의 시연 구역에서 백스터 몇 대가 일하는 광경을 보여주었다. 백스터들은 모라벡의 역설을 과거의 일로 만들었다. 움켜쥐는 것에서 컵을 빨아들이는 것까지, 그들은 '손'으로 다양한 물건들을 감지하고 조작했다. 로봇들은 잘 훈련된 인간 노동자가 최대 속도로 움직일 때만큼 빠르거나 자연스럽게 움직이지는 못하지만, 굳이 그럴 필요가 없을지도 모른다. 대부분의 컨베이어벨트와 조립라인은 인간이 낼 수 있는 최대 속도로 가동되지 않는다. 그랬다가는 사람들이 지쳐 쓰러질 것이다.

분명 백스터에게는 인간 노동자보다 더 나은 점이 몇 가지 있다. 백스터는 잠을 자지도 점심을 먹지도 커피를 마시지도 않고 매일 24시간 일할 수 있다. 고용주에게 보험을 들어달라고 요구하지도 않을 것이고, 고용주의 급여 세금 부담도 늘리지 않을 것이다. 그리고 전혀 관계없는 두 가지 일을 동시에 할 수 있다. 두 팔이 따로 작동할 수 있기 때문이다.

폭발 직전의 로봇공학 시장

리싱크로보틱스를 방문하여 작동하는 백스터를 보고 나니, 텍사스인스트루먼트(Texas Instruments)의 부회장 레미 엘오잔(Remi El-Ouazzane)이 2012년 초에 했던 말이 납득이 갔다. "우리는 로봇공학 시장이 폭발 직전에 와 있다고 굳게 믿는다." 그의 견해를 뒷받침할 증거는 많다. 기업에서 쓰는 로봇의 종류와 수는 급속히 늘고 있으며, 최근에 혁신가들과 기업가들은 모라벡의 역설을 크게 뒤흔들고 있다.[30]

보스턴의 또 다른 신생 기업인 키바(Kiva)는 로봇에게 창고 안에서 안전하고 빠르게 효율적으로 이동하는 법을 가르치고 있다. 키바 로봇은 금속 발판이나 납작하게 눌린 R2-D2처럼 보인다. 키가 사람의 무릎 높이인 이 로봇들은 사람이나 서로에게서 떨어진 채로 건물 안을 이리저리 돌아다닌다. 이들은 선반 밑으로 들어가 그것을 들어 올린 뒤, 사람이 있는 곳으로 옮길 수 있도록 낮게 만들어졌다. 사람이 선반에서 필요한 물품을 집으면, 로봇은 다시 가져온 선반을 들고 사라지고, 또 다른 선반을 든 로봇이 다가온다. 소프트웨어는 창고의 모든 물품, 선반, 로봇, 사람이 있는 위치를 추적하고, 키바 로봇들의 끊임없는 움직임을 조율한다. 2012년 3월, 창고 물류 분야의 선두 기업인 아마존은 7억 5천만 달러가 넘는 현금을 주고 키바를 매입했다.[31]

뉴잉글랜드의 또 다른 신생 기업인 보스턴다이내믹스(Boston Dynamics)도 모라벡의 역설에 정공법으로 맞서고 있다. 그 회사가 만들고자 하는 로봇은 다른 일들도 하지만 무엇보다도 험한 지형에서 무거운 짐을 운반해 전쟁터에서 미군을 지원하는 일을 한다. 빅독(BigDog)이라는 이 로봇은 길고 가느다란 다리가 달린 거대한 금속 맹견처럼 생겼으며, 가파른 산비탈을 기어오르고, 얼음 위에서 미끄러져도 일어날 수 있으며, 개처럼 많은 일들을 할 수 있다. 바닥이 울퉁불퉁한 곳을 이동하면서 무거운 짐의 균형을 네 개의 지점으로 유지한다는 것은 엄청난 공학적 난제이지만, 보스턴다이내믹스는 상당한 발전을 이루었다.

최근의 로봇공학 발전 사례 중 마지막으로 더블(Double)을 살펴보자. 더블은 빅독과 전혀 딴판이다. 더블은 적이 가득한 험한 지형을 돌아다니는 대신, 아이패드를 부착한 채 방의 카펫 위와 병원 복도를 돌아다닌다. 더블은 바닥에 이동을 위한 바퀴가 달려 있고 수직으로 세워진 1.2미터에서 1.5미터의 막대기 끝에 태블릿이 달려 있는, 시계추를 뒤집은 모양이다. 더블은 원격 현장감(telepresence)을 제공한다. 즉 조작자가 한 자리에 앉은 채 건물 구석구석을 '돌아다니면서' 무슨 일이 벌어지는지를 보고 들을 수 있게 해준다. 아이패드의 카메라, 마이크, 화면은 조작자의 눈, 귀, 얼굴 역할을 한다. 조작자는 아이패드가 보고 듣는 것을 마찬가지로 보고 듣는다. 더블 자체는 조작자의 명령에 따라 아이패드를 이리저리 옮기는 다리 역할을 한다. 더블로보틱스(Double Robotics)는 이 로봇이 "날아가지 않고도 세계의 다른 곳에 갈 수 있는 가장 단순하면서 가장 훌륭한 방법"이라고 말한다.

가격이 2천499달러인 더블은 2012년 가을에 그 기술을 선보인 직후에 첫 생산 물량이 모두 판매되었다.[32]

로봇 분야의 다음번 혁신은 모라벡의 역설에 가장 큰 타격을 입힐지도 모른다. 2012년 다르파는 다시 그랜드 챌린지 경기를 열겠다고 선언했다. 이번 대상은 자율 주행 자동차가 아니라 로봇이었다. 다르파 로보틱스 챌린지(DRC, DARPA Robotics Challenge)는 도구 사용, 이동성, 감지, 원격 현장감 등 로봇공학 분야에서 오래전에 제기된 많은 도전 과제들을 종합한 것이었다. 그 기관의 전술기술국(Tactical Technology Office) 웹사이트에서 다음과 같은 설명을 찾아볼 수 있다.

DRC의 주된 기술적 목표는 위험하고 열악한 인위적인 환경에서 복잡한 과제를 처리할 수 있는 지상 로봇을 개발하는 것이다. DRC 참가자들은 도구에서 차량에 이르기까지, 인간 사회에서 흔히 쓰이는 표준 도구와 장비를 활용할 수 있는 로봇을 제작해야 하며, 도구들을 다양한 상황에서 잘 응용할 수 있어야 한다.[33]

다르파는 DRC를 발표함으로써 로봇공학계에 2014년 말까지 고도의 기능을 갖춘 인간형 로봇을 만들고 시연을 할 것을 요구한 셈이다. 다르파가 처음에 제시한 명세서에 따르면, 로봇은 다용도 차량을 운전하고, 통로를 막고 있는 물건들을 치우며, 사다리를 오르고, 밸브를 잠그며, 펌프를 교체할 수 있어야 한다.[34] 불가능한 요구 조건처럼 보일지 몰라도, 대단히 해박한 동료들—사실 DRC에서 경쟁할 동료들—을 통해, 우리는 그들이 해낼 것이라는 확신을 얻었다. 많은 이들은 2004년의 그랜드 챌린지가 자율 주행 자동차의 연구를 가속시키는 데 기여했다고 본다. 마찬가지로 DRC가 모라벡의 역설을 극복하는 데 큰 역할을 할지 모른다.

변곡점에 있다는 더 많은 증거

자율 주행 자동차, 〈제퍼디!〉에서 우승한 슈퍼컴퓨터, 유용한 일을 하는 다양한 로봇들은 모두 지난 몇 년 사이에 출현했다. 그리고 이런 혁신 사례들은 그저 연구실의 모형 수준에서 그친 것이 아니다. 복잡다단한 현실 세계에서 실제로 기능과 능력을 발휘하고 있다. 그것들은 우리가 변곡점에 있다는 인상을 심어주고 있다. 과학 소설에서나 볼 수 있었던 많은 기술들이 일상적인 현실이 되어가는, 궤도가 크게 휘어지는 지점이다. 다른 많은 사례들이 보여주듯이, 이 인상은 정확하다.

〈스타트렉Star Trek〉 텔레비전 시리즈에는 지질, 기상, 의료 세 종류의 자료를 훑고 기록하는 트라이코더(Tricorder)라는 장치가 나온다. 오늘날 소비자의 스마트폰은 이 모든 목적에 이용된다. 지진계로도, 실시간 기상도로도, 심장 박동과 호흡수 기록 장치로도 쓸 수 있다.[35] 물론 스마트폰은 이 영역들에만 국한되지 않는다. 미디어 플레이어, 게임 플랫폼, 참고문헌, 카메라, GPS 기기로도 쓸 수 있다. 〈스타트렉〉에서 트라이코더와 일 대 일 통신기는 서로 별개의 장치였지만, 현실 세계에서 둘은 스마트폰에 통합되어 있다. 스마트폰 덕분에 사용자들은 이동하면서 엄청난 양의 정보에 접근하는 동시에 정보를 생산할 수 있다. 그럼으로써 벤처자본가 존 도어(John Doerr)가 '솔로모(SoLoMo)'라고 부른 혁신이 이루어질 가능성이 열린다. 솔로모는 사회(social), 지역(local), 이동(mobile)을 뜻한다.[36]

역사적으로 컴퓨터는 글짓기 실력이 엉망이었다. 그러다가 최근 들어 문법적으로는 옳지만 무의미한 문장을 만들 수 있게 되었는데, 한 장난기 가득한 인물들이 이를 무자비하게 이용했다. 한 예로, 2008년 컴퓨터과학과 소프트웨어공학 국제대회(International Conference on Computer Science and Software Engineering)는 〈전자상거래의 시뮬레이션을 향해 *Towards the Simulation of E-commerce*〉라는 논문을 채택하고 저자를 분과 발표회의 의장으로 초청했다. 하지만 그 논문은 MIT 컴퓨터과학인공지능연구소(Computer Science and Artifical Intelligence Lab)에서 만든 '컴퓨터과학 연구 논문을 무작위로 생성하는' 프로그램인 사이젠(SCIgen)이 '쓴' 것이었다. 사이젠의 개발자들은 "우리의 목표는 일관성보다는 재미를 최대화하는 것이다"고 썼으며, 〈전자상거래의 시뮬레이션을 향해〉를 읽고 나면 이 말을 반박하기가 어렵다.[37]

협동 기술과 고전적인 통신 분야에서 최근에 이루어진 발전들은 인터넷과 능동 회로망이 객체 지향 언어와 충돌하지 않는다는 가정에 전적으로 의지하고 있다. 사실 DHT(Distributed Hash Table, 분산해시테이블. 자료 검색을 용이하게 하기 위한 기법의 하나로서 웹하드 토렌트 등에 쓰인다—옮긴이)의 시각화가 8비트 아키텍처를 다듬어서 현실을 모사할 수 있게 했다는 데 반론을 제기할 정보 이론가는 거의 없으며, 이러한 현실은 전기공학의 중요한 원리들을 구현하고 있다.[38]

하지만 최근에 이루어진 발전들은 컴퓨터로 작성한 글이 모두 무의미한 것은 아니라는 사실을 분명히 보여준다. 포브스닷컴(Forbes.com)은 내러티브사이언스(Narrative Science)라는 회사와 웹사이트에 올릴 기업 이익 전망 기사를 작성해달라는 계약을 맺었다. 이 기사들은 사람이 전혀 개입하지 않은 채 오로지 알고리듬을 통해 생성된다. 그리고 사람이 쓰는 기사와 전혀 구별할 수 없다.

〈포브스〉 이익 전망: H. J. 하인즈

현재 주가가 겨우 49센트 낮은 수준이므로, 2012년 8월 29일 수요일로 예정되어 있는 1분기 순이익이 발표되면 하인즈의 주가는 52주 신고가를 갱신할 수도 있다.

월가의 추정치는 주당 80센트로, 하인즈가 주당 78센트라고 발표했던 1년 전보다 2.6퍼센트 높다.

시장 추정치는 지난 1개월 동안 변함이 없었지만, 82센트였던 3개월 전보다는 낮아졌다. 분석가들은 올 회계연도의 주당 순이익을 3.52달러로 예상한다. 또 1분기의 이익이 28억 4천만 달러로 1년 전의 28억

5천만 달러에 비해 0.3퍼센트 줄어들 것으로 추정한다.[39]

프린터 같은 컴퓨터 주변기기도 과학 소설에서 곧바로 튀어나온 듯한 유용한 능력을 보여주면서 이 진보의 행렬에 동참하고 있다. 프린터는 잉크를 종이에 뿌리는 대신, 플라스틱, 금속 등의 물질로 복잡한 3차원 부품을 만들고 있다. '적층 제조(additive manufacturing)'라고도 하는 3D 인쇄는 컴퓨터 프린터의 작동 방식을 이용한다. 컴퓨터가 정한 패턴으로 매질(전통적으로 종이)에 물질(잉크)의 층을 아주 얇게 입히는 방식이다.

혁신가들은 프린터로 층을 얼마든지 쌓을 수 있다고 추론했다. 그리고 프린터는 잉크 대신 자외선을 쐬면 굳어지는 액체 플라스틱 같은 물질도 쌓을 수 있다. 각 층은 아주 얇지만—약 0.1밀리미터 단위—시간이 흐르면서 3차원의 물체가 형태를 드러낸다. 제조 방식 덕분에, 아주 복잡한 형태도 만들 수 있다. 빈 공간과 터널을 만들 수도 있고, 각 부위가 따로따로 움직이도록 할 수도 있다. 설계 소프트웨어 분야의 선두 기업인 오토데스크(Autodesk)의 샌프란시스코 본사에서, 우리는 조립라인이 전혀 필요 없이 인쇄 방식으로 만들어낸 멍키 스패너를 손에 쥐었다.[40]

이 스패너는 플라스틱으로 만든 모형이었지만, 3D 인쇄는 금속 제품도 만들 수 있다. 오토데스크의 CEO 칼 배스(Carl Bass)도 점점 늘고 있는 3D 인쇄를 취미 활동으로 삼는 이들 및 DIY족의 일원이다. 우리가 오토데스크 소프트웨어로 만들 수 있는 모든 제품과 구성안이 전시된 회사 전시장을 둘러볼 때, 그는 자신이 컴퓨터로 디자인하여 인쇄한 아름다운 금속 그릇을 보여주었다. 그릇 옆면에는 정교한 격자무늬가 있었다. 배스는 금속을 다룬 경험이 있는 친구들—조각가, 철공소 직원, 용접공 등—에게 이 그릇을 어떻게 만들었을지 맞춰보라고 했다. 격자무늬를 어떻게 만들었는지 알아낸 사람은 아무도 없었다. 레이저로 금속 가루를 녹여 층층이 쌓아서 만든 것이었다.

3D 인쇄는 배스의 그릇 같은 예술 작품에만 쓰이는 것이 아니다. 매일 수많은 기업들이 그 방법을 써서 시제품과 모형을 만들고 있다. 또 3D 인쇄는 미 항공우주국(NASA)의 달 탐사 로봇용 플라스틱 환기구와 덮개에서 83세 할머니의 금속 인공 턱뼈에 이르기까지, 다양한 최종 제품을 만드는 데도 이용되고 있다. 머지않아 엔진 부품을 창고에 쌓아놓는 대신, 엔진이 고장 나면 즉석에서 교체용 부품을 인쇄하는 시대가 올지도 모른다. 이 기술로 콘크리트 집도 만들 수 있음을 보여준 시연회도 있었다.[41]

이 장에서 말한 혁신들은 대부분 지난 몇 년 사이에 이루어졌다. 오랫동안 좌절감을 불러일으킬 만큼 개선이 더뎠고, 최고 전문가들조차도 발전 속도가 빨라지지 않을 것이라고 결론을 내리던 바로 그 분야들에서 말이다. 하지만 디지털 기술의 발전은 아주 오랜 세월 느리게 진행되다가 어느 순간 급격히 가속된다. 우리는 인공지능에서 자율 주행 자동차와 로봇공학에 이르기까지, 다양한 분야에서 그런 사례들을 목격했다.

어떻게 이런 일이 일어났을까? 단순히 운이 좋아서? 갖가지 행운이 어찌어찌하여 잘 들어맞은 덕분에 한순간에 발전이 이루어진 것일까? 그렇지 않다. 우리가 최근에 보고 있는 디지털 기술의 발전이 인상적이라는 점은 분명하지만, 그것은 앞으로 일어날 일, 바로 제2의 기계 시대의 도래를 시사하는 단편적인 사례일 뿐이다. 그 일이 왜 지금 일어나고 있는지를 이해하려면, 이 디지털 하드웨어, 소프트웨어, 통신망의 시대에 이루어지는 기술 발전이 어떤 특징을 갖고 있는지 알아볼 필요가 있다. 특히 기하급수적(exponential) 성장, 디지털화, 조합적(combinatorial) 혁신이라는 세 가지 핵심 특징을 이해해야 한다. 이어지는 세 개의 장에 걸쳐 이 특징들을 하나씩 살펴보기로 하자.

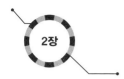

2장

이미 시작된 기하급수적 성장

"인류의 최대 단점은 지수함수를 이해하지 못한다는 것이다."
_ 앨버트 바틀릿(Albert Bartlett)

고든 무어(Gordon Moore)는 인텔의 공동 창업자이자 유명한 자선 사업가이고 미국 대통령에게 자유 훈장을 받기도 한 인물이지만, 정작 그를 가장 유명하게 만든 것은 1965년에 거의 소일거리 삼아 쓴 논문에서 한 예측이었다. 당시 페어차일드반도체(Fairchild Semiconductor)에서 일하던 그는 〈일렉트로닉스*Electronics*〉 잡지에 〈더 많은 부품을 집적회로에 몰아넣기*Cramming More Components onto Integrated Circuits*〉라는 탄복할 만큼 직설적인 제목의 논문을 썼다. 다양한 종류의 전기 부품을 주로 실리콘으로 이루어진 단일 칩으로 결합한 회로인 집적회로가 등장한 지 10년도 채 안 된 시점이었지만, 그는 그 회로의 잠재력을 간파하고는 이렇게 말했다. "집적회로는 가정용 컴퓨터, 아니 적어도 중앙

컴퓨터와 연결된 단말기, 자동차의 자동 제어, 개인 휴대용 통신 기기 같은 경이로운 장치들을 낳을 것이다."[1]

하지만 이 논문에서 가장 유명해진 예측, 무어라는 이름을 친숙하게 만든 예측은 제목에서처럼 부품을 몰아넣는 일에 관한 것이었다.

> 최소 부품 비용의 집적도는 연간 약 두 배의 속도로 증가해왔다……. 단기적으로 이 속도는 설령 증가하지 않는다고 할지라도 유지될 것이라고 예상할 수 있다. 더 장기적으로 보면, 증가 속도는 좀 더 불확실하다. 하지만 적어도 10년 동안은 거의 일정하게 유지될 것이라고 믿지 않을 이유가 없다.[2]

이것이 바로 무어 법칙의 원문이며, 잠시 그 의미를 살펴보는 것도 가치가 있다. 여기서 '최소 부품 비용의 집적도(complexity for minimum component costs)'는 본질적으로 1달러로 살 수 있는 집적회로 연산 능력의 양을 의미한다. 무어는 비교적 짧은 자기 산업 분야의 역사에서 이 양이 해마다 두 배로 늘었음을 간파했다. 즉 1963년에는 1962년보다 1달러로 두 배 더 많은 연산 능력을 살 수 있었고, 1964년에는 다시 그보다 두 배, 1965년에도 다시 그의 두 배를 살 수 있었다.

무어는 시기에 따라 다소 변화가 있긴 해도, 이런 상태가 적어도 10년은 더 계속될 것이라고 예측했다. 1975년이 되면, 1965년보다 성능이 500배 이상인 회로가 나올 것이라고 예측한 대담한 선언이었다.◆

◆ $2^9 = 512$이므로.

하지만 무어의 가장 큰 실수는 너무 보수적인 입장을 취했다는 것임이 드러났다. 그의 '법칙'은 40여 년 동안 놀라울 만큼 잘 들어맞았고, 집적회로뿐 아니라 다른 분야들에서의 디지털 발전에도 적용되었다. 하지만 디지털 성능이 두 배로 증가하는 데 시간이 얼마나 걸리는가를 두고 논란이 있다는 점도 언급할 필요가 있다. 1975년 무어는 자신의 추정값을 1년에서 2년으로 수정했고, 지금은 범용 연산 능력이 배가되는 기간을 대개 18개월로 본다. 하지만 무어의 법칙이 거의 반세기 동안 경이로울 만큼 잘 들어맞았다는 사실에는 논란의 여지가 없다.[3]

무어의 법칙 유효기간

무어의 법칙은 열역학이나 뉴턴 고전역학에서 말하는 물리학 법칙과는 전혀 다르다. 물리학 법칙은 우주가 어떻게 움직이는지를 기술한다. 즉 우리가 무엇을 하든 상관없이 진리로 남아 있다. 반면에 무어의 법칙은 컴퓨터 산업의 공학자와 과학자가 하는 일과 관련이 있다. 그것은 그들의 노력이 꾸준히 성공을 거두었음을 관찰한 끝에 나온 것이다. 다만 다른 분야들에서는 이런 유형의 지속적인 성공 사례가 없을 뿐이다.

자동차의 속도나 연료 효율이 50년 동안 1년 또는 2년마다 두 배로 증가한 시기는 없었다. 항공기의 비행 능력이 꾸준히 두 배씩 늘거나, 열차의 운송 능력이 두 배씩 늘어나는 일도 일어난 적이 없다. 올림픽 달리기 주자나 수영선수는 2년은커녕 한 세대가 지나도 기록을 절반으로 단축할 수 없다.

그렇다면 컴퓨터 산업은 어떻게 이 놀라운 개선 속도를 유지할 수 있었을까?

두 가지 주된 이유가 있다. 첫 번째는 트랜지스터 같은 컴퓨터 부품들은 자동차, 항공기, 수영선수와 마찬가지로 물리학 법칙에 얽매여 있지만, 디지털 세계에서는 제약이 훨씬 덜하기 때문이다. 디지털 세계의 제약은 집적회로에 새겨진 통로로 1초에 전자를 얼마나 많이 보낼 수 있느냐 또는 광섬유 케이블로 광선을 얼마나 빨리 보낼 수 있느냐와 관계가 있다. 언젠가는 디지털 발전이 다시 제약을 받고 무어의 법칙이 실현되는 속도가 느려질 것이 분명하지만, 아직은 시간이 있다. 칩 제조사인 브로드컴(Broadcom)의 최고기술책임자인 헨리 새뮤얼리(Henry Samueli)는 2013년에 이렇게 예측했다. "무어의 법칙은 끝나가고 있다. 2020년대에 끝날 가능성이 높으므로, 우리에게는 아직 15년쯤 시간이 남아 있는 셈이다."[4]

하지만 지금까지 명석한 이들이 무어의 법칙의 유효기간이 곧 끝날 것이라고 예측했지만, 다 틀린 것으로 드러났다.[5] 그 이유는 그들이 관련된 물리학을 제대로 이해하지 못했기 때문이 아니라, 컴퓨터 산업에서 일하는 이들을 과소평가했기 때문이다. 무어의 법칙이 오랫동안 잘 들어맞은 두 번째 이유는 '영리한 땜질(brilliant tinkering)'이라고 부를 수 있는 것 때문이다. 이는 물리학이 만들어놓은 장애물을 피해갈 공학적 우회로를 찾는 것을 말한다. 예를 들면, 집적회로에 더 촘촘하게 몰아넣기가 어려워지자, 칩 제조사들은 위에 한 층 더 쌓는 법을 개발했고, 그럼으로써 광대한 새로운 세계가 열렸다.

통신량이 증가하여 광섬유 케이블조차 감당할 수 없을 지경에 이르자, 공학자들은 하나의 광섬유로 여러 파장의 광선을 동시에 보내는 파장분할다중화(WDM, Wavelength Division Multiplexing) 전송 방식을 개발했다. 영리한 땜질은 물리학이 부과한 한계를 우회할 방법을 계속 찾아냈다. 인텔의 임원인 마이크 마베리(Mike Marberry)는 이렇게 말한다. "똑같은 기술만 쓴다면, 원칙적으로 한계에 부딪치게 마련이다. 사실 우리는 지난 40년 동안 5년에서 7년마다 기술을 수정했고, 그렇게 수정할 수 있는 방법은 무한히 많다."[6] 이런 끊임없는 조정에 힘입어 무어의 법칙은 컴퓨터 시대의 핵심 현상이 되었다. 이는 경제의 배후에서 꾸준히 울리는 북소리라고 할 수 있을 것이다.

지속적인 배가의 힘

일단 배가가 얼마간 지속된다면, 나중의 규모가 이전 규모들을 압도하여 거의 무관한 것처럼 보이게 된다. 가상의 사례를 들어 설명해보자. 에릭이 앤디에게 〈스타트렉〉에 등장한 번식률이 아주 높기로 유명한 털북숭이 동물인 트리블을 선물한다고 하자. 트리블은 매일 새끼를 한 마리씩 낳는다. 따라서 앤디의 동물원은 매일 규모가 두 배로 커진다. 학식이 좀 있는 사람은 이 사례에서 트리블 가족이 기하급수적(지수적)으로 증가한다고 말할 것이다. 그것은 x일에 트리블이 몇 마리나 있는지를 나타내는 수학 공식이 2^{x-1}이고, 여기서 x−1을 지수라고 하기 때문이다. 이런 식의 기하급수적 증가의 속도는 매우 빠르다. 2주일 뒤에 앤디의 트리블 수는 1만 6천 마리를 넘어선다. 트리블 가족이 시간이 흐르면서 얼마나 늘어나는지를 그래프를 통해 살펴보자.

이 그래프는 정확하지만, 한 가지 중요한 오해를 일으키기 쉽다. 마

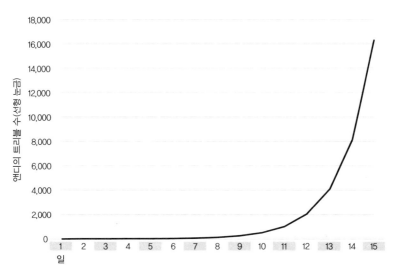

| 그림 2.1 | 시간별 트리블의 수: 지속적인 배가의 힘

지막 이틀 동안 일어난 모든 일들이 첫 주에 일어난 많은 일들과 전혀 무관한 것처럼 보인다는 사실이다. 하지만 동일한 현상―트리블의 수가 매일 두 배로 늘어나는 것―이 가속되는 일도 교란되는 일도 없이 줄곧 일어났다. 이 꾸준한 기하급수적 증가가 바로 에릭이 앤디에게 준 '선물'이 지닌 진정으로 흥미로운 특성이다. 이 점을 명확히 파악하려면, 그래프의 숫자 간격을 바꿀 필요가 있다.

위의 그래프는 표준 선형 눈금 간격으로 그린 것이다. 즉 세로축의 각 눈금은 트리블이 2천 마리씩 늘어나는 것을 가리킨다. 이 눈금 간격은 여러 가지 목적에 유용하지만, 앞서 말했듯이 기하급수적 증가를 표현하는 데는 미흡하다. 기하급수적 증가의 특성을 더 잘 파악하려면, 로그 눈금 간격으로 바꾸어야 한다. 이때 세로축의 각 눈금은 트리블의 수가 10배로 증가하는 것을 가리킨다. 즉 1마리에서 10마리로,

| 그림 2.2 | 시간별 트리블의 수: 지속적인 배가의 힘

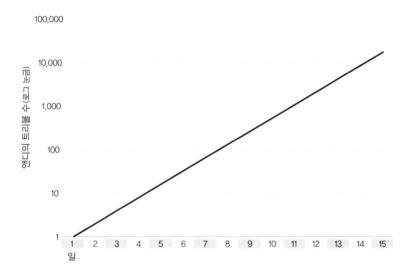

10마리에서 100마리로, 100마리에서 1천 마리로 증가할 때마다 눈금을 하나씩 긋는다. 다시 말해, 세로축은 10배씩 증가하는 것을 나타낸다.

로그 그래프는 놀라운 특성을 지닌다. 기하급수적 증가가 완벽한 직선으로 표시된다는 것이다. 그래서 로그 눈금에서 앤디의 트리블 가족 수의 증가는 위와 같이 표시된다(그림 2.2 참조).

이 그래프는 배가로 결국에 엄청난 수가 된다는 것이 아니라, 배가가 시간이 흐르면서 꾸준히 이어진다는 점을 잘 보여준다. 이 때문에 우리는 그래프로 배가 같은 기하급수적 증가를 나타낼 때 종종 로그 단위를 쓴다. 그러면 그래프가 직선으로 표시되어 배가 속도를 파악하기가 더 쉬워진다. 지수가 더 커질수록 더 빨리 증가하며, 직선의 기울기는 더 가팔라진다.

가난해진 황제와 어리석은 발명가

우리 뇌는 지속되는 기하급수적 증가를 이해하는 능력이 떨어진다. 특히 그 증가가 계속될 때, 수가 얼마나 커질지를 파악하지 못하고 심하게 과소평가한다. 발명가이자 미래학자인 레이 커즈와일(Ray Kurzweil)은 옛이야기를 예로 들어 이 점을 이해하기 쉽게 설명한다. 체스 게임은 서기 6세기 굽타 왕조 시대에 지금의 인도에서 시작되었다.[7] 전하는 바에 따르면, 그것을 창안한 매우 영리한 인물은 수도인 파탈리푸트라로 와서 황제에게 체스를 선물했다. 그 어려우면서도 굉장한 게임에 깊은 인상을 받은 황제는 발명가를 불러 보상을 해주겠다고 했다.

발명가는 황제의 아량을 찬미하면서 말했다. "그저 제 식구들을 먹일 약간의 쌀이면 족하나이다." 황제의 아량이 체스 발명에서 비롯되었기에, 발명가는 체스판을 써서 자신이 받았으면 하는 쌀의 양을 정했으면 좋겠다고 했다. "체스판의 첫 번째 칸에는 쌀 한 알을 놓고, 두 번째 칸에는 두 알을, 세 번째 칸에는 네 알을 놓는 식으로, 다음 칸으로 갈수록 쌀알의 수를 앞 칸보다 두 배씩 늘리는 겁니다."

발명가의 겸손해 보이는 태도에 감명을 받아서 황제는 말했다.

"그리하도록 하라."

무어의 법칙과 트리블의 사례를 살펴본 덕분에, 우리는 황제가 미처 보지 못한 것을 볼 수 있다. 1에서 시작한다고 해도 배가를 63번 이어가면, 엄청난 수가 된다는 것을 말이다. 발명가가 요청한 대로 쌀알을 받는다면, 2^{64-1}알, 즉 1천800경의 알을 받았을 것이다. 이 쌀을 쌓으면 에베레스트 산도 작아 보일 만큼 엄청난 규모가 된다. 세계 역사 전체에 걸쳐 생산된 쌀을 다 더한 것보다 많다. 물론 황제는 그 요청을 받아들일 수가 없었다. 그 이야기의 몇몇 판본에 따르면, 자신이 속았음을 알아차린 황제는 발명가의 목을 베었다고 한다.

커즈와일의 이 발명가와 황제 이야기는 2000년에 출간된 그의 책 《21세기 호모 사피엔스*The Age of Spiritual Machines*》에 실려 있다. 그가 이 이야기를 한 것은 지속되는 기하급수적 증가의 힘뿐 아니라, 쌀알의 수가 상상할 수 없을 만큼 엄청나게 늘어나기 시작하는 시점이 언제인지를 강조하기 위함이다.

> 서른두 번째 칸까지 황제가 발명가에게 준 쌀은 약 40억 알이었다. 상당한 양이므로—커다란 논 하나에 해당하므로—황제는 주목하기 시작했다.
> 하지만 황제는 아직 황제로 있을 수 있었다. 그리고 발명가는 아직 머리를 간직할 수 있었다. 체스판의 후반부로 들어서는 순간, 적어도 두 사람 중 한 명에게 문제가 생겼다.[8]

커즈와일의 탁월한 통찰력은 우리가 체스판의 전반부에 있는 한, 비록 수가 커지긴 해도 아직 현실 세계에 있다고 말한 부분에서 빛을 발한다. 40억이라는 수가 반드시 우리의 직관을 벗어난다고 할 수는 없다. 우리는 낟알을 수확하고, 오늘날 세계 최고 부자들의 재산을 산정하며, 국가 부채 수준을 파악할 때 그런 수를 접한다. 하지만 체스판의 후반부—수가 1조, 1천 조, 100경으로 늘어나는—로 가면, 우리는 수에 대한 감각을 잃게 된다. 또 우리는 기하급수적 증가가 계속될 때,

이런 수들이 얼마나 빠르게 출현하는지도 알아차리지 못하게 된다.

하지만 커즈와일이 체스판의 전반부와 후반부를 구분한 덕분에 우리는 비슷한 상황에서 빠르게 추산을 해볼 수 있다. 미국 경제분석국(BEA, Bureau of Economic Analysis)이 하는 일 중에 미국 기업의 지출 내역을 추적하는 것도 있다. BEA는 1958년에 최초로 '정보기술'을 별도의 기업 투자 항목으로 분류했다. 우리는 바로 그때가 무어의 법칙이 그 산업계에 도입되어 18개월이라는 배가 기간이 시작된 해라고 보았다. 이 배가가 32번 일어난 뒤, 미국 산업은 체스판의 후반부로 들어섰다. 그때부터 디지털 기기가 널리 쓰이기 시작한다. 이때가 바로 2006년이다.

물론 이 계산은 기업 컴퓨터 활용의 세계에서 모든 것이 달라진 한 시점을 짚어내려는 진지한 시도 같은 것이 아니라, 그저 흥밋거리에 불과하다. 우리는 손쉽게 1958년이 출발점이고 18개월이 배가되는 데 걸리는 시간이라고 주장할 수 있다. 그리고 이 두 가정을 수정하면, 체스판의 전반부와 후반부가 나뉘는 시점도 달라질 것이다. 또한 기업의 과학기술자들은 후반부에서만 혁신을 일으키는 것이 아니다. 뒤에서 살펴보겠지만, 현재와 미래의 돌파구는 과거의 과학기술자들에 의존하며, 그들이 없다면 불가능할 것이다.

우리가 여기서 이 계산을 한 이유는, 그것을 통해 한 가지 중요한 기본 개념이 드러나기 때문이다. 즉 기하급수적 증가가 이윽고 엄청나게 큰 수, 우리의 직관과 경험을 초월하는 수까지 이어진다는 것이다. 다시 말해, 체스판의 후반부로 가면, 정말로 기이한 일들이 벌어진다. 그리고 황제와 마찬가지로, 우리 대다수도 상황을 따라가기가 벅차다.

제2의 기계 시대의 특징 중 하나는 체스판의 후반부가 대단히 빨리 도래할 수 있다는 것이다. 우리는 지금까지 기하급수적으로 개선된 다른 기술이 없다고 주장하려는 것이 아니다. 사실 증기기관은 와트의 혁신으로 한 차례 크게 개선된 이후, 거의 200년 동안 추가로 땜질이 계속되면서 기하급수적으로 개선되었다. 하지만 그 성장 공식에서는 지수가 비교적 작았기에, 그 기간에 걸쳐 이루어진 효율 증가는 약 서너 배에 불과했다.[9] 그 속도로 체스판의 후반부에 도달하려면, 1천 년은 걸릴 것이다. 제2의 기계 시대에서는 배가 시간이 훨씬 더 빠르고 기하급수적 증가가 훨씬 더 왕성하게 이루어진다.

체스판 후반부의 기술

앞서 제시한 단순한 배가 계산 사례는 사람들이 오늘날 디지털 기술의 발전이 왜 훨씬 더 빨라졌다고 느끼는지 그리고 과학 소설의 소재였던 것이 현실로 등장하는 사례들이 왜 최근에 그토록 많아졌는지를 이해하는 데도 도움을 준다. 이유는 무어의 법칙에 따라 꾸준하고도 빠르게 기하급수적 성장이 이루어짐으로써, 지금 우리가 연산의 새로운 세계로 들어섰기 때문이다. 즉 우리는 체스판의 후반부에 와 있다. 앞장에서 말한 혁신들—스스로 움직이는 자동차, 〈제퍼디!〉에서 우승한 슈퍼컴퓨터, 알아서 작성되는 뉴스 기사, 값싸고 융통성 있는 공장 로봇, 통신기이자 트라이코더이자 컴퓨터인 값싼 소비자 기기—을 비롯하여, 이전에 있었던 것들과 전혀 달라 보이는 무수한 경이로운 제품들은 모두 2006년 이후에 출현했다.

그것들이 모두 지금 출현하고 있는 한 가지 이유는 그것들의 핵심

| 그림 2.3 | **무어 법칙의 여러 차원**

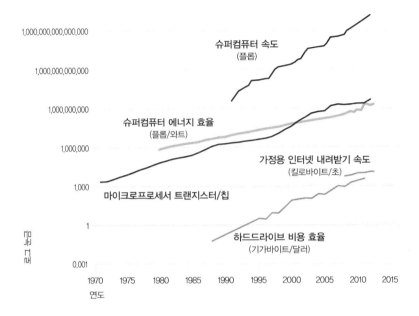

을 이루는 디지털 기술이 마침내 그런 기기들을 만들어낼 수 있을 만큼 빠르고 저렴해졌기 때문이다. 10년 전만 해도 그렇지 않았다. 디지털 발전은 로그 눈금에서 어떻게 보일까?

이 그래프는 무어의 법칙이 일관성이 있을 뿐 아니라 폭넓게 적용된다는 것을 보여준다. 즉 이 법칙은 오랜 기간(때로는 수십 년 동안)에 걸쳐 작용했고, 많은 유형의 디지털 발전에 적용된다. 그래프를 살펴볼 때, 세로축에 표준 선형 눈금을 사용했다면, 직선에 가깝게 그려진 선들이 모두 앞서 말한 앤디의 트리블 증가 속도를 나타낸 첫 그래프처럼 보이리라는 점을 염두에 둬야 한다. 즉 줄곧 수평에 가까운 형태를 유지하다가 끝부분에서 갑자기 거의 수직으로 꺾이는 형태가 된다.

그리고 그 모든 선들을 한 그래프에 담을 방법은 사실상 없을 것이다. 나타내야 하는 값들이 너무나 다르기 때문이다. 로그 눈금은 이런 문제들을 해결하고 디지털 기술의 발전을 전체적으로 명확히 파악할 수 있게 해준다.

연산의 핵심 구성단위 중 상당수―마이크로칩의 밀도, 처리 속도, 저장 용량, 에너지 효율, 내려받기 속도 등―가 오랜 시간에 걸쳐 기하급수적인 속도로 개선된 것은 분명한 사실이다. 무어의 법칙이 현실 세계에 미치는 영향을 제대로 이해하기 위해, 컴퓨터의 성능을 배가 기간별로 비교해보자.

미국 정부의 전략적 컴퓨터 발전 가속 사업단(Accelerated Strategic Computing Initiative)이 1996년에 내놓은 첫 번째 결과물인 아스키레드(ASCI Red)는 당시 세계에서 가장 빠른 슈퍼컴퓨터였다. 개발 비용은 5천500만 달러였고, 그것을 이루고 있는 100개의 캐비닛은, 뉴멕시코의 샌디아국립연구소에서 약 150제곱미터의 면적(테니스장의 80퍼센트에 해당하는 크기)을 차지하고 있었다.[10] 모의 핵실험을 하는 것과 같은 많은 계산을 요하는 과제를 위해 설계된 아스키레드는 컴퓨터 속도를 측정하는 표준 벤치마크 검사에서 1테라플롭(teraflop)―초당 1조 번의 부동 소수점 연산◆―을 넘어선 최초의 컴퓨터였다. 이 속도를 내기 위해, 아스키레드는 시간당 800킬로와트의 전기를 썼다. 이는 약 800가구의 평균 전력 소비량에 해당한다. 1997년에는 아스키레드의 속도

◆ 62.34와 24358.9274를 곱하는 것은 부동 소수점 연산의 한 예다. 이런 연산에서는 소수점의 위치가 고정되어 있지 않고, 변하기 때문에 '부동(浮動, float)'이라고 한다.

가 1.8테라플롭에 도달했다.

9년 뒤 또 다른 컴퓨터가 1.8테라플롭에 도달했다. 이 컴퓨터는 모의 핵폭발 실험을 하는 대신, 진짜 같은 실시간 3차원 영상처럼 복잡한 그래픽 작업을 수행했다. 그리고 그 그래픽은 물리학자가 아니라 비디오 게임자를 위한 것이었다. 그 컴퓨터는 바로 소니의 플레이스테이션3였다. 성능은 아스키레드와 맞먹었지만, 가격은 약 500달러에 불과했고, 차지하는 면적은 10제곱센티미터도 안 되었으며, 약 200와트의 전력만을 사용했다.[11] 디지털 기술이 기하급수적으로 발전한 덕분에 10년도 안 되는 기간에 정부 연구소에서나 가능했던 테라플롭 단위의 연산 능력을 전 세계의 거실과 대학 기숙사에서 접할 수 있게 되었다. 소니의 플레이스테이션3는 세계적으로 약 6천400만 대가 판매되었다. 반면에 아스키레드는 2006년에 가동을 중단했다.

앞장에서 다룬 혁신 사례 중 상당수는 기하급수적 발전이 있었기에 가능했다. IBM의 왓슨은 엄청난 양의 탁월한 알고리듬에 의지하지만, 그 전신이라고 할 1997년 세계 체스 챔피언인 게리 카스파로프(Garry Kasparov)를 이긴 체스 두는 프로세서 딥블루(Deep Blue)보다 약 100배 더 성능이 좋은 컴퓨터 하드웨어가 없었더라면 우승할 수 없었을 것이다. 시리 같은 음성 인식 응용 프로그램은 많은 연산 능력을 필요로 하며, 애플의 아이폰 4S(시리가 탑재된 최초의 전화기) 같은 휴대전화가 있음으로써 활용이 가능해졌다. 아이폰 4S는 사실 10년 전에 애플의 최상위 기종이었던 파워북 G4 노트북에 맞먹는 성능을 지녔다. 이 모든 혁신 사례들이 보여주듯이, 기하급수적 발전 덕분에 기술은 계속 앞서 나가면서, 과학 소설을 체스판 후반부의 현실로 바꿀 수 있다.

확산되는 무어의 법칙

또 다른 세대별 컴퓨터 비교 사례를 보면, 무어의 법칙이 대단히 강력할 뿐 아니라, 적용 범위도 넓다는 사실이 드러난다. 아스키레드와 플레이스테이션3처럼 1985년에 나온 크레이-2(Cray-2) 슈퍼컴퓨터와 2011년에 나온 태블릿인 아이패드2도 최고 계산 속도가 거의 동일하다. 하지만 아이패드에는 스피커, 마이크, 헤드폰 잭도 있었다. 또 카메라도 두 대 달려 있었다. 앞쪽에 달린 카메라는 VGA(Video Graphics Array) 해상도였고, 뒤쪽에 달린 카메라는 고화질 영상을 찍을 수 있었다. 또 양쪽 다 정지 화상을 찍을 수 있었고, 뒤쪽 카메라에는 디지털 다섯 배 줌 기능도 있었다. 무선 전화망과 와이파이망을 이용할 수 있는 수신기도 갖추고 있었다. 또 GPS 수신기, 디지털 나침반, 가속도계, 자이로스코프, 광감지기도 장착되어 있었다. 자판은 아예 없었고, 대신에 열한 개까지 동시에 접촉 지점을 추적할 수 있는 고화질 터치스크린을 적용했다.[12] 이 모든 능력이 대부분의 잡지들보다 더 작고 더 얇고 더 가벼운, 1천 달러도 안 되는 장치 안에 집약되어 있었다. 그에 비해 3천500만 달러(2011년 기준으로)가 넘는 비용이 든 크레이-2는 보지도 듣지도 말하지도 이동할 수도 없었다.[13]

애플이 이 모든 기능을 아이패드2에 몰아넣을 수 있었던 것은, 최근 수십 년 사이에 폭넓은 변화가 일어났기 때문이다. 마이크, 카메라, 가속도계 같은 감지기들이 아날로그 세계에서 디지털 세계로 넘어온 것이다. 그것들은 본질적으로 컴퓨터 칩이 되었다. 그럼으로써 무어 법칙의 기하급수적 개선 궤도를 따르게 되었다.

소리를 기록하는 디지털 기기는 1960년대부터 쓰였고, 최초의 현대 디지털카메라는 1975년 이스트먼코닥(Eastman Kodak)의 공학자가 개발했다.[14] 이 초기 기기들은 부피가 크고 값이 비쌌지만, 그것들도 빠르게 성능이 향상되면서 가격이 떨어졌다. 코닥의 첫 디지털 일안 반사식 카메라인 DCS 100은 1991년에 처음 등장했을 때, 가격이 약 1만 3천 달러였다. 최대 해상도는 1.3메가픽셀이었고, 어깨를 축 처지게 할 만한 4.5킬로그램의 무게에 별도의 하드드라이브에 화상을 저장했다. 하지만 디지털카메라의 달러당 화소 수는 약 1년마다 두 배로 늘었고 (이 말을 한 코닥 오스트레일리아의 직원 배리 헨디(Barry Hendy)의 이름을 따서 이를 '헨디의 법칙'이라고 한다), 관련된 모든 기기들은 시간이 흐를수록 기하급수적으로 더 작아지고 더 가벼워지고 더 저렴해지고 성능이 좋아졌다.[15] 디지털 감지기의 성능이 계속 향상된 덕분에, DCS 100이 나온 지 20년 뒤에 애플은 정지 화상과 동영상을 모두 찍을 수 있는 두 개의 작은 카메라를 아이패드2에 넣을 수 있었다. 그리고 다음 해에 나온 새 아이패드에서는 뒤쪽 카메라의 해상도가 일곱 배 이상 향상되었다.

기계 눈

무어의 법칙이 여러 해에 걸쳐 처리 장치, 기억 장치, 감지기 등 컴퓨터 하드웨어의 많은 부품들에 작용함에 따라(전지는 예외다. 전지는 본질적으로 디지털 기기가 아니라 화학 기기이기 때문에, 성능 향상이 기하급수적으로 이루어지지 않았다), 컴퓨터 장치들은 단지 더 빨라지고 더 싸지고 더 작아지고 더 가벼워진 것만이 아니었다. 예전에는 불가능하게 보였던 일들을 할 수 있게 되었다.

인공지능 연구자들은 오래전부터 동시 위치 추적 및 지도 작성(SL-AM, Simultaneous Localization And Mapping)이라는 문제에 몰두했다(강박적으로 매달렸다고 말하는 이들도 있다). SLAM은 낯선 건물 안을 돌아다니면서 문과 계단이 어디 있고 발이 걸려 넘어질 수도 있는 물건들은 뭐가 있는지 등을 살피며 지도를 작성하는 동시에 자신이 어디에 있는지를 계속 추적하는(다시 계단을 내려가서 현관으로 나가는 길을 찾을 수 있도록) 것이다. 대다수의 사람은 거의 무의식적으로 SLAM을 수행한다. 하지만 기계에게 그것을 가르치는 것은 대단히 어려운 일임이 드러났다.

연구자들은 로봇에 어떤 감지기를 붙일지(카메라? 레이저? 음파 탐지기?), 감지기가 제공하는 엄청난 양의 자료를 어떻게 해석할지를 놓고 고심을 거듭했지만, 발전은 아주 더뎠다. 그 주제를 개괄한 2008년의 한 논문에는 이렇게 요약되어 있다. "SLAM은 로봇공학의 근본적인 도전 과제 중 하나다. …… 하지만 현재의 접근법은 거의 대부분의 넓은 지역을 담은 일관성 있는 지도를 작성할 수 없는 듯하다. 주된 이유는 시나리오의 규모가 커질수록, 감당할 수 없을 만큼 컴퓨터 비용이 늘어나고 불확실성이 증가하기 때문이다."[16] 즉 꽤 넓은 면적을 감지하고 그러면서 얻은 모든 자료를 즉시 분석하기가 너무나 어려웠기 때문에, SLAM 문제 해결에는 실질적으로 진척이 없었다. 이 논문이 발표되고 겨우 2년 뒤에 150달러짜리 비디오 게임 주변 기기가 등장하기 전까지 말이다.

2010년 11월, 마이크로소프트는 엑스박스 게임 플랫폼에 딸린 감지기기인 키넥트(Kinect)를 선보였다. 키넥트는 두 게임자의 관절을 각각

스무 개까지 포착하면서 게임자의 움직임을 추적한다. 한 명이 다른 게임자의 앞으로 나서면, 키넥트는 가려진 사람의 움직임을 올바로 추측함으로써, 그 사람이 다시 보이면 모든 관절들의 움직임을 매끄럽게 다시 이어갈 수 있었다. 키넥트는 게임자의 얼굴, 목소리, 몸짓도 인식할 수 있었는데 다양한 조명과 소음 조건에서도 그렇게 할 수 있었다. 키넥트는 또 마이크 배열(microphone array, 마이크 하나를 썼을 때보다 음원의 위치를 훨씬 더 잘 찾아낸다), 표준 비디오카메라, 적외선을 쏘고 검출하는 거리 지각 시스템을 비롯한 디지털 감지기들을 이용했다. 몇몇 내장 처리 장치들과 많은 특허 소프트웨어들이 이 감지기들의 출력을 게임 설계자가 이용할 수 있는 정보로 전환했다.[17] 이 모든 기능들을 담은 폭이 30센티미터가 안 되고 높이가 10센티미터에 불과한 장치는 149.99달러에 출시되었다.

키넥트는 출시된 지 6일 만에 800만 대가 넘게 팔렸고(아이폰이나 아이패드보다 많은 숫자다) 현재 역사상 가장 빨리 팔려나간 소비자 전자제품으로 기네스 세계 기록에 올라 있다.[18] 게임자들은 1세대 키넥트로 다트, 운동, 거리에서 하는 싸움, 해리 포터처럼 주문을 거는 게임을 할 수 있었다.[19] 하지만 이 시스템은 훨씬 더 많은 가능성을 지니고 있었다. 2011년 8월, 캐나다 브리티시컬럼비아 주의 밴쿠버에서 열린 시그래프(SIGGRAPH, Association of Computing Machinery's Special Interest Group on Graphics and Interactive Techniques) 박람회에서 마이크로소프트의 직원들과 학계 연구자들로 이루어진 연구진은 키넥트를 이용해 로봇공학의 오랜 도전 과제인 'SLAM'을 해결했음을 보여주었다.

시그래프는 연구자, 게임 설계자, 언론인, 기업가를 비롯하여 관심

있는 많은 이들이 참가하는, 디지털 그래픽의 연구와 보급을 목적으로 한 것들 중 가장 규모가 크고 유명한 행사다. 그 프로젝트의 창안자들이 웹사이트에서 '모든 것을 바꿀 수 있는 자체 해크(The Self-Hack That Could Change Everything)'[•]라고 표현한 것을 마이크로소프트가 선보이기에 딱 맞는 무대였다.[20] 키넥트퓨전(KinectFusion)이라는 이 계획은 키넥트를 써서 SLAM 문제를 해결한다는 것이었다.

2011년 시그래프 박람회에서 상영된 동영상을 보면, 한 사람이 키넥트를 들어 그것으로 의자, 화분, 탁상용 컴퓨터와 모니터가 있는 전형적인 사무실의 모습을 보여준다.[21] 그럴 때 동영상은 여러 화면으로 나뉘어 키넥트가 무엇을 감지할 수 있는지 보여준다. 키넥트가 사무실의 SLAM 문제를 설령 완전히 해결한 것은 아니라고 해도 해결 직전에 와 있다는 것이 곧 분명하게 드러난다. 키넥트는 직장 동료까지 포함해 방과 그 안에 있는 모든 것들의 3차원 지도를 실시간으로 작성한다. 컴퓨터 모니터의 플라스틱 뒤판에 찍힌 델(DELL)이라는 글자도 인식한다. 다른 색깔로 찍힌 것도 아니고, 플라스틱의 다른 표면보다 고작 1밀리미터 깊이로 새겨진 글자인데도 말이다. 키넥트는 자신이 방안 어디에 있는지를 늘 알고 있으며, 가상의 탁구공을 방에 떨어뜨리면 그것이 어떻게 튈지도 안다. 기술 블로그인 〈엔가젯Engadget〉은 시그래프 박람회 후기에 이렇게 썼다. "키넥트는 3D 감지를 주류로 부상시켰고, 게다가 연구자들이 한 제품에 미친 듯이 달라붙을 수

[•] 이 맥락에서의 '해크'는 디지털 기기의 속을 파헤쳐 비정통적인 목적에 활용하는 것을 말한다. 자체 해크는 그 기기를 처음 만든 회사가 스스로 해킹을 한다는 뜻이다.

있게 해주었다."[22]

시그래프 박람회가 열리기 직전인 2011년 6월, 마이크로소프트는 키넥트를 이용하는 PC 소프트웨어를 작성하는 데 필요한 모든 것을 프로그래머들에게 제공하는 키넥트 소프트웨어 개발 도구(SDK, Software Development Kit)를 만든 바 있었다. 시그래프 박람회가 끝난 뒤, 많은 이들이 키넥트를 SLAM에 활용하는 일에 관심을 보였고, 많은 로봇공학과 인공지능 연구자들이 그 SDK를 내려받아 연구에 착수했다.

1년이 채 지나기도 전에, 아일랜드의 한 연구진과 MIT 컴퓨터과학 인공지능연구소의 우리 동료인 존 레너드(John Leonard)가 이끄는 미국 연구진은 공동으로 키넥트퓨전의 '공간 확장판'인 킨티너스(Kinti-nuous)를 발표했다. 킨티너스를 통해 사용자는 키넥트로 아파트 같은 넓은 실내 공간과, 더 나아가 실외 환경(연구진은 밤에 운전하는 동안 창밖으로 키넥트를 내밀어서 바깥 환경을 살폈다)까지 살필 수 있었다. 킨티너스 연구진은 논문의 끝부분에 이렇게 적었다. "앞으로 우리는 이 시스템을 확장하여 가장 효율적인 SLAM 접근법으로 삼을 것이다."[23] 우리는 그들이 성공 소식을 전하기까지 그리 많은 시간이 걸리지 않을 것이라고 본다. 유능한 과학기술자들을 생각할 때, 무어 법칙에 따른 기하급수적인 발전이 계속되면 결국에는 가장 어려운 문제까지 다룰 수 있게 된다.

값싸고 성능 좋은 디지털 감지기는 앞장에서 논의한 과학 소설에나 나올 법한 몇몇 기술들을 실현시킬 핵심 부품이다. 백스터 로봇에는 여러 대의 디지털카메라와 힘 및 위치 감지기가 장착되어 있다. 이 감지기들은 얼마 전까지만 해도 도저히 쓸 수 없을 만큼 비싸고 덩치가 크고 부정확했다. 구글의 자율 주행 자동차는 다양한 감지 기술들을 갖추고 있지만, 가장 중요한 '눈'은 지붕에 장착된 키클롭스의 외눈 같은 라이더(LIDAR)—'빛(LIght)'과 '레이더(raDAR)'의 조합—다. 벨로다인(Velodyne)이 만든 이 장치에는 초당 10회 회전하는 틀 안에 64개의 레이저 광선과, 같은 수의 검출기가 들어 있다. 이 장치는 초당 약 130만 개의 측정점을 생성하며, 내장된 컴퓨터는 이 자료들을 모아서 사방으로 100미터까지 실시간 3D 영상을 만들어낸다. 2000년경에 나온 초기 상업용 라이더 시스템은 값이 3천500만 달러까지 나가기도 했지만, 2013년 중반에 벨로다인이 자율 주행 자동차를 위해 조립한 시스템은 약 8만 달러였으며, 앞으로 훨씬 더 가격이 낮아질 것이다. 그 회사의 창업자이자 CEO인 데이비드 홀(David Hall)은 대량생산이 되면, 가격이 "카메라 수준인 몇백 달러로 떨어질 것"이라고 예측한다.[24]

이 모든 사례들은 우리가 왜 지금 제2의 기계 시대에 와 있는지를 설명하는 세 가지 요소 중 첫 번째에 해당한다. 기하급수적인 꾸준한 개선을 통해 우리가 체스판의 후반부에, 앞서 일어난 일이 더 이상 그 후에 일어날 일의 신뢰할 만한 안내자 역할을 하지 못하는 시대에 들어섰다는 것이다. 무어 법칙의 누적된 배가와 앞으로도 충분히 계속될 배가를 통해, 우리는 몇 년 지나지 않아 슈퍼컴퓨터의 능력을 장난감에 활용하는 세계에 들어설 것이다. 점점 더 저렴해지는 감지기들 덕분에, 이전까지 다룰 수 없었던 문제들에 비용이 적게 드는 해결책을 내놓을 수 있고, 과학 소설이 계속 현실이 되는 세계 말이다.

때로 양적인 차이(다시 말해, 같은 것들의 많고 적음)는 질적인 차이(즉 다른 무언가가)가 된다. 체스판의 후반부 이야기는 기하급수적 발전이 충분히 계속된다면, 우리가 경이로운 세계로 들어설 것이라는 사실을 깨달아야 한다고 충고한다. 최근의 다양한 사례들을 볼 때, 우리가 이미 그 세계에 와 있다고 확신한다.

만물의 디지털화

3장

"자신이 말하는 바를 측정하고 숫자로 표현할 수 있을 때,
당신은 그것에 관해 무언가를 알고 있는 것이다.
하지만 숫자로 표현할 수 없을 때는 당신의 지식이 빈약하고 미흡한 것이다."

_ 켈빈 경(Lord Kelvin)

"이봐, ~들었어?"

"~는 꼭 해봐야 해."

우리는 이런 질문과 권고를 일상생활에서 흔히 접한다. 그것은 우리가 친구, 가족, 동료로부터 새로운 것을 배우는 방식이자, 우리가 겪은 흥미로운 일에 관한 소식을 퍼뜨리는 방식이다. 전통적으로 그런 새로운 소식에는 밴드, 식당, 명소, TV 쇼, 책, 영화의 이름이 붙는다.

디지털 시대에는 이런 문장에 웹사이트나 기기의 이름이 붙곤 한다. 그리고 지금은 종종 스마트폰 어플리케이션의 이름도 붙는다. 이 시장의 두 주요 기술 플랫폼인 애플의 iOS와 구글의 안드로이드에는 50만 개가 넘는 어플리케이션이 있다.[1] 사용자가 가장 좋은 스마트폰 앱을

고를 수 있도록 돕는 '상위 열 개', '최고' 같은 목록도 많긴 하지만, 전통적인 입소문도 여전히 힘을 발휘하고 있다.

얼마 전 MIT 슬론경영대학원의 박사과정 학생이자 우리 디지털 프론티어(Digital Frontier) 연구진의 일원인 매트 빈(Matt Beane)이 우리에게 그런 소식을 전해주었다. "웨이즈(Waze) 써봤어요? 정말 대단해요." 하지만 그것이 운전 방향을 알려주는 GPS 기반의 앱임을 알았을 때, 우리는 별 흥미를 못 느꼈다. 우리의 차에는 내비게이션 기기가 있고, 아이폰도 지도 앱을 통해 운전 방향을 알려줄 수 있으니 말이다. 가는 길을 찾아내는 또 다른 기술이 굳이 필요할까?

하지만 매트는 끈기 있게 설명했다. 웨이즈를 사용하면, 오토바이로 달구지와 경주하는 것과 같은 결과를 얻을 수 있다고 했다. 기존 GPS 내비게이션과 달리, 웨이즈는 목적지로 가는 가장 좋은 일반적인 경로를 가리키지 않는다. 지금 이 순간 어느 경로가 가장 좋은지를 알려준다. 회사 웹사이트에는 이렇게 설명되어 있다.

몇 년 전 에후드 샵타이(Ehud Shabtai)는 …… 내비게이션 소프트웨어가 내장된 외부 GPS 장치가 딸린 PDA를 실험해보다가 웨이즈의 기본 아이디어를 떠올렸다. 에후드는 처음에 그 기기에 흥분했지만, 곧 실망하고 말았다. 그 제품은 실제 도로 조건의 특징인 역동적인 변화를 반영하지 못했다…….

에후드는 직접 그 문제를 해결하기로 했다……. 그의 목표는? 도로망, 교통 상황 등 매순간 운전자와 관계가 있는 모든 정보가 정확히 반영되도록 하는 것이다.[2]

기존 GPS 시스템에 익숙한 사람이라면, 삽타이의 좌절감을 이해할 것이다. 그렇다. 미국 정부가 구축하고 관리하는 24시간 작동하는 GPS 정지 위성망 덕분에, 그 시스템은 당신의 위치를 정확히 파악할 수 있다. 또 도로 정보 데이터베이스도 이용하므로 당신이 고속도로에 있는지, 일방통행로에 있는지도 안다. 하지만 그것이 전부다. 기존 시스템은 운전자가 정말로 알고 싶어 하는 것들—교통 정체, 사고, 도로 차단 등 주행 시간에 영향을 미치는 요인들—은 알려주지 못한다. 한 예로, 앤디의 집에서 에릭의 집까지 가는 최적 경로를 물으면, 그저 출발지(앤디 자동차의 현재 위치)와 목적지(에릭의 집)를 파악한 뒤, 도로 데이터베이스에서 두 지점 사이의 이론적으로 '가장 빠른' 경로를 계산하여 제시한다. 이 경로에는 으레 주요 도로와 고속도로가 포함된다. 그 도로들의 제한 속도가 가장 높기 때문이다.

하지만 차량이 몰릴 때는 이 이론상 가장 빠른 경로가 사실은 가장 빠른 길이 아닐 수 있다. 차량 수천 대가 주요 도로와 고속도로로 밀려들면서, 주행 속도는 제한 속도를 넘어서기는커녕 거기에 한참 못 미칠 수 있다. 앤디는 오랫동안 아는 사람만 이용해온 잘 알려지지 않은 좁은 뒷길을 찾아야 했을 것이다. 앤디의 GPS는 그런 도로가 있다는 것을 알지만(최신 정보가 담겨 있다면, 모든 길을 안다), 그 도로가 화요일 아침 8시 45분에 가장 좋은 대안이라는 사실은 알지 못한다. 만일 앤디가 뒷길로 들어선다면, GPS는 매우 친절하게도 고속도로를 타라고 경로를 계속 재설정할 것이다.

삽타이는 진정으로 유용한 GPS 시스템이라면, 단지 차가 도로의 어디에 있는가뿐 아니라, 더 많은 정보를 알아야 한다고 생각했다. 또 다른 차들이 어디에 있고, 어떤 속도로 움직이고 있는지도 알 필요가 있다. 스마트폰이 처음 등장했을 때, 그는 기회가 왔음을 알아차렸고, 2008년에 유리 러바인(Uri Levine) 및 아미르 시나르(Amir Shinar)와 함께 웨이즈를 설립했다. 웨이즈 소프트웨어는 그것이 설치된 모든 스마트폰을 감지기로 바꾸어놓는 놀라운 능력을 갖고 있다. 즉 그 스마트폰들은 웨이즈 회사의 서버로 끊임없이 자신의 위치와 속도 정보를 전송한다. 따라서 그 앱을 설치한 스마트폰이 더 늘어날수록, 웨이즈는 한 지역 전체의 교통 상황을 더욱 완벽하게 감지할 수 있다. 그 결과 고정된 도로 지도 대신 늘 최신 교통 정보를 입수할 수 있다. 회사의 서버는 지도, 이 최신 정보, 일련의 복잡한 알고리듬을 이용하여 운전 경로를 산출한다. 앤디가 화요일 오전 8시 45분에 차를 몰고 에릭의 집으로 가고자 할 때, 웨이즈는 그에게 고속도로로 가라고 하지 않을 것이다. 그 시간에 교통량이 상대적으로 적은 일반 도로로 가라고 알려줄 것이다.

사용자 수가 늘어날수록 웨이즈가 사용자들에게 더 유용해지는 현상은 경제학자들이 네트워크 효과(network effect)라고 하는 것의 전형적인 사례다. 네트워크 효과란 사용자가 늘어날수록 한 자원이 각 사용자에게 지니는 가치가 증가하는 것을 말한다. 그리고 웨이저(Wazer), 즉 웨이즈 사용자의 수는 급속히 늘어나는 중이다. 2012년 7월, 이 회사는 6개월 사이에 사용자 수가 2천만 명으로 두 배가 늘었다고 발표했다.[3] 이들이 운전한 총거리는 51억 킬로미터가 넘는다. 그들은 교통사고, 갑작스러운 교통 정체, 경찰의 과속 단속, 도로 차단, 새로 개통된 진출입로, 저렴한 주유소 등 동료 운전자들이 관심을 가질 만한 항목들을 무수히 제공해왔다.

웨이즈는 GPS를 운전자가 원하는 바로 그런 장치로 만들어준다. 운전자가 주변 도로와 상황을 잘 알든 모르든 간에, 원하는 곳에 가능한 한 빨리 쉽게 도달할 수 있게 해주는 시스템으로 말이다. 작동시키는 순간, 운전자는 그 지역 도로 상황을 가장 잘 파악하고 있는 사람이 된다.

비트의 경제학

웨이즈는 결코 사소한 사례가 아니다. 그것은 앞장에서 말한 무어의 법칙과 기하급수적 기술 발전의 일부이기 때문이다. 그 서비스는 엄청나게 많은 값싸면서도 성능 좋은 장치(사용자의 스마트폰)에 의존하며, 그 장치 하나하나는 여러 개의 처리 장치, 감지기, 송수신기를 갖추고 있다. 그런 기술은 10년 전만 해도 아예 존재하지 않았으며, 따라서 웨이즈도 마찬가지였다. 축적된 디지털 성능 향상과 비용 감소 덕분에 지난 몇 년 사이에 비로소 실현 가능해진 것이다. 2장에서 살펴보았듯이, 컴퓨터 기기의 기하급수적인 성능 향상은 제2의 기계 시대의 세 가지 근본적인 힘 중 하나다.

웨이즈는 이 세 가지 힘 중 두 번째 것에도 크게 의존한다. 바로 디지털화다. 경제학자 칼 샤피로(Carl Shapiro)와 핼 배리언(Hal Varian)은 1998년에 출간한 기념비적인 책 《정보법칙을 알면 .COM이 보인다 *Information Rules*》에서 이 현상을 "정보를 비트의 흐름으로 부호화하는 것"이라고 정의했다.[4] 다시 말해, 디지털화는 모든 종류의 정보와 매체―문자, 소리, 사진, 동영상, 기기와 감지기에서 나오는 자료 등―

를 컴퓨터 및 유사 기기의 고유 언어인 0과 1로 바꾸는 작업이다. 예를 들어, 웨이즈는 몇 가지 정보의 흐름을 이용한다. 디지털화한 도로 지도, 앱을 통해 전송되는 차량의 위치 좌표, 교통 정체 상황에 관한 알림 등이 그렇다. 웨이즈가 그토록 인기를 끄는 것은 이 흐름들을 하나로 엮어 사용자에게 유용하게 만드는 능력을 지닌 덕분이다.

우리는 샤피로, 배리언 같은 이들의 연구 성과를 살펴보았고, 또 온라인에서 일어나는 일을 늘 접했기에, 디지털화를 꽤 잘 이해하고 있다고 자신했다. 하지만 지난 몇 년 사이에 그 현상은 몇 가지 예기치 않은 방향으로 발전했다. 양, 속도, 다양성도 폭발적으로 증가했다. 디지털화의 급격한 확대는 두 가지 심오한 결과를 낳았다. 새로운 지식을 습득하는(다시 말해, 과학을 하는) 방법들이 등장했고, 혁신의 속도가 더 빨라졌다. 이 장에서는 디지털화의 흥미로운 최근 역사를 살펴보기로 하자.

다른 수많은 현대 온라인 서비스들과 마찬가지로, 웨이즈도 디지털 정보의 잘 알려져 있는 두 가지 독특한 속성을 이용한다. 그런 정보가 비경쟁적이며, 재생산의 한계비용이 제로에 가깝다는 것이다. 일상 언어로 말하자면, 디지털 정보는 써도 '고갈되지' 않으며, 디지털화한 자원을 복사하는 비용도 대단히 저렴하다고 할 수 있다. 이 두 가지 속성을 좀 더 상세히 살펴보기로 하자.

우리가 일상생활에서 접하는 경쟁재(rival goods)는 한 번에 한 사람 또는 한 사물만이 소비할 수 있다. 우리 두 사람이 보스턴에서 캘리포니아까지 비행기를 타고자 한다면, 우리 다음에 뜨는 비행기는 우리를 태울 수가 없다. 또 앤디는 에릭이 앉아 있는 좌석에는 앉을 수 없고

(설령 우리가 그렇게 하겠다고 해도 항공사 규정상 금지되어 있다), 에릭이 스마트폰의 음악을 듣기 위해 헤드폰을 이미 쓰고 있다면, 그 헤드폰을 쓸 수가 없다. 하지만 디지털화한 음악 자체는 비경쟁적이다. 에릭이 그 음악을 듣는다고 해서 다른 사람이 동시에 또는 그 뒤에 그 음악을 들을 수 없는 것이 아니다.

앤디가 과학 소설 작가인 쥘 베른(Jules Verne)의 작품을 모은 오래된 양장본을 사서 읽을 때, 그 책은 '고갈되거나' 하지 않는다. 그는 다 읽은 뒤 에릭에게 책을 건네줄 수 있다. 하지만 우리 두 사람이 동시에 《해저 2만 리20,000 Leagues Under the Sea》를 읽고 싶다면, 우리는 각자 책을 사거나 앤디가 그 책의 복사본을 떠야 할 것이다. 베른의 저작권 기한은 만료되었으므로, 그는 합법적으로 그 책의 복사본을 만들 수 있지만, 그러려면 많은 시간을 들여 복사하든지 남에게 돈을 주고 맡겨야 한다. 어느 쪽이든 간에, 복사본을 만드는 일은 비용이 많이 들 것이다.[5] 게다가 복사본을 다시 복사하는 식으로 반복할수록 활자가 흐릿해져서 점점 더 읽기가 어려워진다.

그러나 앤디가 그 책의 디지털 사본을 획득했다면, 그는 자판이나 마우스를 두 번 눌러서 사본을 만들어 물리적 디스크에 저장하고, 그 사본을 에릭에게 줄 수 있다. 복사한 종이책과 달리, 비트를 복사한 비트는 대개 원본과 정확히 똑같다. 또 비트의 복사는 매우 저렴하고 빠르고 쉽게 할 수 있다. 책이나 영화를 처음으로 만드는 데는 많은 비용이 들지 모르지만, 그것의 사본을 뜨는 데는 거의 비용이 들지 않는다. '재생산의 제로 한계비용'이 바로 그런 의미다.

물론 지금이라면, 앤디는 에릭에게 디스크를 건네는 대신, 이메일에 파일을 첨부해 보내거나 드롭박스(Dropbox) 같은 클라우드 서비스를 통해 공유하는 방식을 쓸 가능성이 더 높다. 이 두 방법 중 하나를 쓰기 위해 그는 인터넷에 접속할 것이다. 그는 더 빠르고 더 편리하며 본질적으로 무료이기 때문에 그 방법을 택할 것이다.

대부분의 사람들이 그렇듯이, 우리도 정액제 요금을 내고 가정에서 그리고 휴대 기기로 인터넷에 접속한다. 자료 전송량이 약속한 것을 초과하면, 인터넷 서비스 공급자가 추가 요금을 매길 수도 있겠지만, 그때까지는 비트당 요금을 지불하지 않는다. 비트를 얼마나 많이 올리든 내려받든 간에, 우리가 지불하는 요금은 동일하다. 따라서 인터넷을 통해 자료를 한 뭉치 더 받든 보내든 간에, 추가 비용은 전혀 없다. 원자로 이루어진 제품과 달리, 비트로 이루어진 제품은 거의 즉시, 거의 비용 없이 복제하여 방 너머로 또는 지구 반대편으로 보낼 수 있다. 무료로 완벽하게 즉시 제품을 만든다는 것이 대다수 제품에는 부당한 기대처럼 보이겠지만, 디지털화하는 정보가 더 많아질수록 이 범주에 들어가는 제품도 더 많아질 것이다.

샤피로와 배리언은 컴퓨터와 네트워크의 시대에는 "정보를 생산하는 데는 비용이 많이 들지만, 재생산하는 데에는 저렴하다"는 말로 이 속성들을 근사하게 요약하고 있다.[6] 1장에서 살펴본 과학 소설을 현실로 만든 기술 중 하나인 즉석 온라인 번역 서비스도 이 점을 활용한다. 그 서비스들은 사람이 한 언어에서 다른 언어로 때로 상당한 비용을 들여 번역했던 문서 집합들을 이용한다. 예를 들어, 유럽연합(EU)과 그 전신인 국제기구는 1957년부터 회원국들의 모든 주요 언어로 공식 문서를 작성했으며, 국제연합(UN)도 마찬가지로 총 여섯 개의 공식 언어로 많은 문서를 작성했다.

　이런 엄청난 양의 정보는 생산하는 데 많은 비용이 들었지만, 일단 디지털화가 이루어지고 나면 아주 저렴하게 복사하고 편집하고 널리 공유하는 일을 얼마든지 반복할 수 있다. 구글 번역 같은 서비스가 하는 일이 바로 이것이다. 영어 문장을 입력하고 독일어로 번역해달라고 요청하면, 구글 번역 서비스는 본질적으로 영어와 독일어로 함께 적힌 모든 문서를 훑어서 가깝게 일치하는 문장(또는 나중에 조합했을 때, 가깝게 일치하는 구절)을 찾은 뒤, 상응하는 독일어 문장을 내놓는다. 따라서 현재 가장 뛰어난 자동 번역 서비스들은 우리가 인간 언어의 규칙들과 그 적용 방식을 가르치는 방법을 최근에 깨달아 컴퓨터에 가르쳐서 나온 것이 아니다. 그것들은 생산하는 데는 비용이 많이 들지만 재생산하는 데는 저렴한, 엄청나게 많은 디지털 콘텐츠를 훑어서 통계적 패턴 맞추기를 하는 응용 프로그램일 뿐이다.

재생산의 한계비용 제로

　하지만 정보를 생산하는 비용이 더 이상 비싸지 않다면, 디지털 세계에 어떤 일이 벌어질까? 처음부터 무료로 이용된다면 어떻게 될까? 우리는 《정보법칙을 알면 .COM이 보인다》가 나온 이래로 죽 이런 질문들에 대한 정답을 연구했으며, 결과는 무척 고무적이다.

　"시간이 돈이다"라는 말은 경제계의 오래된 격언이지만, 현대 인터넷의 놀라운 점은 수많은 사람들이 돈이라는 보상을 전혀 바라지 않으면서 기꺼이 자신의 시간을 투자하여 온라인 콘텐츠를 생산한다는 점이다. 예를 들면, 위키피디아의 콘텐츠는 전 세계의 자원 봉사자들이 아무런 대가도 받지 않고 생산한 것이다. 그것은 세계에서 가장 규모가 크면서 사람들이 가장 많이 참조하는 문헌이지만, 그 글을 작성하거나 편집하는 일로 돈을 받는 사람은 아무도 없다. 웹사이트, 블로그, 토론방, 포럼 등 온라인 정보의 다른 무수한 원천들도 마찬가지다. 그 정보의 생산자들은 직접적인 금전 보상을 전혀 기대하지 않은 채, 무료로 정보를 제공한다.

샤피로와 배리언이 《정보법칙을 알면 .COM이 보인다》를 출간한 1988년 당시에는 정보의 상당량이 돈을 주고받는 일 없이 생산되는, 사용자가 생성하는 콘텐츠의 급증 현상은 아직 나타나지 않은 상태였다. 최초의 웹로그(weblog) 서비스인 블로거(Blogger)는 1999년 8월에 등장했고, 위키피디아는 2001년 1월, 초기 소셜네트워크사이트인 프렌드스터(Friendster)는 2002년에 출현했다. 프렌드스터는 곧 페이스북에 밀려났고, 2004년에 설립된 페이스북은 세계에서 가장 인기 있는 인터넷 사이트로 성장했다.[7] 사실 세계에서 가장 인기 있는 콘텐츠 사이트 열 곳 중 여섯 곳은 주로 사용자가 콘텐츠를 생성하는 사이트이며, 미국에서 가장 인기 있는 사이트 열 곳 중 여섯 곳도 마찬가지다.[8]

이 모든 사용자 생성 콘텐츠는 우리가 스스로를 표현할 수 있고 서로 의사소통할 수 있게 함으로써 우리를 즐겁게 해주는 일만 하는 것이 아니다. 앞서 살펴본 과학 소설을 현실로 만든 최근의 기술 중 몇 가지에도 기여하고 있다. 예를 들어, 시리는 음성 인식 시스템과 상호작용할 때 사용자가 만들어내는, 점점 늘어나는 음성 파일들을 분석함으로써 시간이 흐를수록 개선되고 있다. 그리고 왓슨의 데이터베이스는 위키피디아 전체를 포함하여 약 2억 쪽 분량의 문서로 이루어져 있으며, 4테라바이트 규모에 이른다.[9] 처음에는 저속한 언어가 난무하는 사이트인 어번딕셔너리(Urban Dictionary)의 콘텐츠도 데이터베이스에 포함시켰지만, 왓슨이 대답할 때 욕설도 내뱉기 시작하자 연구진은 경악하여 그 사용자 생성 콘텐츠를 빼버렸다.[10]

인터넷에서 사용자 생성 콘텐츠가 급격히 증가하고 인기를 끄는 현상에 너무 놀랄 필요는 없을지도 모른다. 어쨌거나 우리 인간은 공유하고 상호작용하는 것을 좋아한다. 더욱 놀라운 점은, 우리의 기계들도 서로 대화하는 것을 몹시 좋아하는 듯이 보인다는 것이다.

사물(M2M, Machine-to-Machine) 통신은 인터넷 같은 네트워크를 통해 기계들이 서로 자료를 공유하는 것을 가리키는 포괄적인 용어다. 웨이즈는 사물 통신을 이용한다. 그 앱은 스마트폰에서 켜져 있으면, 사람이 전혀 개입하지 않은 상태에서 웨이즈 서버로 계속 정보를 보낸다. 마찬가지로, 당신이 유명한 여행 사이트인 카약(Kayak)에서 저렴한 항공편을 검색하면, 인간의 개입이 전혀 없는 상태에서 카약의 서버는 즉시 다양한 항공사의 서버로 그 요청을 전송하고, 각 항공사의 서버는 실시간으로 답을 카약 서버로 보낸다. 우리가 돈을 인출하려고 할 때, 현금자동입출금기(ATM)는 은행 서버에 우리의 예금 계좌에 돈이 얼마나 있는지를 묻는다. 냉장 트럭의 디지털 온도계는 슈퍼마켓에 운송되는 물품의 온도가 알맞게 유지되고 있다고 안심시키는 정보를 계속 보낸다. 반도체 공장의 감지기들은 문제가 생길 때마다 본사로 신호를 전송한다. 그밖에도 무수한 사물 통신이 실시간으로 끊임없이 일어나고 있다. 2012년 7월 〈뉴욕타임스*The New York Times*〉에는 이런 기사가 실린 바 있다. "세계의 무선망에서 로봇들의 대화 총량이 사람의 음성 대화 총량을 곧 넘어설 가능성이 높다."[11]

미터법의 고갈

만물—문서, 뉴스, 음악, 사진, 동영상, 지도, 개인의 일상, 소셜네트워크, 정보 요청과 응답, 각종 감지기에서 나오는 자료 등—의 디지털화는 최근의 가장 중요한 현상 중 하나다. 우리가 제2의 기계 시대로 더 깊이 들어갈수록, 디지털화는 경악할 통계 수치를 내놓으면서 계속 확산되고 가속된다. 시스코시스템스(Cisco Systems)에 따르면, 세계 인터넷 소통량이 월간 23.9엑사바이트에 이를 정도로 늘어나면서, 2006년에서 2011년까지 고작 5년 사이에 열두 배나 증가했다고 한다.[12]

엑사바이트(exabyte)는 왓슨의 전체 데이터베이스의 20만 배를 넘는 엄청난 수다. 하지만 이 엄청난 크기도 현재와 미래의 디지털화 규모를 담기에는 부족하다. 기술의 동향을 연구하는 회사인 IDC는 2012년 세계의 디지털 자료가 2.7제타바이트(zettabyte), 즉 2.7×10^{21}이며, 2011년의 총량보다 거의 절반이 더 증가한 것으로 추정했다. 그리고 이 자료는 디스크 드라이브에 그냥 담겨 있는 것이 아니라 계속 이동할 것이다. 시스코는 2016년에 세계 인터넷 프로토콜 소통량이 1.3제타바이트에 이를 것이라고 추정한다.[13] DVD 2억 5천만 장이 넘게 있어야 담을 수 있는 정보량이다.[14]

이 값들이 분명히 보여주듯이, 디지털화는 진정으로 엄청난 자료를 양산한다. 사실 이런 식의 성장이 훨씬 더 오래 이어진다면, 우리가 쓰는 미터법의 단위는 고갈될 것이다. 1991년 제19차 세계도량형총회(General Conference on Weights and Measures)에서 미터법의 영어 단위에 붙이는 접두어들이 정해졌을 때, 가장 큰 수를 가리키는 접두어는 10^{24}를 가리키는 요타(yotta)였다.[15] 우리는 요타보다 겨우 한 단계 낮은 제타바이트 시대를 살고 있다.

이진법의 과학

최근의 폭발적인 디지털화가 인상적인 것은 분명한 사실이지만, 그것이 과연 중요한 의미를 갖는 것일까? 이 엑사바이트와 제타바이트에 이르는 디지털 자료들이 정말로 모두 유용할까?

이에 대한 답은 엄청나게 유용하다는 것이다. 우리가 디지털화를 제2의 기계 시대를 떠받치는 주된 힘이라고 보는 이유 중 하나는 디지털화가 이해를 증대시키기 때문이다. 디지털화는 엄청난 양의 자료에 쉽게 접근할 수 있도록 해주며, 자료는 과학의 생명선이다. 여기서 '과학'이란 가설과 이론을 세운 뒤, 그것을 검증하는 작업을 뜻한다. 좀 더 부드럽게 풀어 쓰자면, 무언가가 어떻게 작동하는지를 추측한 다음, 그 추측이 맞는지 검사하는 과정이다.

얼마 전 에릭은 인터넷 검색 자료가 전국의 주택 거래량과 가격이 앞으로 어떻게 변할지를 알려주지 않을까 추측했다. 그는 부부가 다른 도시로 이사하여 집을 구입하려 할 때, 단 며칠 사이에 그 일을 다 끝내지는 않을 것이라고 추론했다. 몇 달 전부터 이사할 집을 알아보기 시작할 것이다. 처음 조사를 할 때, 그들은 인터넷을 이용할 것이고, 검색 엔진에 '피닉스 소재 부동산', '피닉스 주거 단지', '피닉스의 방 두 개짜리 주택 가격' 같은 검색어를 입력할 것이다.

이 가설을 검증하기 위해, 에릭은 구글에 그런 검색어들에 관한 자료를 줄 수 있는지 문의했다. 구글은 요청할 필요가 없다고 했다. 웹에서 일마든지 자유롭게 이용할 수 있게 해놓았다는 것이다. 에릭과 박사과정 학생인 린 우(Lynn Wu)는 둘 다 주택의 경제학에는 문외한이나 다름없었지만, 구글이 사용할 수 있게 해놓은 사용자 생성 검색어 콘텐츠를 이용하여 관련 자료를 조사하기 위한 단순한 통계 모형을 만들었다. 그 모형은 검색 횟수의 변동을 나중의 주택 거래량 및 가격 변동과 연관 지은 것이었다. 그들은 오늘 위에서 말한 검색어들로 검색한 횟수가 증가했다면, 3개월 뒤 피닉스의 주택 거래량과 가격이 상승할 것이라고 예측했다. 그들의 그 단순한 모형은 제대로 들어맞았다. 사실 그 모형은 전미부동산협회(National Association of Realtors)의 전문가들이 발표하는 예측값보다 23.6퍼센트 더 정확히 거래량을 예측했다.

다른 분야의 연구자들도 새로 이용할 수 있게 된 디지털 자료를 써서 마찬가지로 성공을 거두었다. 하버드 의대의 루미 추나라(Rumi Chunara) 연구진은 2010년 아이티에 대지진이 일어난 뒤 퍼진 콜레라의 확산 상황을 추적할 때, 트윗이 공식 보고서만큼 정확하다는 것을 발견했다. 게다가 트윗이 공식 보고서보다 적어도 2주 더 빨랐다.[16] 휼렛패커드의 소셜컴퓨팅연구소(Social Computing Lab) 소속 시타람 아수르(Sitaram Asur)와 베르나르도 우베르만(Bernardo Huberman)은 트윗이 영화 상영관의 수입을 예측하는 데도 사용될 수 있음을 깨달았다. 그들은 이렇게 결론을 내렸다. "이 연구는 소셜미디어가 적절히 분석하면, 미래의 결과를 알려주는 정확한 지표를 내놓을 수 있는 집단적인 지혜임을 보여준다."[17]

디지털화는 과거를 더 잘 이해하는 데도 도움을 줄 수 있다. 2012년 3월까지 구글은 지난 수세기 동안 출간된 2천만 권이 넘는 책을 스캐닝했다.[18] 디지털 단어와 구절로 변환된 이 엄청난 자료는 컬처로믹스(culturomics), 즉 고도 처리 자료 집합과 분석을 인류 문화 연구에 응용하는 분야의 토대가 된다.[19] 장 밥티스트 미셸(Jean-Baptiste Michael)과 에레즈 리버먼 에이든(Erez Lieberman Aiden)은 1800년 이래로 영어로 출간된 책 500만 권 이상을 분석했다. 그들은 영어 단어의 수가 1950년에서 2000년 사이에 70퍼센트 이상 증가했으며, 예전보다 명성을 더 빨리 얻고 더 빨리 잊히며, 20세기에 제임스 왓슨(James Watson)과 프랜시스 크릭(Francis Crick)이 DNA의 구조를 발견하기 전까지 진화에 대한 관심이 줄어들고 있었다는 것 등 많은 사실들을 밝혀냈다.[20]

이 모든 사례들은 디지털화를 통해 이해와 예측—다시 말해, 과학—의 수준이 더 높아졌음을 보여준다. 현재 구글의 수석 경제학자인 배리언은 다년간 이 현상을 맨 앞에서 관찰하는 기쁨을 누렸다. 말을 유창하게 잘하는 그가 즐겨 사용하는 인용문이 있다. "나는 통계학자가 앞으로 10년 내에 가장 매력적인 직업이 될 것이라고 본다. 결코 농담이 아니다."[21] 디지털 자료가 생성되는 양을 보고 그 속에서 얼마나 많은 깨달음을 얻을 수 있는지를 생각할 때, 우리도 그의 말이 틀리지 않았다고 확신한다.

새로운 요소가 새로운 요리법을 낳는다

디지털 정보는 새로운 과학의 생명선일 뿐 아니라 혁신을 함양하는 역할을 하기 때문에 제2의 기계 시대를 형성하는 두 번째 근본적인 힘

(기하급수적 개선에 이어서)이 된다. 웨이즈가 대표적인 사례다. 그 서비스는 디지털화의 다양한 요소와 세대를 토대로 구축되며, 디지털 제품은 비경쟁적이므로 그 어느 것도 썩거나 소모되지 않았다.

첫 번째이자 가장 오래된 요소는 디지털 지도로, 적어도 개인용 컴퓨터만큼 역사가 오래된 것이다.[22] 두 번째 요소는 GPS 위치 정보로, 미국 정부가 2000년에 GPS의 정확도를 향상시키면서 운전하는 데 훨씬 유용해졌다.[23] 세 번째 요소는 소셜 자료다. 웨이즈 사용자들은 교통사고에서 경찰 과속 단속과 저렴한 주유소에 이르기까지 온갖 정보를 제공함으로써 서로를 돕는다. 심지어 그들은 그 앱을 써서 서로 대화를 나눌 수도 있다. 마지막으로, 웨이즈는 감지기 자료를 폭넓게 활용한다. 사실 웨이즈는 본질적으로 그것을 사용하는 모든 차량을 교통 속도 감지기로 전환하고 이 자료를 토대로 가장 빠른 경로를 계산한다.

디지털 자료의 첫 두 세대—지도와 GPS 위치 정보—만을 사용하는 차량 내비게이션 시스템은 쓰인 지 꽤 되었다. 이 시스템은 대단히 유용하며, 낯선 도시에서는 더욱 그렇다. 하지만 앞서 살펴보았듯이, 그 시스템에는 심각한 단점이 있다. 웨이즈의 개발자들은 디지털화가 진행되고 확산됨에 따라, 기존 GPS 내비게이션의 단점을 극복할 수 있음을 알아차렸다. 이 혁신가들은 기존 시스템에 소셜 자료와 감지기 자료를 추가하여 성능과 유용성을 대폭 향상시킴으로써 발전을 이루었다. 다음 장에서 살펴보겠지만, 이런 식의 혁신은 현행 디지털 시대의 특징 중 하나다. 사실 그것은 제2의 기계 시대를 형성하는 세 번째이자 마지막 힘일 만큼 대단히 중요하다. 다음 장에서 그 이유를 설명하기로 하겠다.

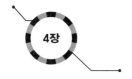

4장

재조합 혁신

"좋은 아이디어를 원한다면, 많은 아이디어를 떠올려야 한다."
_ 라이너스 폴링(Linus Pauling)

미국의 혁신 속도가 떨어지고 있다면? 심란한 소식이라는 데 누구나 동의할 것이다. 하지만 우리가 실제로 그런지 합의를 보기는 어려울 듯하다.

단순히 새로운 것을 좋아하기 때문에 우리가 이렇듯 혁신에 관심을 갖는 것은 아니다. 물론 새로운 것을 좋아한다는 점은 분명하지만 말이다. 소설가인 윌리엄 메이크피스 새커리(William Makepeace Thackeray)는 이렇게 간파했다. "우리 마음은 새로운 것이 지닌 매력에 아무런 저항을 할 수가 없다."[1] 새 기기가 나오면, 사지 않고는 못 배기는 이들도 있다. 최신 패션 양식이나 멋진 장소에 매료되는 이들도 있다. 경제학자의 관점에서 볼 때, 이런 욕구를 충족시키는 것은 대단히 바람직한 일이다. 소비자의 욕구를 충족시키는 것은 대개 좋은 일이라고 본다. 하지만 혁신은 우리 사회를 더 부유하게 만드는 가장 중요한 힘이기도 하다. 폴 크루그먼(Paul Krugman)은 설령 대다수는 아니라고 해도 많은 경제학자들을 대변하여 말한다. "생산성은 전부는 아니지만, 장기적으로 보면 거의 전부다." 왜 그럴까? 그는 이렇게 설명한다. "시간이 지날수록 생활수준을 개선하는 국가의 능력은 거의 전적으로 노동자 1인당 생산량을 높이는 능력에 달려 있다." 다시 말해, 자동차에서 지퍼에 이르기까지, 우리가 생산하는 모든 것을 생산하는 데 걸리는 노동 시간의 양에 달려 있다는 것이다.[2] 대부분의 국가는 광물 자원이나 석유 매장량이 풍부하지 않으므로, 그것들을 수출하여 부유해질 수가 없다.* 따라서 사회가 더 부유해질 수 있는—사람들의 생활수준을 향상시킬 수 있는—방법은 오로지 기업과 노동자가 동일한 양을 투입했을 때 산출되는 양을 계속 더 늘리는 것뿐이다. 즉 동일한 인력으로 더 많은 상품과 서비스를 생산하는 것이다.

혁신은 생산성 향상이 이루어지는 방식이다. 경제학자들은 서로 논쟁하기를 좋아하지만, 혁신이 성장과 번영에 근본적으로 중요한 의미를 갖는다는 점에는 모두가 동의한다. 대다수의 경제학자들은 이 주제를 연구한 위대한 학자 조지프 슘페터(Joseph Schumpeter)의 말에 동의할 것이다. "혁신은 자본주의 사회의 경제사에서 두드러진 현실이며…… 언뜻 볼 때, 다른 요인들 때문이라고 간주되는 것들도 대체로

---

* 사실 광물과 원자재가 풍부한 나라 중 상당수는 '자원의 저주'라는 이중의 공포에 시달리곤 한다. 낮은 성장률과 빈곤의 만연이 바로 그것이다.

거기서 비롯된다."[3] 하지만 의견이 일치하는 부분은 거기까지다. 지금이 '두드러진 현실'이 얼마나 대대적으로 나타나고 있는지 그리고 상향 또는 하향 추세를 보이는지 여부가 큰 논란이 되고 있다.

혁신이 고갈되고 있다

경제성장과 생산성을 가장 철저하고 세심하게 연구한, 널리 존경받는 경제학자 밥 고든(Bob Gordon)은 최근에 지난 150년 동안 미국인의 생활수준이 어떻게 변했는지를 살핀 중요한 논문을 완성했다. 연구 결과, 그는 혁신의 속도가 늦춰지고 있다는 확신을 얻었다.

우리와 마찬가지로 고든은 신기술이 경제성장을 추진하는 데 중요한 역할을 한다고 강조한다. 그리고 우리와 마찬가지로, 산업혁명 때 증기기관을 비롯한 기술들이 발휘한 생산력에 깊은 인상을 받았다. 그는 그러한 생산력 향상이 세계 경제사에서 진정으로 중요한 최초의 사건이었다고 말한다. 그는 대략 산업혁명이 시작된 때 또는 1750년 이전의 "400년 동안, 아니 아마 1천 년 동안 경제성장이 거의 없었다"고 썼다.[4] 서문에서 살펴보았듯이, 인구 성장과 사회 발전의 곡선은 증기기관이 출현하기 전까지 거의 평탄했다. 놀라운 일도 아니지만, 경제성장 곡선도 마찬가지임이 드러났다.

하지만 고든이 보여주듯이, 이 성장은 일단 시작되자 200년 동안 위로 쭉쭉 뻗는 궤도를 유지했다. 이것은 원래의 산업혁명 때문만이 아니라 제2차 산업혁명 덕분이기도 하다. 그리고 후자도 기술 혁신에 의존했다. 거기에는 세 가지 새로운 혁신이 중추적인 역할을 했다. 전기, 내연 기관 그리고 물이 흐르는 실내 배관이다. 모두 1870년에서 1900년 사이에 등장했다.

고든은 이 제2차 산업혁명의 위대한 발명들이 "대단히 중요한 역할을 했고, 본격적인 효과를 발휘하기까지 꼬박 100년 동안 지대한 영향을 미쳤다"고 추정한다. 하지만 일단 그 효과가 나타나자, 한 가지 새로운 문제가 등장했다. 성장이 정체되었을 뿐 아니라, 쇠퇴하기 시작한 것이다. 좀 경솔한 표현일지 몰라도, 증기기관이 증기를 다 써버렸을 때에는 그것을 대체할 내연 기관이 이미 나와 있었다. 하지만 내연 기관이 연료를 다 써버렸을 때, 우리에게는 대안이 남아 있지 않았다. 고든의 말을 들어보자.

> 생산성(단위 시간당 생산량) 증가 속도는 1970년부터 확연히 낮아졌다. 당시에는 당혹스러웠지만, 위대한 발명들과 후속 발명들의 일회성 혜택은 이미 받았고, 두 번 다시 받을 수 없다는 사실이 점점 더 명확해지고 있는 듯하다……. 1970년 이후에 그나마 성장을 이끈 것들은 그저 단거리용 제트기를 개발하고, 기존의 주간(interstate) 고속도로망을 교외 순환 도로망과 연계시켜 확장하고, 개별 가정 단위의 냉난방 방식을 중앙 집중 방식으로 전환하는 등의 부차적인 개선들이었다.[5]

이런 견해를 피력한 사람은 고든만이 아니었다. 경제학자 타일러 코웬(Tyler Cowen) 역시 2011년에 펴낸 《거대한 침체The Great Stagnation》에서 미국의 경제적 고민의 근원이 이것이라고 단호하게 말한다.

> 우리는 실패하는 이유를 이해하는 데 실패했다. 이 모든 문제들은 거

의 주목하지 않은 하나의 근원에서 비롯된다. 우리는 적어도 300년 동안 낮게 달린 과일을 따 먹으면서 살았다. …… 하지만 지난 40년 동안 낮게 달린 과일은 사라지기 시작했고, 한편으로 우리는 그런 과일이 여전히 달려 있는 척하기 시작했다. 우리는 이미 기술적 안정기에 도달했으며, 우리가 생각하는 것보다 나무가 더 헐벗은 상태라는 사실을 알아차리지 못했다.[6]

진정으로 중요한 것은 범용 기술

분명 고든과 코웬은 영향력 있는 기술의 발명이 경제 발전의 핵심이라고 보고 있다. 사실 일부 기술이 정상적인 경제 발전의 흐름을 가속시키는 데 중요한 역할을 한다는 점에 이의를 제기할 경제사가는 거의 없다. 어떤 기술이 그런 역할을 하려면, 그 기술은 대다수의 산업까지는 아니라고 해도 많은 산업으로 확산되어야 한다. 단지 한 산업에 머물러 있어서는 안 된다. 한 예로, 조면기(목화의 씨를 빼거나 솜을 트는 기계-옮긴이)는 19세기 초에 섬유 산업에서 대단히 중요한 역할을 했지만, 다른 산업에서는 별다른 역할을 하지 못했다.[*]

대조적으로, 증기기관과 전력은 빠르게 모든 분야로 확산되었다. 증기기관은 공장에서 쓸 수 있는 동력의 양을 엄청나게 늘리고, 수차의 힘을 이용하기 위해 공장을 하천 옆에 지을 필요가 없도록 만들었을 뿐 아니라, 철도와 증기선을 통해 육상과 해상의 교통도 혁신시켰다.

----

[*] 조면기의 발명을 미국 남부의 노예 노동 수요 증가와 그에 따른 남북전쟁과 연관 짓는 이들도 있지만, 그것이 섬유 산업 외부에 직접적으로 미친 경제적 효과는 미미했다.

전기는 개별적으로 동력을 공급받는 기계를 가능하게 함으로써 제품 생산량을 더욱 증대시켰다. 또 공장, 사무실, 창고에 불을 밝혔고, 찜통 같던 작업장을 상쾌하게 할 냉방 장치 같은 혁신도 낳았다.

멋들어진 표현을 만들어내기 좋아하는 경제학자들은 증기기관이나 전력 같은 혁신 사례들에 범용 기술(GPT, General Purpose Technology)이라는 이름을 붙였다. 경제사가인 개빈 라이트(Gavin Wright)는 범용 기술을 "많은 경제 분야에 중요한 충격을 미칠 수 있는 잠재력을 지닌 심오한 새로운 아이디어나 기술"이라고 간단하게 정의한다.[7] 여기서 '충격(impact)'은 생산성을 크게 향상시킴으로써 생산량을 대폭 늘린다는 의미다. 범용 기술은 정상적인 경제 발전의 흐름을 교란하고 가속시키기 때문에 중요한 의미를 갖는다.

학자들은 범용 기술이 중요하다는 점에 동의할 뿐 아니라, 무엇을 범용 기술이라고 볼 것인지에 대해서도 합의점을 찾으려 노력했다. 즉 범용 기술이란 어디에나 있고, 시간이 흐르면서 개선되며, 새로운 혁신을 낳을 수 있는 기술이라는 것이다.[8] 앞에서 우리는 디지털 기술이 이 세 가지 조건을 모두 충족시킨다는 것을 알 수 있었다. 디지털 기술은 무어 법칙의 궤도를 따라 개선되며, 세계 모든 산업에서 쓰이고, 자율 주행 자동차와 〈제퍼디!〉에서 우승한 슈퍼컴퓨터 같은 혁신 사례들을 낳는다. 그리고 정보통신기술(ICT, Information and Communication Technology)이 증기기관이나 전기와 같은 범주에 속한다고 생각하는 사람이 우리뿐일까? 한 마디로, 정보통신기술이 범용 기술이라고 생각하는 사람이 과연 우리뿐일까?

결코 그렇지 않다. 대다수의 경제사가들은 정보통신기술이 앞서 말한 기준들을 모두 충족시키므로, 범용 기술로 봐야 한다는 데 동의한다. 사실 경제학자 알렉산더 필드(Alexander Field)가 취합한 범용 기술 후보들의 목록에서 정보통신기술보다 더 많은 표를 얻은 기술은 증기력뿐이다. 정보통신기술은 전기력과 공동 2위로 범용 기술 후보에 올랐다.[9]

모두가 동의한다는데, 왜 정보통신기술이 혁신과 성장의 새로운 황금기를 가져올 것인지 여부를 놓고 논쟁이 벌어지는 것일까? 우리가 이미 그 기술의 경제적 혜택을 받았으며, 현재 가장 새로운 혁신이라는 것이 저렴하게 인터넷에 접속할 수 있는 것뿐이라고 주장하는 이들이 있기 때문이다. 경제학자 로버트 고든(Robert Gordon)의 말을 들어보자.

> 최초의 산업용 로봇은 1961년 제너럴모터스가 도입했다. 전화 교환원은 1960년대에 사라졌고…… 항공편 예약 시스템은 1970년대에 등장했으며, 1980년 무렵에는 바코드 스캐너와 현금자동입출금기가 소매업과 은행업에 널리 보급되었다……. 최초의 개인용 컴퓨터는 1980년대 초에 문서 작성, 단어 자동 줄 바꿈, 스프레드시트를 갖추고 등장했다……. 더 최근에 이루어진, 따라서 더 친숙한 혁신은 1995년 이후에 급속히 발달한 웹과 전자상거래이고, 이 과정은 대부분 2005년에 완료되었다.[10]

코웬은 현재 상황을 이렇게 말한다. "인터넷의 혜택은 정말로 놀라우며, 이 자리에서 나는 그것을 비난하려는 것이 아니라 찬미하고자 한다……. 하지만 전체적인 모습은 이러하다. 우리는 인터넷에 얼마간 힘입어 더 많은 것을 누리고 있다. 게다가 더 저렴하게 누리고 있다. 하지만 개인이든 기업이든 정부든 간에 소득 측면을 보면 줄어들고 있으며, 따라서 부채를 갚기가 점점 더 힘겨워지고 있다."[11] 즉 '21세기의 정보통신기술은 경제적으로 중요한가'라는 가장 중요한 시험을 통과하지 못하고 있다는 것이다.

혁신은 고갈되지 않는다

물론 훌륭한 과학자라면 자료가 가설의 최종 판단자임을 잘 안다. 그렇다면 여기서 자료는 뭐라고 말할까? 생산성과 관련한 숫자 자료가 디지털화의 힘을 이렇게 비관적으로 보는 관점을 지지할까? 그 자료는 다음 장에서 살펴보기로 하고, 여기서는 우선 혁신이 이루어지는 방식을 보는 전혀 다른 관점을 제시하고자 한다. 혁신이 '고갈된다'라는 개념을 반박하는 관점이다.

고든은 이렇게 쓰고 있다. "혁신 과정을 일련의 구분되는 발명들을 통해 점진적인 개선이 이루어지다가 이윽고 첫 발명의 잠재력이 완전히 실현되는 시점에 이르는 것이라고 보면 유용하다."[12] 매우 설득력 있는 설명이다. 증기기관이나 컴퓨터 같은 발명이 이루어지고, 우리는 거기서 경제적 혜택을 얻는다. 그 혜택은 기술이 덜 성숙하고 널리 쓰이지 않는 초기에는 작지만, 범용 기술이 개선되고 보급됨에 따라 크게 늘어났다가, 개선과 특히 보급이 수그러들면서 줄어든다. 여러 가지 범용 기술이 동시에 출현하거나 꾸준히 연달아 출현할 때면, 장기간에 걸쳐 높은 성장률이 유지된다. 하지만 주요 혁신 사이의 출현 간격이 크다면, 경제성장은 결국 수그러들 것이다. 우리는 이 관점을 '과일로서의 혁신(innovation-as-fruit)'이라고 부르고자 한다. 낮게 달린 과일을 모두 따먹었다는 코웬의 상상을 존중한다는 의미에서 이렇게 이름 붙였다. 이 관점에 따르면, 혁신의 출현은 과일이 익는 것과 같고, 혁신의 이용은 그 과일을 계속 따먹는 것과 같다.

하지만 또 다른 학파는 진정한 혁신이 새로운 엄청난 무언가를 통해 출현하는 것이 아니라, 기존에 있던 것들의 '재조합'을 통해 출현한다고 본다. 그리고 무언가를 성취하는 능력과 지식 측면에서 실제로 이루어진 주요 발전 단계들을 더 자세히 살펴볼수록, 이 재조합 관점이 더 타당함을 알 수 있다. 예를 들어, 노벨상을 받은 혁신 중 적어도 하나는 바로 그런 식으로 출현했다.

캐리 멀리스(Kary Mullis)는 중합효소연쇄반응(PCR, Polymerase Chain Reaction)을 발명한 업적으로 1993년 노벨화학상을 받았다. 이 반응은 현재 DNA 서열을 복제하는 데 널리 쓰이는 기술이다. 그 아이디어는 캘리포니아에서 야간 운전을 하던 중에 떠올랐는데, 그는 그 즉시 고개를 절레절레 저었다.

나중에 노벨상 연설에서 그는 이렇게 말했다. "내가 착각한 것이 분명했지요……. 너무 쉬웠거든요……. 그 체계에서 우리가 모르는 부분은 전혀 없었어요. 모든 단계들이 이미 다 밝혀져 있었지요."[13] 멀리스가 한 일은 그저 생화학에서 이미 잘 알려져 있던 기술들을 재조합해 새로운 기술을 만들어낸 것뿐이었다. 그렇게 나온 멀리스의 재조합 기술은 대단히 가치가 있음이 드러났다.

복잡성 연구자인 브라이언 아서(Brian Arthur)는 발명, 혁신, 기술 발전의 사례들을 무수히 조사한 끝에, 중합효소연쇄반응의 발명 같은 이야기들이 예외 사례가 아니라 통상적인 일이라는 확신을 얻었다. 그는 《기술의 본성 *The Nature of Technology*》이라는 책에서 이렇게 요약한다. "무언가를 발명한다는 것은 기존에 있던 것들 속에서 그것을 찾아내는 것을 말한다."[14] 경제학자 폴 로머(Paul Romer)도 경제학 내에서 이른바 '신성장론(new growth theory)'이라고 하는 이 견해를 적극적으로 옹호하면서, 그것을 고든의 견해 같은 비관론과 차별화한다. 본질적으로 낙관적인 로머의 이론은 재조합 혁신의 중요성을 강조한다.

> 경제성장은 사람들이 자원들을 더 가치 있는 방식으로 재배치할 때마다 이루어진다……. 모든 세대는 성장의 한계를 자각했으며, 그 한계란 새로운…… 아이디어가 전혀 나오지 않을 때, 유한한 자원과 바람직하지 않은 부작용 때문에 나타난다. 그리고 모든 세대는 새로운…… 아이디어를 발견할 잠재력을 과소평가했다. 우리는 아직 발견되지 않은 채 남아 있는 아이디어가 대단히 많다는 사실을 줄곧 깨닫지 못하고 있다……. 가능성은 덧셈을 통해 늘어나는 것이 아니다. 곱셈을 통해 늘어난다.[15]

또 로머는 '메타아이디어(meta-idea)'라고 이름 붙인, 아이디어의 특별히 중요한 한 범주를 언급한다.

아마 모든 아이디어 중에서 가장 중요한 것은 메타아이디어일 것이다. 메타아이디어는 다른 아이디어의 생산과 전파를 지원하는 방법에 관한 아이디어다……. 안전하게 예측할 수 있는 것이 두 가지 있다. 첫째, 21세기를 선도하는 나라는 민간 부문에서 새로운 아이디어의 생산을 더 효과적으로 지원하는 혁신을 이루는 나라일 것이다. 둘째, 이런 종류의 새 메타아이디어는 틀림없이 발견될 것이다.[16]

디지털 기술은 가장 일반적인 목적의 기술

고든과 코웬은 세계 최고 수준의 경제학자들이지만, 디지털 기술을 과소평가하고 있다. 로머가 말한 다음번의 위대한 메타아이디어는 이미 발견되었다. 그것은 놀라울 만큼 다양한 소프트웨어를 작동시키면서 네트워크에 연결되는 디지털 기기 덕분에 가능해진 마음과 기계의 새로운 공동체 속에서 찾아볼 수 있다. 정보통신기술이라는 범용 기술은 아이디어들을 조합하고 재조합하는 근본적으로 새로운 방법들을 낳았다. 언어, 인쇄술, 도서관, 보편적인 교육처럼 세계 디지털망도 재조합 혁신을 자극한다. 우리는 이전에는 결코 할 수 없었던 방식으로 옛 아이디어와 최근 아이디어를 뒤섞고 또 뒤섞을 수 있다. 몇 가지 사례를 살펴보자.

구글의 쇼퍼 계획은 이전의 범용 기술인 내연 기관에 새 생명을 불어넣는다. 평범한 자동차가 빠른 컴퓨터와 여러 감지기(무어의 법칙에 따라 모두 점점 더 저렴해지고 있는)와 많은 양의 지도와 도로 정보(만물의 디지털화 덕분에 이용 가능해진)를 갖출 때, 그 자동차는 과학 소설에서 곧장 튀어나온 자율 주행 자동차가 된다. 우리 인간이 여전히 운전을 하고 있는 동안에는 웨이즈 같은 혁신 사례가 교통 정체 구간을 더 빨리, 더 쉽게 피해 가도록 도움을 줄 것이다. 웨이즈는 위치 감지기, 자료 전송 장치(즉 전화기), GPS 시스템, 소셜네트워크의 재조합이다. 웨이즈의 직원들은 이 기술 중 어느 것도 발명하지 않았다. 그들은 그저 그것들을 새로운 방식으로 조합했을 뿐이다. 무어의 법칙 덕분에 관련 장치들이 사용할 수 있을 만큼 저렴해지고, 디지털화 덕분에 필요한 모든 자료를 이용할 수 있게 된 것이 웨이즈 시스템의 탄생을 자극했다.

웹 자체는 인터넷의 훨씬 더 오래된 TCP/IP 자료 전송망, 글자, 그림 등을 어떻게 배열할지를 정한 HTML이라는 마크업(markup) 언어, 결과를 화면에 나타내는 '브라우저'라는 단순한 PC 응용 프로그램을 조합한 것에 불과하다. 이 요소들 중 새롭다고 할 만한 것은 전혀 없었다. 하지만 그것들의 조합은 혁신적이었다.

페이스북은 사람들이 웹을 기반으로 HTML을 배울 필요 없이 매체를 온라인에 올리고 소셜네트워크를 디지털화할 수 있게 함으로써 구축되었다. 기술들의 능력을 지적으로 심오하게 조합한 것인지 여부를 떠나서, 페이스북은 인기 있고 경제적으로 중요한 것이 되었다. 2013년 7월에 페이스북의 기업 가치는 600억 달러를 넘어섰다.[17]

사진 공유가 페이스북에서 가장 인기 있는 활동 중 하나가 되었을 때, 케빈 시스트롬(Kevin Systrom)과 마이크 크리거(Mike Krieger)는 사진 공유와 디지털 필터로 사진을 수정하는 기법을 결합해 스마트폰 앱을 만들기로 결심했다. 이는 사소한 혁신에 불과한 것처럼 보인다. 시스트롬과 크리거가 자신들의 계획에 착수한 2010년에 페이스북에서 이미 스마트폰 사진 공유가 가능했기 때문에 더욱 그랬다. 하지만 그들이 만든 인스타그램(Instagram)이라는 앱은 2012년 봄에 사용자가 3천만 명을 넘어섰고, 그들이 올린 사진은 총 1억 장이 넘었다. 2012년

4월 페이스북은 약 10억 달러를 들여 인스타그램을 매입했다.

이 진행 양상은 디지털 혁신이 가장 순수한 형태의 재조합 혁신임을 보여준다. 각 발전은 향후 혁신의 기본 구성단위가 된다. 발전은 소진되지 않는다. 축적되는 것이다. 그리고 디지털 세계에서는 그 어떤 경계도 존중하지 않는다. 물리적 경계를 넘어서 스스로 움직이는 자동차와 비행기로, 부품을 만드는 프린터 등으로 뻗어나간다. 무어의 법칙에 힘입어 연산 기기와 감지기의 가격은 시간이 흐를수록 기하급수적으로 저렴해짐으로써, 문손잡이부터 축하 카드에 이르기까지 점점 더 많은 것들을 경제적으로 만들어낼 수 있게 된다.

디지털화는 거의 모든 상황에 적용되는 대량의 자료 집합을 이용할 수 있게 해주며, 이 정보는 비경쟁적이므로 무한정 재생산하고 재사용할 수 있다. 이 두 힘이 작용한 결과, 잠재적인 가치가 있는 기본 구성단위의 수는 전 세계에서 폭발적으로 늘고 있으며, 가능성도 유례없이 급증하고 있다. 우리는 이 세계관을 '구성단위로서의 혁신(innovation-as-building-block)'이라고 부른다. 아서와 로머, 우리 둘의 견해가 바로 그렇다. 과일로서의 혁신 관점과 달리, 이 관점에서는 기본 구성단위가 사라지지도 고갈되지도 않는다. 실제로는 미래의 재조합 기회를 증대시킨다.

재조합 성장의 한계

이 재조합 혁신 관점이 옳다면, 한 가지 문제가 생긴다. 기본 구성단위의 수가 폭발적으로 늘어남에 따라, 어느 조합이 가치가 있을지 알기가 몹시 어려워진다는 것이다. 경제학자 마틴 와이츠먼은 〈재조합

성장Recombinant Growth〉이라는 논문에서 경제학에서 '고정 요소(fixed factors)'라고 하는 것들—기계 도구, 트럭, 연구실 등—이 자신이 '씨 앗아이디어(seed idea)'라고 부르는 지식을 통해 시간이 흐를수록 증대 되며, 이전의 씨앗아이디어들이 재조합되어 새로운 씨앗아이디어가 됨에 따라 지식 자체도 시간이 흐를수록 증가한다는 신성장론의 수학 모형을 개발했다.[18] 이것이 바로 지식과 씨앗아이디어가 둘 다 시간이 흐를수록 조합되고 재조합될 수 있다는 구성단위로서의 혁신이라는 세계관이다.

이 모형은 한 가지 흥미로운 결과를 낳는다. 재조합 가능성이 아주 빨리 폭발적으로 증가하므로, 잠재적인 가치가 있는 기존 지식의 재조 합 수는 곧 거의 무한히 늘어난다.[*] 따라서 이 모든 가능한 재조합 중 에서 진정으로 가치 있는 것을 찾아내는 능력이 경제성장의 제약 요 인이 된다.

와이츠먼은 이렇게 쓰고 있다.

그런 세계에서는 점증하는 새로운 씨앗아이디어들을 실현 가능한 혁 신으로 만드는 더욱 집중되는 처리 과정이 점점 더 경제생활의 핵심 에 놓일 수 있다……. 발달 초기 단계에는 잠재적인 새로운 아이디어 의 수가 성장을 제약하지만, 나중에는 아이디어를 처리하는 능력만이 제약 요인이 된다.[19]

----
[*] 그런 경제에 씨앗아이디어가 52가지에 불과하다고 해도, 가능한 재조합의 수는 우리 태양계에 있는 원자들의 수보다 더 많다는 것을 명심하자.

고든은 도발적인 질문을 던진다. "성장이 끝날까?" 우리는 와이츠먼, 로머 등 신성장론자들의 입을 빌려 답하고자 한다. "결코 그렇지 않다. 모든 새로운 아이디어를 충분히 빨리 처리하지 못하는 우리의 무능력 때문에 지체될 뿐이다."

필요한 것은 더 많은 눈동자와 더 큰 컴퓨터

이 대답이 적어도 얼마간 정확하다면—현실 세계에서 혁신과 경제 성장이 이루어지는 방식을 어떤 식으로든 포착하고 있다면—아이디어들의 새 조합을 검사하는 능력을 증대시키는 것이 진보를 촉진하는 가장 좋은 방법일 것이다. 그리고 그 일을 하는 한 가지 좋은 방법은 이 검사 과정에 더 많은 사람을 참여시키는 것이며, 디지털 기술은 점점 더 많은 사람을 참여시킬 수 있게 해준다. 우리는 세계적인 정보통신기술을 통해 서로 연결되어 있으며, 대량의 자료와 엄청난 연산능력에 접근할 수 있다. 즉 오늘날의 디지털 환경은 대규모 재조합의 놀이터다. 오픈 소스 운동을 주도해온 인물이자 오픈소스이니셔티브(OSI)의 회장인 에릭 레이먼드(Eric Raymond)는 낙관적인 관점을 취한다. "보는 눈이 많으면, 오류를 쉽게 찾아낸다."[20] 이에 상응하는 혁신은 다음과 같을 것이다. "보는 눈이 많을수록, 더 강력한 재조합이 발견될 것이다."

미 항공우주국은 태양 플레어(solar flares), 즉 태양의 표면에서 일어나는 일시적인 폭발을 예측하는 능력을 향상시키려 할 때 이 효과를 경험했다. 여기서는 정확성과 충분한 시간을 두고 사전 경고를 하는 것, 이 두 가지가 중요하다. 태양 입자 사건(solar particle events, 플레어로

방출된 태양 입자가 지구로 쏟아지는 사건–옮긴이)이 일어나면, 우주에 있는 보호받지 못한 장치와 사람은 방사선을 치명적인 수준으로 쬘 수도 있다. 하지만 미 항공우주국은 35년 동안 태양 입자 사건을 연구하고 자료를 쌓았음에도, "태양 입자 사건의 세기와 지속 시간을 미리 예측할 방법이 전혀 없다"고 시인했다.[21]

항공우주국은 결국 과학 문제들을 해결하기 위한 온라인 정보 교환소인 이노센티브(Innocentive)에 자료를 올리고 태양 입자 사건을 예측하라는 도전 과제를 제시했다. 이노센티브는 '학력과 무관한(non-credentialist)' 곳이다. 문제를 살펴보고, 자료를 내려받으며, 해결책을 올리는 데는 박사 학위도 연구실 경력도 전혀 필요하지 않다. 누구든 분야에 상관없이 어떤 문제에든 달려들 수 있다. 이를테면, 물리학자도 생물학 문제를 깊이 파고들 수 있다.

막상 결과를 보니, 태양 입자 사건의 예측 능력을 향상시키는 데 필요한 통찰력과 전문성을 갖춘 사람은 천체물리학계에 속한 인물이 아니었다. 그는 뉴햄프셔 주의 소도시에 사는, 은퇴한 무선 주파수 기술자인 브루스 크래진(Bruce Cragin)이었다. 크래진은 이렇게 말했다. "나는 태양 물리학 분야에서 일한 적이 없지만, 자기 재결합 이론은 꽤 안다고 생각했지요."[22] 그 이론이야말로 문제에 딱 맞는 것임이 드러났다. 크래진의 접근법을 쓰자, 태양 입자 사건을 8시간 전에는 85퍼센트의 정확도로, 24시간 전에는 75퍼센트 정확도로 예측할 수 있었다. 그는 이론과 자료를 재조합함으로써 항공우주국으로부터 3만 달러의 상금을 받았다.

최근 몇 년 사이에 많은 기관들이 항공우주국의 기술 활용 전략을 받아들여 혁신적인 연구 과제와 기회를 더 많은 눈동자가 볼 수 있도록 개방했다. 이 현상은 '열린 혁신(open innovation)', '크라우드소싱(crowdsourcing)' 등 몇 가지 이름으로 불리며, 놀라운 효과를 발휘하고 있다. 혁신 연구자인 라스 보 예브슨(Lars Bo Jeppesen)과 카림 라카니(Karim Lakhani)는 이노센티브에 올려진 166가지 과학 문제를 조사했다. 모두 본래의 기관들이 골치를 썩였던 문제들이었다. 두 사람은 이노센티브에 모인 군중이 그중 49가지 문제를 해결함으로써, 성공률이 거의 30퍼센트에 이른다는 것을 알았다. 또 그들은 해당 문제와 거리가 먼 분야의 전문 지식을 지닌 이들이 성공적인 해결책을 내놓을 가능성이 가장 높다는 사실도 발견했다. 다시 말해, '변두리(marginal)'에 있다는—자신이 받은 교육, 훈련, 경험이 그 문제와 무관해 보인다는—점이 사실상 문제 해결자가 되는 데 도움을 준 듯했다. 예브슨과 라카니는 그와 관련해 다음과 같은 생생한 사례를 소개한다.

> 식용 중합체 전달 체계를 찾아내라는 과학적 도전 과제에 항공우주물리학자, 소규모 농업 회사 소유자, 경피 투여 전문가, 산업공학자가 각각 서로 다르지만 유용한 해결책을 제시했다……. 네 사람은 서로 다른 과학적 원리를 써서 도전 과제를 해결하는 데 성공했다…….
> 또 다른 사례는 한 연구개발 기관이 제시한 것인데, 그 연구소는 내부와 외부의 전문가들에게 자문을 받았음에도 연구 과제를 수행하는 동안 관찰된 특정한 병리 증상의 독성학적 의미를 파악할 수 없었다……. 보통 독성학 문제를 접하는 일이 없으며 평소에 그런 문제를 풀 일이 없는 단백질 결정학 분야에서 박사 학위를 받은 과학자가 자

기 분야에서 흔히 쓰이는 방법을 사용해 이윽고 그 문제를 해결했다.[23]

이노센티브처럼 온라인 신생 기업인 캐글(Kaggle)도 학력과 무관하게 전 세계의 다양한 사람들이 모여 기관이 제시한 난해한 문제를 해결한다. 캐글은 과학적 도전 과제 대신, 자료 집약적인 해결책을 모색한다. 즉 제시한 기관이 기준선으로 내놓은 예측보다 더 나은 예측을 구하는 것이 목표다. 여기서도 두 가지 방식으로 놀라운 결과가 나오고 있다. 하나는 대개 기준선보다 상당히 개선된 예측이 도출된다는 점이다. 한 예로, 손해보험사인 올스테이트(Allstate)는 차량의 특성을 기술한 자료 집합을 제시하고 나중에 자기 회사를 상대로 대인 배상을 청구할 가능성이 높은 차량을 예측해달라고 캐글 공동체에 요청했다.[24] 100명이 넘는 참가자들이 약 3개월 동안 경쟁을 벌였다. 우승한 예측은 보험사가 기준선으로 제시한 것보다 적중률이 270퍼센트 이상 높았다.

또 한 가지 흥미로운 사실은 캐글 경쟁에서 도전 과제 분야의 변두리에 있는 까닭에 기존 방식으로 해결책을 찾고자 할 때, 자문할 대상자로 고려하지 않을 사람들이 대부분 우승을 한다는 것이다. 예를 들면, 보건 의료 분야에 대한 경험이 전혀 없는 사람이 병원 재입원율에 관한 가장 훌륭한 예측을 내놓는 식이다. 많은 사례에서 이렇게 유능하고 성공적인 데이터과학자들이 새롭고도 지극히 디지털적인 방식으로 자신의 전문성을 확보했다는 것을 알 수 있다.

2012년 2월에서 9월까지 캐글은 휼렛재단(Hewlett Foundation)의 후원을 받아 컴퓨터로 학생들의 작문 성적을 매기는 방법을 과제로 두 차례 대회를 열었다.✦ 캐글과 휼렛은 대회를 준비하기 위해 여러 교육 전문가들과 협력을 했는데, 이 전문가들 중 상당수는 대회 자체에 우려를 표명했다.

1차 대회는 2회전으로 이루어졌다. 1회전에서는 교육평가 회사 열한 곳이 서로 경쟁을 벌였고, 2회전에서는 캐글의 데이터과학자들도 초청을 받아 개인 자격으로 또는 조를 짜서 참가했다. 전문가들은 2회전에서 캐글 군중이 아예 경쟁 상대가 되지 못할 것이라고 걱정했다. 어쨌거나 각 평가 회사는 전부터 자동 점수 평가 업무를 했으며, 그 문제에 상당한 자원을 투자했다. 그곳의 여러 전문가들이 여러 해에 걸쳐 쌓은 경험과 전문성은 신참자들이 넘을 수 없는 장벽처럼 보였다.

그런데 이는 공연한 걱정이었음이 드러났다. 도전에 참가한 '신참자' 중 많은 이들이 작문 평가 경쟁에서 모든 평가 회사들보다 더 뛰어났다. 캐글이 가장 뛰어난 결과를 내놓은 이들을 조사하자, 더욱 놀라운 사실들이 드러났다. 두 차례의 경쟁에서 1, 2, 3등을 차지한 이들 중에 작문 평가나 자연어 처리 분야를 제대로 경험한 사람은 아무도 없었다. 그리고 두 번째 대회에서 1, 2, 3등을 한 이들 중에 스탠퍼드대학의 인공지능 담당 교수들이 제공하는, 전 세계 누구라도 원하면 들을 수 있는 무료 온라인 강의를 들은 것을 제외하면, 정식으로 인공지능 교육을 받은 사람은 한 명도 없었다. 전 세계에서 많은 이들이 이 강의를 듣고 지식을 많이 얻은 것이 분명했다. 상위 세 명은 각각 미국, 슬

✦ 이 분야의 개선은 중요한 의미를 갖는다. 작문이 다지선다형 질문보다 학생의 성향을 더 잘 포착하지만, 사람을 써서 점수를 매긴다면 비용이 훨씬 더 많이 들기 때문이다. 작문의 채점을 자동화한다면 교육의 질을 높이는 동시에 비용을 줄일 수 있다.

로베니아, 싱가포르 사람이었다.

또 하나의 웹 기반 신생 기업인 퀄키(Quirky)는 와이츠먼이 말한 재조합 혁신의 두 단계, 즉 먼저 새로운 아이디어들을 떠올린 다음 걸러 내라는 기준을 적용해 참여할 사람들을 모집한다. 많은 눈동자의 힘을 혁신을 일으키는 용도로뿐 아니라, 시장에 내놓을 수 있도록 혁신 사례를 걸러내는 방법으로도 쓰는 것이다. 퀄키는 새로운 소비자 제품의 아이디어를 군중으로부터 얻을 뿐 아니라, 제품 제안, 시장 조사, 개선 제안, 제품의 명칭과 상표 구상, 판매 촉진 방안 등도 투표 대상으로 삼는다. 퀄키는 어느 제품을 시장에 내놓을지 최종 결정을 한 뒤에 가공 설비, 제조, 유통 문제를 맡는다. 퀄키는 웹사이트를 통해 얻는 수익 중 70퍼센트를 갖고 나머지 30퍼센트를 개발 과정에 참여한 모든 군중에게 나눠준다. 이 30퍼센트 중에서 처음 아이디어를 내놓은 사람이 42퍼센트를 받고, 가격 결정에 기여한 사람들이 10퍼센트, 상품명 결정에 기여한 사람들이 5퍼센트를 나누어 갖는 식으로 분배가 이루어진다.

2012년 가을까지 퀄키는 벤처캐피털로부터 9천만 달러가 넘는 자금을 조달했고, 타깃(Target)과 베드배스앤비욘드(Bed Bath & Beyond) 같은 몇몇 대형 소매업체와 제품 판매 협약을 맺었다. 퀄키의 가장 성공한 상품 중 하나는 피봇파워(Pivot Power)라는 휘어지는 멀티탭으로, 2년도 안 되어 37만 3천 개가 넘게 팔렸고 개발에 참여한 군중은 총 40만 달러 이상의 돈을 벌었다.

재조합 혁신을 지원하는 또 다른 젊은 회사인 아피노바(Affinnova)는 와이츠먼의 두 번째 단계를 바탕으로 소비자를 돕는다. 즉 기본 구성단위들의 가능한 조합들 중에서 가장 가치 있는 것을 골라내는 일을 한다. 크라우드소싱을 노벨상을 안겨준 알고리듬과 결합시킴으로써 말이다. 주류 회사인 칼스버그(Carlsberg)는 세계에서 가장 오랜 전통을 지닌 애비맥주인 벨기에의 그림버겐(Grimbergen)의 병과 라벨을 새로 바꾸고 싶었다. 회사는 일을 신중하게 처리해야 한다는 것을 잘 알고 있었다. 기존 명성을 훼손하거나 900년의 역사를 깎아내리는 일 없이 상표를 바꿔야 했다. 또 디자인을 바꾸고자 하면 각각 서로 다른 몇 가지 속성—병 모양, 엠보싱, 라벨 색깔, 라벨의 위치, 뚜껑 디자인 등—을 토대로 다양한 안들이 나올 것이고, 그 모든 조합 중에서 가장 알맞은 조합을 찾아내야 한다는 점도 알고 있었다. 하지만 수천 가지 가능한 조합 중에서 '알맞은' 조합을 찾아내기란 쉬운 일이 아니었다.

이런 유형의 문제에 흔히 적용되는 표준 접근 방식은 디자인 부서가 좋다고 생각하는 몇 가지 조합을 내놓으면, 포커스 그룹이나 다른 소규모 집단에서 가장 좋은 안을 최종 결정하는 것이다. 아피노바는 전혀 다른 접근 방식을 제시한다. 선택 모형(choice model)이라는 수학적 방법을 이용하는 것이다. 이는 그것의 기본 토대를 제시한 경제학자인 대니얼 맥패든(Daniel McFadden)에게 노벨상을 안겨준 중요한 의미를 갖는 첨단 기법이다. 선택 모형은 소규모의 대안 집합을 반복적으로 제시해 가장 좋은 것을 선택하도록 함으로써, 사람들의 선호도—작은 라벨이 붙고 엠보싱이 있는 갈색 병을 좋아하는지, 큰 라벨이 붙고 엠보싱이 없는 녹색 병을 좋아하는지—를 빠르게 파악한다. 아피노바는 웹을 통해 이 대안들을 제시함으로써, 평가 과정에 겨우 수백 명만 참여시키고서도 수학적으로 최적인(아니 적어도 그것에 근접한) 대안 집합을 찾아낼 수 있다. 이 공개적인 재조합 과정을 통해 나온 그림버겐 디자인은 이전의 병 디자인보다 선호도가 3.5배 더 높았다.[25]

신성장론자들의 관점을 웨이즈, 이노센티브, 캐글, 퀄키, 아피노바를 비롯한 많은 기업들의 사례에 적용하면서, 우리는 현재의 미래 혁신을 낙관적으로 보게 되었다. 그리고 이 디지털 발전은 하이테크 부문에만 한정된 것이 아니다. 즉 컴퓨터와 네트워크만 더 빨라지고 더 좋아지게 만드는 것이 아니다. 우리의 자동차 운전을 돕고(아마 곧 우리는 직접 운전할 필요조차 없어질 것이다), 태양 플레어를 더 잘 예측할 수 있게 해주며, 식품학과 독성학의 문제를 해결하도록 해주고, 더 나은 멀티탭과 맥주병도 제공한다. 이런 무수한 혁신은 시간이 흐를수록 더욱 늘어날 것이며, 앞으로도 꾸준히 이어질 것이다. 몇몇 동료들과 달리, 우리는 혁신과 생산성이 미래에도 양호한 속도로 계속 증가할 것이라고 확신한다. 많은 기본 구성단위들이 갖추어지고, 그것들은 계속 점점 더 나은 방식으로 재조합되고 있다.

인공지능과 인간 지능

"그리고 여기서 나는 그 놀라운 전자 기계들을 생각하고 있다……
그 기계들은 계산하고 결합하는 과정을 통해 경이로운 발전을 예고하는 전령으로,
우리의 계산하고 결합하는 정신 능력을 강화하고 증가시킨다."
_피에르 테야르 드 샤르댕(Pierre Teilhard de Chardin)

앞의 네 장에 걸쳐서 우리는 제2의 기계 시대의 두드러진 특징들을 살펴보았다. 컴퓨터 연산의 대부분의 측면에서 지속되는 기하급수적 성장, 엄청나게 많은 양의 디지털 정보, 재조합 혁신이 바로 그것이다. 이 세 가지 힘은 우리의 최근 예상과 이론까지 초월하면서, 과학 소설을 일상적인 현실로 바꾸어놓는 돌파구들을 열고 있다. 게다가 그 끝이 어디인지도 알 수 없다.

우리가 지난 몇 년 동안 지켜보았고 이 책의 앞부분에서 다룬 발전들—스스로 운전하는 차, 유용한 인간형 로봇, 음성 인식 및 합성 시스템, 3D 프린터, 〈제퍼디!〉에서 우승한 컴퓨터—은 컴퓨터 시대의 최고 수준의 성취 사례가 아니다. 그저 준비 운동 단계에 불과하다. 제

5장 인공지능과 인간 지능_117

2의 기계 시대로 더 깊이 진입할수록, 우리는 그런 경이로운 사례들을 더 많이 보게 될 것이며, 더욱 인상적인 사례들이 나타날 것이다.

어떻게 그렇게 확신할 수 있을까? 이유는 제2의 기계 시대의 기하급수적 성장, 디지털화, 재조합 혁신 능력 덕분에 인류가 역사상 가장 중요한 유례없는 사건 중 두 가지를 일으킬 수 있었기 때문이다. 바로 쓸모 있는 진정한 인공지능을 출현시키고 공통의 디지털망을 통해 세계 대부분의 사람을 연결한 것이다.

이 두 가지 발전은 그중 하나만으로도 우리의 성장 전망을 근본적으로 바꾸어놓았을 것이다. 하물며 둘은 결합됨으로써 육체노동이 이루어지는 방식을 영구히 바꾸어놓은, 산업혁명 이래로 가장 중요한 것이 되었다.

생각하는 기계, 지금도 이용할 수 있다

인지적 작업을 완수할 수 있는 기계는 물리적 작업을 해낼 수 있는 기계보다 더 중요하다. 그리고 현대 인공지능 덕분에 우리는 지금 그런 기계를 갖고 있다. 우리의 디지털 기계는 협소한 틀을 벗어나 패턴 인지, 복잡한 의사소통 등 오로지 인간만이 독차지하던 영역들에서 다방면으로 능력을 보여주기 시작했다.

또 우리는 최근에 자연어 처리, 기계 학습(컴퓨터가 자동적으로 자신의 방법을 다듬고 더 많은 자료를 얻어 결과를 개선하는 능력), 컴퓨터 시각, 동시 위치 추적 및 지도 작성 등 그러한 분야에 산재한 많은 근본적인 도전 과제들에서 큰 발전이 이루어지는 것을 목격했다.

우리는 인공지능이 점점 더 많은 일을 하고, 그러면서 비용이 계속 떨어지며, 결과가 향상되고, 우리 삶이 더 나아지는 현상을 목격하게 될 것이다. 곧 무수한 인공지능들이 때로는 우리가 알아차리지 못하는 상태에서 우리를 위해 일하게 될 것이다. 인공지능은 사소한 영역에서 중요한 영역에 이르기까지 우리 삶을 개선하는 일을 도울 것이다. 사진 속의 친구 얼굴을 인식하고 상품을 추천하는 일 등은 인공지능의 사소한 활용에 속한다. 도로에서 차를 알아서 운전하고, 창고에서 로봇에게 지시를 하며, 더욱 적합한 직장과 구직자를 서로 연결하는 일은 더 중요한 활용에 속한다. 하지만 이런 놀라운 발전들도 삶을 바꾸어놓을 인공지능의 잠재력에 비추어보면 무색해진다.

최근의 사례를 하나 들어보자. 이스라엘 기업인 오알캠(OrCam)의 혁신가들은 작지만 강력한 컴퓨터, 디지털 감지기, 탁월한 알고리듬을 조합해 시각 장애인(미국에만 2천만 명이 넘는다)에게 중요한 정보들을 제공했다. 2013년에 나온 오알캠 시스템은 안경에 끼우도록 되어 있는 작은 디지털카메라와 스피커를 결합한 장치로, 음파를 머리뼈를 통해 전달하는 일을 한다.[1] 사용자가 광고판이나 식품 포장지나 신문 기사의 글을 손가락으로 가리키면, 컴퓨터는 카메라가 보낸 이미지를 즉시 분석하여 스피커를 통해 사용자에게 읽어준다.

'실생활에서', 즉 다양한 활자체, 크기, 매체, 조명 조건에서 글을 읽는다는 것은 역사적으로 가장 고도로 발달한 하드웨어와 소프트웨어도 인간을 따라잡지 못하는 분야로 여겨져왔다. 오알캠과 비슷한 혁신 사례들은 이제는 더 이상 기술이 인간을 따라가는 것이 불가능한 일이 아니며, 여기서도 기술이 앞서 나가고 있음을 보여준다. 이런 기술은 수백만 명이 더 온전한 삶을 살아갈 수 있도록 도울 것이다. 오알캠의 가격은 약 2천500달러—좋은 보청기의 가격과 비슷한 수준—이며, 시간이 흐를수록 더 저렴해질 것이 확실하다.

디지털 기술은 달팽이관 이식을 통해 귀가 먼 사람의 청력을 회복시키기도 하고, 아마 언젠가는 눈이 완전히 먼 사람의 시력도 회복시킬 것이다. 미국 식품의약청(FDA)은 최근에 1세대 망막 이식물(retinal implant)을 승인했다.[2] 인공지능은 사지마비 환자에게도 혜택을 준다. 이제는 휠체어를 생각만으로 조종할 수 있기 때문이다.[3] 이런 발전들은 객관적으로 볼 때, 기적에 가깝다. 게다가 이런 기술들은 아직 유아기 상태에 있다.

인공지능은 삶을 개선하는 것만이 아니다. 목숨도 구할 것이다. 한 예로, 〈제퍼디!〉에서 이긴 뒤, 왓슨은 의대에 들어갔다. 더 정확히 말하면, IBM은 왓슨이 어려운 질문에 답할 수 있도록 한 바로 그 혁신들을 환자의 병을 더 잘 진단할 수 있도록 의사를 돕는 일에 적용했다. 이 슈퍼컴퓨터는 일반 지식을 엄청나게 저장하는 대신, 지금까지 발표된 수준 높은 의학 정보들을 모두 축적한 뒤, 환자의 증상과 의료 기록과 검사 결과와 대조하고 진단을 내리며 치료 계획을 세우도록 훈련을 받고 있다. 현대 의학에 엄청난 양의 정보가 쓰이므로, 이런 형태의 발전은 대단히 중요한 의미를 갖는다. IBM은 인간 의사가 관련이 있는 새 문헌들의 동향을 그저 좋아가기만 하기 위해서도 매주 160시간을 논문을 읽는 데 할애해야 할 것이라고 추정한다.[4]

IBM은 메모리얼슬론케터링암센터(Memorial Sloan-Kettering Cancer Center)와 클리블랜드클리닉(Cleveland Clinic) 같은 기관들과 협력하여 닥터 왓슨(Dr. Watson)을 개발하고 있다. 이 계획에 참여한 기관들은 인공지능 기술이 의사의 임상 경험과 판단력을 대체하는 것이 아니라 강화하는 용도로 쓰일 것이라고 강조한다. 하지만 닥터 왓슨이 언젠가는 세계 최고 진단의가 되는 것도 불가능한 일은 아니다.

몇몇 의학 분야에서는 이미 인공지능이 진단 보조 도구로 쓰이고 있다. 하버드대학 병리학자 앤드루 벡(Andrew Beck) 연구진이 개발한 컴퓨터 병리학자인 C-패스(C-Path, Computational Pathologist) 시스템은 인간 병리학자처럼 조직을 찍은 사진을 살펴보고, 유방암 여부를 자동적으로 진단하고, 생존율을 예측한다.[5] 1920년대 이래로, 병리학자들은 암세포의 얼마 안 되는 특징 집합을 살펴보는 훈련을 계속 받았다.[6] 반면에 C-패스 소프트웨어는 순수한 눈으로, 즉 어떤 특징이 암의 진행 정도나 환자의 예후와 관련이 있다는 식의 개념을 미리 상정하지 않은 상태에서 사진을 살펴본다. 이 소프트웨어는 적어도 사람만큼 정확히 진단을 내렸을 뿐 아니라, 생존율의 좋은 지표라고 알려진 유방암 조직의 세 가지 특징들도 식별했다. 하지만 병리학자들은 그런 특징들을 식별하는 훈련은 받지 않는다.

인간과의 경주에서 인공지능이 앞서 나감에 따라 몇 가지 문제가 생길 수도 있다. 그 이야기는 결론 부분에서 하기로 하자. 하지만 근본적으로 생각하는 기계의 발달은 대단히 긍정적인 의미를 갖는다.

수십억 명의 혁신가가 등장한다

강력하면서 유용한 인공지능뿐 아니라, 전 세계 사람들의 디지털 상호접속도 제2의 기계 시대를 더 가속시킬 것으로 예측되는 최근의 발전 사례다. 인류의 상황과 세계를 개선하기 위한 가장 좋은 자원은 총

71억 명에 달하는 세계 인류 자체다. 우리는 좋은 아이디어와 혁신은 도전 과제들을 해결하고, 삶의 질을 높이며, 지구에서 더 즐겁게 살고, 서로를 더 잘 돌볼 수 있을 것이다. 기후 변화를 제외하고 건강의 거의 모든 환경적·사회적·개인적 지표들이 인구가 증가했음에도, 시간이 흐르면서 개선되었다는 것은 놀랍지만 분명한 사실이다.

이러한 개선은 그저 운이 좋아서 가능했던 것이 아니다. 그것은 원인과 결과에 따른 것이다. 인구가 늘수록 우리의 상황을 전반적으로 개선시켜주는 좋은 아이디어가 더 많아지기 때문에, 세상이 점점 더 좋아진 것이다. 경제학자 줄리언 사이먼(Julian Simon)은 이 낙관론을 펼친 최초의 인물 중 하나였다. 그는 평생 동안 그 견해를 강력하게 주장했다. "당신의 마음은 경제적으로 당신의 입이나 손만큼, 아니 그보다 더 중요하다. 궁극적으로 인구 규모와 성장이 미치는 가장 중요한 경제적 효과는, 늘어난 사람들이 우리의 유용한 지식 자산에 기여한다는 것이다. 그리고 이 기여는 장기적으로 인구 성장의 모든 비용을 상쇄시키고도 남는다."[7]

이론과 자료 모두 사이먼의 식견을 지지한다. 재조합 혁신 이론은 도전 과제를 보는 눈동자가 더 많아지고, 기존 기본 구성단위들을 어떻게 재배열해야 문제를 해결할 수 있는지를 생각하는 뇌가 더 많아지는 것이 대단히 중요하다고 강조한다. 더 나아가, 이 이론은 사람들이 남들의 혁신을 걸러내고 개선하는 데 핵심적인 역할을 한다고 말한다. 그리고 공기 질에서 상품 가격과 폭력 수준에 이르기까지 모든 것에 관한 자료들도 시간이 흐르면서 개선됨을 보여준다. 다시 말해, 이 자료들은 도전 과제를 해결하는 인간의 놀라운 능력을 보여준다.

하지만 우리는 사이먼에게 한 가지 트집을 잡고자 한다. 그는 이렇게 썼다. "세계의 발전을 촉진하는 주된 연료는 우리의 지식 자산이며, 제동 장치는 우리의 상상력 부족이다."[8] 우리는 연료에는 동의하지만, 제동 장치에는 동의하지 않는다. 아주 최근까지도 진보의 주된 장애물은 세계 인구 중 상당한 부분이 세계의 지식 자산에 접근하거나 기여할 효과적인 방법이 아예 없었다는 것이다.

산업화한 서양에서는 오래전부터 도서관, 전화, 컴퓨터를 원하는 대로 마음껏 사용할 수 있었지만, 이런 것들은 개발도상국에서는 상상할 수도 없는 사치품이었다. 하지만 이런 상황은 빠르게 변하고 있다. 한 예로, 2000년에 세계의 휴대전화 가입자 수는 약 7억 명이었고, 개발도상국에서는 인구의 30퍼센트도 채 안 되었다.[9] 2012년에는 60억 명을 넘어섰고, 개발도상국에서도 인구의 75퍼센트를 넘어섰다. 세계은행은 현재 세계 인구의 4분의 3이 휴대전화를 쓰고 있고, 일부 국가에서는 전기나 수돗물보다 휴대전화가 더 널리 보급되어 있다고 추정한다.

개발도상국에서 사고팔리던 최초의 휴대전화는 음성 통화와 문자 전송 정도만 할 수 있는 것이었지만, 이 단순한 장치조차도 상당한 차이를 가져올 수 있었다. 경제학자 로버트 젠슨(Robert Jensen)은 1997년에서 2001년에 걸쳐 어업이 주요 산업인 인도 케랄라의 해안 마을들을 연구했다.[10] 젠슨은 휴대전화 서비스가 도입되기 전후의 자료를 모아 비교한 결과, 놀라운 변화가 일어났음을 발견했다. 휴대전화가 도입된 직후에 생선 가격은 안정되었고, 설령 평균적으로 가격이 떨어지긴 했어도 어민의 소득은 실질적으로 증가했다. 그날의 공급량이 이미 충분한 데도 시장에 생선을 가져감으로써 생기는 낭비를 없앨 수 있었기 때문이다. 판매자와 구매자 양쪽의 전반적인 경제적 복지도 향상되었는데 젠슨은 이 혜택을 휴대전화와 직접 연관 지을 수 있었다.

물론 지금은 개발도상국에서 판매되는 가장 기본적인 휴대전화조차도 10년 전 케랄라의 어민이 쓰던 것보다 성능이 더 좋다. 2012년에 전 세계에서 팔린 모든 휴대전화의 약 70퍼센트는 '피처폰(feature phone)'이었다. 즉 부유한 세계에서 쓰는 애플의 아이폰이나 삼성의 갤럭시 스마트폰보다 성능은 떨어지지만, 그래도 사진을(때로는 동영상도) 찍고, 웹을 검색하며, 적어도 몇 가지 응용 프로그램을 작동시킬 수 있었다.[11] 그리고 값싼 휴대 기기들의 성능은 계속 향상되고 있다. 기술 분석 기업인 IDC는 머지않아 스마트폰이 피처폰의 판매량을 추월할 것이고, 2017년에는 총 판매량의 약 3분의 2를 차지할 것이라고 전망한다.[12]

이 변화는 휴대전화 기기와 네트워크 양쪽 분야에서 성능이 향상되는 동시에 가격이 떨어지는 현상이 지속되었기 때문에 나타난다. 그리고 그것은 한 가지 중요한 결과를 가져온다. 수십억 명의 인구를 잠재적인 지식 창조자, 문제 해결자, 혁신가의 공동체로 끌어들인다는 것이다.

오늘날 세계의 어디에 있든 간에, 스마트폰이나 태블릿을 통해 사람들은 네트워크에 접속하여 MIT의 연구실에 앉아 있는 우리가 쓰는 것과 동일한 정보통신 자원과 정보 중 많은 양(대부분은 아니라고 해도)에 접근한다. 그들은 웹을 검색하고 위키피디아를 훑어볼 수 있다. 또 온라인 강의도 들을 수 있는데, 그런 강의 중에는 학계의 가장 실력 있는 인물들이 하는 것도 있다. 게다가 자신의 깨달음을 블로그, 페이스북, 트위터 등 많은 서비스를 이용하여 공유할 수 있으며, 그런 서비스들은 대부분 무료다. 더 나아가, 아마존 웹 서비스와 오픈 소스 통계 프로그램인 R 같은 클라우드 자원을 이용하여 복잡한 자료 분석도 할 수 있다.[13] 즉 그들은 설계 소프트웨어 회사인 오토데스크의 CEO 칼 배스가 '무한 연산(infinite computing)'이라고 말한 것을 이용하여 혁신과 지식 창조의 훌륭한 기여자가 될 수 있다.[14]

아주 최근까지도 특히 장거리에 걸친 빠른 통신, 정보 습득, 지식 공유는 본질적으로 일부 엘리트들의 전유물이었다. 지금은 훨씬 더 민주적이고 평등해졌으며, 계속 점점 더 그렇게 변해가고 있다. 언론인 A. J. 리블링(Abbott Joseph Liebling)은 "언론의 자유는 그 언론을 소유한 자들에게 국한된 것이다"는 유명한 말을 했다. 하지만 수십억 명이 손끝만 움직여 인쇄물, 도서관, 학교, 컴퓨터를 갖게 될 날이 곧 오리라는 말은 결코 과장이 아니다.[15]

재조합 혁신의 힘을 믿는 우리 같은 사람들은 이 발전이 인류 진보를 촉진할 것이라고 믿는다. 우리는 앞으로 정확히 어떤 새로운 통찰, 제품, 해결책이 출현할 것인지 예측할 수는 없지만, 중요한 의미를 갖는 것이 출현하리라고 굳게 믿는다. 제2의 기계 시대는 무수한 기계 지능들과 상호 연결된 수십억 개의 뇌가 서로 협력하여 우리가 사는 세계를 이해하고 개선해간다는 특징을 갖게 될 것이다. 그 시대 앞에서 이전의 모든 시대는 하찮아 보일 것이다.

THE
SECOND
MACHINE
AGE

2부

기술의 진보와 불평등

6장

풍요의 시대

> "대부분의 경제적 오류는 파이의 크기가 정해져 있어서,
> 한 집단이 차지하려면 다른 집단을 희생시킬 수밖에 없다고
> 가정하는 경향에서 비롯된다."
>
> _ 밀턴 프리드먼(Milton Friedman)

　　정부 기관, 싱크 탱크, NGO, 학계 연구자 등은 매일 같이 개인이 받아들이기는커녕 다 읽을 수조차 없을 만큼 많은 양의 통계 자료를 내놓는다. 텔레비전, 경제 신문, 블로고스피어(Blogosphere, 커뮤니티나 소셜 네트워크 역할을 하는 모든 블로그들의 집합−옮긴이)를 통해 분석가들은 이자율, 실업률, 주가, 적자 등 수많은 지표들을 놓고 논쟁하고 추세를 예측한다. 하지만 좀 멀리 떨어져서 지난 한 세기 동안의 추세를 관조하면, 한 가지 사실이 다른 모든 추세들을 압도하면서 뚜렷해진다. 미국을 비롯한 전 세계의 생활수준이 전반적으로 크게 높아졌다는 것이다. 미국의 1인당 국내총생산(GDP) 성장률은 평균 1.9퍼센트로 1800년대 초 수준으로 돌아간 상태다.[1] 70의 법칙(어떤 가치가 두 배로 증가하는

데 걸리는 시간이 대강 70을 그 가치의 성장률로 나눈 값과 같다는 것)을 적용하면, 35년마다 생활수준이 두 배로 높아지는 것이므로, 사람의 평균 수명 동안 네 배로 증가하는 셈이다.♦

이 증가율은 중요한 의미를 갖는다. 경제성장은 다른 많은 문제들을 해결하는 데 도움을 줄 수 있기 때문이다. 미국의 GDP가 현재 추세보다 해마다 1퍼센트만 더 높아져도, 미국은 2033년이면 5조 달러 더 부유해질 것이다.[2] GDP가 0.5퍼센트씩 더 빨리 증가한다면, 미국의 예산 적자 문제는 정책을 전혀 손대지 않아도 해결될 것이다.[3] 물론 더 느린 성장을 한다면, 새로운 사업에 대한 투자를 늘리거나 세금을 줄이기는커녕 적자 문제를 해결하기도 더 힘들어질 것이다.

생산성 증가

그런데 1인당 GDP를 증가시키는 것은 무엇일까? 그것은 어느 정도는 자원을 더 많이 이용한 결과다. 하지만 대부분은 정해진 투입량을 토대로 산출량을 더 늘리는 능력이 향상된 결과다. 다시 말해, 생산성 증가가 주된 원인이다(생산성은 대개 '노동 생산성'의 줄임말로 쓰인다. 노동 생산성은 시간당 산출량 또는 노동자 1인당 산출량을 가리킨다).♦♦ 그리고 생산성 증가는 기술 전반 및 생산 기술의 혁신에서 비롯된다.

단순히 노동 시간을 더 늘린다고 해서 생산성이 증가하지는 않는다. 사실 미국인은 과거에는 으레 주당 50시간, 60시간, 심지어 70시간까

♦ 70의 법칙(더 정확히 말하면, 69.3퍼센트의 법칙)은 다음 방정식을 토대로 한다. $(1+x)^y=2$. 여기서 x는 성장률, y는 햇수다. 양변에 자연로그를 취하면, $y \ln(1+x) = \ln 2$. $\ln 2$는 0.693이고, x가 작을 때 $\ln(1+x)$는 x와 거의 같으므로, 이 방정식은 대강 $xy=70$퍼센트라고 나타낼 수 있다.

지도 일했다. 그렇게 일하는 이들이 지금도 있긴 하지만, 주당 평균 노동 시간은 현재 훨씬 줄어들었음에도(주당 35시간) 불구하고 생활수준은 더 높다. 로버트 솔로는 경제의 총 산출량 증가 중 대부분은 노동 투입량과 자본 투입량 증가로 설명이 안 된다는 것을 보여준 공로로 노벨경제학상을 받았다.♦♦♦ 사실 지금의 평균 미국인은 주당 11시간만 일하고서도 1950년에 40시간을 일했을 때보다 더 많은 양을 생산한다. 이 개선 속도는 유럽과 일본의 노동자들에게도 해당하며, 일부 개발도상국에서는 더 높다.♦♦♦♦

생산성 향상은 20세기 중반, 특히 1940년대, 50년대, 60년대에, 전기에서 내연 기관에 이르는 제1의 기계 시대의 기술들이 모든 실린더에서 불꽃을 튀기기 시작할 때 유달리 빠르게 일어났다. 하지만 1973년에 생산성 증가 속도는 점차 느려졌다(그림 6.1 참조).

♦♦ 자본 투입량 단위당 산출량인 자본 생산성이나 산출량을 자본과 노동 투입량의 가중 평균값으로 나눈 다요소 생산성(multifactor productivity)도 측정할 수 있다. 경제학자들은 다요소 생산성 대신 '솔로 잔차(Solow residual, 자본과 노동 투입의 양적인 증가만으로 설명되지 않는 경제성장 부분—옮긴이)'라는 용어를 쓰기도 한다. 솔로 잔차는 우리가 생산성의 근원을 반드시 알고 있는 것은 아니라는 사실을 더 잘 반영하는 용어다. 로버트 솔로(Robert Solow) 자신은 그것이 기술 발전의 척도라기보다는 '무지의 척도'에 더 가깝다고 말했다.

♦♦♦ 이것은 희소식이다. 투입량, 특히 노동 투입량을 늘리는 데는 자연적인 한계가 있기 때문이다. 투입량을 늘려도 수익률은 줄어들게 된다. 어느 누구도 하루에 24시간 이상 일할 수 없고, 노동력을 100퍼센트 이상 발휘할 수가 없다. 반면에 생산성 증가는 혁신 능력을 반영한다. 혁신을 제한하는 것은 우리의 상상력뿐이다.

♦♦♦♦ 산출량을 노동 투입량과 물적 자본 투입량으로 나눈 값을 '총요소 생산성(total factor productivity)'이라는 더 야심적인 용어로 부르기도 한다. 하지만 그 용어는 오해를 불러일으킬 소지가 있다. 생산에는 다른 투입량들도 관여하기 때문이다. 예를 들어, 기업은 무형의 조직 자본에 많은 투자를 할 수도 있다. 우리가 측정할 수 있는 투입량의 종류가 더 많아질수록, 전체 산출량 증가를 더 제대로 설명할 수 있을 것이다. 그렇게 되면, 우리가 '생산성'이라고 이름 붙이는 잔차(투입량의 증가로 설명되지 않는)는 더 작아질 것이다.

| 그림 6.1 | **노동 생산성**

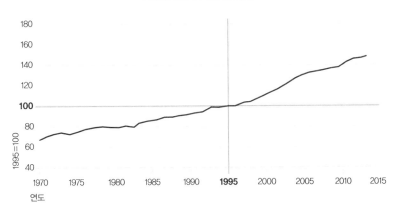

1987년 솔로는 그 감소 시기가 컴퓨터 혁명이 시작된 시기와 일치한다는 것을 알아차리고는 다음과 같은 유명한 말을 했다. "우리는 어디서나 컴퓨터 시대에 와 있음을 본다. 생산성 통계만 제외하고 말이다."[4] 1993년 에릭은 '생산성 역설(productivity paradox)'을 규명하는 논문을 발표했다. 그는 그 시기에 컴퓨터가 경제에서 차지하는 비중이 미미했으며, IT 같은 범용 기술이 실질적인 영향을 미치려면 대개 보완해줄 혁신들이 출현해야 한다고 썼다.[5] 개별 기업들의 IT 이용과 생산성에 관한 더 상세한 자료들을 추가한 후속 연구에서는 강력하면서 유의미한 상관관계가 하나 드러났다. IT를 가장 많이 활용하는 기업이 경쟁 기업들보다 생산성이 더 대폭 향상되었다는 것이다.[6] 1990년대 중반 무렵에는 이 혜택이 미국 경제 전체에서 눈에 띌 만큼 커졌고, 그 결과 미국 경제 전체의 생산성이 급증했다. 이 증가의 원인은 여러 가지이지만, 지금 경제학자들은 IT의 힘이 가장 큰 역할을 했다고 본다.[7]

1970년대에 생산성 증가 속도가 감소했다가 그 뒤로 20년 동안 가

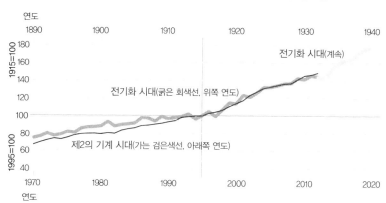

| 그림 6.2 | **전기화 시대와 제2의 기계 시대의 노동 생산성**

속된 것과 동일한 양상을 보여주는 흥미로운 선례가 있다. 1890년대 말에 미국 공장들은 막 전기를 도입하기 시작했다. 그럼에도 20년 동안 노동 생산성 증가가 일어나지 않는 생산성 역설이 나타났다. 그와 관련이 있는 기술은 전혀 달랐지만, 벌어진 상황은 기본적으로 거의 같았다.

기본 생산성 자료를 자세히 살펴본 시카고대학의 경제학자 채드 시버슨(Chad Syverson)은 양쪽 추세가 기이할 정도로 닮았음을 보여주었다.[8] 전기 시대에 생산성 증가가 처음에는 느렸다가 그 뒤에 가속된 양상은 1990년대에 시작된 가속 양상과 일치한다(그림 6.2 참조). 이 패턴을 이해하는 열쇠는 4장에서 논의했듯이, 범용 기술이 늘 보완 기술을 필요로 한다는 점을 인식하는 것이다. 보완 기술은 출현하는 데 몇 년, 심지어 수십 년이 걸릴 수도 있으며, 그 때문에 한 기술의 출현과 그것이 주는 생산성 혜택 사이에 시간 지체 현상이 나타난다. 전기화와 컴퓨터화 양쪽에서 이러한 추세를 분명히 살펴볼 수 있다.

가장 중요한 보완 혁신은 아마도 신기술을 활용할 수 있도록 기업의 경영 프로세스와 조직의 관습을 바꾸는 것일 것이다. 스탠퍼드대학과 옥스퍼드대학의 경제사가인 폴 데이비드(Paul David)는 전기가 처음 들어왔을 때의 미국 공장들의 기록을 조사했다. 그는 공장들이 전기를 들여온 뒤에도 증기기관(또는 수차)으로 동력을 얻던 시절의 조직과 설비 배치를 거의 그대로 유지하는 곳이 많았다는 사실을 발견했다.[9] 증기기관으로 가동되는 공장에서는 동력이 대형 중심축을 통해 전달되고, 그 힘을 일련의 도르래, 톱니바퀴, 더 작은 크랭크축을 통해 이용한다. 중심축이 너무 길면 비틀림 때문에 축이 부러질 것이므로, 기계들을 주요 동력원 근처에 모아놓아야 하며, 가장 동력을 많이 필요로 하는 기계를 가장 가까이에 놓아야 했다. 산업공학자들은 증기기관과의 거리를 최소화하기 위해 기계들을 증기기관의 위와 아래까지 3차원으로 배치했다.

　세월이 흘러 범용 기술인 전기가 증기기관을 대체할 때, 공학자들은 그저 구할 수 있는 가장 큰 전기 모터를 사서 증기기관이 있던 곳에 설치했다. 새 공장을 지을 때도 같은 방식으로 배치했다. 그러니 기록상 전기 모터가 생산성 향상에 별 기여를 하지 않았다고 해도 그리 놀랄 일은 아니다. 전기 모터는 매연과 소음을 줄여주었을지 모르지만, 그 신기술이 늘 믿음직스러웠던 것은 아니다. 전반적으로 생산성에는 별 변화가 없었다.

　기존 관리자들이 은퇴하고 새로운 세대가 그 자리를 물려받을 만큼 긴 시간인 30년이 흐른 뒤에야 비로소 공장의 배치가 바뀌었다. 새로운 공장들은 오늘날 우리가 보는 공장들과 비슷한 모습이었다. 즉 널찍한 단층 건물이었다. 하나의 거대한 엔진 대신, 각 기계마다 작은 전기 모터가 달려 있었다. 가장 동력을 많이 쓰는 기계를 가장 동력원 가까이에 배치하는 대신, 단순하면서도 강력한 새로운 배치 원칙이 적용되었다. 즉 자연적인 작업 흐름에 맞춰 기계들을 배치했다.

이렇게 조립 라인이 갖추어지자, 생산성은 그저 찔끔 향상된 것이 아니었다. 두 배, 심지어 세 배로 뛰었다. 더군다나 그 세기의 나머지 시기에 걸쳐 린 생산 방식(Lean Manufacturing)과 미니밀(minimill, 고철을 녹여 쇳물을 만드는 제철 설비-옮긴이) 철강 생산 방식에서 종합품질관리(TQM, Total Quality Management)와 식스시그마 원칙에 이르기까지, 보완적인 혁신들이 추가되면서 제조 생산성이 계속 증가했다.

더 이전의 범용 기술에서도 그러했듯이, 제2의 기계 시대의 기술이 가져다줄 혜택을 제대로 보려면, 조직에 상당한 규모의 혁신이 일어나야 한다. 1989년 팀 버너스 리(Tim Berners-Lee)가 창안한 월드와이드 웹이 그 좋은 사례다. 처음에는 소수의 입자물리학자들만이 그 혜택을 보았다. 하지만 아이디어의 확산을 가속시키는 디지털화와 네트워크에 어느 정도 힘입어, 보완 혁신들이 제1의 기계 시대 때보다 더 빨리 일어났다. 출현한 지 10년도 지나지 않아, 사업가들은 웹을 이용해 출판과 소매 유통의 새로운 방법을 창안했다.

눈에 덜 띠긴 하지만, 기업들이 1990년대에 내놓은 전사적인 IT 시스템은 생산성에 더욱 큰 영향을 미쳤다.[10] 그 시스템을 토대로 경영 프로세스를 재설계하는 열풍이 불면서 나온 결과였다. 한 예로, 월마트는 공급자들과 POS(판매 시점 정보 관리) 자료를 공유하는 시스템을 도입함으로써 소매업의 효율을 대폭 향상시켰다. 공급자 재고 관리,

크로스 도킹(cross-docking, 창고에 입고되는 상품을 보관하지 않고 곧바로 소매 점포로 배송하는 물류 시스템−옮긴이), 효율적 소비자 대응 같은 보완 프로세스의 혁신이 이루어진 것이 핵심적인 역할을 했다. 이런 혁신들은 현재 경영대학원의 사례 연구에 으레 등장한다. 그런 혁신들은 월마트의 판매액을 1993년의 주당 10억 달러에서 2001년의 36시간당 10억 달러로 증가시켰을 뿐 아니라, 소매와 유통 산업 전체의 수익을 크게 증가시킴으로써, 그 기간에 전국의 추가 생산성 증가의 상당 부분이 이 산업 분야에서 이루어졌다.[11]

IT 투자는 1990년대에 급격히 증가했고, 1990년대 후반기에 많은 기업들이 인터넷을 이용하고 전사적 시스템을 구현하며 크게 과장된 Y2K 문제를 피하기 위해 시스템을 업그레이드함에 따라 투자가 정점에 이르렀다. 동시에 반도체 분야에서 이루어진 혁신으로 엄청난 대도약이 이루어지고 있었기에, IT 분야에서 투자가 급증함에 따라 컴퓨터 성능이 더욱 빠르게 증가했다. 컴퓨터 생산성 역설이 유명해진 지 10년 뒤에, 하버드대학의 데일 조르겐슨(Dale Jorgenson)은 뉴욕연방준비은행의 케빈 스티로(Kevin Stiroh)와 함께 꼼꼼히 성장 회계 분석을 한 끝에 이런 결론을 내렸다. "2000년 내내 이루어진 가속의 대부분은 근원을 추적하면, 정보기술을 낳거나 IT 장비와 소프트웨어를 가장 집중적으로 사용하는 경제 부문에 도달한다는 데 의견이 일치했다."[12] 하지만 컴퓨터를 생산하는 부문만이 잘나가는 것은 아니다. 스티로는 IT를 더 많이 사용하는 산업이 1990년대 내내 더 생산적인 경향을 보였다는 사실을 밝혀냈다. 조르겐슨이 다른 두 저자와 함께 한 세심한 연구에 따르면, 최근 들어 이 양상은 더욱 뚜렷해졌다. 그들은

1990년대와 2000년대에 사이에 IT를 이용하는 산업들에서 총요소 생산성이 더 크게 증가한 반면, IT를 폭넓게 이용하지 않은 경제 부문에서는 생산성이 조금 감소했다는 것을 밝혀냈다.[13]

여기서 컴퓨터와 생산성의 상관관계가 산업 수준에서만 뚜렷한 것이 아니라는 점을 유념해야 한다. 그 관계는 개별 기업 수준에서도 마찬가지로 뚜렷하다. 에릭은 펜실베이니아대학 와튼스쿨의 로린 히트(Lorin Hitt)와 함께 IT를 더 많이 활용하는 기업이 경쟁 기업들보다 생산성 수준이 더 높고 생산성 증가가 더 빨리 일어난다는 것을 발견했다.[14]

21세기의 처음 5년 동안 새롭게 혁신과 투자의 물결이 생겨났다. 이번에는 컴퓨터 하드웨어보다는 다양한 응용 프로그램과 프로세스 혁신에 더 초점이 맞추어져 있었다. 예를 들어, 앤디가 하버드경영대학원에서 사례 연구 대상으로 삼았던 미국의 약국 체인 CVS는, 기존 처방약 주문 절차가 소비자를 실망시킨다는 점을 알아차리고는 그것을 재설계하고 단순화했다.[15] 회사는 전사적 소프트웨어 시스템에 주문 단계들을 포함시킴으로써, 4천 개가 넘는 지점에서 동일한 약 주문 절차를 이용할 수 있도록 했고, 그 결과 소비자의 만족도와 나아가 수익이 대폭 향상되었다. CVS는 특이한 사례가 아니었다. 에릭이 히트와 함께 600개가 넘는 기업들을 통계 분석했더니, 투자한 기업에 컴퓨터의 생산성 혜택이 온전히 가시적으로 나타나기까지는 평균 5년에서 7년이 걸린다는 것이 드러났다. 이것은 컴퓨터화 노력을 성공으로 이끌 다른 보완 투자가 이루어지는 데 필요한 시간과 노력을 반영한다. 사실 기업은 컴퓨터 하드웨어에 투자하는 1달러당 소프트웨어, 훈련,

경영 프로세스 재설계에 9달러를 더 투자해야 한다.[16]

이런 조직 변화의 효과는 산업 수준의 생산성 통계에서 점점 더 뚜렷이 드러났다.[17] 1990년대의 생산성 급증은 컴퓨터를 생산하는 산업 분야에서 가장 두드러졌지만, 21세기 초에 들어서서는 훨씬 더 폭넓은 산업 부문들에서 생산성이 크게 증가함에 따라 전체 생산성이 더욱 빠르게 증가했다. 더 이전의 범용 기술이 그러했듯이, 컴퓨터의 힘은 '본연의' 산업과 거리가 먼 분야의 생산성에까지 영향을 미칠 수 있었다.

이미 마련된 풍요의 기반

전반적으로 2000년 이후의 10년 동안 미국의 생산성 증가 속도는 매우 높았던 1990년대보다도 더 높았고, 1990년대는 1970년대와 1980년대보다도 더 높았다.[18]

오늘날 미국의 노동자들은 지난 그 어떤 시대보다도 생산성이 더 높지만, 최근의 수치들을 더 자세히 들여다보면 이야기가 조금 복잡해진다. 2000년 이후의 생산성 증가는 그 10년의 초기 몇 년 동안에 집중적으로 이루어졌다. 2005년 이후로는 생산성 증가가 그다지 두드러지게 나타나지 않았다. 4장에서 말했듯이, 이 때문에 경제학자, 언론인, 블로거로부터 '성장의 종말'을 우려하는 목소리가 새롭게 터져 나오기 시작했다. 우리는 비관론자들의 설득에 넘어가지 않는다. 전기가 도입된 뒤의 생산성 정체는 성장이 끝났다는 의미가 아니었고, 1970년대의 정체도 마찬가지였다.

최근의 증가 속도 저하는 어느 정도는 대침체기와 그 여파를 반영하는 것일 뿐이다. 침체기에는 으레 비관론이 판치기 마련이며, 그 점은 충분히 이해할 수 있다. 그리고 비관론은 예외 없이 기술과 미래에 관한 예측에도 손을 뻗친다. 금융 위기와 주택 가격 거품의 붕괴는 소비자의 신뢰와 재산을 무너뜨렸고, 그 결과 수요와 GDP가 급감했다. 학술적으로 침체기는 2009년 6월에 끝났지만, 이 글을 쓰고 있는 2013년 현재 미국 경제는 실업률이 7.6퍼센트에다가 설비 가동률이 78퍼센트로 아직 본래의 잠재력보다 한참 낮은 수준이다.

이런 침체기에 노동 생산성 같은 산출량을 분자에 포함시키는 계산 값은 적어도 일시적으로 낮아질 것이다. 사실 역사를 보면 대공황 초기인 1930년대에 생산성은 단지 느려지는 차원을 넘어서 2년 연속으로 실질적으로 줄어들었다. 하지만 최근의 침체기에는 그런 일이 일어난 적이 없다. 성장 비관론자는 지금보다 1930년대에 훨씬 더 많았지만, 그 후 30년간은 20세기에서 성장률이 가장 높았던 시기다. 앞서의 그림으로 돌아가, 생산성이 침체되었던 1930년대 초 이후를 나타낸 점선 부분을 자세히 살펴보라(그림 6.2 참조). 제1의 기계 시대가 일으킨 가장 큰 성장과 풍요의 물결을 보게 될 것이다.

이 생산성 급증은 범용 기술이 도입될 때 늘 나타나는 지체 현상이라고 설명할 수 있다. 보완 혁신이 점점 더 많이 이루어짐에 따라, 전기화의 혜택은 거의 한 세기 동안 이어졌다. 제2의 기계 시대의 디지털 범용 기술도 그에 못지않은 영향력을 갖고 있다. 설령 무어의 법칙이 오늘 멈춘다고 할지라도, 우리는 앞으로 수십 년 동안 보완 혁신이 이루어지면서 생산성을 계속 높일 것임을 예상할 수 있다. 하지만 증기기관이나 전기와 달리, 제2의 기계 시대의 기술은 자신의 힘을 디지털로 완벽하게 복제하고 조합 혁신을 위한 기회를 더 많이 만듦으로써, 놀라울 만큼 빠른 기하급수적 속도로 계속 개선된다. 그 경로는 순탄치 않겠지만─한 예로, 우리는 경기 순환을 없애지 못했다─우리가 지금까지 목격한 수준을 엄청나게 초월하는 풍요의 기반이 이미 마련되어 있다.

GDP를 넘어서

7장

> "GDP에는 우리 시의 아름다움이나 대중 논쟁에서 드러나는 지성이 포함되어 있지 않다.
> 우리의 재치나 용기도, 지혜나 학습도, 연민이나 헌신도 측정하지 않는다.
> 한 마디로, 삶을 가치 있게 만드는 것들을 모두 제외한 나머지 것들을 측정할 뿐이다."
> _ 로버트 케네디(Robert Kennedy)

미국의 허버트 후버(Herbert Hoover) 대통령이 대공황기에 어떤 일이 일어나고 있는지 파악하고 문제 해결을 위한 계획을 수립하고자 한 당시에는 국민계정체계(SNA, 정부가 작성한 국제적으로 적용되는 국민경제 계산을 위한 표준적 체계–옮긴이)가 존재하지 않았다. 그는 불완전하면서 때로 신뢰할 수 없는 경제 활동 지표라 할 화물차 적재량, 상품 가격, 주가 지수 같은 단편적인 자료들에 의지해야 했다. 국민계정체계가 처음으로 의회에 상정된 것은 1937년이었다. 노벨경제학상 수상자인 사이먼 쿠즈네츠(Simon Kuznets)의 선구적인 연구를 토대로 한 것이었다. 그는 전미경제연구소(National Bureau of Economic Research) 및 미국 상무부 연구원들과 함께 그 체계를 고안했다. 그렇게 나온 계량 체계는

20세기에 경제에서 일어난 많은 극적인 변화들을 비추는 등대 역할을 했다.

하지만 경제가 변했기에 우리의 계량 체계도 변해야 한다. 제2의 기계 시대에 우리는 물건이 아니라 아이디어, 물질이 아니라 마음, 원자가 아니라 비트, 거래가 아니라 상호작용에 점점 더 중점을 두고 있다. 이 정보 시대의 커다란 역설은 여러 면에서 우리가 50년 전보다 경제적 가치의 원천이 무엇인지 더 갈피를 잡지 못하게 되었다는 것이다. 사실 그 변화 중 상당수는 오랫동안 우리 눈에 보이지 않았다. 그저 우리가 무엇을 찾아야 할지 몰랐기 때문이다. 공식 자료에는 나타나지 않는, 따라서 대다수 기업의 손익계산서와 대차대조표에 기입되지 않는 엄청난 규모의 경제가 있다. 공짜 디지털 상품, 공유 경제(peer economy), 무형자산, 인간관계의 변화는 이미 우리의 복지에 엄청난 영향을 미치고 있다. 또 그것들은 새로운 조직 구조, 새로운 기능, 새로운 제도, 더 나아가 가치 체계의 재평가를 요구한다.

음악이 경제에서 사라졌다?

음악이 물리적 매체에서 컴퓨터 파일로 옮겨가는 과정은 많이 다루어진 주제이지만, 그 전이 과정 중에 논의가 덜 된 가장 흥미로운 측면이 하나 있다. 바로 음악이 전통적인 경제 통계에서 사라지고 있다는 것이다. 물리적 매체에 담긴 음악의 판매량은 2004년 8억 곡에서 2008년 4억 곡 이하로 떨어졌다. 하지만 같은 기간에 음악의 총 판매량은 더 증가했다. 이것은 디지털 방식으로 내려받아 구입하는 양이 물리적 매체의 감소량보다 더 빠르게 증가했다는 의미다. 아이튠

즈(iTunes), 스포티파이(Spotify), 판도라(Pandora) 같은 디지털 스트리밍 서비스도 두드러진 성장세를 보였다. 물론 판매량 자료에는 때로 해적 행위를 하거나 해서, 공짜로 공유하거나 실시간으로 재생하거나 내려받는 훨씬 더 많은 양의 노래도 반영되어 있지 않다.

MP3가 등장하기 전에는 지하실에 LP, 테이프, CD를 가득 쌓아놓은 가장 열광적인 음악 애호가조차도 오늘날 아이가 스포티파이나 랩소디(Rhapsody) 같은 서비스를 통해 스마트폰으로 이용할 수 있는 2천만 곡이 넘는 노래에 비하면, 수중에 넣을 수 있는 노래의 곡 수가 극히 미미한 수준이었다. 게다가 미네소타대학의 조엘 월드포겔(Joel Waldfogel)은 탁월한 연구를 통해 지난 10년에 걸쳐 전반적으로 음악의 질이 쇠퇴한 것이 아니라, 오히려 더 향상되었다는 정량적인 증거를 제시했다.[1] 당신이 대다수의 사람들과 다를 바 없다면, 예전보다 더 나은 음악을 더 많이 듣고 있는 것이다.

그렇다면 어떻게 음악이 사라졌다는 것인가? 음악의 가치는 변하지 않았다. 변한 것은 가격이다. 2004년에서 2008년에 걸쳐, 음반 회사가 음악 판매를 통해 얻은 총수입은 123억 달러에서 74억 달러로 40퍼센트나 줄었다. 휴대전화의 벨소리까지 넣어서 디지털 판매량을 모두 포함시킨다고 해도, 총수입은 30퍼센트가 감소했다.

〈뉴욕타임스〉, 〈블룸버그비즈니스위크*Bloomberg Businessweek*〉, 〈MIT 슬론매니지먼트리뷰*MIT Sloan Management Review*〉를 가판대에서 인쇄물 형태로 구입하는 대신 더 낮은 가격이나 무료로 온라인으로 읽거나, 신문 잡지의 광고란 대신 크레이그스리스트(Craigslist) 같은 온라인 생활 정보 사이트를 이용하거나, 친구와 친척에게 우편물을 보내는 대신

페이스북을 통해 사진을 공유할 때에도 비슷한 경제학이 적용된다.

현재 디지털 문서나 이미지로 된 웹페이지의 수는 1조 장을 넘는 것으로 추정된다.[2] 3장에서 논의했듯이, 비트는 비용이 거의 들지 않은 채 생산되어 실시간으로 전 세계에 전송된다. 게다가 디지털 상품의 사본은 원본과 똑같다. 그 결과 몇 가지 면에서 전혀 다른 경제학과 독특한 측정 문제가 출현한다. 출장 간 회사원이 스카이프(Skype)를 통해 집에 있는 아이와 통화를 할 때, 그는 GDP에는 아무런 기여도 하지 않을지 모르지만, 그 통화가 무가치할 리는 없다. 예전에는 가장 부유한 날강도 귀족조차도 이런 서비스를 구입할 수 없었다. 이전 시대에는 천금을 주고도 살 수 없었던 무료 상품이나 서비스의 혜택을 어떻게 하면 측정할 수 있을까?

GDP에 누락된 것들

GDP는 경제학자, 전문가, 언론인, 정치가의 주목을 한눈에 받고 있음에도, 설령 완벽하게 측정한다고 해도 우리의 복지 수준을 제대로 정량화하지 못한다. 6장에서 다룬 GDP 성장과 생산성 증가 추세는 중요한 의미를 갖지만, 그것들은 우리의 복지 전반은커녕, 경제적인 복지의 척도로서도 미흡하다. 로버트 케네디는 이 장의 첫머리에 인용한 문장에서 이 점을 시적으로 표현했다.

케네디의 감동적인 연설을 화폐 가치로 환산한다는 것은 비현실적이고 힘든 일이지만, 소비할 수 있는 상품과 서비스의 몇 가지 변화를 살펴본다면, 경제 발전의 기본적인 요소들을 좀 더 확실히 이해할 수 있을 것이다. 그러면 공식 통계에 나타난 추세가 우리의 복지를 과소평가할 뿐 아니라, 제2의 기계 시대에 들어서서 점점 더 오해를 불러일으키고 있다는 사실이 곧 명확히 드러날 것이다.

오늘날 스마트폰을 든 아이들은 방대한 음악 창고를 이용할 수 있을 뿐 아니라, 모바일 웹을 통해서 20년 전의 미국 대통령보다 더 많은 정보에 접근할 수 있다. 위키피디아만 해도 20세기의 대부분에 걸쳐 최고의 지식 사전이었던 《브리태니커 백과사전Encyclopaedia Britannica》과 비교해 50배가 넘는 정보를 담고 있다.[3] 《브리태니커 백과사전》과 달리 위키피디아처럼 오늘날 이용할 수 있는 정보와 오락물의 상당수는 무료이며, 100만 개가 넘는 스마트폰 앱 중 상당수도 그러하다.[4]

이 서비스들은 가격이 0이므로, 공식 통계에는 거의 잡히지 않는다. 경제에는 부가가치를 제공하지만, GDP에는 기여하는 바가 없는 것이다. 그리고 우리의 생산성 자료는 GDP 계량학에 의존하기 때문에, 공짜 상품이 점점 늘어나고 있어도 생산성 증가 통계에는 전혀 변화가 없다. 그러나 그런 상품들이 진정으로 가치 있다는 점을 의심하는 이는 거의 없다. 한 여성이 극장에 가는 대신 유튜브 동영상을 클릭할 때, 그녀는 전통적인 극장보다 유튜브에서 더 많은 순가치를 얻는 것이다. 그녀의 동생이 새 비디오게임을 구입하는 대신 아이패드로 무료 게임 앱을 내려받는 것도 그와 비슷한 일이다.

무료 경제

무료 제품이 늘어나면, 여러 가지 점에서 GDP를 감소시키기까지 한다. 백과사전을 만들고 컴퓨터로 내려받는 데 드는 비용이 수천 달러가 아니라 몇 푼에 불과하다면, 당신에게는 분명히 더 좋은 일이다.

하지만 이러한 비용 감소로 개인의 복지는 증가해도 GDP는 줄어들며, 따라서 GDP는 우리의 진정한 복지와 정반대 방향을 가리키게 된다. 문자메시지(SMS) 대신 애플의 아이챗(iChat) 같은 무료 문자 전송 서비스, 신문 광고 대신 크레이그스리스트 같은 무료 생활 정보 서비스, 기존 전화 서비스 대신 스카이프 같은 무료 통화 서비스를 사용하기만 해도, 기업의 수입과 GDP 통계에서 수십억 달러가 사라질 수 있다.[5]

이런 사례들이 보여주듯이, 우리의 경제적 복지는 GDP와 느슨하게 연결되어 있을 뿐이다. 유감스럽게도, 많은 경제학자, 언론인, 상당수의 일반 대중은 여전히 'GDP 성장'을 '경제성장'과 동의어로 사용한다. 20세기의 상당한 기간 동안에는 그런 입장을 취해도 별 무리가 없었다. 생산을 한 단위 늘릴 때 복지도 거의 그만큼 증가한다고 가정한다면, GDP를 집계할 때처럼 생산된 단위의 수를 센 것이 복지의 근삿값이 될 것이다. 자동차, 밀, 철강을 더 많이 파는 나라가 아마 국민이 더 잘사는 나라일 것이다.

해마다 가격이 0원인 디지털 상품이 더 많이 출시됨에 따라, 이 전통적인 GDP 방식은 점점 더 쓸모가 없어지고 있다. 3장에서 논의했듯이, 제2의 기계 시대는 '정보 경제'라고 묘사되곤 하며, 거기에는 타당한 이유가 있다. 해마다 수천 가지의 새로운 디지털 상품이 등장하고, 위키피디아, 페이스북, 크레이그스리스트, 판도라, 훌루(Hulu, 영화와 TV프로그램 등의 콘텐츠만 공급하는 동영상 사이트—옮긴이), 구글을 이용하는 인구도 계속 늘어나고 있다.

미국 경제분석국은 정보 부문의 경제 기여도를 소프트웨어, 출판,

동영상, 녹음, 방송, 통신, 정보와 자료 처리 서비스의 총매출로 정의한다. 공식 통계에 따르면, 이 매출은 현재 우리의 GDP에서 겨우 4퍼센트를 차지한다. 월드와이드웹이 발명되기 전인 1980년대 말과 거의동일한 비율이다. 하지만 이 비율이 맞지 않다는 것은 분명한 사실이다. 공식 통계에는 우리 경제에서 점점 비중이 커지고 있는 진정으로가치 있는 것이 누락되어 있다.

타임머신으로 성장 측정하기

올바른 복지의 척도가 되도록 GDP를 수정할 수 있을까? 경제학자들은 때로 "이거 할래, 저거 할래?" 하는 식의 아이들 놀이와 비슷한대안적인 접근법을 쓰기도 한다. 1912년 시어스(Sears) 백화점의 상품안내 책자에는 값이 335달러인 '시어스 모터카'(1213쪽)에서 1.5달러짜리도 있는 수십 종류의 여성 신발(371~379쪽)에 이르기까지 수천 가지 상품이 실려 있었다. 이 목록을 1912년에 시어스뿐 아니라 당시 시장의 모든 판매자들이 공급하는 모든 상품과 서비스 및 가격이 포함되도록 확장한다고 하자.[6] 당신은 다른 선택의 여지가 없이 오로지 그옛 목록에서만 구입을 하겠는가, 아니면 오늘날의 상품과 서비스가 모두 포함된 목록에서 지금의 가격을 주고 구입을 하겠는가?

아니, 더 단순하게 1993년과 2013년이라는 좀 더 최근의 두 목록을비교해보자. 수중에 5만 달러가 있다면, 1993년 모델인 차(당시 신제품이었을 것이다)를 1993년의 가격을 주고 구입하겠는가, 2013년 모델인차를 2013년의 가격을 주고 구입하겠는가? 1993년에 1993년의 가격으로 구입할 수 있는 바나나, 콘택트렌즈, 닭 날개, 셔츠, 의자, 은행 서비스, 항공기 표, 영화, 전화 서비스, 의료 서비스, 주택 서비스, 전구, 컴퓨터, 휘발유, 기타 상품과 서비스를 구입하겠는가? 아니면 2013년의 목록에서 2013년의 가격으로 같은 것을 구입하겠는가?

바나나나 휘발유의 질은 1993년 이래로 사실상 변하지 않았으므로, 유일하게 고려할 사항은 가격이다. 가격만 차이가 난다면, 인플레이션을 쉽게 계산할 수 있을 것이고, 양쪽을 비교하기도 훨씬 쉬울 것이다. 하지만 다른 상품들, 특히 온라인 정보와 휴대전화의 성능 같은 제2의 기계 시대의 상품들은 질적으로 크게 달라져왔으므로, 설령 라벨에 붙은 가격이 올라갔다고 할지라도 실제 질의 개선을 감안하면 가격은 더 떨어진 것일 수도 있다. 게다가 이전에는 없었던 많은 신상품, 특히 디지털 상품이 있다. 또 더 이상 공급되지 않거나 질이 떨어지는 옛 상품과 서비스도 있다. 요즘에는 좋은 말가죽 숫돌도 구하기 어렵고,[7] 1993년의 빈티지 개인용 컴퓨터도, 종업원이 무료로 앞 유리창을 닦아주던 주유소도 찾기 어렵다.

일단 어느 한쪽 목록이 정해지면, 두 목록 사이에 별 차이가 없도록 하기 위해서는 얼마나 많은 돈을 지불해야 할지 살펴보자. 20퍼센트의 돈을 더 지불해야 옛 목록에서 구입할 때만큼 새 목록에서 구입할 때도 똑같은 행복을 느낄 수 있다면, 전체 가격 지수는 20퍼센트가 증가한 것이다. 그리고 당신의 소득이 변하지 않았다면, 구매력이 줄어든 만큼 생활수준도 낮아졌다고 할 수 있다. 마찬가지로, 당신의 소득이 가격 지수보다 더 빨리 증가한다면, 당신의 생활수준도 높아진다.

이 접근법은 개념적으로 타당하며, 대다수의 현대 정부가 생활수준 변화를 계산할 때 쓰는 방법은 이 개념을 토대로 한다. 예를 들어, 연금 지급액을 정하는 데 쓰이는 생계비 조정은 이런 분석을 토대로 한다.[8] 하지만 이해할 수 있는 일이긴 하지만, 이런 계산에 쓰이는 자료는 거의 예외 없이 돈이 오가는 시장 거래다. 무료 경제는 포함되지 않는다.

소비자 잉여

한 대안 접근법은 상품과 서비스가 낳는 소비자 잉여를 측정한다. 소비자 잉여는 소비자가 실제로 지불해야 하는 가격과 기꺼이 지불할 의향이 있는 가격을 비교한 것이다. 아침 신문을 읽는 데 기꺼이 1달러를 낼 의향이 있는데 무료로 본다면, 당신은 1달러의 소비자 잉여를 얻은 것이다. 하지만 앞서 말했듯이, 유가 신문을 그에 상응하는 무료 뉴스 서비스로 대체한다면, 소비자 잉여는 증가해도 GDP는 감소할 것이다.[9] 이 사례에서는 소비자 잉여가 우리의 경제적 복지에 관한 더 나은 척도가 될 것이다. 하지만 소비자 잉여는 개념상으로는 호소력이 있지만, 측정하기는 매우 어렵다.

물론 소비자 잉여가 제아무리 측정하기 어렵다고 할지라도, 많은 연구자들은 굴하지 않고 나름대로 추정값을 내놓고자 애쓴다. 1993년 에릭은 컴퓨터의 가격 하락으로 소비자 잉여가 급격히 증가함으로써 한 해 동안 경제적 복지가 약 500억 달러씩 증가한다는 논문을 발표했다.[◆10]

물론 조사하는 제품의 가격이 이미 무료라면, 가격 하락을 조사할 수가 없다. 최근에 에릭은 MIT의 박사후과정 연구원인 오주희와 다른 접근법을 취해 연구를 했다. 그들은 사람들이 돈을 지불하지 않을 때에도, 인터넷을 사용할 때마다 가치 있는 다른 무언가를 포기하고 있다는 사실을 연구의 출발점으로 삼았다. 바로 시간이다.[11] 얼마나 가난하든 부유하든 간에, 우리 각자에게 하루는 24시간이다. 유튜브나 페이스북, 이메일을 소비하려면, 우리는 주의를 기울여야 하며, 그것이 바로 우리가 '지불하는' 비용이다. 사실 2000년에서 2011년 사이에 미국인이 인터넷에 소비하는 여가 시간의 양은 거의 두 배로 늘었다. 그것은 그들이 시간을 보낼 수 있는 다른 방법들보다 인터넷에 더 높은 가치를 부여한다는 의미다. 사용자의 시간이 지닌 가치를 생각하고 다른 방식으로 보내는 시간과 인터넷에 쓰는 여가 시간을 비교함으로써, 에릭과 주희는 인터넷이 연간 사용자 1인당 약 2천600달러의 가치를 생산한다고 추정했다. 이 가치는 GDP 통계에 전혀 잡히지 않지만, 그것이 포함된다면 GDP 성장률―따라서 생산성 증가율―은 한 해에 약 0.3퍼센트 더 높아졌을 것이다. 다시 말해, 2012년의 생산성 증가율은 1.2퍼센트가 아니라 1.5퍼센트로 기록되었을 것이다.

----

* 그 뒤로 연관된 발견들이 무수히 이루어졌다. 2013년에 경제학자 제러미 그린우드(Jeremy Greenwood)와 캐런 코페키(Karen Kopecky)는 비슷한 접근법을 써서 개인용 컴퓨터라는 항목 하나가 비슷한 수준으로 성장에 기여했다는 것을 발견했다. 다른 두 경제학자인 셰인 그린스타인(Shane Greenstein)과 라이언 맥데빗(Ryan Mcdevitt)은 광대역 인터넷 접속의 확대로 소비자 잉여가 얼마나 만들어졌는지를 연구했다. 그들은 광대역 인터넷 서비스의 실제 가격이 시간이 흐르면서 얼마나 떨어졌고 서비스 이용자가 얼마나 증가했는지를 살펴보았다. 그 자료를 토대로 그들은 사람들이 실제로 지불한 비용과 지불할 의향이 있는 비용을 추정함으로써 소비자 잉여를 계산했다. 맥킨지앤드컴퍼니(McKinsey & Company)의 한 연구진은 더 직접적인 접근법을 취했다. 연구진은 3천360명의 소비자에게 인터넷을 통해 접근할 수 있는 열여섯 가지 특정한 서비스에 얼마나 비용을 지불할 의향이 있는지를 물었다. 소비자들은 평균 월 50달러를 더 지불할 의향이 있었다. 이 자료를 토대로 연구진은 미국인이 무료 인터넷을 통해 350억 달러 가치의 소비자 잉여를 얻고 있다고 추정했다. 소비자 잉여가 가장 큰 단일 범주는 이메일이었고, 페이스북 같은 소셜네트워크가 그 뒤를 바짝 좇았다.

많을수록 더 좋은 여가 시간과 정반대로, 일할 때의 가치는 시간을 절약함으로써 생긴다. 핼 배리언은 특히 구글 검색을 통해 절약되는 시간을 살펴보았다.[12] 그의 연구진은 "쿠키를 만들 때, 버터나 마가린을 넣으면 쿠키의 크기가 얼마나 달라질까?" 등 구글에 하는 질문들을 무작위로 표본 조사했다. 그런 뒤 구글을 사용하지 않고서— 이를테면, 도서관에서 답을 찾는 식으로— 질문에 답하기 위해 최선을 다했다. 구글 없이 질문에 답하는 데에는 평균 약 22분이 걸린(도서관까지 가는 시간은 빼고!) 반면, 같은 답을 구글에서 얻는 데에는 7분밖에 걸리지 않았다. 구글은 질문 하나당 평균 15분을 절약해주었다. 평균적인 미국인이 미국인의 평균 시급(22달러)을 써서 하는 모든 질문에 그 시간 차이를 곱하면, 성인 노동자 1인당 연간 약 500달러가 된다.

웹을 돌아다니는 즐거움에 푹 빠져본(아마 책을 쓰기 위해 '조사를 하는' 동안) 사람이라면 증언할 수 있겠지만, 경제학자들이 으레 하는 일과 놀이 또는 투입과 산출이 언제나 그렇게 명확히 구분되는 것은 아니다. 사람들이 페이스북 같은 소셜미디어 사이트에 사진을 올리고, 태그를 붙이고, 댓글을 달면서 보내는 수십억 시간이 그들의 친구, 가족, 심지어 낯선 이들에게 유용한 가치를 생성한다는 점은 분명하다. 하지만 그와 동시에 이 시간은 보상을 받는 것이 아니므로, 이 '일'을 하는 사람들은 그것이 자신의 시간을 그다음으로 가장 잘 활용하는 것보다 내적으로 더 큰 보상을 준다고 여기는 듯하다. 이 노력이 어느 정도의 규모로 이루어지는지 감을 잡기 위해, 2013년에 인터넷 이용자들이 페이스북에서만 하루에 총 약 2억 시간을 소비했으며, 그 시간의 대부분을 다른 이용자들이 소비할 콘텐츠를 만드는 데 썼다는 점을 생각해보라.[13] 이는 파나마 운하를 건설하는 데 든 인시(person-hour)보다 열 배나 더 많은 시간이다.[14] 이 노력은 GDP 통계에 투입량으로든 산출량으로든 전혀 잡히지 않지만, 이런 종류의 임금도 가격도 제로인 활동은 복지에 기여한다. 카네기멜론대학의 루이스 본 안(Luis von Ahn) 같은 연구자들은 인터넷에서 집단 과제를 통해 수백만 명에게 동기를 불러일으키고 그것들을 조직해 가치를 창조하도록 하는 방법을 연구하고 있다.[15]

새로운 상품과 서비스

1990년대 초 인터넷 열풍이 불 때, 벤처자본가들은 새로운 경제에는 무한과 0이라는 두 수만 있다고 농담을 하곤 했다. 신경제에서 가치의 많은 부분이 여러 상품의 가격이 0으로 떨어짐으로써 창출되었다는 것은 분명한 사실이다. 하지만 그 스펙트럼의 반대편 끝에서는 가격이 무한에서 어떤 유한한 수로 떨어지는 것이 아닐까?

워너브라더스가 새 영화를 만들고, 당신이 그것을 9달러에 관람할 수 있다고 하자. 당신의 복지는 증가했을까? 그 영화사가 영화를 구상하고, 배우를 모으고 찍고 배급하기 이전에는 당신이 아무리 많은 돈을 지불해도, 설령 무한대의 돈을 낸다고 해도 볼 수 없었다. 어떤 의미에서 9달러를 지불한다는 것은 무한대의 가격에서 또는 당신이 기꺼이 지불할 의향이 있던 최대 가격에서 엄청나게 줄어든 액수다.

마찬가지로, 현재 우리는 이전에는 결코 존재하지 않았던 온갖 새로운 서비스를 접하고 있으며, 그중 일부는 앞장들에서 살펴본 바 있다. 지난 세기에 우리 복지 증가의 상당 부분은 단지 기존 상품을 더 값싸게 만듦으로써가 아니라, 이용할 수 있는 상품과 서비스의 범위를 확장함으로써 비롯되었다.

소프트웨어 회사의 77퍼센트는 해마다 신제품을 발표했고, 인터넷 판매업체들은 대다수 소비자가 이용할 수 있는 상품의 종류를 대폭 늘렸다.[16] 아마존에서는 마우스를 몇 번 누르는 것만으로 200만 권이 넘는 책을 찾고 살 수 있다. 대조적으로, 전형적인 물리적 서점이 지닌 책은 약 4만 권이며, 가장 규모가 큰 뉴욕 시의 반즈앤노블 서점에도 25만 권밖에 없다. 에릭이 마이클 스미스(Michael Smith) 및 제프리 후(Jeffrey Hu)와 함께 쓴 연구 논문은 동영상, 음악, 전자제품, 수집품 같은 다른 범주들에서도 온라인에서 선택할 수 있는 품목이 비슷하게 증가했음을 보여준다. 새로운 제품이 온라인에서 이용 가능해질 때마다 소비자 잉여는 증가한다.

창조된 가치를 살펴보는 한 가지 방법은 새 제품이 늘 존재하고 있었지만, 아무도 살 수 없을 만큼 고가였다고 상상하는 것이다. 그것을 이용할 수 있게 한다는 것은 더 합당한 수준으로 가격을 낮추는 것과 같다. 대다수의 물리적 상점에서는 재고 관리 시스템, 공급망, 제조가 컴퓨터화를 통해 효율성과 융통성이 더 커짐에 따라 재고 관리 단위(SKU, Stock Keeping Unit)의 수가 상당히 증가했다. 로버트 고든은 경제 전체로 볼 때, 공식 GDP 통계에 한 해에 무려 약 0.4퍼센트의 성장률을 추가할 새로운 상품과 서비스의 가치가 누락되어 있다고 말한다.◆

◆ 맞다. 4장에서 논의한 우리의 오랜 친구 고든이다. Http://faculty-web.at.northwestern.edu/econo-mics/gordon/ p376_ipm_final_060313.pdf.

지난 세기의 대부분의 기간에 생산성 증가가 연간 약 2퍼센트에 머물러 있었으므로, 이런 새 상품이 기여하는 비율은 결코 사소한 수준이 아니다.

명성과 권고

디지털화는 경제에 이미 있는 수많은 상품과 서비스에도 유사하지만 더 미묘한 혜택을 제공한다. 더 적은 비용으로 검색하고 거래할 수 있다는 것은 더 빠르고 쉽게 접할 수 있고 효율성과 편리성이 증가한다는 의미다. 한 예로, 순위 평가 사이트인 옐프는 소비자 수백만 명의 평을 모아, 식사를 하려는 사람이 낯선 새 도시를 방문했을 때도 원하는 가격과 질 범위에서 인근의 식당을 찾을 수 있도록 돕는다. 그런 뒤 소비자는 예약 서비스 사이트인 오픈테이블에서 손가락을 몇 번 움직이는 것만으로 식당을 예약할 수 있다.

전체적으로 이런 디지털 도구들은 큰 차이를 가져다준다. 예전에는 순진한 소비자들이 잘 몰랐기 때문에 무능하거나 질 낮은 판매자를 알아차리지 못했고, 지리적 장벽 때문에 판매자들끼리의 경쟁도 한정적이었다. 파인드더베스트닷컴(FindTheBest.com)과 카약 같은 체계적인 비교 검색 사이트들이 등장하면서, 항공편, 은행, 보험, 자동차 판매, 동영상 등 수많은 산업들은 경쟁하는 판매자들을 검색하고 비교하는 소비자의 능력 향상에 맞춰 변하고 있다. 표준 이하의 서비스를 제공하는 판매자는 더 이상 순진하거나 잘 모르는 소비자를 계속 등치면서 살아갈 수 없을 것이다. 판매자는 더 나은 서비스를 더 낮은 가격으로 제공하는 다른 지역의 경쟁자들과 격리된 상태로 있을 수 없을 것이다.

하버드경영대학원의 마이클 루카(Michael Luca)는 투명성이 증가한 덕분에 대형 체인점들에 맞서는 소규모 자영 식당의 경쟁력이 더 커졌다는 것을 밝혀냈다. 소비자가 옐프 같은 순위 평가 서비스를 통해 좋은 식당을 더 빨리 찾아낼 수 있어서, 상표명을 앞세운 값비싼 홍보 마케팅에 덜 의존하게 되기 때문이다.[17]

성장하고 있는 공유 경제가 제공하는 무형의 혜택 — 시의적절하게 제공되는 더 잘 들어맞는 소비자 서비스와 편의성의 향상 — 이야말로 1996년 보스킨위원회(Boskin Commission, 소비자 가격 지수가 편향되었는지를 조사하기 위해 미국 상원이 설치한 위원회-옮긴이)가 공식 가격 지수와 GDP 통계에 제대로 반영되어 있지 않다고 말한 바로 그런 유형의 혜택이다.[18] 이것은 표준 자료에 나온 것보다 진정한 성장률이 더 높다는 말을 달리 표현한 것이기도 하다.

무형자산

물리적 제품보다 무료 상품이 소비에서 점점 더 중요한 비중을 차지하고 있듯이, 무형자산도 경제의 자본 자산에서 점점 더 중요한 비중을 차지하고 있다. 제2의 기계 시대에 생산은 물리적 장비와 구조보다는 무형자산의 네 가지 범주에 더 의존한다. 지적재산권, 조직 자본, 사용자 생성 콘텐츠, 인적 자본이 그것이다.

지적재산권은 특허권과 저작권을 포함한다. 게다가 연구개발의 성과물 중에는 지적재산권으로 공식 등록되지는 않았지만, 대단히 가치 있는 것들이 많다. 미국 발명가들의 특허 등록 건수는 1980년대 이래

로 해마다 급증해왔으며,[19] 다른 유형의 지적 자산들도 증가해왔다.[20]

무형자산의 두 번째이자 더 큰 범주는 새로운 경영 프로세스, 생산 기법, 조직 형태, 사업 모형 같은 조직 자본이다. 제2의 기계 시대의 신기술을 효과적으로 이용하기 위해서는 거의 예외 없이 담당 조직도 변해야 한다. 예를 들면, 기업이 새로운 자원 계획 시스템을 구축하기 위해 컴퓨터 하드웨어와 소프트웨어에 수백만 달러를 쓴다면, 대개 경영 프로세스를 바꾸는 데는 그 하드웨어와 소프트웨어에 투자한 비용보다 세 배에서 다섯 배 더 많은 비용이 들어간다. 하지만 일반적으로 하드웨어와 소프트웨어에 쓰는 돈은 국가의 자본을 증가시킨다고 생각하는 반면, 하드웨어보다 더 많은 비용이 소모되기도 하는 새로운 경영 프로세스는 대체로 자본으로 계상되지 않는다. 우리의 연구에 따르면, 컴퓨터와 관련된 무형자산을 제대로 계상하면, 미국 경제의 자본 자산은 공식 추정값보다 2조 달러 더 늘어날 것으로 보인다.[21]

세 번째 범주인 사용자 생성 콘텐츠는 무형자산 중에서 더 규모가 작긴 하지만 현재 급속히 증가하고 있다. 페이스북, 유튜브, 트위터, 인스타그램, 핀터레스트(Pinterest) 등의 온라인 콘텐츠 이용자들은 앞서 말했듯이, 이 무료 콘텐츠를 소비하면서 소비자 잉여를 얻을 뿐 아니라, 그 콘텐츠의 대부분을 생산한다. 매일 4만 3천200시간분의 새로운 유튜브 동영상이 올라오며,[22] 페이스북에는 매일 2천500만 장의 새 사진이 올라온다.[23] 또 이용자는 아마존, 트립어드바이저(TripAdvisor), 옐프 같은 사이트에 이런저런 평을 하는 형태로 가치 있지만 측정되지는 않는 콘텐츠를 제공한다. 게다가 사용자 생성 콘텐츠에는 평을 분류하고, 가장 나은 콘텐츠를 맨 위로 올리는 단순한 이진법 정보도 포함된다(예를 들어, 아마존은 "이 서평이 도움이 되었습니까?"라고 질문한다).

지금 하드웨어와 소프트웨어 회사들은 사용자 생성 콘텐츠 활동의 생산성을 높이기 위해 경쟁하고 있다. 예를 들어, 현재 스마트폰 및 스마트폰을 위한 앱에는 페이스북에 사진을 쉽게 자동적으로 올리는 도구들이 포함되어 있다. 이 콘텐츠는 다른 사용자들에게 가치가 있으며, 우리의 집합적인 부에 추가되는 또 다른 유형의 무형 자본 자산이라고 볼 수 있다.

네 번째이자 가장 규모가 큰 범주는 인적 자본의 가치다. 우리는 학교에서 읽기, 쓰기, 셈하기 같은 기술들을 학습하면서 여러 해를 보내며—직장에서 또는 독학으로 배우는 추가 학습도 있다—그런 학습을 함으로써 생산성이 더 높아지고, 때로는 본질적인 보상도 얻는다. 그런 학습은 국가의 자본 총계에도 기여한다. 데일 조르겐슨과 바버라 프라우메니(Barbara Fraumeni)는 미국에서 인적 자본의 가치가 미국의 모든 물적 자본의 가치를 더한 것보다 5배에서 10배 더 많다고 추정한다.[24]

인적 자본이 언제나 경제에 이렇게 중요한 역할을 한 것은 아니었다. 위대한 경제학자 애덤 스미스(Adam Smith)는 제1의 기계 시대의 중대한 약점 중 하나가 노동자들에게 반복 작업을 하도록 강요하는 방식이라고 보았다. 1776년에 그는 이렇게 썼다. "아마 결과가 언제나 똑같거나, 거의 똑같을 몇 가지 단순 작업을 하면서 평생을 보내는 사람은 굳이 그 과정을 이해하기 위해 애쓸 필요가 전혀 없다."[25] 뒤에서 더 상세히 다루겠지만, 틀에 박힌 업무가 자동화하고 인간의 창의성 욕구가 증가함에 따라, 인적 자본에 대한 투자가 점점 더 중요해질 것이다.

이런 무형자산이 중요함에도 공식 GDP는 그것을 아예 무시한다. 한 예로, 사용자 생성 콘텐츠는 측정되지 않는 소비자 잉여를 만들어 내기 위해, 측정되지 않는 방식으로 소비되는, 측정되지 않는 자산을 생성하는, 측정되지 않는 노동을 수반한다. 하지만 최근에 실험적인 '위성 계정(satellite account)'을 창안하려는 시도가 이루어지고 있다. 위성 계정은 미국 경제에서 이 무형자산 범주들을 추적한다. 한 예로, 경제분석국이 창안한 새로운 위성 계정은 연구개발 자본 투자가 GDP의 약 2.9퍼센트를 차지하며, 1995년에서 2004년에 연간 약 0.2퍼센트씩 경제성장에 기여해왔다고 추정한다.[26]

모든 유형의 무형자산을 잘못 계상함으로써 나타나는 편향이 정확히 얼마나 큰지 파악하기는 어렵지만, 우리는 공식 자료가 무형자산의 기여도를 과소평가한다고 확신한다.✦

경제 계량법의 혁신

측정이 되어야 관리가 된다는 것은 경영의 기본 원리 중 하나다. 현대 GDP 회계가 경제 발전에 큰 기여를 한 것은 분명하다. 폴 새뮤얼슨(Paul Samuelson)과 윌리엄 노드하우스(William Nordhaus)는 이렇게 말

✦ 측정되지 않는 무형의 소비재와 달리, 무형의 자본재는 잘못 계상해도 자동적으로 공식 생산성 통계에 편향을 일으키지 않는다. 모든 무형자산과 마찬가지로, 무형 자본재는 산출량 수치를 더 증가시킨다. 하지만 동시에 그 무형 자본재는 투입량 수치도 증가시킨다. 투입량과 산출량이 같은 비율로 증가하는 안정 상태에서는 이 두 효과가 상쇄되므로, 산출량/투입량으로 정의되는 생산성 수치에는 아무런 편향도 나타나지 않는다. 교육을 통해 생성되는 인적 자본 같은 몇몇 유형의 무형자산에서는 대체로 안정적인 성장이 이루어졌다. 하지만 컴퓨터 관련 조직 자본이나 디지털 콘텐츠 사이트의 사용자 생성 자본 등 다른 범주들에서는 성장이 급속하게 이루어져온 듯하다. 이런 무형자산 범주들에서는 공식 생산성 수치가 경제의 진정한 성장률보다 낮다.

한 바 있다. "GDP와 국민소득계정의 항목들이 심오한 개념처럼 보일지 몰라도, 그것들은 사실 20세기의 위대한 발명품에 속한다."[27]

하지만 디지털 사업 혁신이 일어난다는 것은 우리의 경제 계량법에도 혁신이 필요하다는 의미다. 잘못된 측정값을 보고 있다면, 우리는 잘못된 결정을 내리고 잘못된 결과를 얻게 될 것이다. 유형자산만을 측정한다면, 삶을 향상시킬 무형자산을 포착하지 못할 것이다. 예를 들면, 오염과 혁신을 측정하지 않는다면, 오염이 너무 심해지고 혁신이 줄어들 것이다. 물론 중요하다고 해서 다 측정할 수 있는 것은 아니며, 측정할 수 있다고 해서 다 중요한 것은 아니다.

노벨경제학상 수상자인 조지프 스티글리츠(Joseph Stiglitz)는 이렇게 말한다.

> 물론 GDP가 복지, 아니 시장 활동조차도 제대로 측정하지 못할 수 있다는 사실은 오래전부터 인식하고 있었다. 하지만 그 문제가 부각된 것은 사회와 경제에 일어난 변화 때문일 수 있으며, 그와 동시에 경제학과 통계 기법의 발전으로 우리의 계량법을 개선할 새로운 기회가 올지도 모른다.[28]

새 계량법은 개념과 적용 양쪽으로 달라질 것이다. 우리는 연구자들이 기존에 쓰던 조사 방법과 기법 중 일부를 토대로 새 개량법을 구축할 수도 있다. 예를 들어, 인간개발지수는 보건과 교육 통계 자료로 공식 GDP 통계가 가진 틈새의 일부를 메운다.[29] 다차원빈곤지수(multidimensional poverty index)는 영양, 위생, 물 이용 같은 열 가지 지표를 써서 개발도상국의 복지를 평가한다.[30] 유아 사망률 같은 보건 지표들은 인구통계보건조사 같은 정기적인 가구 조사를 통해 얻는다.[31]

이 분야에서 몇 가지 고무적인 연구 계획이 진행 중이다. 스티글리츠, 아마르티아 센(Amartya Sen), 장 폴 피투시(Jean-Paul Fitoussi)는 경제 통계를 포괄적으로 재검토할 수 있는 방법을 구상하는 데 필요한 세부 지침을 마련해왔다.[32] 마이클 포터(Michael Porter), 스콧 스턴(Scott Stern), 로베르토 로리아(Roberto Loria) 연구진이 개발 중인 사회진보지수(social progress index)도 전망이 밝다.[33] 그들은 부탄에서 '국민총행복(gross national happiness)'을 측정하기 시작했다. 갤럽-헬스웨이스복지지수(Gallup-Healthways well-being index)의 배경이 되는 장기적인 여론 조사도 이뤄지고 있다.[34]

이 모두는 중요한 개선 방안들이며, 우리는 그것들을 적극 지지한다. 하지만 가장 큰 기회는 제2의 기계 시대 자체의 도구들을 사용할 때 온다. 엄청나게 많고 다양한 자료를 디지털 방식으로 적시에 이용함으로써 말이다. 인터넷, 휴대전화, 내장된 감지기, 그 외의 수많은 원천들로부터 자료가 끊임없이 전송된다. 예를 들어, 로베르토 리고본(Roberto Rigobon)과 알베르토 카발로(Alberto Cavallo)는 매일 전 세계의 온라인 가격을 취합해 인플레이션 지수를 작성한다. 이 지수는 훨씬 더 작은 표본 조사를 통해 월간 취합하는 공식 자료보다 훨씬 더 시의 적절할 뿐 아니라 많은 사례들에서 훨씬 더 신뢰할 수 있다.[35] 야간 인공조명의 불빛을 보여주는 위성 지도를 이용하여 세계 각지의 경제성장률을 추정하고, 구글 검색의 빈도를 토대로 실업과 주택 거래량의 변화를 파악하려 하는 경제학자들도 있다.[36] 이 정보를 활용한다면, 마케팅, 제조, 금융, 소매 등 경영상의 의사 결정의 거의 모든 측면에서 이미 이루어져온 변화와 마찬가지로, 경제의 이해 측면에서도 양자 도약이 이루어질 것이다.

더 많은 자료가 이용 가능해지고 경제가 계속 변함에 따라, 올바로 질문을 하는 능력도 더욱 중요해질 것이다. 빛이 제아무리 밝다고 해도, 잃어버린 열쇠를 찾으려면 열쇠를 잃은 바로 그 가로등 아래를 찾아야 할 것이다. 우리는 자신이 실제로 가치를 두는 것이 무엇이고, 더 많이 갖기를 원하는 것은 무엇이며, 덜 원하는 것이 무엇인지를 파악하기 위해 노력해야 한다. GDP와 생산성 증가는 중요한 의미를 갖지만, 그것들은 그 자체가 목적이 아니라 목적을 위한 수단들이다. 소비자 잉여를 증가시키기를 원하는가? 그러면 가격 하락이나 여가 시간 증가는 설령 GDP를 낮춘다고 해도 진보의 징후가 될 수 있다. 물론 우리의 목표 중에는 돈과 무관한 것들이 많이 있다. 우리는 경제의 계량 수치들을 무시해서는 안 되지만, 그저 그것들이 더 측정하기 쉽다는 이유로 다른 가치들을 도외시해서도 안 된다.

한편으로 우리는 GDP와 생산성 통계가 협소한 경제적 렌즈임을 감안해도, 우리가 가치를 두는 것들 중 상당수를 간과하고 있다는 점을 기억할 필요가 있다. 게다가 우리가 측정하는 것과 우리가 가치를 두는 것 사이의 간격은 이전에 없었던 새 상품이나 서비스를 접할 때마다, 또는 디지털화가 이루어질 때 종종 그렇듯이 기존 상품을 무료로 이용할 수 있을 때마다 벌어진다.

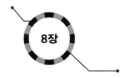

8장

격차의 시대

"모든 공화국의 가장 오래되고 가장 치명적인 질병은
부자와 빈자 사이의 불균형이다."
_ 플루타르크(Plutarch)

1838년 부산한 파리의 거리가 처음 사진에 담긴 이래로 지금까지 3.5조 장의 파리 사진이 찍혔으며, 그중 10퍼센트는 2013년에 찍은 것이다.[1] 최근까지도 대부분의 사진은 할로겐화은 같은 화학물질을 써서 만든 아날로그 사진이었다. 하지만 아날로그 사진은 2000년에 정점을 찍었다.[2] 지금은 디지털카메라를 지닌 사람이 25억 명이 넘고 대다수의 사진이 디지털 사진이다.[3] 그 결과는 경이롭다. 현재 19세기 전체에 걸쳐 찍은 사진보다 더 많은 사진이 2분마다 찍히고 있는 것으로 추정된다.[4] 지금 우리는 주변 사람들과 인생사를 유례없을 만큼 상세히 자주 기록하고 있으며, 전보다 더 폭넓고 쉽게 사진을 공유한다.

디지털화는 사진의 양과 편의성을 대폭 증대시켰을 뿐 아니라 사진 생산과 유통의 경제학도 대폭 변화시켰다. 인스타그램의 열다섯 명에 불과한 직원들은 1억 3천만 명이 넘는 소비자가 약 160억 장의 사진 (더 늘어나고 있다)을 공유하는 단순한 앱을 만들었다.[5] 창설된 지 15개월도 되기 전에 그 회사는 페이스북에 10억 달러가 넘는 액수에 팔렸다. 그리고 페이스북 자체는 2012년에 사용자가 10억 명에 이르렀다. 직원은 약 4천600명이고,[6] 그중 거의 1천 명이 공학자다.[7]

이 숫자들을 디지털 이전의 공룡인 코닥의 기업 지표들과 대조해보라. 코닥도 소비자들이 수십억 장의 사진들을 공유할 수 있도록 도왔다. 코닥은 한 시점에 직원 수가 14만 5천300명에 이르기도 했고, 그들의 3분의 1은 뉴욕 로체스터에 근무했다. 그리고 제1의 기계 시대의 기업들에게 필요했던 방대한 공급망과 소매 유통망을 통해 간접적으로 수천 명을 더 고용하고 있었다. 코닥은 창업자인 조지 이스트먼 (George Eastman)을 부자로 만들어준 한편으로, 수 세대에 걸쳐 사람들에게 중산층 일자리를 제공했고, 1880년 이래로 본사가 있는 로체스터 시는 부유한 도시가 되었다. 하지만 132년 뒤, 인스타그램이 페이스북에 팔린 지 몇 달 뒤에 코닥은 파산 신청을 했다.[8]

그런 상황임에도 사진술은 역사상 유례없는 수준으로 대중적인 인기를 누려왔다. 오늘날 해마다 페이스북에 700억 장의 사진이 올라오며, 거의 무료로 이용하는 플리커(Flickr) 같은 디지털 서비스들을 통해 공유되는 사진은 이보다 훨씬 더 많다. 이 사진들은 모두 디지털이므로, 현상액과 인화지 같은 것들을 제조하던 수십만 명은 일자리를 잃었다. 디지털 시대에 그들은 생계를 유지할 다른 길을 찾아야 한다.

사진술의 진화는 현재 일어나고 있는 기하급수적 성장, 디지털화,

조합적 발전의 두 가지 큰 경제적 결과인 제2의 기계 시대의 풍요와 격차를 잘 드러낸다. 격차는 소득, 부 같은 삶의 중요한 조건들이 사람들 사이에 큰 차이를 보이며, 그 차이가 점점 더 커진다는 것을 의미한다. 우리는 해마다 마우스를 몇 번 누르거나, 화면을 몇 번 건드리는 것만으로 거의 4천억 번에 이르는, 이른바 '코닥 순간'을 맛보면서 수많은 이미지를 창조해왔다. 하지만 인스타그램과 페이스북 같은 회사들이 필요로 하는 인력은 코닥에 필요했던 인원에 비하면 극히 일부에 불과하다. 그렇긴 해도 페이스북은 코닥의 전성기 때보다 시가 총액이 몇 배 더 크며, 지금까지 적어도 일곱 명의 억만장자를 낳았고, 그들 각각은 이스트먼보다 순자산이 열 배 더 많다. 아날로그에서 디지털로의 전환은 디지털 사진과 다른 상품들의 풍요를 낳았지만, 한편으로 예전보다 소득 격차를 훨씬 더 벌려놓았다.

사진술은 이 전환의 예외 사례가 아니다. 음악과 대중 매체에서, 금융과 출판에서, 소매와 유통과 서비스와 제조에서도 비슷한 이야기들이 있어왔고 앞으로도 있을 것이다. 거의 모든 산업에서 기술 발전은 유례없는 풍요를 낳을 것이다. 일은 덜하면서 더 많은 부를 만들어낼 것이다. 하지만 적어도 우리의 현재 경제 체제에서 이 발전은 소득과 부의 분포에도 엄청난 영향을 미칠 것이다. 한 사람이 한 시간에 생산하는 것을 기계가 1달러로 생산할 수 있다면, 수익을 최대화하려는 고용인은 그 일자리에 1달러가 넘는 임금을 주지 않을 것이다. 자유 시장 체제에서 노동자는 시간당 1달러라는 임금을 받아들이든지 아니면 새 생계 수단을 찾아야 한다. 거꾸로 한 사람이 디지털 기술을 써서 소비자 100만 명에게 통찰이나 재능, 기능을 분산시킬 방법을 찾아낸다면, 그는 홀로 벌 수 있는 것보다 100만 배 더 벌 수 있을지 모른다. 이론과 자료 모두 이 풍요와 격차의 조합이 우연이 아님을 시사한다. 기술, 특히 디지털 기술의 발전으로 부와 소득은 유례없는 양상으로 재분배되고 있다. 디지털 기술은 아주 저렴한 비용으로 가치 있는 아이디어, 통찰, 혁신을 복제할 수 있다. 그 결과 사회는 풍요로워지고, 혁신가는 부유해지지만, 이전에 중요했던 유형의 노동들은 수요가 줄어들며, 많은 이들의 소득이 줄어들 수 있다.

풍요와 격차의 조합은 두 가지 모순되지만 일반적인 세계관에 의문을 제기한다. 하나는 기술 발전이 언제나 소득을 높인다는 견해이며, 또 하나는 자동화로 기계가 사람을 대체함에 따라 노동자의 임금이 줄어들 것이라는 견해다. 둘 다 진리가 담겨 있긴 하지만, 현실은 좀 더 미묘하다. 디지털 도구는 급속히 발전하면서 유례없는 부를 만들어내고 있지만, 모든 노동자, 아니 다수의 노동자가 이 발전의 혜택을 볼 것이라고 말하는 경제 법칙은 전혀 없다.

200년 가까이 임금은 생산성과 함께 증가했다. 그 결과 기술이 필연적으로 (거의) 모든 사람을 돕는다는 인식이 출현했다. 하지만 최근 들어서 중간 임금은 생산성을 따라가기를 중단했으며, 그런 결별이 이론적인 가능성일 뿐 아니라, 현재 경제의 경험적인 사실이기도 하다는 점을 보여준다.

중간 임금 노동자는 어떻게 일하는가

몇 가지 기본 사실을 검토해보자.

중간 소득은 논의의 좋은 출발점이 될 수 있다. 여기서 중간 소득은 총 분포의 50 백분위수에 있는 사람의 소득이다. 1999년은 미국의 중간 가정의 실질(인플레이션을 감안한) 소득이 정점에 달한 해로, 5만 4천 932달러까지 올랐다가, 그 뒤로 떨어지기 시작했다. 2011년에는 5만 54달러로 거의 10퍼센트가 떨어졌다. 총 GDP는 최고 수준이었음에도 말이다. 특히 미국을 비롯한 선진국의 미숙련 노동자의 임금은 계속 하락 추세였다.

한편 대공황 이후 처음으로 2012년에 미국 총소득의 절반 이상을 상위 10퍼센트가 가져갔다. 상위 1퍼센트는 총소득의 22퍼센트 이상을 벌어들였고, 그 수치는 1980년대 초 이래로 두 배 이상 증가한 것이다. 미국인의 상위 0.01퍼센트, 즉 연소득이 1억 1천만 달러가 넘는 수천 명이 번 소득은 현재 5.5퍼센트로, 1927년에서 1928년 이래로 2011년에서 2012년 사이에 가장 큰 폭으로 증가했다.[9]

불균형적으로 증가해온 통계 수치들은 이뿐 아니다. 예를 들어, 전반적인 기대수명은 계속 증가하고 있지만, 일부 집단의 기대수명은 줄어들기 시작했다. 일리노이대학의 제이 올샨스키(S. Jay Olshansky) 연구진이 〈헬스어페어스Health Affairs〉에 발표한 바에 따르면, 고등학교 졸업장이 없는 미국의 평균 백인 여성은 기대수명이 2008년에 73.5년으로, 1990년의 78.5년보다 줄어들었다. 고등학교를 졸업하지 못한 백인 남성의 기대수명은 같은 기간에 3년이 줄어들었다.[10] 설령 대침체기에서 회복되기 시작했다고 해도, 미국 전역에서 항의가 빗발치기 시작한 것은 놀랄 일이 아니다. 경제가 자신을 위해 일하지 않는다고 느끼는 미국인 수백만 명은 우익의 티파티(Tea Party) 운동과 좌익의 월가 점령(Occupy Wall Street) 운동을 통해 분노를 쏟아냈다. 한쪽 집단은 정부의 관리 잘못을 강조했고, 다른 집단은 금융 서비스 부문의 부패와 남용을 강조했다.

기술은 경제를 어떻게 바꾸고 있는가

이 문제들은 분명 둘 다 매우 중요하지만, 더 심오하면서 구조적인 근본 문제가 있다. 그 문제는 점점 더 경제의 추진력이 되고 있는 제2의 기계 시대의 기술이 전파됨으로써 나타난 것이다.

최근에 우리는 한 사업가가 휴대전화로 크게(그리고 신나게) 떠드는 소리를 옆에서 들은 적이 있다. "아니. 난 더 이상 에이치앤알블록에 세무 대리 업무를 맡기지 않아. 터보택스(TurboTax) 소프트웨어로 바꿨어. 49달러밖에 안 하는데, 훨씬 더 빠르고 정확해. 정말 마음에 든다니까!" 그 사업가의 삶은 더 나아졌다. 그는 더 저렴한 가격으로 더 나은 서비스를 받았다. 소비자 수백만 명이 이용하는 터보택스는 사용자를 위해 엄청난 가치를 만들어냈지만, 그 가치가 모두 GDP 통계에 반영되는 것은 아니다. 터보택스를 만든 이들의 삶도 나아졌다. 한 명은 억만장자가 되어 있다. 하지만 현재 세무 대리인 수만 명의 일자리와 수입은 위험에 처해 있다.

그 사업가의 경험은 경제에서 일어나는 더 폭넓은 변화를 반영하고 있다. 소비자의 삶은 나아지고 엄청난 부가 창조되고 있지만, 새 제품이나 서비스에서 나오는 수익의 대부분을 소수의 사람들이 독차지하는 사례가 종종 나타난다. 1990년대에 할로겐화은을 써서 카메라 필름을 만들던 화학자들처럼, 세무 대리인은 기계와 경쟁해야 하는 시련을 맞고 있다. 기술이 발전함에 따라 그들의 삶은 더 불행해지고 있다.

승자와 비교해 그러할 뿐 아니라, 더 이전의 기술을 갖고 일할 때 얻은 수입과 비교할 때도 그렇다.

경제학의 관점에서 볼 때, 중요한 현실은 터보택스 같은 프로그램을 창안하고 갱신하는 비교적 소수의 설계자와 공학자가 수익을 독차지한다는 것이다. 3장에서 보았듯이, 일단 알고리듬의 디지털화가 이루어지면, 그것을 거의 비용을 전혀 들이지 않고서도 복제해 수많은 사용자에게 전송할 수 있다. 소프트웨어가 모든 산업의 핵심으로 이동함에 따라, 경제 전체에서 이런 유형의 생산 과정과 기업이 점점 더 늘어나고 있다.

더 커지는 파이의 더 작아지는 조각

이런 유형의 사례들을 경제 전체로 확대한다면, 어떤 일이 벌어질까? 무언가 더 거대한 일이 벌어질까? 자료는 그렇다고 말한다.

1983년에서 2009년 사이에 미국인들은 자산의 총가치가 증가했기에, 전반적으로 훨씬 더 부유해졌다. 하지만 경제학자 에드 울프(Ed Wolff)와 실비아 알레그레토(Sylvia Allegretto)가 밝혀냈듯이, 소득 분포의 하위 80퍼센트에 속한 이들의 재산은 실질적으로 줄어들었다.[11] 집단을 놓고 볼 때, 상위 20퍼센트가 증가분의 100퍼센트가 아니라 그 이상을 가져갔다. 그들의 소득에는 경제에서 새로 창출된 조 단위의 달러뿐 아니라, 하위 80퍼센트에서 그들 쪽으로 이전된 부도 포함되어 있었다. 상대적으로 부유한 사람들 사이에서도 소득 분포가 심하게 편향되어 있었다. 상위 5퍼센트가 국가 부 증가량의 80퍼센트를 가져갔는데, 그중 절반 이상은 상위 1퍼센트가 가져간 것이었고, 세분할수록 그런 현상은 더욱 심해졌다.

종종 인용되는 사례를 하나 들자면, 2010년에 월마트를 설립한 샘월튼(Sam Walton)의 재산을 물려받은 상속자 여섯 명의 재산은 미국의 소득 분포에서 하위 40퍼센트에 속한 이들의 재산을 다 더한 것보다 많았다.[12] 여기에는 1300만 가구의 재산이 순감했다는 사실도 어느 정도 반영되어 있다.

부와 더불어 소득 분포도 변해왔다. 1979년에서 2007년 사이에 상위 1퍼센트의 소득은 278퍼센트가 증가한 반면, 소득 분포의 중간에 있는 이들의 소득은 겨우 35퍼센트 증가하는 데 그쳤다. 2002년에서 2007년 사이에 미국의 경우, 소득의 65퍼센트 이상을 상위 1퍼센트가 가져갔다. 〈포브스〉에 따르면, 가장 부유한 미국인 400명의 순자산은 2003년보다 두 배 이상 늘어난 2조 달러에 이르렀다.[13]

요컨대, 중간층의 소득은 1979년 이래로 거의 증가하지 않았을 뿐 아니라, 1999년 이후로는 사실상 줄어들었다. 하지만 미국의 전체 소득이나 생산성의 증가가 정체되었기 때문에 그런 결과가 나온 것은 아니었다. 6장에서 살펴보았듯이, GDP와 생산성은 인상적인 궤도를 그려왔다. 대신에 그 추세는 이 성장의 혜택을 얻은 이들과 그렇지 못한 이들 사이에서 부의 상당한 재분배가 이루어졌음을 반영한다.

아마 이것이 중간 소득과 평균 소득을 비교하는 가장 쉬운 방법일 것이다. 정상적인 상황에서는 평균 소득(총소득을 총인구로 나눈 값)의 변화가 중간 소득(소득 분포의 정중앙에 있는, 즉 중간보다 더 많이 벌지도 덜 벌지도 않는 사람의 소득)의 변화와 그리 다르지 않다. 하지만 그림에서 보듯이, 최근 들어 양쪽 추세는 크게 달라졌다(그림 8.1 참조).

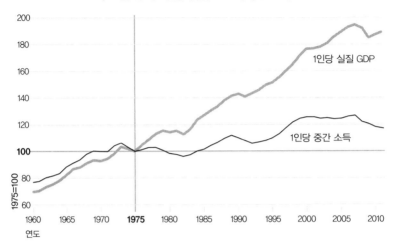

| 그림 8.1 | **1인당 실질 GDP와 중간 소득**

1인당 실질 GDP

1인당 중간 소득

1975=100

연도

어떻게 이런 일이 가능할까? 간단한 사례를 하나 들어보자. 은행 창구 직원 열 명이 술집에서 맥주를 마시고 있다. 각자의 연봉은 3만 달러다. 따라서 이 집단의 평균 소득과 중간 소득은 똑같이 3만 달러다. 이때 은행 CEO가 들어와 맥주를 주문한다. 이제 이 집단의 평균 소득은 급상승한다. 하지만 중간 소득은 전혀 달라지지 않는다. 일반적으로 소득 분포가 더 치우칠수록, 평균 소득과 중간 소득은 더 멀어지는 경향이 있다. 바로 이 현상이 가상의 술집에서만이 아니라 미국 전체에서 나타나고 있다.

1973년에서 2011년 사이에 전체적으로 중간 시급은 거의 변하지 않았다. 연간 겨우 0.1퍼센트 증가하는 수준이었다. 반대로 6장에서 논의했듯이, 이 시기에 생산성은 연간 평균 1.56퍼센트씩 상승했고, 2000년에서 2011년 사이에는 1.88퍼센트로 더 증가했다. 이러한 생산성 증가의 대부분은 평균 소득이 그만큼 증가한 덕분이라고 말해도

무리가 없다. 그에 비해, 중간 소득이 훨씬 적게 증가한 이유는 주로 불평등이 커졌기 때문이다.[14]

세 쌍의 승자와 패자

지난 20년 동안 세제 정책이 바뀌고, 국가 간 경쟁이 더 격화되며, 정부의 예산 낭비가 계속되고, 월가의 사기꾼들이 활개를 치는 등의 일들이 벌어졌다. 하지만 우리는 많은 자료와 연구 결과를 살펴본 끝에, 이 중 어느 것도 불평등을 증가시킨 주된 원인이 아니라는 결론에 이르렀다. 불평등의 주된 원동력은 우리의 경제 체제를 떠받치는 기술의 기하급수적 성장, 디지털화, 조합적 혁신이었다. 가장 발전한 나라들에서 비슷한 추세가 분명하게 나타난다는 사실도 이 결론을 뒷받침한다. 예를 들어, 지난 20년에서 30년 동안 미국에서보다 스웨덴, 핀란드, 독일에서 소득 불평등이 더 빠르게 진행되었다.[15] 이 나라들은 원래 소득 분포의 불평등이 훨씬 덜했으므로, 불평등이 빠르게 진행되었다고 해도 미국보다는 여전히 덜한 상태였지만, 제도, 정부 정책, 문화가 얼마나 다르든 간에 전 세계에 걸쳐 기본 추세는 비슷하다.

우리가 전작인 《기계와의 경쟁Race Against the Machine》에서 논의했듯이, 이 구조적인 경제 변화는 서로 겹치는 세 쌍의 승자와 패자를 낳았다. 그 결과 경제적 파이를 나누는 이들 중에서 자신의 몫이 증가하지 않는 사람도 나타난다. 첫 번째 두 승자 집단은 알맞은 자본 자산을 상당한 양으로 축적한 사람들이다. 그것은 비인적 자본(장비, 구조, 지적재산권, 금융 자산)일 수도 있고 인적 자본(훈련, 교육, 경험, 기능 같은)일 수도 있다. 다른 유형의 자본과 달리, 인적 자본은 꾸준한 소득 흐름을 생성할 수 있는 자산이다. 잘 훈련된 배관공은 설령 같은 시간을 일한다고 해도, 미숙련 노동자보다 한 해 동안 더 많은 돈을 벌 수 있다. 세 번째 승자 집단은 특별한 재능—또는 행운—을 지닌 슈퍼스타들로 이루어진다.

각 집단에서 디지털 기술은 승자의 경제적 이득을 증가시키는 한편으로, 경제적으로 점점 중요성이 떨어지는 다른 사람들에게는 보상을 훨씬 덜 해주는 경향이 있다. 승자들의 총이득은 나머지 모든 이들의 총손실보다 더 많았다. 그러나 그것은 단순히 우리가 앞서 논의한 사실을 반영할 뿐이다. 생산성과 총소득이 경제 전체로 볼 때, 증가해 왔다는 것 말이다. 하지만 이 자그마한 희소식은 뒤처지는 사람들에게 별다른 위로가 안 된다. 제아무리 크다고 해도 그 이득이 비교적 소규모의 승자 집단에 집중되고 대다수의 사람들은 전보다 열악해지는 상황도 벌어졌기 때문이다.

숙련 편향적 기술 변화

경제학자들이 기술이 미치는 영향을 설명하기 위해 사용하는 가장 기본적인 모형은 기술을 다른 모든 것에 곱함으로써 모두에게 균등하게 영향을 미치도록, 즉 전반적으로 생산성을 증대시키는 단순한 곱수로 처리한다.[16] 이 모형은 수학 방정식으로 나타낼 수 있다. 경제학 입문 과목에 으레 등장하는 것이다. 이 모형은 기술 진보라는 밀물이 모든 배를 들어 올릴 것이고, 모든 노동자를 더 생산적으로, 따라서 더 가치 있게 만들 것이라는 일반적인—그리고 최근까지 지극히 이치에 맞았던—직관의 토대가 된다. 기술을 곱수라고 보면, 경제는 노동을 비롯한 투입량을 동일하게 유지하면서도 해마다 산출량을 더 늘릴 수 있다. 그리고 이 기본 모형은 모든 노동이 기술에 동일한 영향을 받는 다고 본다. 즉 일하는 매시간은 이전 시간보다 더 많은 가치를 생산한 다는 의미다.

더 복잡한 모형은 기술이 모든 투입량에 동등하게 영향을 미치는 것이 아니라, 일부에 더 '편향되어' 있거나 악영향을 미칠 수도 있는 가능성을 허용한다. 특히 최근 몇 년 동안 급여 처리 소프트웨어, 공장 자동화, 컴퓨터로 제어되는 기계, 자동 재고 관리, 문서 편집 같은 기술 은 틀에 박힌 업무에 적용되면서 단순 사무 업무, 공장 바닥, 단순 반 복되는 정보 처리 업무에서 노동자를 대신해왔다.

대조적으로 빅데이터와 분석학, 초고속 통신, 쾌속 조형(rapid proto-typing) 같은 기술들은 더 추상적이고 자료 중심적 추론의 산물들을 증 가시켰고, 공학적이거나 창의적이거나 설계 능력을 갖춘 사람들의 가 치를 증대시켜왔다. 그것은 숙련된 노동력의 수요를 증가시키는 반면, 덜 숙련된 노동의 수요는 감소시키는 순 효과를 낳았다. 데이비드 오 토(David Autor), 로런스 카츠(Lawrence Katz), 앨런 크루거(Alan Krueger), 프랭크 레비와 리처드 머네인, 대런 애쓰모글루(Daron Acemoglu)를 비 롯한 많은 경제학자들은 수십 건의 세심한 연구를 통해 이 추세를 규 명해왔다.[17] 그들은 이것을 '숙련 편향적 기술 변화(skill-biased technical change)'라고 부른다. 정의상 숙련 편향적 기술 변화는 인적 자본을 더 많이 지닌 사람들을 선호한다.

숙련 편향적 기술 변화가 미치는 효과는 그림 8.2에 잘 나와 있다. 이 그림은 MIT 경제학자인 애쓰모글루와 오토가 쓴 논문에 실린 자

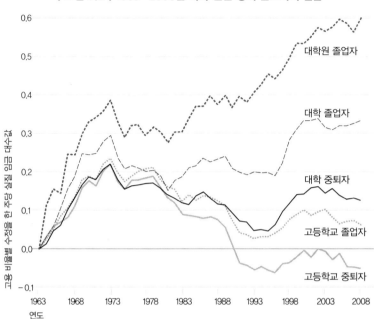

| 그림 8.2 | 1963~2008년 미국 연간 상시 근로자의 임금

료를 토대로 구성한 것이다.[18] 그래프의 선들은 최근 몇 세대에 걸쳐 수백만 명의 노동자들이 서로 다른 경로를 걸어왔음을 보여준다.

1973년 이전의 미국인 노동자들은 모두 임금이 왕성하게 증가하는 혜택을 누렸다. 생산성의 증가 추세는 교육 수준에 상관없이 모든 이의 소득을 늘렸다. 이 시기에 기술 변화는 미숙련 노동자들에게 좋지 않은 쪽으로 '편향되어' 있지 않았다. 그러다가 1970년대에 대규모 석유 파동과 경기 후퇴가 일어났고, 모든 집단의 소득이 줄어들었다. 하지만 그 뒤로 우리는 소득 격차가 확대되는 것을 목격하기 시작했다. 1980년대 초에 대학 학위를 지닌 이들의 임금은 다시 오르기 시작했다. 대학원 학위를 지닌 노동자들의 임금은 특히 더 상승했다. 한편 대학 학위가 없는 노동자들은 노동시장에서 훨씬 더 푸대접을 받는 처지가 되었다. 그들의 임금은 정체되었고, 고등학교 중퇴자의 임금은 실질적으로 줄어들었다. 1980년대 초에 개인용 컴퓨터 혁명이 시작되었다는 것은 우연의 일치가 아니다. 사실 〈타임〉은 1982년에 PC를 '올해의 기계'로 선정했다.

이 기간에 대학 졸업자의 수가 급증했다는 점을 고려한다면, 이 이야기가 더욱 놀랍게 느껴진다. 1960년에서 1980년 사이에 대학 입학자의 수는 75만 8천 명에서 158만 9천 명으로 두 배 이상 증가했다.[19] 다시 말해, 교육을 받은 노동력의 공급이 대폭 증가했다. 일반적으로 공급이 증가할수록 가격은 떨어지게 마련이다. 따라서 대학과 대학원 졸업자가 급증했으니 그들의 상대적인 임금도 당연히 떨어져야 했지만, 그렇지 않았다.

공급이 증가함에도 임금이 상승했다는 것은 숙련 노동의 상대적인 수요가 공급보다 더 빨리 증가했다는 의미일 수밖에 없다. 동시에 고등학교 중퇴자가 할 수 있는 업무의 수요가 너무나 빠르게 줄어들었기 때문에, 설령 공급이 줄어들었어도 이 노동자들은 공급 과잉 상태가 되었다. 비숙련 노동자의 수요 감소는 숙련도가 낮은 일자리를 놓고 경쟁이 계속됨으로써 그 일을 하는 이들의 임금이 더욱 낮아진다는 것을 의미했다. 그리고 교육 수준이 가장 낮은 이들의 대부분은 이미 최저 임금을 받고 있었으므로, 이 변화는 전반적으로 소득 불평등을 증대시켰다.

조직과 기술의 공동 발명

기계가 사람을 일대일로 대체하는 일도 종종 일어나지만, 경영 문화의 보다 폭넓은 재편이 숙련 편향적 변화를 낳는 더 중요한 경로일 수도 있다. 에릭은 스탠퍼드대학의 티모시 브레스너한(Timothy Bresnahan), 와튼스쿨의 로린 히트, MIT의 양신규와 공동 연구를 통해, 기업이 디지털 기술을 이용하여 의사 결정 권한, 인센티브 제도, 정보 흐름, 고용 체계, 경영과 조직 프로세스의 제반 측면들을 재편한다는 것을 알아냈다.[20] 조직과 기술의 이 공동 발명은 생산성을 크게 향상시킬 뿐 아니라, 교육 수준이 높은 노동자를 더 많이 필요로 하고 덜 숙련된 노동자의 수요를 줄이는 경향이 있었다.

언뜻 볼 때, 이 생산 재편은 컴퓨터를 직접 접하는 노동자들뿐 아니라 그 기술과 거리가 먼 듯한 노동자들에게도 영향을 미쳤다. 예를 들어, 유행을 포착하는 데 일가견이 있는 디자이너는 멀리 떨어진 공장에 최신 패션에 발맞추어 재빨리 제품을 생산할 수 있는 유연한 설비를 갖추어놓은 회사에서 자신 같은 사람을 찾는 수요가 더 커지고 있음을 알아차릴지 모른다. 반면에 공항 매표원은 인터넷을 갖고 일하기는커녕, 존재하는지조차 몰랐던 인터넷 웹사이트가 자신을 대체하고 있음을 알아차릴 수도 있다.

이 연구를 위해 조사한 산업체들에서 컴퓨터 자본에 투자하는 1달러는 '조직 자본'에 10달러 이상의 상보적인 투자가 이루어지도록, 즉 훈련, 고용, 경영 프로세스 재설계에 추가로 투자가 이루어지도록 자극하는 역할을 하곤 했다.[21] 이 재편으로 반복되는 주문 입력 같은 틀에 박힌 일을 하는 자리들이 많이 사라지고, 상대적으로 판단, 숙련도,

훈련을 더 필요로 하는 업무들은 남곤 한다.

대개 IT 투자를 가장 많이 한 기업에서 조직도 가장 크게 변했고, 업무에서 그 혜택이 온전히 나타나기까지 5년에서 7년가량 걸렸다.[22] 또 이 회사들에서 비숙련 노동에 비해 상대적으로 숙련 노동의 수요가 가장 크게 증가했다.[23] 혜택이 온전히 나타나기까지의 시간 지체는 관리자와 노동자가 그 기술을 이용할 새로운 방식을 이해하는 데 걸린 시간을 의미했다. 앞서 전기화와 공장 설계를 논의할 때 보았듯이, 기업이 어떻게 사업을 재설계해야 신기술을 이용할 수 있을지를 고민하지 않은 채, 단순히 '시골길을 포장하는' 것만으로 업무에 상당한 성과가 나타나는 일은 거의 없다.[24] 창의성과 조직 재설계는 디지털 기술의 투자에서 대단히 중요한 항목이다.◆

이 말은 대개 각 노동자를 말 그대로 기계로 대체하는 것이 아니라, 프로세스를 재구성하는 것이 신기술을 활용하는 가장 좋은 방법이라는 의미다. 그렇긴 해도 일부 노동자들(대개 덜 숙련된 이들)은 생산 공정에서 제외되고 다른 노동자들(대개 교육과 훈련 수준이 더 높은 이들)은 늘어남으로써, 임금 구조에 예측할 수 있는 변화가 나타날 것이다. 단순히 기존 업무를 자동화하는 것에 비해, 이런 형태의 조직의 공동 발명은 기업가, 관리자, 노동자에게 더 많은 창의성을 요구하며, 따라서 신기술을 처음 창안하고 도입한 뒤에 변화가 실제로 나타나기까지 시간이 걸리는 경향이 있다. 하지만 일단 이루어지면, 그 변화는 생산성

◆ 이 점은 앞서 논의한 전기화가 생산성에 미친 효과를 상기시킨다. 디지털 기술에서도 가장 큰 수익은 공장이 재설계되고, 더 나아가 새 기계를 직접적으로 이용하지 않는 노동자들까지 상당한 영향을 받은 뒤에야 올릴 수 있다.

향상에 주된 역할을 한다.

컴퓨터화한 숙련 집단의 진화

기업이 재편될 때 사라지는 직업들을 더 자세히 살펴보면, 숙련 편
향적 기술 변화라는 용어가 오해를 불러일으킬 수도 있음을 알게 된
다. 특히 '유치원 수준의 업무'는 자동화하기 쉬운 반면 '대학 수준의
업무'는 자동화하기가 어렵다고 가정하는 실수를 저지를 수 있다. 최
근 몇 년을 보면, '숙련도가 낮은 업무'가 꼭 자동화가 이루어지는 업
무라고 할 수 없음을 알 수 있다. 그보다는 '기계가 인간보다 더 잘 할
수 있는 업무'가 더 자동화가 이루어지고 있다. 물론 이 말이 동어반복
처럼 여겨지겠지만, 그럼에도 이는 유용하다. 조립라인의 반복 작업은
청소원의 일보다 자동화하기가 더 쉽다. 지불 업무를 처리하는 등의
틀에 박힌 사무는 소비자의 질문을 처리하는 것보다 자동화하기가 더
쉽다. 현재 기계는 계단을 오르내리거나, 바닥에 떨어진 종이클립을
줍거나, 마음 상한 소비자의 감정 단서를 읽는 일을 잘 하지 못한다.

MIT의 애쓰모글루와 오토는 이런 차이점을 포착하기 위해 노동을
2×2 행렬로 나누자고 주장한다. 지식(cognitive) 노동 대 육체(manual)
노동, 일상적(routine) 노동 대 비일상적(non-routine) 노동으로 말이다.[25]
그들은 지식 노동이든 육체노동이든 간에, 일상적 노동의 수요가 더
빠르게 감소해왔음을 밝혀냈다. 그 결과 일자리의 양극화가 일어난다.
중간 소득 일자리의 수요는 급감한 반면, 비일상적 지식 노동 일자리
(금융 분석 같은)와 비일상적 육체노동 일자리(머리 손질 같은)는 비교적
잘 유지되어왔다.

듀크대학의 경제학자 니르 자이모비치(Nir Jaimovich)와 브리티시컬럼비아대학의 헨리 시우(Henry Siu)는 애쓰모글루와 오토의 연구를 토대로 지난 세 차례의 경기 후퇴를 특징짓는 요소인 '일자리 양극화'와 '고용 없는 경기 회복' 사이에 상관관계가 있음을 밝혀냈다. 19세기와 20세기의 대부분의 시기에는 대개 경기 후퇴 이후에 고용이 크게 회복된 반면, 1990년대 이후에는 경기 후퇴가 지난 뒤에 고용 수준이 빠르게 회복되지 않았다. 여기서도 경제의 컴퓨터화가 진행되고, 그 뒤에 경기 후퇴의 고용 패턴이 변한 것이 우연의 일치가 아니었다. 자이모비치와 시우가 1980년대, 1990년대, 2000년대를 비교하자, 현금 출납원, 우편물 담당자, 은행 창구 직원 같은 일상적 지식 노동과 전산기 조작원, 시멘트공, 양재사 같은 일상적 육체노동의 수요는 그냥 줄어드는 것이 아니라, 줄어드는 속도가 점점 더 빨라진다는 것이 드러났다. 이 일자리들은 1981년에서 1991년에는 5.6퍼센트 줄어들었지만, 1991년에서 2001년에는 6.6퍼센트, 2001년에서 2011년에는 11퍼센트가 줄어들었다.[26] 대조적으로, 비일상적 지식 노동과 비일상적 육체노동의 수요는 그 30년 내내 증가했다.

고위 임원들과 나눈 대화는 자료에 나타난 이 패턴을 설명하는 데 도움이 된다. 몇 년 전 우리는 한 CEO와 아주 솔직한 대화를 나누었다. 그는 지난 10년 동안 정보기술 분야에서 이루어진 발전으로 많은 일상적인 정보 처리 일자리들이 불필요하게 되었다고 말했다. 그런 한편으로 이윤과 수익이 모두 증가하고 있을 때는 일자리를 없애기가 쉽지 않을 수 있다. 그러다가 경기 후퇴가 일어나면, 통상적인 경영 활동을 유지할 수 없으므로 고통스러운 업무 능률화와 해고를 단행하기가 더 쉬워진다. 경기 후퇴가 끝나면 이윤과 수요가 회복되지만, 일상적 노동을 하는 일자리는 다시 늘어나지 않는다. 최근 몇 년 사이에 다른 많은 기업들과 마찬가지로, 그의 회사도 그런 노동자들이 없이 기술을 더 많이 활용할 수 있다는 것을 알아차렸다.

1장에서 살펴보았듯이, 이것은 모라벡의 역설, 즉 우리가 일상생활에서 쓰는 감각 및 운동 기능이 엄청난 계산과 정교함을 요하는 과정이라는 깨달음을 반영한다.[27] 우리는 수백만 년에 걸쳐 진화하면서 친구의 얼굴을 알아보고, 다양한 소리를 구별하며, 세밀하게 운동을 통제하는 등의 미묘한 일을 전담하는 뉴런 수십억 개를 갖추었다. 대조적으로, 우리가 계산이나 논리 같은 '고등한 사고'와 연관 짓는 '추상적 추론'은 발달하기 시작한 지 겨우 수천 년에 불과한 비교적 최근의 기능이다. 이런 유형의 과제들에서는 더 단순한 소프트웨어나 성능이 더 떨어지는 컴퓨터만으로도 충분히 인간의 능력을 모방하거나 넘어설 수 있는 사례들을 종종 찾을 수 있다.

물론 우리가 이 책에서 내내 보았듯이, 기계가 할 수 있는 업무의 집합은 고정된 것이 아니라 끊임없이 진화한다. '컴퓨터'라는 단어가 처음에는 인간이 맡은 일자리를 가리키다가 나중에 기계를 가리키는 것으로 진화했듯이 말이다.

1950년대 초에 연구자들은 기계에게 체커를 두는 법을 가르쳤고, 기계는 곧 상당한 실력을 갖춘 아마추어들을 이길 수 있었다.[28] 1956년 1월, 허버트 사이먼(Herbert Simon)은 수업을 하다가 학생들에게 이렇게 말했다. "크리스마스 때 앨 뉴얼(Al Newell)과 내가 생각하는 기계를 발명했어요." 3년 뒤 그들은 '일반문제해결자(General Problem Solver)'

라는 밋밋한 이름의 컴퓨터 프로그램을 만들었다. 그것은 원리상 공식 규칙의 집합을 통해 만들어질 수 있는 논리 문제는 무엇이든 풀 수 있도록 설계된 프로그램이었다. 그 프로그램은 틱택토(Tic-Tac-Toe)나 그보다 조금 더 어려운 하노이탑 퍼즐 같은 단순한 문제는 잘 풀었지만, 현실 세계의 문제에 적용할 수는 없었다. 현실 세계의 문제들은 대부분 가능한 대안들의 엄청난 조합을 고려해야 하기 때문이었다.

사이먼과 뉴얼은 자신들이 초기에 거둔 성공뿐 아니라 마빈 민스키(Marvin Minsky), 존 매카시(John McCarthy), 클로드 섀넌(Claude Shannon) 같은 인공지능의 선구자들이 내놓은 연구 결과에 고무되어, 기계가 인간이 가진 기술들을 아주 빨리 습득할 것이라는 매우 낙관적인 견해를 피력했다. 1958년에는 디지털컴퓨터가 1968년쯤이면 세계 체스 챔피언이 될 것이라는 예측까지 내놓았다.[29] 1965년 사이먼은 더 나아가, 이렇게 예측했다. "20년 안에 기계는 인간이 할 수 있는 모든 일을 할 수 있게 될 것이다."[30]

사이먼은 1978년 노벨경제학상을 받았지만, 체스에 관한 그의 예측은 틀렸다. 물론 인간이 할 수 있는 다른 모든 일들에 관한 예측은 말할 것도 없다. 그가 최종 결과가 아니라 그저 시기 예측에서 실수를 했다고 할 수도 있다. 사이먼이 예측을 내놓은 뒤로, 컴퓨터 체스 프로그램은 공식 엘로(Elo) 순위 체계에서 해마다 약 40점씩 점수가 올라갔다. 사이먼의 예측이 있는지 40년 뒤인 1997년 5월 11일, IBM의 컴퓨터 딥블루는 여섯 번 두어서 승패를 가르는 경기에서 세계 체스 챔피언인 게리 카스파로프를 이겼다. 지금은 중간 수준의 컴퓨터 체스 프로그램과도 싸워 이길 사람이 아무도 없다. 사실 소프트웨어와 하드웨어가 너무 빨리 발전을 거듭하는 바람에, 2009년 무렵에는 일반 개인용 컴퓨터, 아니 휴대전화에 들어 있는 체스 프로그램조차도 엘로 순위 체계에서 2898위에 올라 그랜드 마스터라는 최고 수준에 이르렀으며, 최고 수준의 사람들과 대국을 벌여 승리했다.[31]

노동과 자본

기술은 인적 자본의 양이 서로 다른 사람들을 승자와 패자로 가를 뿐 아니라, 국민소득을 생산의 고전적인 투입 요소 두 가지, 즉 물적 자본과 노동의 소유자(공장 소유자와 공장 노동자 등으로)로 나누는 방식에도 변화를 일으킨다.

폭스콘(Foxconn)의 창업자인 테리 고(Terry Gou, 郭台銘)가 중국의 공장들에서 사용하기 위해 로봇 3만 대를 구입한 것은 노동을 자본으로 대체하는 일이었다.[32] 마찬가지로, 자동 음성 응답 시스템이 콜센터 직원의 일 중 일부를 빼앗을 때, 그 생산 공정에서 자본은 더 늘고 노동은 줄어든다. 기업가와 관리자는 각 투입량의 상대적인 비용을 파악할 뿐 아니라 생산물의 질, 신뢰성, 다양성에 미칠 영향까지 헤아려 끊임없이 이런 결정을 내린다.

로드니 브룩스는 우리가 1장에서 만난 백스터 로봇이 모든 비용을 포함시킬 때, 시간당 약 4달러의 비용으로 일한다고 추정한다.[33] 이 장의 첫머리에서 논의했듯이, 백스터가 할 수 있는 것과 똑같은 일을 이전에 사람을 고용해서 맡겼던 공장 소유자가 그 노동자에게 시간당 4달러를 초과하는 임금을 주고 있다면, 그것이 노동을 자본(백스터)으로 대체할 경제적 유인이 될 것이다. 따라서 산출량에 변화가 없고, 회사의 공정, 관리, 판매 분야에서 신규 고용이 전혀 이루어지지 않는다고 가정하면, 투입량에서 노동에 비해 자본의 비율이 증가하게 될 것이다.◆

백스터를 들여왔을 때, 나머지 노동자들의 임금은 늘어날 수도, 줄어들 수도 있다. 로봇이 대체할 수 있을 만한 일을 하는 이들에게는 임금 하락 압력이 가해질 것이다. 무어의 법칙과 다른 발전들을 통해 나중에 시간당 2달러, 이어서 시간당 1달러 등 더 적은 비용으로 일하면서 점점 더 다양하고 복잡한 업무도 처리할 수 있는 백스터 개량형들이 등장한다면, 상황은 더욱 나빠질 것이다. 하지만 경제 이론상 나머지 노동자들의 임금이 상승할 가능성도 열려 있다. 특히 기술을 보완하는 일을 하는 이들을 원하는 수요는 증가할 것이다. 게다가 기술 발전으로 노동 생산성이 증가함에 따라, 고용자는 더 많은 임금을 노동자에게 줄 여유가 생길 수도 있다. 그것이 직접 임금과 이익의 상승으로 이어지는 사례도 있다. 한편 생산물과 서비스의 가격이 하락함으로써, 노동자가 같은 돈으로 더 많은 것을 살 수 있게 되어 실질 임금이 증가하는 사례도 있다. 생산성이 향상됨에 따라 1인당 총 산출량은 증가하겠지만, 인간 노동자가 버는 임금은 자본 소유자가 얼마나 가져가느냐에 따라 상승할 수도 하락할 수도 있다.

◆ 경제 전반에 미치는 효과는 다른 기업들이 어떻게 반응하느냐에 따라 달라질 것이다. 로봇을 설계하고 제작하는 기업들은 산출량이 증가할 가능성이 높으며, 기업들이 얼마나 자본 집약적이냐에 따라 자본 대 노동의 순 비율은 증가하거나, 감소하거나, 현 상태를 유지할 수 있다. 이 효과는 11장에서 더 상세히 논의할 것이다.

물론 거의 모든 경제는 설령 수세기까지는 아니더도 기술을 이용해 수십 년 전부터 노동을 자본으로 대체해왔다. 자동 탈곡기는 19세기 중반에 농업 노동력의 30퍼센트를 대체했고, 20세기 내내 산업화는 빠른 속도로 계속 진행되었다. 카를 마르크스(Karl Marx)와 데이비드 리카르도(David Ricardo) 같은 19세기 경제학자들은 경제의 기계화로 노동자의 운명은 점점 더 악화되어 결국 생존 임금 수준으로 내몰릴 것이라고 예측했다.[34]

자본과 노동의 상대적인 비율은 실제로 어떻게 변해왔을까? 역사적으로 보면 생산 기술에 변화가 있었음에도, GDP 전체에서 노동이 차지하는 비율은 놀라울 만큼 안정적이었다. 적어도 최근까지는 그랬다. 그 결과 임금과 생활수준은 대체로 생산성의 급격한 증가에 발맞춰 빠른 속도로 증가했다. 이것은 어느 정도 경제에서 더 눈에 잘 띄는 설비와 건축물이 증가함에 따라 인적 자본도 증가해왔음을 반영한다. 데일 조르겐슨과 동료들은 경제적 가치로 측정했을 때, 미국 경제에서 인적 자본의 총 규모가 물적 자본의 가치보다 열 배 더 많다고 추정했다.[35] 그 결과 이윤, 배당, 자본 이득을 통해 물적 자본의 소유자에게 돌아가는 액수가 늘어날 때 노동의 보수도 늘어났다.

그림 8.3은 비교적 일정했던 노동과 물적 자본 사이의 소득 분배가 지난 10년 사이에 끝장난 듯한 모습을 보여준다. 수전 플렉(Susan Fleck), 존 글레이저(John Glaser), 숀 스프레이그(Shawn Sprague)는 〈월간 노동리뷰Monthly Labor Review〉에 이렇게 썼다. "노동분배율(labor share, 생산된 소득 중에서 노동에 분배되는 부분−옮긴이)은 1947년에서 2000년 사이에 평균 64.3퍼센트였다. 미국에서 GDP 중 노동에 돌아가는 비

| 그림 8.3 | **GDP의 노동분배율 대 자본분배율**

GDP의 노동분배율(왼쪽 눈금)

GDP의 자본분배율(오른쪽 눈금)

노동분배율(%)

자본분배율(%)

1952 1957 1962 1967 1972 1977 1982 1987 1992 1997 2002 2007 2012
연도

율은 지난 10년 동안 줄어왔으며, 2010년 3분기에 57.8퍼센트로 최저 수준에 이르렀다."[36] 게다가 이는 세계적인 현상이다. 시카고대학의 경제학자인 루카스 카라바보니스(Loukas Karabarbounis)와 브렌트 니먼(Brent Neiman)에 따르면, "1980년대 초 이래로 세계의 노동분배율은 크게 감소했으며, 그 감소는 대다수의 나라와 산업 분야에서 일어났다."[37] 그들은 이 감소가 정보 시대의 기술 때문일 가능성이 높다고 주장한다.

노동분배율의 감소는 어느 정도는 우리가 앞서 살펴본 두 추세의 결과이기도 하다. 즉 노동 인구가 더 줄어들고, 일하는 사람의 임금이 전보다 더 줄어든 결과다. 그 결과 예전에는 함께 증가했던 노동 소득과 생산성이 최근 들어 서로 점점 더 멀어지고 있다.

생산성이 증가하는데 노동 전체가 그 가치를 손에 넣지 못한다면,

누가 그것을 가져가는 것일까? 대부분 물적 자본의 소유자에게 돌아간다. 나머지 경제가 진창에 빠져 허우적대는 동안, 2013년에 자본 이익은 절대적인 의미(1.6조 달러)에서뿐 아니라 GDP의 분배율(1960년에서 2007년에는 평균 20.5퍼센트였는데, 2010년에는 26.2퍼센트로 상승했다) 측면에서도 역사적으로 최고점에 이르렀다.[38] 한편 애널리스트 캐슬린 매디건(Kathleen Madigan)은 실제 자본 설비와 소프트웨어에 지출하는 돈이 26퍼센트 상승한 반면, 임금으로 지출하는 액수는 본질적으로 거의 변하지 않았음을 밝혀냈다.[39]

게다가 GDP의 노동분배율 하락은 전형적인 노동자의 상황이 얼마나 열악해졌는지를 사실상 제대로 보여주지 못하고 있다. 노동 소득의 공식 척도에는 언론, 금융, 스포츠, 기업계의 소수의 슈퍼스타들이 받는 까마득히 높은 임금도 포함된다. 더군다나 CEO를 비롯한 고위 임원들에게 돌아가는 소득을 모두 오로지 '노동' 소득으로 봐야 할지도 논란거리다. 하버드대학의 법학자 루시안 벱척(Lucian Bebchuk) 연구진이 주장했듯이, 그것은 그들의 협상력을 반영하는 것일 수도 있다.[40] 이런 의미에서 CEO의 소득이 적어도 어느 정도는 노동이 아니라 자본 통제력에서 비롯된다고 보는 것이 타당할 수 있다.

국민소득의 자본분배율은 노동분배율을 줄이면서 증가해왔지만, 경제 이론이 반드시 이 추세가 계속될 것이라고 예측하는 것은 아니다. 설령 로봇을 비롯한 기계들이 점점 더 많은 일을 떠맡는다고 해도 말이다. 자본분배율에 가해지는 위협은 CEO나 노동조합에서, 즉 인간 노동의 다양한 유형들이 지닌 협상력에서(만) 나오는 것이 아니라 역설적으로 다른 자본에서 나온다. 자유시장에서는 생산에 필요한 가장 희소한 투입량에 가장 큰 프리미엄이 붙는다. 자본을 비교적 적은 비용으로 복제할 수 있는 세계에서는(컴퓨터 칩이나 소프트웨어를 생각해 보라), 설령 전체적으로 이용되는 자본의 양이 늘어난다고 할지라도, 자본의 한계 가치는 떨어지는 경향을 보일 것이다. 새 자본이 한계점에서 값싸게 추가된다면, 기존 자본의 가치는 사실상 떨어질 것이다. 따라서 자본가들이 얻는 이득은 노동에 비해 자동적으로 증가하는 것이 아닐지도 모른다. 대신에 분배율은 생산, 분배, 지배 구조의 세부 사항에 따라 달라질 것이다.

무엇보다도 임금은 생산에 투입되는 요소 중 가장 희소한 것에 따라 달라질 것이다. 디지털 기술이 노동의 값싼 대체재를 만들어낸다면, 노동자에게는 상황이 그리 좋지 않을 것이다. 하지만 디지털 기술이 자본의 대체재도 점점 더 많이 만들어낼 수 있다면, 자본 소유자도 높은 이익을 기대할 수 없을 것이다. 제2의 기계 시대에 가장 희소한, 따라서 가장 가치 있는 자원은 무엇일까? 이 질문은 우리를 또 다른 승자와 패자의 집합으로 인도한다. 바로 슈퍼스타 대 나머지 모든 사람이다.

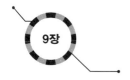

9장

슈퍼스타 경제

"기계 한 대는 평범한 사람 50명의 일을 할 수 있다.
하지만 그 어떤 기계도 비범한 사람의 일을 대신할 수는 없다."
_ 엘버트 허버드(Elbert Hubbard)

우리는 숙련 편향적 기술 변화가 고등 교육을 받은 노동자의 수요
는 상대적으로 늘리는 반면, 대개 일상적인 지식 또는 육체노동을 하
는 일자리를 가진 교육을 덜 받은 노동자의 수요를 줄여왔음을 살펴
보았다. 게다가 노동을 물적 자본으로 대체하도록 부추기는 자본 편
향적 기술 변화는 자본 소유자의 이익을 늘리고 노동자에게 돌아가는
소득분배율은 줄였다. 양쪽 사례에서 역사적으로 유례없는 수준의 부
가 형성되었다. 또 우리는 양쪽 사례에서 패자에 비해 상대적으로 승
자의 소득이 증가해왔다는 사실도 살펴보았다. 하지만 가장 큰 변화는
세 번째 승자와 패자 집단 사이의 격차에서 비롯된다. 바로 한 분야의
슈퍼스타들과 나머지 모든 사람 사이의 격차다.

그것을 재능 편향적 기술 변화라고 하자.✦ 많은 산업에서 1인자와 2인자가 가져가는 돈의 액수는 점점 벌어져 넘어설 수 없는 벽이 되었다. 논란을 일으킨 나이키 광고와 같이, 당신은 은메달을 딴 것이 아니라 금메달을 놓친 것이다.[1] 승자 독식 시장의 비중이 커질수록 소득 불평등도 계속 커질 것이다. 중간층에게 돌아갈 돈이 최상위층에게로 돌아갈 것이기 때문이다.[2]

대학 교육을 받은 사람과 그렇지 않은 사람, 자본가와 노동자 사이의 임금 격차도 계속 벌어져왔지만, 최상위층에서 벌어지는 더욱 큰 변화에 비하면 새 발의 피라고 할 수 있다. 앞서 말했듯이, 2002년에서 2007년 사이에 상위 1퍼센트는 미국 경제의 성장에 따른 이윤 중 3분의 2를 가져갔다. 그런데 누가 상위 1퍼센트에 속할까? 그들이 모두 월가에 있는 것은 아니다. 시카고대학의 경제학자 스티브 캐플런(Steve Kaplan)은 그들 대부분이 그와는 다른 산업들에 있다는 것을 밝혀냈다. 대중 매체와 연예, 스포츠, 법률 분야에 속해 있거나, 아니면 기업가와 고위 임원이었다.

상위 1퍼센트가 일종의 스타라면, 그들이 올려다보는, 수입이 더욱 큰 폭으로 증가한 슈퍼스타도 있다. 상위 1퍼센트가 미국의 총소득 중 약 19퍼센트를 가져갔다면, 그 1퍼센트 중의 1퍼센트(즉 상위 0.01퍼센트)가 국민소득에서 차지하는 비율은 1995년에서 2007년 사이에 3퍼센트에서 6퍼센트로 늘었다. 제2차 세계대전과 1970년대 말 사이에 거둔 소득에 비하면, 거의 여섯 배나 늘어난 것이다. 다시 말해, 현재

✦ 냉소적인 사람이라면, 행운 편향적 기술 변화라고 말할지도 모르겠다.

경제 전체에서 소득의 상위 0.01퍼센트가 가져가는 비율은 상위 1퍼센트가 가져가는 비율보다 더 큰 폭으로 늘었다. 소수의 사람들로부터 자료를 얻을 때에는 익명성을 보장하기가 어렵기 때문에, 상위 0.01퍼센트보다 소득 수준이 더 높은 이들로부터는 신뢰할 만한 자료를 얻기가 힘들다. 어쨌거나 상위 1퍼센트에 속한 135만 가구의 평균 소득은 112만 달러인 반면, 1만 4천588가구에 불과한 상위 0.01퍼센트는 평균 소득이 1천147만 7천 달러가 넘는다.[3] 하지만 소득 수준이 상위에 속한 이들에게서 마치 프랙털(fractal, 어느 한 부분을 확대해도 전체와 똑같은 양상을 띠는 성질-옮긴이) 같은 특성을 지닌 듯이 소득 격차가 벌어지는 현상이 계속 나타난다는 증거들이 있다. 각 슈퍼스타 집합마다 올려다보는 더욱 소규모의 초슈퍼스타 집합이 있는 것이다.[**]

슈퍼스타는 어떻게 승자 독식 경제에서 번성하는가

앞장에서 우리는 인튜이트(Intuit)가 만든 터보택스가 세무 대리 업무를 자동화함으로써, 세무 대리인 수십만 명이 하는 일을 기계로 대체하는 것을 보았다. 그것은 일상적인 정보 처리 업무를 자동화하는 기술의 한 사례이자 자본이 노동을 대체하는 사례이기도 하다. 하지만 가장 중요한 점은, 그것이 슈퍼스타 경제가 작용하는 사례이기도 하다는 것이다. 인튜이트 CEO는 2013년에 400만 달러를 벌어들였고, 창

----

[*] 2011년에 미국에서 상위 1퍼센트는 소득이 약 36만 7천 달러가 넘는 가구였다. 물론 이 평균값은 그보다 소득이 훨씬 더 높은 이들의 소득까지 더해 계산한 결과 나온 것이다. 다음 자료를 참조하기 바란다. http://elsa.berkeley.edu/~saez/saez-US-topincomes-2011.pdf

[**] 이것은 이 장의 뒷부분에서 다룰 멱법칙(power law, 정사각형의 면적이 한 변의 제곱에 비례하듯이, 어떤 수를 다른 수의 거듭제곱으로 나타낼 수 있을 때 멱법칙을 따른다고 한다-옮긴이)의 한 특성이다.

업자인 스콧 쿡(Scott Cook)은 억만장자가 되었다.[4] 마찬가지로, 인스타그램을 만든 열다섯 명에게는 비숙련 인간 보조자가 별로 필요하지 않았으며, 대신에 그들은 몇몇 가치 있는 물적 자본을 활용했다. 하지만 무엇보다도 그들이 얻은 혜택은 자신들의 재능, 시의 적절한 판단, 적당한 사람들과 맺은 유대 관계로부터 나온 것이었다.

다른 산업 분야들에서도 상위에 속한 이들의 재산은 증가했다. 《해리 포터Harry Potter》 시리즈의 저자인 조앤 롤링(Joan Rowling)은 거부를 낳는 산업이라고 여겨지지 않았던 출판 산업에서 세계 최초로 억만장자 작가가 되었다. 조지메이슨대학의 알렉스 태버럭(Alex Tabarrok)은 롤링의 성공에 대해 이렇게 말한다.

> 호머, 셰익스피어, 톨킨 모두 그보다 훨씬 적은 돈을 벌었다. 왜 그럴까? 호머를 생각해보라. 그는 경이로운 이야기를 들려주었지만, 하루 저녁에 돈을 내고 그의 시를 듣고자 한 사람은 50명에 불과했을 것이며, 따라서 그가 하룻밤에 버는 돈은 그 정도에 불과했을 것이다. 셰익스피어는 더 나았다. 글로브 극장은 3천 명을 수용할 수 있었고, 호머와 달리 셰익스피어는 직접 극장에 가 있지 않고서도 돈을 벌 수 있었다. 셰익스피어 이야기의 영향력은 더 확대되었다.[5]

J. R. R. 톨킨(John Ronald Reuel Tolkien)의 이야기는 영향력을 그보다 더욱 확대시켰다. 톨킨은 책을 출간함으로써 연간 수십만 명, 아니 수백만 명에게 책을 판매할 수 있었다. 400년 동안 셰익스피어 연극을 본 사람들보다 더 많은 숫자였다. 책은 연극보다 제작비가 더 저렴했

는데, 그것은 톨킨이 셰익스피어보다 수익의 더 많은 몫을 가져갈 수 있었다는 의미다.

롤링 같은 작가들은 기술에 힘입어 디지털화와 세계화를 통해 재능의 영향력을 더욱 확대했다. 롤링의 소설은 글뿐 아니라 영화와 비디오 게임으로도 만들어질 수 있었고, 원래의 책을 포함해 이 각각의 형식은 얼마 안 되는 비용으로 전 세계로 전송될 수 있었다. 롤링을 비롯한 슈퍼스타 작가들은 이제 다양한 통로와 형식을 통해 수십억 명의 소비자에게 접근할 수 있다.

디지털 기술이 개선됨으로써 무언가를 디지털화하는 것이 더욱 매력적으로 다가올 때, 다양한 시장에서 2인자들은 훨씬 힘겨운 경쟁을 해야 하는 반면 슈퍼스타들은 소득이 더욱 증가하는 경우가 많다. 음악, 스포츠 등 다양한 분야들에서 최고 실력자들은 1980년대 이래로 영향력의 범위와 소득이 확대되어왔다.[6]

한편으로 같은 콘텐츠와 연예 산업 분야에서 일하는 다른 이들의 소득은 그다지 증가하지 않았다. 급격히 성장하는 앱 경제의 소프트웨어 개발자 중에서 100만 달러 이상을 번 이들은 4퍼센트에 불과했다.[7] 개발자 중 4분의 3은 소득이 3만 달러 이하였다. 소수의 작가, 배우, 야구선수가 백만장자가 되는 반면, 그 밖의 많은 이들은 겨우 입에 풀칠을 하는 정도다. 올림픽 경기에서 금메달을 딴 선수는 수백만 달러의 소득을 보장받는 셈이지만, 은메달을 딴 선수—10위나 30위에 있는 선수는 말할 것도 없이—는 금방 잊히고 만다. 금메달과 은메달의 차이가 0.1초도 안 되고, 갑자기 돌풍이 불거나 운 좋게 공이 잘 튀는 바람에 메달의 색깔이 바뀌었다 해도 마찬가지다.

최고경영자들도 록 스타에 맞먹는 보수를 받기 시작했다.

CEO와 평균 노동자의 보수 비율은 1990년에 70퍼센트에서 2005년에는 300퍼센트로 급증했다. 에릭이 학생인 김희경과 한 연구에 따르면, 이 성장의 대부분은 정보기술을 더 많이 활용하는 것과 관련이 있다.[8] 경영자의 보수가 이렇게 증가한 이유 중 하나는 기술 발달로 의사 결정자가 영향을 미치거나 주시하는 범위, 규모, 능력이 확대되었기 때문이다. 경영자가 디지털 기술을 써서 전 세계 공장들의 활동을 지켜보면서 어느 한 공정을 바꾸라고 구체적인 지시를 하고, 그 지시가 제대로 이행되도록 할 수 있다면, 그 의사 결정자의 가치는 증가할 것이다. 디지털 기술을 통해 직접 관리를 할 수 있게 됨으로써, 뛰어난 경영자는 예전에 하위 직원들의 긴 사슬을 통해 분산 통제를 하거나, 더 적은 규모의 활동들에만 영향을 미칠 수 있었던 시절보다 더 높은 가치를 지닌다.

또 직접적인 디지털 관리가 이루어짐에 따라, 2인자보다 최고 실력을 갖춘 사람을 최고경영자로 뽑는 것이 훨씬 더 중요해졌다. 기업은 약간의 능력 차이가 주주들에게는 엄청난 결과의 차이를 가져올 수 있다는 점을 고려해, 최고라고 여기는 경영자에게 기꺼이 프리미엄을 지불한다. 한 기업의 시장 가치가 커질수록, 최고의 경영자를 구해야 한다는 논리는 더욱 설득력이 높아진다.[9] 경영자가 판매량을 고작 1퍼센트 증가시키는 결정 하나를 내린다고 해도, 그 기업의 판매량이 100억 달러라면 1억 달러의 가치가 있다.

경쟁 시장에서는 CEO 후보자들의 재능이 아주 조금 차이가 난다는 평가를 받아도 그들의 보수는 서로 상당히 차이가 날 수 있다. 경제학자 로버트 프랭크(Robert Frank)와 필립 쿡(Philip Cook)이 《승자독식 사회The Winner-Take-All Society》에 썼듯이, "하사가 실수를 하면 소대가 고생할 뿐이지만, 장군이 실수를 하면 전 부대가 고생한다".[10]

상대적 이점이 절대 우위로 이어질 때

슈퍼스타의 경제학을 처음으로 정식으로 분석한 사람은 1981년 경제학자 셔윈 로젠(Sherwin Rosen)이었었다.[11] 많은 시장에서, 여러 상품이나 서비스 중에서 선택을 하는 소비자는 가장 질 좋은 상품이나 서비스를 선호할 것이다. 하지만 생산 능력에 한계가 있거나 운송비가 많이 들 때는 최고 판매자도 세계시장의 일부분밖에 차지하지 못할 것이다(예를 들어, 1800년대에는 최고 가수와 배우라 해도 한 해에 기껏해야 수천 명 앞에서밖에 공연을 하지 못했을 것이다). 능력이 더 떨어지는 판매자에게도 자기 생산품을 팔 시장이 있을 것이다. 하지만 기술이 발전해 각 판매자가 자신의 서비스를 더 저렴하게 복제하여 거의 또는 전혀 비용을 들이지 않고 전 세계로 전송할 수 있다면 어떻게 될까? 갑자기 가장 뛰어난 공급자가 시장 전체를 독차지할 수 있게 된다. 그다음으로 뛰어난 공급자는 1위와 거의 비슷한 수준일지 몰라도, 그 점은 중요하지 않게 될 것이다. 매번 시장이 더 디지털화할 때마다, 이 승자 독식 경제는 조금 더 압도적인 양상을 띤다.

승자 독식 시장은 프랭크와 쿡이 놀라운 선견지명을 담은 책을 내놓았던 1990년대에 막 전면으로 나섰다. 그들은 보상이 주로 상대적인 성과에 따라 정해지는 이 승자 독식 시장과, 수익이 절대적인 성과와 더 긴밀한 관련을 맺고 있는 전통 시장을 비교했다. 이 차이를 이해하기 위해, 가장 열심히 일하는 최고의 건설 노동자가 하루에 벽돌을 1천 개 쌓을 수 있는 반면, 열 번째로 잘하는 노동자는 하루에 900개 쌓을 수 있다고 하자. 제 기능을 하는 시장에서는 효율성과 숙련도를 더 고려하든, 단순히 작업 시간을 더 반영하든 간에, 이 차이에 비례해 임금이 정해질 것이다. 전통 시장에서는 숙련도가 90퍼센트이거나 90퍼센트만큼 일하는 사람은 90퍼센트만큼 가치를 생산하고, 따라서 90퍼센트만큼 돈을 벌 수 있다. 그것은 절대적인 성과다.

반면에 조금 더 나은 지도 프로그램—조금 더 빨리 작동하거나 자료가 조금 더 완벽하거나 아이콘이 조금 더 예쁜 프로그램—을 짜는 소프트웨어 프로그래머는 시장을 완전히 지배할 수도 있다. 열 번째로 좋은 지도 프로그램은 설령 거의 별 차이가 없는 수준으로 같은 일을 해낸다 해도, 그것을 찾는 수요는 거의 없을 가능성이 높다. 이것은 상대적인 성과다. 사람들은 최고의 제품을 접할 수 있는 상황에서 열 번째로 좋은 제품에 시간이나 노력을 투자하려 하지는 않을 것이다. 그리고 이것은 양으로 양을 만회할 수 있는 사례가 아니다. 이류 지도 앱 열 개는 결코 좋은 지도 앱 하나의 대체품이 되지 못한다. 소비자가 대체로 상대적인 성과를 따질 때는 숙련도나 노력이나 행운의 미미한 차이가 수익을 1천 배, 아니 100만 배까지도 벌릴 수 있다. 2013년에 시장에 나온 교통 앱은 매우 많았지만, 구글은 웨이즈 단 하나만이 10억 달러 이상을 주고 매입할 가치가 있다고 판단했다.[12]

승자 독식이 왜 승리하는가

승자 독식 시장이 왜 더 흔해지고 있는 것일까? 생산과 유통 분야의 기술 변화가 원인이다. 특히 다음의 세 가지 변화가 주된 역할을 한다.

1. 점점 더 많은 정보, 상품, 서비스의 디지털화
2. 전기 통신 기술과 그보다 덜하지만 운송 기술의 대폭 개선
3. 네트워크와 표준의 중요성 증가

알베르트 아인슈타인은 신이 0으로 나누어지고, 기이한 물리학이 형성되는 곳이 블랙홀이라고 했다. 디지털 상품의 한계비용도 제로에 거의 근접해 있지는 않지만, 그럼에도 매우 기이한 경제학을 만들어 낼 만큼은 가까이 다가가 있다. 2장에서 살펴봤듯이, 디지털 상품은 물적 상품보다 생산의 한계비용이 훨씬 낮다. 인간의 노동력은 말할 것도 없이, 비트는 원자보다도 저렴하다. 앞서 말했듯이, 디지털 상품에서는 생산 능력의 한계라는 것이 점점 무의미해지고 있으므로, 디지털화는 승자 독식 시장을 만들어낸다. 웹사이트를 가진 생산자 한 명은 원칙적으로 소비자 수백만 명, 아니 수십억 명의 수요를 충족시킬 수 있다. 제나 마블스(Jenna Marbles)의 자작 동영상 "당신을 멋진 사람이라고 생각하게 만드는 법(How to trick people into thinking you're good looking)"은 2010년 7월 유튜브에 올리자마자 일주일 동안 530만 명이 시청함으로써 대단한 성공을 거뒀다. 현재 전 세계에서 10억 명이 넘는 사람들이 그녀의 동영상들을 시청하는 덕분에, 그녀는 수백만 달러를 벌 수 있었다.[13] 모든 디지털 앱 개발자는 사무실이 아무리 초라하고 직원이 아무리 적어도, 자동적으로 제1의 기계 시대에는 상상도 할 수 없었던 속도로 전 세계의 대중과 만나는 소형 다국적기업이 된다.

반면에 개인 서비스(간호)나 육체노동(원예)의 경제학은 상황이 전혀 다르다. 숙련도가 얼마나 높든, 얼마나 열심히 일하든 간에, 각 공급자는 전체 시장 수요의 극히 일부만을 충족시킬 수 있다. 세무 대리의 사례에서처럼, 이 두 번째 범주로부터 첫 번째 범주로 활동 전환이 일어날 때, 승자 독식을 낳는 경제적 전환이 이루어진다. 게다가 가격 인하는 전통적으로 이류 상품의 피신처 역할을 해왔지만, 이제는 품질이 이미 세계 최고 수준이나 그 근처에 있지 않은 사람에게는 별 도움이 되지 않는다. 디지털 상품은 엄청난 규모의 경제를 이룸으로써, 시장 선도자에게 엄청난 비용 우위를 제공하고 여전히 상당한 이윤을 올리면서 경쟁자를 가격으로 물리칠 수 있게 해준다.[14] 일단 고정비가 해결되면, 각각의 한계 단위는 비용을 거의 들이지 않고서 생산되기 때문이다.[15]

더 멀리 더 많은 사람을 접하다

두 번째로, 개인과 기업이 도달할 수 있는 시장을 확대시키는 전기통신과 수송 부문의 기술 혁신도 승자 독식 시장을 키워왔다. 소규모 지역 시장이 많을 때는 각 시장마다 '최고' 공급자가 있을 수 있고, 이 지역의 영웅들은 꽤 많은 수입을 올릴 수 있다. 이 시장들이 합쳐져 하나의 세계시장을 형성한다면, 최고의 기업은 더 많은 소비자들을 얻을 기회가 있는 반면, 차상위 기업은 사방으로 더 혹독한 경쟁에 직면한다. 구글이나 심지어 아마존의 추천 엔진(recommendation engine) 같은 기술의 검색 비용이 줄어들 때도 비슷한 동역학이 작동한다. 갑자기 이류 생산자는 자신의 이익을 지켜줄 소비자의 무지나 지리적 장벽에 더 이상 기댈 수 없게 된다.

디지털 기술은 승자 독식 시장으로의 전환을 도와왔다. 심지어 우리가 미처 생각도 못한 부문들에서도 슈퍼스타를 등장시켰다. 전통적인 카메라 상점에서는 대개 카메라를 1등 대 10등 하는 식으로 순위를 매기지 않는다. 하지만 온라인 소매상은 소비자의 평점을 토대로 제품들의 순위를 매기거나, 상상할 수 있는 온갖 좋은 특징을 지닌 제품들만 포함되도록 검색 결과를 걸러내는 작업을 손쉽게 할 수 있다. 평점 순위가 더 낮거나 열 가지 바람직한 특징 중 아홉 가지만을 지닌 제품은 질, 편리함, 가격 면에서 미미한 차이밖에 없음에도 판매량이 훨씬 적다.[16]

디지털 순위와 검색 필터는 슈퍼스타 직업이 아니라 평범한 노동시장에서도 불균형적인 결과를 낳는다. 기업은 고용 과정을 디지털화하고 자동 필터를 써서 넘치는 지원자들을 걸러내 왔다. 예를 들어, 기업은 사실상 대학 교육이 필요 없는 일자리라고 해도, 대학 학위를 잣대로 써서 학위가 없는 지원자들을 모두 쉽게 배제시킬 수 있다.[17] 이것은 숙련 편향적 기술 변화라는 개울을 운 좋은 소수가 스타가 되는 급류로 증폭시킬 수 있다. 마찬가지로, 현란한 요구 조건 중 하나를 빠뜨린 구직자의 이력서는 설령 그 90퍼센트를 충족시킨 구직자가 다른 면에서는 뛰어나다 할지라도 고려 대상에서 제외될 수 있다.

규모의 가치

세 번째로, 네트워크(인터넷이나 신용카드 네트워크 같은)와 상호 운용 가능한 제품(컴퓨터 부품 같은)의 중요성이 커진 결과 승자 독식 시장이 탄생할 수도 있다. 낮은 한계비용이 생산 측면에서 규모의 경제를 실현하듯이, 네트워크는 경제학자들이 종종 네트워크 효과라고 말하는 '수요 측면의 규모의 경제'를 만들 수 있다. 우리는 남들이 우르르 몰려드는 제품이나 서비스를 사용자가 선호하는 모습에서 이 효과가 작용하는 것을 확인할 수 있다. 당신의 친구들이 페이스북을 통해 서로 만난다면, 페이스북은 당신에게도 더 매력적으로 다가온다. 이어서 당신이 페이스북에 가입한다면, 그 사이트는 당신의 친구들에게도 더 가치 있는 것이 된다.

네트워크 효과가 간접적일 때도 있다. 나는 아이폰을 쓰는 사람과도 안드로이드폰을 쓰는 사람과 마찬가지로 똑같이 전화 통화를 잘할 수 있다. 하지만 한 플랫폼을 쓰는 사용자의 수는 앱 개발자에게 영향을 미친다. 사용자들의 네트워크가 더 클수록 개발자를 더 끌어들이거나 해당 플랫폼에 더 많이 투자를 하도록 앱 개발자를 부추기는 경향이 나타난다. 해당 전화기에서 이용할 수 있는 앱이 더 많을수록, 그 전화기는 사용자에게 더 매력적으로 보인다. 따라서 내가 이 전화기나 저 전화기를 사서 얻는 혜택은 같은 제품을 사는 많은 사용자들에게 영향을 받을 것이다. 애플의 앱 생태계가 건강할 때, 구매자들은 그 플랫폼을 사고 싶어 할 것이고, 그 결과 개발자들도 더 많이 모여들 것이다. 하지만 그 동역학이 정반대의 방향으로 작용하여 지배적인 표준을 무너뜨릴 수 있다. 1990년대 중반 애플 매킨토시 플랫폼이 거의 몰락했듯이 말이다. 낮은 한계비용과 마찬가지로, 네트워크 효과도 승자독식 시장과 심한 시장 변동을 빚어낼 수 있다.[18]

슈퍼스타의 사회적 수용 가능성

슈퍼스타 제품과 기업을 만드는 디지털화, 전기 통신, 네트워크 같은 요인들을 크게 늘린 기술 변화 외에, 개인의 슈퍼스타 보수를 증대시키는 역할을 하는 요소들이 더 있다. 몇몇 사례에서는 매우 큰 보수 체계를 가로막는 문화적 장벽이 무너졌다. CEO, 재무 담당 임원, 배우, 직업 운동선수는 협상 때 일곱 자리, 심지어 여덟 자리 숫자의 연봉을 기꺼이 요구할지도 모른다. 그런 협상을 하는 이들이 더 늘어날수록 양의 피드백 루프(feedback loop)가 형성된다. 즉 남들도 비슷한 요구를 하기가 더 쉬워진다.

사실 부의 집중 자체는 프랭크와 쿡이 '주머니가 두둑한(deep pocket)' 승자 독식 시장이라고 부른 것을 만들어낼 수 있다. 위대한 경제학자 앨프리드 마셜(Alfred Marshall)이 말했듯이 말이다. "평판이나 재산 또는 양쪽이 위험에 처한 부유한 고객은 비용을 개의치 않고 최고 실력자를 구할 것이다."[19] 대중 시장 미디어 덕분에 O. J. 심슨(Orenthal James Simpson) 같은 운동선수가 수백만 달러를 벌 수 있다면, 그는 법정에서 자신을 변호할 앨런 더쇼위츠(Alan Dershowitz) 같은 변호사에게 수백만 달러를 지불할 여유가 있다. 수백만 명의 사람들은 심슨처럼 더쇼위츠의 서비스를 이용할 수 없다고 해도 말이다. 어떤 의미에서 더쇼위츠는 대리 슈퍼스타다. 그는 디지털화와 네트워크를 통해 더 직접적으로 자기 노동의 영향력을 확대한 자신의 슈퍼스타 고객들의 능력의 혜택을 입는다.◆

◆ 적어도 법정 변호사로서의 그의 능력은 그렇다. 저자이자 TV에 출연하는 유명인사로서의 그는 앞에서 논의한 슈퍼스타의 기술로부터 더 직접적인 혜택을 본다.

법과 제도는 슈퍼스타의 소득을 증가시키곤 하는 방식에도 변화를 일으켰다. 최고 한계세율은 드와이트 아이젠하워 시절에는 90퍼센트였고 로널드 레이건 정부 초기에는 50퍼센트가 넘었지만, 2002년에 35퍼센트로 떨어진 뒤 2012년까지 그 수준을 유지했다. 이 변화로 상위 소득자의 세후 소득이 증가한 것은 틀림없는 일이지만, 그것이 사람들에게 더 열심히 일하도록 동기를 부여함으로써(돈을 더 벌수록 자신이 가져가는 돈도 더 많아지므로) 신고된 세전 소득에도 영향을 미치고, 숨기거나 은닉할 방법을 찾기보다는 실제 소득을 더 신고하도록(세무 당국에 신고하는 비용이 전만큼 높지 않기 때문에) 영향을 미칠 수 있다는 점을 시사하는 연구도 있다.

무역 장벽도 사라졌다. 더 저렴해지는 전기 통신 및 수송과 마찬가지로, 사라지는 무역 장벽도 국제적인 슈퍼스타가 더 쉽게 경쟁할 수 있도록 함으로써 시장을 더 세계화하고 지역 생산자들을 내쫓고 있다. 기아자동차가 2006년 세계 3대 자동차 디자이너인 아우디의 피터 슈라이어(Peter Schreyer)를 디자인연구소장으로 채용했을 때, 그것은 재능 있는 자동차 디자이너가 활동하는 시장이 국지적이 아니라 점점 세계화하고 있음을 보여주는 신호였다.

비록 상위 1퍼센트와 0.01퍼센트의 소득이 기록적인 수준으로 증가해왔긴 해도, 슈퍼스타 경제는 몇 가지 역풍을 맞았다. 그중 가장 중요한 것은 긴 꼬리(long tail)의 성장일 것이다. 이는 틈새 상품과 서비스의 이용 가능성이 커지는 것을 뜻한다. 기술은 한계비용만 낮춘 것이 아니다. 많은 경우 고정 비용, 재고 비용, 검색 비용도 줄여왔다. 이 각각의 변화는 더 다양한 상품과 서비스를 제공하려는 유혹을 느끼게 하며, 그 결과 이전에는 채워지지 않았던 작은 틈새들도 채워진다.

일부 개인과 기업은 슈퍼스타와 맞대결하는 대신, 자신이 세계 최고가 될 수 있는 틈새를 찾거나 만들어내기 위해 자신의 제품을 차별화할 방안을 찾는다. 롤링은 억만장자 작가이지만, 현재 더 특정한 수천명, 심지어 수백 명의 독자를 대상으로 출판을 하는 작가들이 수백만명은 된다. 아마존은 그들의 책을 모아 전 세계 사람들이 이용할 수 있게 제공할 것이다. 훨씬 더 소수의 소비자들을 상대로 하는 실제 서점들이 그런 책들을 꽂아놓는다면, 손해를 보겠지만 그 방식은 아마존에게는 이익을 안겨줄 것이다. 기술은 지리―작가들이 세계적으로 경쟁하는 것을 막아주었던 장벽―를 파괴하고 있긴 하지만 한편으로는 분화의 원천으로서 전문화라는 새 장을 열고 있다.

세계 1천 번째 순위의 아동서 저자가 되는 대신, '생태 기업가를 위한 과학적 조언'이나 '축구 시간 관리' 같은 책을 써서 1위를 하는 편이 더 높은 수익을 거둘지도 모른다.[20] 이 원리에 따라 개발자들은 아이폰과 안드로이드폰에서 사용될 70만 개가 넘는 앱을 만들어왔으며, 아마존은 2천500만 곡이 넘는 노래를 제공하고 있다. 게다가 공유 경제에서는 그보다 훨씬 더 많은 블로그 포스트, 페이스북 글, 유튜브 동영상이 올라오고 있으며, 창작자들은 반드시 직접적인 수익을 얻는다고 할 수 없는데도 엄청난 경제적 가치를 생산하고 있다. 하지만 앞서 살펴보았듯이, 새로운 제품을 생산할 기회가 있다고 해서 반드시 큰 수익을 올린다고는 할 수 없다. 진입장벽이 낮은 슈퍼스타 경제 또는 긴 꼬리 경제는 여전히 불평등이 훨씬 더 심한 경제다.

멱곡선을 따르는 국가

승자 독식 시장이 지배하는 경제는 우리에게 익숙한 산업 경제와는 전혀 다른 방식으로 움직인다. 이 장의 첫머리에서 논의했듯이, 벽돌공들의 소득은 승자 독식인 앱 개발자들의 소득과 비교해 격차가 훨씬 적겠지만, 그 차이만 있는 것이 아니다. 수익과 소득이 재능과 노력의 차이에 비례하여 시장점유율이 안정적으로 유지되는 대신, 승자 독식 시장에서의 경쟁은 훨씬 더 불안정하고 비대칭적인 결과를 낳을 것이다. 위대한 경제학자 조지프 슘페터는 '창조적 파괴(creative destruction)'라는 말을 했다. 각 혁신이 소비자를 위해 가치를 만들어내는 한편으로 기존 사업자를 없앤다는 것이다. 승자는 규모를 늘리고 시장을 지배하지만, 다음 세대의 혁신가에게 밀려날 가능성이 높다. 슘페터의 말은 제조와 서비스라는 전통 시장보다 소프트웨어, 미디어, 인터넷 시장에 훨씬 더 잘 들어맞는다. 하지만 점점 더 많은 산업들이 디지털화하고 네트워크로 연결될수록, 슘페터의 동역학이 더 확산되리라고 예상할 수 있다.[21]

슈퍼스타 경제에서 소득 분포는 그저 격차만 더 벌어지는 것이 아니다. 그것은 전혀 다른 형태를 취한다. 상위에 있는 소수 집단의 소득이 크게 증가하는 데서 그치지 않는다. 소득 분포의 기본 구조에도 변화가 일어난다. 벽돌공의 사례에서처럼 수익이 대체로 절대 성과에 비례할 때, 소득 분포는 대체로 재능 및 노력의 분포와 일치할 가능성이 높다. 인류의 많은 특징들은 대체로 정규분포를 보인다. 정규분포는 가우스분포 또는 벨곡선이라고도 한다. 사람의 키, 힘, 속도, 지능 지수뿐 아니라 감성 지능, 관리 능력, 심지어 근면함 같은 다른 수많은 특

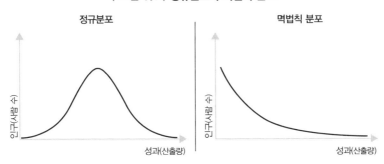

| 그림 9.1 | **정규분포와 멱법칙 분포**

정규분포

멱법칙 분포

인구(사람 수)

인구(사람 수)

성과(산출량)

성과(산출량)

징들까지도 대체로 정규분포를 보인다.

정규분포는 아주 흔하며(그래서 이런 명칭이 붙었다) 직관적으로 와 닿는다. 양쪽 꼬리 쪽으로 가면 갈수록 그 지점에 해당하는 사람의 수는 급격히 줄어든다. 게다가 분포의 평균, 중앙값, 최빈값이 모두 같다. '평균'인 사람은 분포의 중앙에 있는 사람이자, 가장 전형적이거나 흔한 유형의 사람이기도 하다. 미국의 소득 분포가 정규분포를 따른다면, 소득의 중앙값, 즉 중위 소득은 평균 소득이 증가할 때 따라서 증가했을 것이다. 하지만 물론 실제로는 그렇지 않았다. 정규분포의 또 다른 특징은 평균에서 멀어질수록 극단적인 특징을 지닌 사람을 찾을 확률이 급격히, 더군다나 점점 더 빠르게 낮아진다는 것이다. 키 210센티미터/195센티미터의 인구비는 195센티미터/180센티미터의 인구비에 비해 훨씬 더 낮다. 따라서 극단적인 특징을 지닌 사람은 극도로 적다.

반면에 슈퍼스타(그리고 긴 꼬리) 시장은 멱법칙 또는 파레토곡선으로 기술하는 편이 더 나을 때가 종종 있다. 멱법칙은 이를테면, 판매하여 얻은 수익을 소수의 사람들이 불균형적으로 더 많이 가져가는 형태다. 때로 80/20 규칙으로, 즉 시장 참가자의 20퍼센트가 수익의 80퍼센트를 가져간다는 식으로 표현하기도 하지만, 사실은 그보다 더 극단적일 수도 있다.[22] 한 예로, 에릭 연구진은 아마존의 책 판매 부수가 멱법칙 분포를 보인다는 것을 발견했다.[23] 멱법칙 분포는 '두툼한 꼬리(fat tail)'를 지닌다. 즉 정규분포에서 예상할 수 있는 것보다 극단적인 사건이 일어날 가능성이 훨씬 더 크다는 의미다.[24] 또 멱법칙 분포는 '규모 불변(scale invariant)'이다. 즉 1위인 책은 그 아래 상위 10권의 책들을 더한 것과 판매 부수가 거의 같고, 상위 10권의 책들은 그 아래 상위 100권의 책들을 더한 것과 같고, 상위 100권의 책들은 그 아래로 1천 권을 더한 것과 같다는 뜻이다. 멱법칙은 지진 빈도에서 대다수 언어에서 쓰이는 단어들의 빈도에 이르기까지, 다양한 현상들을 기술한다. 또 책, DVD, 앱, 기타 정보 산물들의 판매량 분포도 기술한다.

다른 시장들에서는 여러 유형의 분포가 혼합되어 나타난다. 미국 경제 전체는 정규분포와 멱법칙 분포의 혼합물로 묘사할 수 있다. 이때 멱법칙은 상위 소득자의 분포를 기술하는 데 쓰인다.[25] 현재 우리는 MIT에서 이 혼합 분포의 원인과 결과를 더 제대로 이해하고, 그것이 시간이 흐르면서 어떻게 진화할지를 연구하고 있다.

소득 분포가 멱법칙 분포로 바뀌어간다는 것은 여러 가지 중요한 의미를 갖는다. 한 예로, 스틸웰과학기술정책고등학술센터(Stilwell Center for Advanced Studies in Science and Technology Policy)의 창업자 김 테이페일(Kim Taipales)은 이렇게 주장해왔다. "불룩한 사회 중산층을 지탱했던 벨곡선 분포의 시대가 끝나고 우리는 경제적 기회의 멱법칙 분포를 향해 나아가고 있다. 교육 자체가 그러한 차이를 만드는 것은 아니다."[26]

　그런 전이는 세계를 이해하는 데 사용해온 우리의 마음속 모형을 교란한다. 우리 대다수는 어떤 원형을 참조해 추론하는 데 익숙하다. 정치가는 '평균적인 유권자'를 이야기하고, 마케팅 담당자는 '전형적인 소비자'를 이야기한다. 그런 태도는 가장 흔한 값이 평균 근처에 놓일 때, 더 공식적으로 말하면 분포의 최빈값과 평균이 같거나 거의 같은 정규분포를 보일 때 잘 작동한다. 하지만 멱법칙 분포의 평균은 대체로 중앙값이나 최빈값보다 훨씬 더 높다.[27] 예를 들어, 2009년에 미국 메이저리그 야구선수의 평균 연봉은 324만 206달러로, 중앙값인 115만 달러의 거의 세 배에 달했다.[28]

　실질적으로 이 말은 소득 분포가 멱법칙을 따른다면, 대다수의 사람들은 소득이 평균보다 낮을 것이라는 의미다. 즉 워비곤 호수 효과 (Lake Wobegon, 자신이 남보다 더 낫다고 막연하게 생각하는 것-옮긴이)여, 안녕이다! 더군다나 시간이 흐를수록 평균 소득은 증가해도 중위 소득에는 아무런 변화가 없을 수 있다. 다시 말해, 대다수 사람들의 소득은 전혀 증가하지 않을 수 있다. 멱법칙 분포는 소득 불평등만 키우는 것이 아니라 우리의 직관도 혼란에 빠뜨린다.

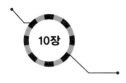

10장

풍요와 격차의 의미

"이미 많이 가진 이들을 더 풍족하게 했느냐가 아니라,
덜 가진 이들에게 충분히 주었느냐가 우리 발전의 기준이다."

_ 프랭클린 루스벨트(Franklin Roosevelt)

앞의 네 장에 걸쳐 우리는 제2의 기계 시대에 한 가지 역설적인 면이 있음을 보았다. GDP가 역사상 그 어느 때보다 높아졌고 혁신도 유례없는 수준으로 빠르게 일어나고 있음에도, 사람들은 점점 더 비관적이 되어 자기 아이의 삶이 더 힘들어질 것으로 보고 있다. 인플레이션을 감안했을 때, 〈포브스〉 억만장자 목록에 오른 이들의 연결 순자산 가치는 2000년 이래로 네 배 이상 늘어난 반면, 미국의 중위 가계 소득은 오히려 줄어들었다.[1]

이 경제 통계들을 보면, 풍요와 격차의 이분법이 두드러진다. 예산정책우선순위센터(Center on Budget and Policy Priorities)의 선임 연구원인 경제학자 재러드 번스타인(Jared Bernstein)은 생산성과 고용이 서

| 그림 10.1 | **노동 생산성과 민간 고용**

로 분리되는 양상에 주목하라고 말한다(그림 10.1 참조). 제2차 세계대전 이후 대부분의 시간에 걸쳐 이 두 핵심 경제 통계 수치는 서로 같은 흐름을 보이다가 1990년대에 갈라지게 되었다. 생산성은 상향 추세를 계속 이어간 반면 고용은 줄어들었다. 현재 고용/인구비는 적어도 지난 20년 동안에 걸쳐 최저 수준이며, 중위 노동자의 실질 소득은 1990년대보다 낮다. 반면에 생산성과 마찬가지로, GDP, 기업 투자, 세후 순이익은 역사상 최고 수준을 기록하고 있다.

실리콘밸리 같은 산업단지나 MIT 같은 연구 대학에서는 혁신의 속도가 얼마나 빠른지를 쉽게 알아볼 수 있다. 신생 기업들이 계속 생기면서 새로운 백만장자와 억만장자가 탄생하고 있고, 연구소들에서는 우리가 이전 장들에서 보았던 것들과 같은 놀라운 신기술들이 쏟아져 나온다. 하지만 동시에 경제적으로 곤란한 상황에 처한 이들도 늘어나고 있다. 학생들은 엄청난 빚에 시달리고, 최근의 졸업생들은 일자리를 찾는 데 어려움을 겪고 있으며, 생활수준을 유지하기 위해 일시적으로 빚을 지는 이들도 수백만 명에 달한다.

이 장에서는 풍요와 격차의 미래에 관한 세 가지 중요한 질문을 다룰 것이다. 첫째, 풍요가 격차를 압도할까? 둘째, 기술은 불평등을 증가시킬 뿐 아니라 구조적 실업도 낳을까? 셋째, 경제를 변모시키는 또 하나의 거대한 힘인 세계화와 관련된 어떤 것이 최근의 임금과 고용 감소 추세를 설명할 수 있을까?

풍요와 격차, 어느 쪽이 더 클까

기술 덕분에 우리는 더 풍요로운 세계를 만들 수 있었다. 원료, 자본, 노동 같은 투입량을 더 줄이면서 산출량을 점점 더 늘릴 수 있는 세계 말이다. 앞으로도 여러 해 동안 우리는 더 높은 생산성처럼 상대적으로 측정하기가 쉬운 것들과 공짜 디지털 상품에서 얻는 이익처럼 측정하기가 쉽지 않은 것들로부터 계속해서 혜택을 누릴 것이다.

앞 문단은 현재의 풍요를 경제학의 건조한 어휘로 기술한 것이다. 이 근본적이면서 매우 경이로운 현상을 다른 말로 표현해보도록 하자. 여기서 '풍요'란 단순히 값싼 소비재와 열량 적은 건강식품이 더 많다는 의미가 아니다. 6장에서 논의했듯이, 그것은 우리 삶의 많은 영역에서 선택의 여지가 더 많아지고, 다양성이 더 커지며, 질이 더 높아지는 일이 동시에 일어난다는 의미다. 가슴뼈를 자르고 가슴을 갈라 열지 않고서도 심장 수술을 할 수 있다는 의미다. 학생들이 세계 최고 교사들의 지도를 받으면서 학습 내용을 얼마나 숙지하고 있는지 알 수 있도록 개인별 맞춤 자기 평가를 할 수 있다는 뜻이다. 또 각 가구 총 예산 중에서 야채, 자동차, 옷, 상하수도 등 기반 시설 이용이 차지하는 비중이 시간이 흐를수록 줄어들어야 한다는 뜻이다. 귀가 먼 사람에게 청력을 되돌려주고, 이윽고 눈이 먼 이에게도 시력을 되돌려준다는 의미다. 지루하고 반복되는 업무를 해야 할 필요성이 줄어들고 창의적이고 상호작용적인 일을 할 기회가 더 많아진다는 뜻이다.

진보의 모습을 보여주는 사례들은 모두 적어도 어느 정도는 디지털 기술에 토대를 두고 있다. 선택의 여지를 없애는 대신 선택권을 제공하는 정치 및 경제 체제와 결합될 때, 기술 발전은 경외감을 불러일으키는 개선과 풍요의 엔진이 된다. 또 그것은 부, 소득, 생활수준, 발전기회 등 우리가 관심을 갖는 분야들에서 시간이 흐를수록 점점 더 큰 차이를 낳는, 격차를 만드는 엔진이기도 하다. 이 추세 중 일부(특히 불평등 증가)는 다른 나라들에서도 볼 수 있다. 우리는 디지털 기술의 발전이 모든 분야에서 똑같이 모든 배를 들어 올리는 밀물이기를 원하지만, 실상은 그렇지 않다.

기술이 이 격차를 넓히는 유일한 힘은 아니지만, 분명 주된 힘 중 하나다. 현재의 정보기술은 덜 숙련된 노동자보다 숙련된 노동자를 선호하고, 노동보다 자본의 소유자에게 돌아가는 수익을 늘리며, 다른 모든 이들보다 슈퍼스타를 더 유리하게 만든다. 이 모든 추세들은 격차를 더 넓힌다. 직장이 있는 사람과 그렇지 못한 사람, 고도로 숙련되고 고등 교육을 받은 노동자와 그보다 수준이 더 낮은 사람, 슈퍼스타와 나머지 우리 사이의 격차 말이다. 우리가 최근에 보고 배운 모든 것들을 토대로 판단할 때, 다른 모든 조건이 같다면 미래의 기술은 분명 풍요를 증대시키는 것 못지않게 격차도 증대시킬 것이다.

기술이 풍요와 격차를 모두 가져오며, 시간이 흐를수록 양쪽을 모두 증대시킨다는 사실은 한 가지 중요한 의문을 제기한다. 그토록 풍요롭다면, 굳이 격차를 걱정할 이유가 있을까? 다시 말해, 밑바닥에 있는 사람들이 기술 덕분에 삶이 나아지는 것을 실감하고 있다면, 불평등의 증가도 크게 문제될 건 없지 않겠는가?

소득 불평등을 비롯해 격차가 벌어지고 있음을 보여주는 측정값들이 나오고 있지만, 모두가 그것이 문제라고 믿는 것은 아니다. '강한 풍요(strong bounty)' 논리라고 부를 만한 것을 내세우는 이들도 있다. 그들은 본질적으로 격차에 초점을 맞추는 것이 부적절하며 오해를 불러일으키기 쉽다고 말한다. 풍요가 더 중요한 현상이며, 격차도 풍요라는 기반 위에 있다는 것이다. 이 논리는 고도로 숙련된 노동자와 나머지 사람들과의 격차가 벌어지고 있다고―그리고 슈퍼스타가 눈에 보이지 않을 만큼 멀리 떨어지고 있다고― 인정하지만, 본질적으로 이렇게 묻는다. "그래서 어떻다는 것인가? 모든 사람의 경제적 삶이 더 나아지고 있는데, 누군가의 삶이 더 많이 나아지고 있다는 사실에 굳이 관심을 둘 필요가 있는가?" 그레고리 맨큐(Gregory Mankiw)는 1퍼센트가 버는 엄청난 소득이 나머지 모든 사람을 위해 가치를 창조하는 이들에게 돌아가는 보상을 반영하는 것이라면, 그것을 굳이 문제라고 여길 이유가 없다고 주장한다.[2]

자본주의 경제 체제는 어느 정도는 혁신가에게 강한 유인책을 제공하기 때문에 작동한다. 당신이 파는 것이 시장에서 성공을 거둔다면, 당신은 적어도 어느 정도의 금전적 보상을 얻을 것이다. 그리고 당신이 파는 것이 미친 듯이 팔려나간다면, 보상도 엄청날 수 있다. 이 유인책이 아주 잘 먹힐 때(그리고 금융 체계 내에서 지나치게 위험을 무릅쓰는 사람에게 엄청난 무위험 보상을 제공하는 것 같은 일은 하지 않을 때), 혜택은 크고도 포괄적일 수 있다. 즉 혁신가는 자신의 제품을 구입하는 많은 사람들의 삶을 향상시키고, 혁신가의 제품을 구입하는 이들의 집합은 혁신가를 부자로 만든다. 설령 혜택이 다 똑같지는 않다고 해도, 모두가 혜택을 본다.

첨단기술 산업은 이 행복한 현상이 일어나고 있음을 보여주는 사례를 다량으로 제공한다. 기업가는 우리가 가치 있게 여기는 장치, 웹사이트, 앱, 기타 상품을 만든다. 우리는 대량으로 그것을 사고 이용하며, 기업가는 금전적으로 엄청난 성공을 누린다. 이것은 그릇된 일이 아니라 유익한 일이다. 경제학자 래리 서머스(Larry Summers)는 이렇게 말한다. "미국에 스티브 잡스 같은 사람이 30명 더 있었다고 해보자. 우리는 스스로가 장려하고자 할 것이 분명한 성공한 기업가 정신의 이면이 이 불평등의 한 구성 요소임을 인정할 필요가 있다."[3]

7장에서 살펴보았듯이, 기술 발전이 대개 전 세계의 가장 가난한 사람들에게도 도움을 주기 때문에, 우리는 특히 그것을 장려하고자 한다. 휴대전화 같은 혁신 사례들이 사람들의 소득, 건강, 기타 행복의 척도들을 개선하고 있음을 보여준 꼼꼼한 연구 결과가 나와 있다. 무어의 법칙이 이런 장치의 비용을 낮추는 동시에 성능을 계속 향상시킨다면, 그런 장치가 가져오는 혜택은 계속 증가할 것이다.

강한 풍요 논리가 옳다면, 제2의 기계 시대로 더 진입한다고 해서 크게 걱정할 것은 없다. 하지만 과연 그 논리가 옳을까? 우리는 옳다고 믿고 싶지만, 사실은 그렇지 못하다. 7장과 8장에서 살펴보았듯이,

자료들은 미국을 비롯한 전 세계 많은 사람들의 삶이 시간이 흐를수록 열악해지고 있음을 명확히 보여준다. 단지 남들에 비해 상대적인 의미에서만이 아니라 절대적인 의미에서 그렇다. 미국에서 중위 노동자의 실질 소득은 1999년보다 줄어들었고, 개별 노동자 대신 가구들을 보아도, 연소득 대신 총재산을 보아도 대체로 같은 양상이 나타난다. 기술이 앞으로 질주할 때, 많은 이들은 뒤처지고 있다.

강한 풍요 논리를 지지하는 몇몇 인사들은 이 감소가 실제로 일어나긴 하지만, 측정되지 않은 가격 하락, 품질 향상, 우리가 경험해온 기타 혜택들보다는 덜 중요하다고 믿는다. 경제학자 도널드 부드로(Donald Boudreaux)와 마크 페리(Mark Perry)는 이렇게 쓰고 있다.

> 가정이 현대 생활의 많은 필수품, 즉 가정의 식품, 자동차, 옷과 신발, 가구와 가정용품, 주택과 상하수도 등에 쓰는 비용은 1950년에는 가처분 소득의 53퍼센트였다가, 1970년에는 44퍼센트로, 지금은 32퍼센트로 떨어졌고…… 수십 년 전에 비해 평범한 미국인이 소비하는 것은 양과 질 면에서 미국의 부자들이 소비하는 것에 더 가까워져 있다. 지금 미국의 모든 중산층 십대가 구입할 수 있는 전자제품들, 이를테면 아이폰, 아이패드, 아이팟, 노트북을 생각해보라. 그것들은 현재 미국 소득 수준 상위 1퍼센트가 쓰는 전자제품보다 그다지 성능이 떨어지지 않으며, 때로는 똑같기도 하다.[4]

페리는 이렇게 덧붙인다. "혁신과 기술 덕분에…… 현재 모든 미국인들(특히 저소득층과 중산층)은 이전의 그 어떤 시대보다 더 나은 삶을 살고 있다."[5] 브루킹스연구소의 스콧 윈십(Scott Winship)도 〈내셔널리뷰National Review〉 같은 지면을 통해 비슷한 논지를 펼쳐왔다.[6]

이런 주장들은 매우 흥미롭다. 특히 우리는 바로 혁신과 기술이 가져온 풍요 덕분에 오늘날의 평균 노동자가 이전 세대의 평균 노동자보다 중요한 측면들에서 더 나은 삶을 살고 있음을 인정한다. 정보, 미디어, 통신, 컴퓨터와 관련된 모든 것들은 돌이켜볼 때 거의 믿을 수 없을 만큼, 아니 미리 내다볼 수 없을 만큼 너무나 큰 폭으로 개선되었다. 풍요는 거기서 그치지 않는다. 기술 발전은 식품과 상하수도 시설처럼 겉으로 보기에는 첨단기술과 무관한 듯하지만, 속을 들여다보면 실제로 첨단기술의 산물인 다른 분야들에서도 비용을 줄이고 질을 높인다.

이 논리들에는 탁월한 점들이 있긴 하지만, 우리는 격차 분포의 아래쪽에 속한 사람들이 수긍할 것이라고는 생각하지 않는다. 우선 그들(그리고 다른 모든 사람)이 사고 싶어 하는 몇몇 중요한 항목들은 시간이 흐르면서 훨씬 더 비싸지고 있다. 번스타인의 연구는 이 현상을 잘 요약하고 있다. 그는 중위 가구의 1990년에서 2008년 사이의 소득 증가를 주택, 보건 의료, 대학에 들어가는 비용의 변화와 비교했다. 연구 결과, 그 기간에 가계 소득은 약 20퍼센트 증가한 반면, 주택 가격과 대학 등록금은 약 50퍼센트가 증가했고, 보건 의료 서비스 비용은 150퍼센트 이상 상승했다.[7] 미국인의 실질 중위 소득은 최근 몇 년 사이에 감소해왔으므로, 1990년에서 2008년 사이 이후의 시기를 비교한다면, 더욱 좋지 않은 결과가 나올 것이다.

미국의 가구들이 돈을 얼마나 쓰든 간에, 여유 자금이 전혀 없이 살아가는 이들이 많다. 경제학자 안나마리아 루사디(Annamaria Lusardi), 대니얼 슈나이더(Daniel Schneider), 피터 투파노(Peter Tufano)는 2011년에 사람들에게 '2천 달러로 30일을 버틸 수 있는지' 묻는 연구 조사를 했다. 그들은 우려할 만한 결과를 얻었고, 이렇게 결론지었다. "미국인 중 약 4분의 1은 그 돈으로는 살아갈 수 없을 것이 확실하다고 대답했고, 19퍼센트는 적어도 어느 정도는 물건을 저당잡히거나 팔거나, 대출을 받아야 할 것이라고 답했다……. 다시 말해, 우리는 미국인 중 거의 절반이 경제적으로 취약하다는 것을 알았다. …… '중산층' 미국인 중 자신이 경제적으로 취약하다고 판단하는…… 비율이 상당히 높다."[8]

다른 자료들—빈곤율, 보건 의료 서비스 이용 가능성, 상근 일자리를 원하지만 시간제 일자리밖에 얻지 못하는 인구수 등—도 기술이 실제로 경제적 풍요를 가져오지만, 엄청나게 벌어진 격차를 보상할 만큼은 아니라는 가정을 확인해준다. 그리고 그 격차 확대는 대침체만의 결과도 아니고, 최근만의 또는 일시적인 현상도 아니다.

많은 미국인들이 소득의 정체나 감소에 직면해 있다는 것만 해도 매우 좋지 않은 소식인데, 설상가상으로 지금은 사회적 유동성도 줄어들고 있다. 즉 격차 분포의 밑바닥에 속한 가정에서 태어난 아이가 삶과 직업을 통해 그 환경을 벗어나 상층으로 이동할 기회가 점점 더 줄어들고 있다. 최근의 연구를 보면, 더 이전 세대들에서는 현실이었던 상향 이동이라는 미국의 꿈의 실현 가능성이 지금은 대폭 줄어들었다는 사실이 명확히 드러난다.

사례를 하나만 들어보자. 2013년에 경제학자 제이슨 디베커(Jason

DeBacker)와 브래들리 하임(Bradley Heim) 연구진은 미국의 1987년에서 2009년에 걸친 세금 환급 자료를 조사한 결과를 내놓았다. 그들이 연구한 3만 5천 가구는 시간이 흐르면서 가계 소득의 차이가 커졌음에도, 가장 부유한 가구에서 가장 가난한 가구의 순위는 해가 지나도 거의 재편되는 일이 없이 그대로 유지되었다.[9] 더 최근에 사회학자 로버트 퍼트넘(Robert Putnam)은 자신의 고향인 오하이오 주 포트클린턴 같은 도시에 사는 미국인들을 대상으로 한 연구를 통해 고등학교 졸업자 부모를 가진 이들이 대학 교육을 받을 만큼 나아지긴 했어도, 최근 수십 년 동안 그들의 경제 상황과 전망은 더 나빠졌다는 것을 보여주었다. 이것은 우리가 숙련 편향적 기술 변화가 가속될 때 나타날 것이라고 예상했던 결과와 같다.[10]

많은 미국인들은 자신이 여전히 기회의 땅—경제적 계층 상승의 기회를 가장 많이 제공하는 나라—에 산다고 믿는다. 하지만 더 이상은 그렇지 않다. 〈이코노미스트 *The Economist*〉는 이렇게 요약한다. "호레이쇼 앨저(Horatio Alger, 성실하게 일하면 자수성가할 수 있다는 내용의 소설들을 씀으로써 미국 특유의 성공 신화를 널리 퍼뜨리는 데 기여한 소설가-옮긴이)의 시대에 미국은 유럽보다 더 유동적이었지만 지금은 그렇지 않다. 사회적 유동성이라는 한 세대에 걸친 척도—아버지의 상대적인 소득이 어른이 된 아들의 상대 소득에 얼마나 영향을 미쳤는지—로 비교할 때, 미국은 북구 국가들에 비해 사회적 유동성이 절반에 불과하며, 유럽에서 사회적 유동성의 정도가 가장 적은 나라인 영국 및 이탈리아와 거의 같은 수준이다."[11] 따라서 격차는 클 뿐 아니라 영속적이다. 밑바닥과 중간에 있는 사람들은 생애 내내 같은 지위에 머물러 있는 경우가 매우 많으며, 그들의 가정 역시 세대가 바뀌어도 같은 처지에서 벗어나지 못한다. 이것은 경제나 사회의 건강에 좋지 않은 일이다.

격차가 풍요를 줄인다면, 더욱 바람직하지 못할 것이다. 불평등과 그 결과가 어떤 식으로든 기술 발전을 가로막는다면, 우리는 새 기계 시대의 온갖 잠재적인 혜택을 누리지 못하게 될 것이다. 비록 흔히들 높은 수준의 불평등이 사람들에게 더 열심히 일하려는 동기를 부여함으로써 전반적으로 경제성장을 부추길 수 있다고 주장하지만, 불평등이 성장을 억제할 수도 있다. 2012년 경제학자 대런 애쓰모글루와 정치학자 제임스 로빈슨(James Robinson)은 《국가는 왜 실패하는가Why Nations Fail》라는 책을 펴냈다. 부제목에 적혀 있듯이, 그 책은 '권력, 번영, 가난의 기원'을 밝혀내기 위해 수백 년에 걸친 역사를 훑었다. 애쓰모글루와 로빈슨은 지리도, 천연자원도, 문화도 그것들의 진정한 기원이 아니라고 말한다. 민주주의, 재산권, 법의 지배 같은 제도야말로 진정한 기원이라는 것이다. 번영을 낳는 포괄적인 제도, 가난을 낳는 착취 제도, 즉 확고부동한 엘리트층에게 충성하기 위해 게임의 규칙과 경제를 왜곡시키는 제도가 바로 그것이다. 저자들은 반론을 제기할 수 없는 사례를 제시하면서 미국의 현재 상황을 짚고, 통찰과 경고를 전한다.

번영은 혁신에 의존하며 모두를 위한 공평한 경쟁의 장을 마련하지 않는다면, 우리는 혁신 잠재력을 낭비하게 된다. 즉 우리는 또 다른 마이크로소프트, 구글, 페이스북이 어디서 나올지 알지 못하며, 그것을 창조할 인물이 어쩌다 학교에 들어가지 못해 훌륭한 대학에 진학할 수 없게 된다면, 그것이 실현될 가능성은 크게 줄어든다…….

미국은 대체로 혁신과 투자에 보상해왔기에, 지난 200년 동안 수많은 혁신과 경제성장이 이루어질 수 있었다. 그것은 진공 상태에서 시작된 것이 아니다. 엘리트나 다른 편협한 집단이 정치권력을 독점하여 그것을 사회 전체를 희생시키면서 자신의 이익을 위해 이용하는 것을 막는 특정한 정치 제도들의 집합—포괄적 정치 제도—이 그것을 뒷받침했다.

우려할 점은 바로 이것이다. 경제적 불평등은 더한 정치적 불평등을 낳을 것이고, 정치권력을 더 많이 틀어쥐는 이들은 그 권력을 이용하여 자신에게 유리한 쪽으로 조치를 취하고 경제적 불평등을 심화시키면서 더 많은 경제적 이득을 얻을 것이다. 이것은 본질적으로 악순환이며, 지금 우리는 그 악순환의 한가운데에 있는지도 모른다.[12]

그들의 분석 속에 최근 몇 년 사이에 점점 커지고 있는 상당한 불평등을 우려하는 마지막 이유가 담겨 있다. 바로 제2의 기계 시대로 나아가는 우리의 발길을 늦출 착취 제도를 만들어낼 수 있다는 것이다. 우리는 이것이 그저 유감스러운 차원의 일이 아니라고 생각한다. 그것은 비극에 가까울 것이다. 또 우리는 애쓰모글루와 로빈슨을 비롯한 사람들의 연구를 토대로 할 때, 이 시나리오가 설득력이 있다고 믿는다. 기술이 주는 풍요가 그 기술이 낳는 격차를 보상하고 남을 만큼 크다고 확신하는 대신, 우리는 그 반대에 가까운 일이 벌어지지 않을까 우려한다. 즉 세월이 흐를수록 격차가 풍요를 사실상 줄일 수도 있다.

기술적 실업

우리는 경제라는 파이 전체가 커지는 것을 보아왔지만, 일부 사람들, 아니 대다수의 사람들은 기술 발전으로 오히려 삶이 더 열악해질 수 있다. 노동, 특히 상대적으로 숙련되지 않는 노동의 수요가 줄어들면 임금도 하락한다. 하지만 기술이 정말로 실업을 유발할 수 있을까?

이런 질문을 처음으로 던진 사람은 우리가 아니다. 사실 이 문제는 적어도 200년 동안 때로 광포하다고 할 만큼 격렬한 논쟁의 대상이었다. 1811년에서 1817년 사이, 제1차 산업혁명으로 등장한 자동 방직기 때문에 일자리를 잃을 위험에 처한 한 무리의 영국 직물 노동자들이 전설 속의 로빈 후드 같은 네드 러드(Ned Ludd)라는 인물을 중심으로 모여, 공장과 기계를 파괴하다가 영국 정부에 의해 진압되었다.

경제학자들을 비롯한 학자들은 이 러다이트 운동(Luddite Movement)이 폭넓고 중요한 새로운 양상을 보여준 초기의 사례라고 보았다. 대규모 자동화가 작업장에 도입될 때, 그것이 사람들의 임금과 고용에 어떤 영향이 미치는지를 보여주는 사례라고 말이다. 곧 연구자들은 두 진영으로 나뉘었다. 더 많은 이들이 속한 첫 번째 진영은 기술 발전을 비롯한 요인들로 일부 노동자가 일자리를 잃는다는 점은 분명한 사실이지만, 자본주의가 근본적으로 창의적인 특성을 지니기 때문에 대개 그보다 더 나은 다른 기회가 그들에게 주어진다고 주장했다. 따라서 실업은 일시적인 것일 뿐, 심각한 문제가 아니라는 것이다. 존 베이츠 클라크(John Bates Clark, 40세 미만의 최고 경제학자에게 수여하는 메달에 그의 이름이 붙어 있다)는 1915년에 이렇게 썼다. "고도로 역동적인 현실(경제)에서, 그런 비고용 노동력이 언제든 공급되는 것은 아니며, 실업자가 아예 없는 것은 가능하지 않을 뿐더러 정상적이지도 않다. 노동자가 복지를 누리려면 발전이 계속 이루어져야 하며, 발전은 노동자들을 일시적으로 이동시키지 않고서는 이루어질 수가 없다."[13]

정치학자 윌리엄 라이서슨(William Leiserson)은 그다음해에 이 논리를 더 확장했다. 그는 실업이 일종의 신기루에 가까운 것이라고 했다. "실업자 집단은 소방서에서 화재 경보가 울릴 때까지 대기하고 있는 소방관들이나, 다음 번 소집을 위해 대기하고 있는 예비 경찰 병력이나 마찬가지로 지금 일하지 않고 있을 뿐이다."[14] 요컨대, 자본주의의 창의력은 대기 노동력의 공급을 필요로 하며, 그 노동력은 이전의 기술 발전으로 일자리를 잃은 사람들에서 나온다는 것이다.

존 메이너드 케인스(John Maynard Keynes)는 노동자들이 처한 상황이 언제나 그렇게 잘 돌아간다고는 확신하지 못했다. 그는 1930년에 쓴 "우리 손자 세대의 경제적 가능성(Economic possibilities for our grandchildren)"이라는 글에서, 두 번째 진영의 입장을 대체로 낙관적인 관점에서 탁월하게 정립했다. 자동화가 사실상 사람들을 일자리에서 영구히 내쫓을 수 있으며, 점점 더 많은 것들이 계속 더 자동화할 때 더욱 그렇다는 것이었다. 그는 바로 직전에 일어난 힘겨운 대공황 시기를 돌아보면서 한 가지 예측을 내놓았다. "일부 독자들은 아직 이름도 들어보지 못했겠지만, 우리는 앞으로 몇 년 안에 꽤 많이 듣게 될 새로운 질병에 시달리고 있다. 이름하여 기술적 실업(technological unemployment)이다. 이것은 노동 이용을 절약할 수단을 발견함으로써 생기는 실업이 노동의 새로운 용도를 찾아내는 것보다 더 빠른 속도로 일어난다는 의미이다."[15] 대공황기의 장기 실업 상태는 케인스의 생각이 옳다고 확인해주는 듯했지만, 결국 그 상황은 해소되었다. 이어서 제2차 세계대전이 일어났고 전쟁터와 국내 전선 양쪽에서 노동의 수요가 폭증했으며, 기술적 실업의 위협도 수그러들었다.

전쟁이 끝난 뒤, 기술이 노동력에 미치는 영향을 둘러싼 논쟁이 재개되었고, 컴퓨터가 등장하자 논쟁은 새롭게 부활했다. 1964년 과학자들과 사회이론가들로 이루어진 한 위원회는 린든 존슨(Lyndon Johnson) 미국 대통령에게 공개적으로 다음과 같은 편지를 보냈다.

새로운 생산의 시대가 시작되었습니다. 산업 시대의 조직 원리가 농업 시대의 것과 달랐듯이, 새 시대의 조직 원리도 산업 시대의 것과 다릅니다. 사이버네이션(cybernation, 컴퓨터에 의한 자동 제어-옮긴이) 혁명은 컴퓨터와 자동화 자기 제어 기계의 조합을 통해 이루어져왔습니다. 그럼으로써 점점 인간 노동을 덜 필요로 하는 거의 무한한 생산 능력을 갖춘 시스템이 등장합니다.[16]

노벨상을 받은 경제학자 바실리 레온티예프(Wassily Leontief)도 이에 동의했다. 그는 1983년 단호하게 천명했다. "생산 요소로서 인간이 맡고 있는 가장 중요한 역할은 트랙터 도입으로 농업 생산에서 말의 역할이 처음에 줄어들다가 이윽고 사라진 것과 마찬가지로 줄어들게 되어 있다."[17]

하지만 겨우 4년 뒤, 미국 국립과학아카데미가 경제학자들을 모아 조직한 한 위원회는 레온티예프의 견해를 반박하면서, 명쾌하고 포괄적이며 낙관적인 선언을 담은 〈기술과 고용Technology and Employment〉이라는 보고서를 내놓았다.

생산 비용을 줄이고, 그리하여 경쟁 시장에서 특정 상품의 가격을 낮춤으로써 기술 변화는 종종 생산물의 수요를 늘린다. 생산물의 수요가 증가하면 생산이 늘어나게 되고, 그러면 더 많은 노동력이 필요해지므로, 기술 변화로 비롯된 단위 산출량당 노동 수요의 감소가 고용에 미치는 효과는 상쇄된다……. 역사적으로도 그러했고, 예측 가능한 미래까지도 새 공정 기술에 따른 단위 산출량당 노동 수요의 감소가 계속 일어나겠지만, 일반적으로 일어나는 총 산출량의 증가가 고용에 미치는 유익한 효과가 계속 그보다 더 클 것이라고 믿는다.[18]

자동화를 비롯한 다양한 형태의 기술 발전들이 전체적으로 파괴하는 것보다 더 많은 일자리를 만들어낸다는 이 견해가 경제학계를 지배해온 것이 사실이다. 다른 견해를 믿는다는 것은 '러다이트 오류(Luddite fallacy)'에 굴복하는 셈이 된다. 그래서 최근 몇 년 동안 기술이 일자리의 순 파괴자라고 주장하는 이들은 대부분 주류 경제학자에 끼지 못했다.

기술이 지속적으로 구조적 실업을 가져올 수 없고, 그저 경기 침체기에 일시적으로 실직자를 만들 뿐이라는 논리를 떠받치는 기둥은 두 개다. 경제 이론과 200년에 걸친 역사적 증거가 바로 그것이다. 하지만 이 두 가지는 언뜻 보면 튼튼한 것 같지만 실제로는 그렇지 않다.

먼저 경제 이론을 보자. 기술적 실업을 설명하는 데 동원될 만한 경제적 메커니즘은 세 가지 있다. 비탄력적 수요, 빠른 변화, 심한 불평등이 그것이다.

기술이 노동의 더 효율적인 이용을 낳는다면, 국립과학아카데미 위원회의 경제학자들이 지적했듯이, 기술이 발전할 때 자동적으로 노동 수요가 줄어들지는 않을 것이다. 비용 하락은 상품의 가격 하락으로 이어질 수 있고, 가격 하락은 상품의 수요 증가로 이어질 수 있으며, 수요 증가는 궁극적으로 노동의 수요 증가로 이어질 수 있다. 이런 일이 실제로 일어날지 여부는 수요의 탄력성에 달려 있다. 즉 가격이 1퍼센트 하락할 때, 상품의 수요가 몇 퍼센트 증가하는가에 달려 있다.

자동차 타이어나 조명 같은 일부 상품과 서비스의 수요는 상대적으로 비탄력적이며, 따라서 가격 하락에 둔감하다.[19] 인공조명의 가격이 절반으로 떨어졌어도 조명 소비자와 기업의 수요는 두 배로 늘어나지 않았다. 그래서 조명의 효율이 높아짐에 따라 조명 산업의 총수입은 줄어들었다. 경제학자 윌리엄 노드하우스는 조명 산업의 역사를 추적한 탁월한 논문에서, 촛불과 고래 기름 램프 시대 이래로 기술이 어떤 식으로 조명의 가격을 1천 배 넘게 낮춰왔고, 우리가 노동을 훨씬 덜 하면서도 필요한 조명을 모두 얻을 수 있게 되었는지를 규명했다.[20] 단지 생산물 범주에서만이 아니라, 경제의 전 부문들도 상대적으로 비탄력적인 수요에 직면할 수 있다. 오랜 세월에 걸쳐 농업과 제조 부문에서도 효율이 더 높아질수록 고용이 줄어드는 현상이 있어왔다. 가격 하락과 생산물의 질 향상은 생산성 향상을 상쇄시킬 만큼의 수요 증가로 이어지지 않았다.

반면에 수요가 매우 탄력적일 때, 생산성 증가는 충분한 수요 증가로 이어져 결국 노동 고용률도 높아진다. 몇몇 에너지 분야에서 이런 일이 일어날 가능성을 '제번스 역설(Jevons paradox, 1865년 영국 경제학자 윌리엄 제번스가 내놓은 견해. 기술 발전이 자원 이용의 효율을 높이면, 그 자원의 수요가 줄어드는 것이 아니라 오히려 늘어난다는 것이다 – 옮긴이)'이라고 한다. 에너지 효율이 더 높아질 때, 종종 에너지의 총소비량도 더 증가할 수 있다는 것이다. 하지만 경제학자들이 볼 때, 여기에 역설 따위는 없다. 이것은 그저 수요의 탄력성을 보여주는 사례일 뿐이다. 정보기술 같은 새로운 산업 분야에서 특히 이런 일이 흔하다.[21] 탄력성이 정확히 1이라면(즉 가격이 1퍼센트 하락하면 수요량이 정확히 1퍼센트 증가한다면), 총수익(가격 곱하기 양)은 불변일 것이다. 다시 말해, 생산성 증가는 그만큼 수요량을 증가시킬 것이고, 모든 이들은 전과 똑같이 바쁘게 일할 것이다.

아주 특수한 사례에서만 탄력성이 정확히 1이 될 것 같지만, 결국에는 경제 전반에 바로 그런 일이 일어난다고 상정하는 타당한(하지만 완벽하지는 않은) 논증을 구성할 수 있다. 예를 들어, 식품 가격 하락은 농업 노동 수요를 줄일 수도 있지만, 식품 구입비가 줄어들어 남은 돈을 경제의 다른 부문에서 쓸 수 있도록 하기 때문에 전체적인 고용 수준은 유지된다는 것이다.[22] 그 돈은 기존 상품을 더 많이 구입하는 데뿐 아니라 새로 발명된 상품과 서비스에도 쓰인다. 이것이 바로 기술적 실업이 불가능하다는 경제 논리의 핵심이다.

케인스는 이에 동의하지 않았다. 그는 궁극적으로 수요가 완벽하게 탄력적이지는 않을 것이라고 생각했다. 즉 가격이 점점 떨어진다고(품질을 감안했을 때) 해서, 반드시 우리가 상품과 서비스를 더 많이 소비하게 되지는 않는다는 것이었다. 대신에 우리는 그 제품으로 충분히 만족해 덜 소비하는 쪽을 택할 것이다. 그는 그럼으로써 사람들이 원하는 모든 상품과 서비스를 생산하는 데 필요한 노동이 점점 줄어들어 노동 시간이 일주일에 15시간으로 대폭 줄어들 것이라고 예측했다.[23] 하지만 이런 형태의 기술적 실업을 경제적 문제라고 보기는 어렵다. 어쨌거나 그 시나리오에 따르면, 사람은 만족감을 느끼기 때문에 덜 일하게 된다. 희소성이라는 경제적 문제는 풍족한 부와 여가 시간에 무엇을 할 것인가라는 지극히 더 매력적인 문제로 대체된다. 소설가 아서 클라크는 이렇게 말했다. "우리의 미래 목표는 완전한 실업이다. 마음껏 놀 수 있도록 말이다."[24]

케인스는 단기적인 '부적응'에 더 관심이 있었다. 이 부적응은 기술적 실업의 더 심각한, 두 번째 논증으로 이어진다. 즉 우리의 숙련 기능, 조직, 제도가 기술 변화를 따라가지 못한다는 주장이다. 기술이 한 직업 유형이나 한 기능 범주 전체의 수요를 없앨 때, 그 노동자들은 새로운 기능을 계발하고 새로운 일자리를 찾아야 할 것이다. 물론 그러려면 시간이 걸릴 수 있고, 그 사이에 그들은 실직 상태에 놓일 수 있다. 그의 낙관적인 논리는 이 실업이 일시적이라는 관점을 유지한다. 결국에는 기업가들이 새로운 사업을 창안하고 노동력이 인적 자본에 맞추어 적응함에 따라, 경제가 새로운 균형을 찾고 완전 고용이 다시 이루어진다는 것이다.

하지만 이 과정에 10년이 걸린다면?[25] 그리고 그때쯤에 기술이 다시금 변한다면 어떻게 될까? 1983년 레온티예프는 트랙터가 발명되면서 말이 필요 없게 된 것처럼, 많은 노동자들도 결국 영구 실업 상태가 될 것이라고 추측하는 글을 쓸 때, 바로 이 가능성을 염두에 두고 있었다.[26] 노동자와 조직이 기술 변화에 적응하는 데 시간이 걸린다는 점을 인정하고 나면, 가속되고 있는 기술 변화가 기술적 실업의 가능성을 증대시키고 격차를 더 벌릴 수 있다는 점이 분명해진다. 기술 발전이 더 빨라질수록 궁극적으로 부가 더 늘어나고 수명이 더 길어질 수도 있겠지만, 그것은 사람과 제도 둘 다 기술에 더 빨리 적응할 것을 요구한다. 케인스에게는 미안한 일이지만, 결국 우리가 죽지 않게 될지 모르지만 그래도 여전히 일자리가 필요할 것이다.

기술적 실업을 설명하는 세 번째 논리는 가장 우리를 불편하게 만드는 것일 수도 있다. 그 실업이 '일시적인' 부적응에서 그치지 않는다는 것이다. 7장과 8장에서 상세히 다루었듯이, 최근의 기술 발전은 숙련 편향적 기술 변화, 자본 편향적 기술 변화, 승자 독식 시장에서 슈퍼스타의 증가를 통해 승자와 패자를 만들어냈다. 그 결과 몇몇 유형의 일과 기능은 수요가 줄어들었다. 자유 시장에서 가격은 공급과 수요 사이의 균형을 회복하는 쪽으로 조정되며, 사실 미국에서 수백만 노동자의 실질 임금은 계속 떨어지고 있다.

원칙적으로 일부 노동자에게는 시간당 1달러가 균형 임금이 될 수도 있다. 설령 다른 노동자들은 그보다 수천 배 더 많은 임금을 요구한다 해도 말이다. 물론 선진국의 대다수 국민들은 시간당 1달러를 생활 임금이라고 여기지 않을 것이고, 사회가 사람들에게 굶어죽을 위험이 있는 그 임금을 받고 일하라고 요구하지는 않으리라고 기대할 것이다. 하지만 극단적인 승자 독식 시장에서는 더 나아가 균형 임금이 제로가 될 수도 있다. 이를테면, 설령 우리가 〈새티스팩션Satisfaction〉을 공짜로 불러주겠다고 해도, 사람들은 여전히 롤링스톤즈의 믹 재거가 노래한 그 곡을 돈을 주고 사는 쪽을 택할 것이다. 게다가 음악 시장에서 지금 믹은 사실상 스스로 디지털 사본을 만들어서 우리와 경쟁할 수 있다. 하지만 물론 거의 제로에 가까운 임금은 생활 임금이 아니다. 합리적인 사람이라면 제로에 가까운 임금으로 생계를 유지하려 하기보다는 차라리 다른 직업을 찾을 것이다.

따라서 인간 노동의 임금에는 더 이상 낮아질 수 없는 바닥이 있다. 그리고 그 바닥은 실업으로 이어질 수 있다. 그 임금으로도 일하고 싶지만 일자리를 찾을 수 없는 사람들이 있다. 그 노동자와 그 어떤 기업가도 그 노동자의 기능과 능력을 필요로 하는 수익이 나는 일을 생각해내지 못한다면, 노동자는 무한정 실업 상태에 놓일 것이다. 역사적으로 보면, 고래 기름에서 말의 노동력에 이르기까지, 한때 가치 있었던 생산의 여러 투입량들에도 같은 일이 일어났다. 그것들은 설령 가격이 0이라고 해도 오늘날의 경제에는 더 이상 쓸모가 없다. 다시 말해, 기술은 불평등을 낳을 수 있는 것처럼 실업도 낳을 수 있다. 그리고 이론상 그것은 아주 많은 사람, 심지어 인구의 대다수에게 영향을 미칠 수 있으며, 경제라는 파이 전체가 커지고 있다고 해도 그럴 수 있다.

이론의 내용이 이와 같다면, 자료는 어떨까? 러다이트 운동 이후로 200년이라는 세월의 대부분에 걸쳐 기술은 생산성을 엄청나게 향상시켰지만, 그 자료는 20세기 말까지 생산성과 더불어 고용도 증가해왔음을 보여준다. 이것은 생산성이 반드시 일자리 파괴를 낳는 것은 아니라는 의미다. 더 나아가 기술 열광자들이 이따금 주장하듯이, 생산성이 어떤 식으로든 불가피하게 일자리 창출로 이어진다고 가정하고

폰 유혹도 느낀다. 하지만 그림 10.1에서 살펴보았듯이, 역사 자료도 더 최근인 1990년대 말에 일자리 증가와 생산성이 분리되었음을 보여준다. 재러드 번스타인에 따르면, 반러다이트주의자들은 이 사실을 '의아한 점(head scratcher)'이라고 부른다. 우리는 어느 역사를 지침으로 삼아야 할까? 2세기 전에 시작되어 1990년대에 끝난 역사? 아니면 그 뒤의 15년 동안의 역사? 확실히 알 수는 없지만, 기술을 연구하면서 우리는 기하급수적 성장, 디지털화, 조합적 혁신의 힘 그리고 막 싹트기 시작한 기계 지능 및 네트워크 지능의 힘이 더욱 큰 교란을 예고하고 있음을 깨닫고 있다.

안드로이드 실험

내일 어느 회사가 더 많은 안드로이드를 제작하는 것을 포함해 인간 노동자가 할 수 있는 모든 일을 다 할 수 있는 안드로이드를 출시한다고 하자. 이 로봇이 한없이 공급되고, 시간이 흐를수록 가격이 극도로 저렴해져 거의 공짜로 작동시킬 수 있게 된다. 그리고 이들은 일주일 내내 온종일 쉬지 않고 일한다.

분명히 이런 발전은 경제적으로 심오한 의미를 함축할 것이다. 무엇보다도 생산성과 산출량이 급증할 것이다. 안드로이드는 농장과 공장을 운영할 것이고, 식량과 제품을 생산하는 비용은 훨씬 낮아질 것이다. 사실 경쟁 시장에서 그것들의 가격은 원료비에 가까운 수준으로 떨어질 것이다. 우리는 전 세계에서 물품의 양, 다양성, 구입 능력이 엄청나게 증가하는 것을 보게 될 것이다. 한 마디로, 안드로이드는 엄청난 풍요를 가져올 것이다.

또 안드로이드는 노동력의 극심한 이동을 가져올 것이다. 경제적으로 합리적인 판단을 하는 모든 고용자는 안드로이드를 선호할 것이다. 현재 상태에 비해 안드로이드가 동일한 능력을 더 낮은 비용으로 제공하기 때문이다. 따라서 그들은 전부까지는 아니더라도, 대다수의 인간 노동자를 아주 빠르게 대체할 것이다. 기업가는 계속 신제품을 개발하고, 새 시장을 창출하며, 기업을 설립하겠지만 사람 대신 안드로이드를 직원으로 둘 것이다. 안드로이드의 소유자는 그들이 속한 경제의 모든 가치를 독차지하고, 하고 싶은 일을 다 하며 살 것이다. 자본 자산이 전혀 없는 이들은 팔 노동력만을 지니고 있을 뿐이고, 그들의 노동력은 아무 쓸모가 없을 것이다.

이 사고 실험(thought experiment, 머릿속에서 생각으로 진행하는 실험—옮긴이)은 기술 발전에 폭넓은 일자리 창출이 반드시 수반되어야 한다는 '철칙' 따위는 없다는 현실을 반영한다.

이 사고 실험에 한 가지 사소한 변화를 주어보자. 안드로이드가 한 가지 기능, 이를테면 요리를 제외하고 인간 노동자가 할 수 있는 모든 일을 다 할 수 있다고 하자. 여전히 인간 요리사가 있을 것이라는 점을 제외하고, 경제적 결과는 변하지 않을 것이다. 하지만 요리사 일자리를 놓고 경쟁이 극심할 것이므로, 요리사를 고용하는 기업은 훨씬 낮은 임금을 제시하고도 빈자리를 채울 수 있을 것이다. 경제에서 요리에 쓰는 시간의 총량은 변하지 않겠지만(적어도 사람들이 식당에서 식사를 계속하는 한), 요리사들에게 지불되는 총 임금은 줄어들 것이다. 어떤 식으로든 남들이 따라올 수 없는 실력과 명성을 갖춘 슈퍼스타 요리사들만이 예외일지 모른다. 슈퍼스타는 여전히 높은 임금을 요구할 수 있을 것이지만 다른 요리사들은 그렇지 못할 것이다. 따라서 안드로이드는 산출량을 크게 증가시킬 뿐 아니라 소득의 격차를 아주 크게 벌릴 것이다.

이런 사고 실험이 얼마나 유용하든 간에, 현재의 현실이라기보다는 과학 소설처럼 보이지 않는가? 현재 미국의 기업들에서 완전히 제 기능을 하는 인간형 안드로이드는 찾아볼 수 없다. 사실 아직은 존재하지 않으며, 최근까지도 패턴 인식, 복잡한 의사소통, 감지, 운동 같은 분야에서 인간 노동자를 대신할 수 있는 기계를 만드는 일은 발전이 더뎠다. 하지만 앞서 살펴보았듯이, 최근 몇 년 사이에 이 분야의 발전 속도는 엄청나게 빨라졌다.

인간 노동자를 대체할 수 있는 기계가 더 발달할수록, 비슷한 기능을 지닌 인간의 임금은 낮아질 가능성이 높다. 경제학과 경영 전략이 주는 첫 번째 교훈은 가까운 대체물과 경쟁할 생각을 하지 말라는 것이다. 당신이 비용 우위에 있다면 더욱더 말이다.

하지만 원리상 기계는 인간과 전혀 다른 강점과 약점을 지닐 수 있다. 공학자들이 기계가 강하고 인간이 약한 분야를 토대로 이 차이를 증폭시키는 연구를 한다면, 기계는 인간의 대체물이라기보다는 인간을 보완할 가능성이 더 높다. 효율적인 생산은 인간과 기계 양쪽의 투입을 요구할 가능성이 더 높으며, 기계의 성능이 향상될 때, 인간 투입량의 가치는 줄어드는 것이 아니라 증가할 것이다. 경제학과 경영 전략의 두 번째 교훈은 점점 더 풍부해지는 무언가를 보완하는 일이야말로 진정으로 좋은 직업이라는 것이다. 게다가 이 접근법을 취하면, 기계의 지원을 받지 못한 인간이나 단순히 인간을 흉내 낸 기계만으로는 결코 만들 수 없는 상품과 서비스가 나올 가능성이 더 높다. 이 새로운 상품과 서비스는 투입량 감소보다는 산출량 증대를 토대로 생산성을 높이는 방법을 제공한다.

따라서 지극히 현실적인 의미에서, 세상에 충족되지 않은 욕구와 소망이 있는 한 실업(失業)은 우리 스스로가 어떤 일을 할 필요가 있는지를 열심히 생각해보지 않았다는 시끄러운 경고다. 기존 일자리가 자동화하면서 내쫓긴 사람들의 남아도는 시간과 에너지를 써서 문제를 해결하는 창의력을 아직 충분히 발휘하지 못했다는 뜻이다. 우리는 이미 있는 일을 자동화하는 대신, 새로운 가치의 원천을 창조하는 인간의 독특한 능력을 강화하고 증폭하는 기술과 사업 모형을 창안하는 데 더 힘을 쏟아야 할 것이다. 다음 장들에서 더 상세히 논의하겠지만, 이것이 바로 우리의 정책 결정자와 기업가 그리고 우리 각자가 직면한 진정한 도전 과제다.

세계화와 자동화 물결

기술은 경제를 변모시키는 유일한 힘이 아니다. 우리 시대의 또 다른 큰 힘은 세계화다. 이것이 미국을 비롯한 선진국들의 경제에서 중간 임금이 정체되어온 이유일 수 있을까? 사려 깊은 많은 경제학자들이 바로 그런 주장을 펼쳐왔다. 요소 가격 균등화(factor price equalization)가 이루어지기 때문이라는 것이다. 이 말은 어느 한 시장에서 경쟁이 심해질수록 노동이나 자본 같은 생산 요소의 가격이 하나의 공통 가격으로 통일되는 경향이 나타날 것이라는 의미다.♦ 지난 수십 년 동안 진행되어온 의사소통의 비용 감소는 많은 제품과 서비스에서 하나의 거대한 세계시장이 창출되는 데 기여해왔다.

기업은 세계 어디에서든 필요한 기능을 갖춘 노동자를 찾아내고 고용할 수 있다. 중국의 노동자가 미국의 노동자와 같은 일을 할 수 있다면, 경제학자들이 말하는 이른바 '일물일가의 법칙(law of one price)'에 따라 그들은 본질적으로 동일한 임금을 받으라는 요구를 받는다. 다른 상품들에서도 마찬가지겠지만, 차익 거래를 통해 시장이 차이를 없앨 것이기 때문이다. 그것은 중국 노동자에게 그리고 경제 전반의 효율성에는 희소식이다. 하지만 이제 저임금 경쟁에 직면한 미국 노동자에게는 희소식이 아니다. 많은 경제학자들은 바로 이 주장을 펴왔다. 마이클 스펜스(Michael Spence)는 《넥스트 컨버전스*The Next Convergence*》라는 탁월한 책에서 세계시장의 통합이 어떻게 엄청난 이동, 특히 노동시장에서 대규모 이동을 일으키는지를 설명한다.[27]

요소 가격 균등화는 검증 가능한 예측을 내놓는다. 미국의 제조업체들이 비용이 더 싼 해외로 생산을 이전할 것이라는 예측이다. 실제로 미국의 제조업 고용은 지난 20년 동안 줄어들어왔다. 경제학자 데이비드 오토, 데이비드 돈(David Dorn), 고든 핸슨(Gordon Hanson)은 미국 제조업 고용 감소의 약 4분의 1은 중국과의 경쟁으로 설명할 수 있다고 추정한다.[28] 하지만 자료를 더 자세히 들여다보면, 세계화 이야기의 설득력이 훨씬 떨어진다는 사실이 드러난다. 1996년 이래로 중국의 제조업 고용도 사실상 떨어져왔으며, 공교롭게도 약 25퍼센트로 동

✦ 같은 능력을 지닌 가상의 로봇과 인간 노동자의 임금을 비교할 때, 우리가 사용한 개념과 결코 다르지 않다.

일하다.[29] 이 부문에서 산출량이 70퍼센트가 급증하는 와중에도 중국 노동자의 수는 3천만 명 넘게 줄어들었다. 그러니 중국 노동자가 미국 노동자를 대체하고 있는 것이 아니다. 미국 노동자와 중국 노동자 모두 자동화를 통해 능률이 더 높아지고 있기 때문이다. 그 결과 두 나라는 더 적은 노동자로 더 많은 제품을 생산하고 있다.

결국 자동화의 가장 큰 효과는 미국을 비롯한 선진국들의 노동자들에게서보다는 현재 경쟁 우위에 있는 저임금 노동에 의존하는 개발도상국의 노동자들에게서 나타날 가능성이 높다. 로봇을 비롯한 자동화 장비를 도입함으로써 노동 비용의 대부분을 줄인다면, 저임금의 경쟁 우위도 대체로 사라지게 된다.

이런 일은 이미 일어나기 시작했다. 폭스콘의 테리 고는 로봇 수십만 대를 공격적으로 도입해 같은 수의 인간 노동자를 대체해왔다. 그는 앞으로 로봇 수백만 대를 더 도입할 계획이라고 한다. 1차 도입분은 중국과 대만의 공장들에 투입될 예정이지만, 일단 산업이 대부분 자동화하면 굳이 저임금 국가에 공장을 지을 필요가 없게 된다. 그 지역이 경제 생태계가 튼튼하여 예비 부품, 설비, 맞춤 부품을 공급받기가 더 쉽다면, 물류 면에서 여전히 유리할 수도 있다. 하지만 시간이 흐를수록 최종 제품의 운송 시간 단축과 소비자, 공학자와 설계자, 교육 수준이 높은 노동자, 더 나아가 법의 지배가 확고한 지역과의 근접성이 지닌 이점이 그 타성을 극복할지 모른다. 그러면 제조업은 다시 미국으로 돌아올 수 있다. 로드니 브룩스 같은 기업가들은 바로 그 점을 역설해왔다.

제조업 이외의 부문에서도 비슷한 논리가 적용된다. 예를 들면, 상호작용적 음성 응답 시스템은 콜센터 업무를 자동화하고 있다. 유나이티드항공은 그런 전환을 성공적으로 이루었다. 그리고 인도와 필리핀 같은 나라의 저임금 노동자들은 이 변화에 더 엄청난 영향을 받을 수 있다. 마찬가지로, 예전에 많은 의사들은 처방전을 해외로 보내 약을 받도록 해왔다. 하지만 지금은 컴퓨터로 처방전을 쓰면서 행복해하는 의사들이 점점 늘고 있다. 점점 더 많은 부문에서 다른 나라에 있는 사람이 아니라 지적이면서 융통성 있는 기계가 '노동'의 가장 비용 효과적인 원천이 되고 있다.

지난 20년 동안 해외로 이전되었던 업무 유형들을 살펴보면, 상대적으로 틀에 박히고 체계화가 잘 된 업무들이 주류를 이룬다는 것을 알 수 있다. 흥미로운 점은 자동화하기가 가장 쉬운 업무들이 바로 그런 것들이라는 사실이다. 누군가에게 세세한 부분까지 이렇게 저렇게 하라고 정확히 지시할 수 있다면, 같은 업무를 하는 정확한 프로그램을 짤 수도 있다. 다시 말해, 해외 이전은 자동화로 가는 길에 있는 정류장에 불과할 때가 많다.

결국 저임금은 무어 법칙의 상대가 안 될 것이다. 임금을 줄임으로써 기술 발전을 막으려는 시도는 일시적인 보호 조치에 불과할 뿐이다. 철도 노동자에게 증기력으로 움직이는 망치와 더 잘 경쟁할 수 있게 역기 운동을 하라고 말하는 것만큼 오래가지 못할 해결책이다.

3부
—
생존을 위한 전략

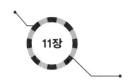

기계와 함께 달리는 법

"하지만 쓸모가 없어. 대답만 할 수 있을 뿐이잖아."
_파블로 피카소(Pablo Picasso), 컴퓨터를 두고 한 말[1]

우리는 경영진에서 라디오 프로그램의 청중에 이르기까지 다양한 사람들 앞에서 우리의 연구 결과와 결론을 이야기해왔다. 우리가 이야기를 마치면, 처음 나오는 질문들 중에는 거의 항상 이런 질문이 있다. "우리 아이가 학생인데요, 교수님이 말하는 미래를 준비시키려면 어떻게 해야 하나요?" 대학에 다니는 아이도 있겠고 유치원에 다니는 아이도 있겠지만, 질문의 요지는 같다. 그리고 제2의 기계 시대를 앞두고 취업 전망을 걱정하는 사람은 부모만이 아니다. 학생 자신, 그들을 고용할 수도 있는 조직의 지도자, 교육자, 정책 결정자, 공무원 등 수많은 사람들이 '기술이 계속 발전하는 상황에서도 여전히 가치를 잃지 않는 인간의 기능과 능력이 무엇일까'를 고심한다.

최근의 역사를 살펴보면, 이 질문에 답하기가 쉽지 않다는 사실을 알 수 있다. 프랭크 레비와 리처드 머네인은 2004년에 이 주제를 다룬 최고의 연구 및 사유의 결정체라 할 걸작 《새로운 노동 분업》을 펴냈다. 그들은 앞으로도 인간이 계속 디지털 노동보다 우위를 유지할 두 분야로 패턴 인식과 복잡한 의사소통을 꼽았다. 하지만 앞서 보았듯이, 반드시 그 우위가 유지된다고 장담할 수 없는 상황이 지금 벌어지고 있다. 그렇다면 기술이 경쟁에서 앞서나갈 때, 모든 분야에서, 아니 적어도 대부분의 분야에서 뒤처지는 세대가 생겨나지 않을까?

답은 그렇지 않다는 것이다. 디지털 기계가 인간을 훨씬 능가해온 영역들에서도 인간은 여전히 핵심적인 역할을 맡고 있다. 이 말은 모순처럼 들리지만 체스 게임을 보면 그렇지 않음을 알 수 있다.

체크메이트를 해도 게임은 끝나지 않는다

1997년 당시 세계 체스 챔피언인 게리 카스파로프가 IBM의 컴퓨터 딥블루에게 패배하자, 사람들은 체스 컴퓨터와의 맞대결에 더 이상 큰 흥미를 느끼지 못했다. 앞으로의 대국도 점점 더 일방적인 양상을 띨 것이 분명했기 때문이다. 네덜란드의 그랜드 마스터인 얀 하인 도너(Jan Hein Donner)는 인간 체스 대가들이 현재 지니는 태도를 한 마디로 요약했다. 컴퓨터와 대국한다면 어떻게 준비를 하겠냐고 묻자, 그는 이렇게 답했다. "망치를 가져갈 겁니다."[2]

그러니 인간이 더 이상 체스 게임에 아무런 기여를 하지 않는 것처럼 보일지도 모르겠다. 하지만 새로 창안된 '프리스타일(freestyle)' 체스 대회를 보면, 이 생각이 실제와 거리가 아주 멀다는 것을 알 수 있다.

이 대회에는 인간과 디지털컴퓨터가 원하는 대로 팀을 이루어 참가할 수 있다. 카스파로프는 2005년 프리스타일 대회의 결과를 이렇게 설명한다.

인간과 기계의 혼합 팀은 가장 강력한 컴퓨터와의 대결에서조차 승리했다. 딥블루와 비슷한 체스 전용 슈퍼컴퓨터인 하이드라(Hydra)라는 체스 기계도 상대적으로 성능이 떨어지는 노트북을 이용한 강한 인간 선수에게 상대가 안 되었다. 인간의 전략 지침과 컴퓨터의 전술적 예리함이 결합해 압도적인 힘을 발휘했다.

놀라운 일은 대회가 끝날 즈음에 일어났다. 최신 컴퓨터를 지닌 그랜드 마스터가 아니라, 동시에 세 대의 컴퓨터를 이용한 미국의 아마추어 선수 한 쌍이 우승한 것이다. 자신들의 컴퓨터에게 수를 아주 주의 깊게 살펴보도록 '지도하고' 조작하는 탁월한 능력을 발판삼아, 그들은 상대로 나온 그랜드 마스터들과 더 뛰어난 성능을 지닌 컴퓨터들을 물리쳤다. 약한 인간+기계+더 나은 처리 프로그램이 성능 좋은 컴퓨터보다 더 뛰어났을 뿐 아니라, 더 놀랍게도 강한 인간+기계+안 좋은 처리 프로그램보다도 뛰어났다.[3]

프리스타일 체스에서 얻은 중요한 깨달음은 사람과 컴퓨터가 같은 과제에 같은 방식으로 접근하지 않는다는 것이다. 같은 방식으로 접근한다면, 딥블루가 카스파로프를 이긴 뒤로는 인간이 체스에 기여할 부분이 전혀 없었을 것이다. 기계는 체스를 두는 인간의 능력을 모방하는 방법을 이미 터득했으므로, 그저 무어의 법칙에 따라 계속 더 앞서 질주하기만 하면 될 터였다. 하지만 인간이 기계와 오로지 맞서려고 하는 대신 기계와 함께 달리는 것을 받아들인다면, 최고 수준의 체스 경기에서도 여전히 아주 많은 기여를 할 수 있음을 알 수 있다.

그렇다면 여기서 여전히 가치가 있는 인간의 독특한 능력이란 무엇일까? 카스파로프는 체스에서 인간의 '전략 지침'과 컴퓨터의 '전술적 예리함'을 대비시켰지만, 이 둘이 명확히 구별되지 않을 때도 많다. 미리 그렇게 일을 분담해서 경기에 나선다는 것은 더욱더 어렵다. 마찬가지로 앞서 말했듯이, 기술은 비일상적인 업무보다 일상적인 업무 쪽을 더 깊이 잠식해왔다.

업무를 일상적인 것과 비일상적인 것으로 나누는 방식은 타당하며 중요하긴 하지만—숫자 열을 추가로 기입하는 업무는 지극히 틀에 박힌 일이며 지금은 완전히 자동화해 있다—이 두 업무 범주도 언제나 명확하게 구분 지을 수 있는 것은 아니다. 예를 들면, 25년 전에는 체스 두기를 '틀에 박힌' 일이라고 생각한 사람이 거의 없었을 것이다. 사실 체스는 인간 능력의 가장 고상한 표현 형태 중 하나로 여겨졌다. 전직 세계 챔피언 아나톨리 카르포프(Anatoly Karpov)는 자신이 젊었을 때의 우상들에 대해 이렇게 썼다. "나는 그저 이쪽 세계에 살고 있었고, 그랜드 마스터들은 전혀 다른 세계에 살았다. 그들은 사실상 인간이 아니라 신이나 신화 속의 영웅 같은 존재였다."[4] 하지만 그 인간 영웅들은 틀에 박힌 방식으로 숫자를 처리하는 일을 컴퓨터보다 잘하지 못했다. 그런 일을 겪었어도 그들은 컴퓨터와 맞서기만 하는 대신, 컴퓨터와 협력하기로 하자 다시금 가치 있는 존재가 되었다. 어떻게 그럴 수 있었을까?

컴퓨터가 할 수 없는 것들

카스파로프는 불가리아의 그랜드 마스터인 베셀린 토팔로프(Veselin Topalov)와 펼친 대국을 기술하면서 이와 관련한 한 가지 중요한 단서를 제공한다. 당시 그들은 대국을 펼치면서 자유롭게 컴퓨터를 참조할 수 있었다. 카스파로프는 "둘 다 같은 데이터베이스에 동등하게 접근했으므로, 어느 시점에서 새로운 착상을 떠올리느냐에 따라 판세가 달라진다"는 사실을 알고 있었다.[5] 아직 컴퓨터가 하지 못하는 일들의 사례를 죽 훑어볼 때면, '새로운 착상'이라는 개념이 계속 떠오를 것이다.

우리는 아직 진정으로 창의적인 기계나 모험적인 기계나 혁신적인 기계를 본 적이 없다. 운율을 지닌 영어 문장을 지어낼 수 있는 소프트웨어는 본 적이 있지만, 진정한 시(워즈워스의 표현을 빌리자면, "고요한 가운데 떠오르는, 저절로 흘러넘치는 강한 감정")를 지을 수 있는 소프트웨어는 아직 못 보았다. 산뜻한 산문을 지을 수 있는 프로그램의 탄생은 놀라운 성과이지만, 더 이어서 무엇을 써야 할지를 이해하는 프로그램은 아직 나오지 않았다. 또 우리는 좋은 소프트웨어를 만들 수 있는 소프트웨어도 본 적 없다. 지금까지 그런 시도들은 처참한 실패를 거듭했다.

컴퓨터가 못하는 이 활동들에는 한 가지 공통점이 있다. 바로 아이디어 떠올리기(ideation), 즉 새로운 아이디어나 개념을 생각해내는 활동이라는 것이다. 훌륭하고 새로운 아이디어나 개념을 떠올리는 것이라고 해야 더 정확하겠다. 단어 같은 기존 요소들의 새로운 조합을 만들어내도록 컴퓨터 프로그램을 짜는 것은 아주 쉽다. 하지만 그런 조합은 어떤 의미를 지닌 재조합 혁신이 아니다. 그것은 100만 년 동안 타자기를 제멋대로 마구 두드리고 있지만, 아직 셰익스피어의 희곡 한 편도 복사하지 못하고 있는 원숭이들로 가득한 가상의 방의 디지털 버전에 가깝다. 다양한 아이디어 떠올리기야말로 현재 인간이 기계보다 비교 우위에 있는 영역이다. 과학자는 새로운 가설을 떠올린다. 기자는 좋은 기사를 구상한다. 요리사는 식단에 새 요리를 추가한다. 공장 바닥에 서 있는 공학자는 기계가 제대로 작동하지 않는 이유를 생각해낸다. 애플의 직원들은 우리가 실제로 원하는 태블릿 컴퓨터가 어떤 종류일지를 구상한다. 컴퓨터는 이 활동 중 많은 것들을 지원하고 촉진시키지만, 그 활동들을 주도적으로 이끌지는 못한다.

이 장의 첫머리에 인용한 피카소의 말은 절반만 옳다. 컴퓨터는 쓸모없지는 않지만, 여전히 답을 내놓는 기계로 남아 있다. 흥미로운 새로운 질문을 제기하지 못하고 말이다. 새 질문을 하는 능력은 아직 인간만의 것인 듯하며, 여전히 엄청난 가치를 지닌다. 우리는 아이디어를 잘 떠올리는 사람들이 당분간은 디지털 노동자보다 계속 비교 우위에 있을 것이고, 그들을 원하는 수요가 계속 있을 것이라고 예측한다. 다시 말해, 우리는 고용인이 지금도 그렇고 앞으로도 당분간 재능 있는 사람을 뽑고자 할 때, 계몽운동가인 볼테르가 했다는 조언을 따를 것이라고 본다. "어떤 답을 하느냐가 아니라 어떤 질문을 하느냐로 사람을 판단하라."[6]

아이디어 떠올리기, 창의성, 혁신을 영어로는 흔히 "상자 바깥에서 생각하라(thinking outside the box)"라고 표현하는데, 이 말은 인간이 이 분야에서 디지털 노동자보다 꽤 오래 상당한 우위를 누릴 것임을 시사한다. 컴퓨터와 로봇은 프로그래밍된 틀 바깥에 놓인 일은 여전히 잘하지 못한다. 예를 들어, 왓슨은 〈제퍼디!〉에서는 놀라운 능력을 보여주지만, 왓슨을 만든 사람들이 프로그램을 상당 부분 다시 짜지 않는 한, 〈휠 오브 포춘*Wheel of Fortune*〉, 〈더 프라이스 이즈 라잇*The Price is Right*〉 등 다른 TV 경연 프로그램에서는 어린아이와 싸워도 질 것이다. 왓슨은 스스로 알아서 출연하지도 못할 것이다.

하지만 왓슨의 배후에 있는 IBM 연구진은 다른 게임 쇼들을 정복하는 대신, 의료 등 다른 분야들로 관심을 돌리고 있다. 물론 그 분야들에서도 왓슨의 활동은 정해진 틀에 한정될 것이다. 여기서 확실히 해둘 것이 있다. 왓슨이 궁극적으로 탁월한 의사가 될 것이라고 우리가 믿어 의심치 않는다는 점이다. 지금 당장은 인간 진단학자가 우위를 점하고 있지만, 켄 제닝스, 브래드 루터 같은 〈제퍼디!〉 인간 참가자들을 물리칠 만큼 왓슨의 실력이 빠르게 향상되었듯이, 우리는 곧 닥터 왓슨이 진단이라는 경기에서도 실제 인간 의사들뿐 아니라, 닥터 웰비와 닥터 하우스 같은 미국 드라마 속의 명의들까지 능가할 수 있을 것이라고 예측한다.

물론 컴퓨터가 미리 정해진 규칙에 따라 추론을 하고, 기존 사례들로부터 추정을 하여 많은 사례들을 규명할 수 있긴 하겠지만, 인간 진단학자는 닥터 왓슨이 의학 훈련을 모두 마친 뒤에도 여전히 가치 있는 존재로 남을 것이다. 색다르고 특수한 사례들이 불가피하게 나타나기 마련이기 때문이다. 단순히 고속도로의 정상 주행 조건에서 운전하는 차보다 모든 조건에서 100퍼센트 자율 주행하는 차를 만드는 것이 훨씬 더 어렵듯이, 가능한 모든 의학 사례들을 다룰 수 있는 기계 기반 시스템을 만드는 것은 가장 흔한 사례들을 다루는 시스템을 구축하는 것보다 훨씬 더 힘든 일이다. 체스의 사례에서처럼, 닥터 왓슨과 인간 의사는 각자 혼자 일하기보다는 협력하는 편이 훨씬 더 창의적이고 효과적일 것이다. 미래학자 케빈 켈리(Kevin Kelly)는 이렇게 말한다. "앞으로는 로봇과 얼마나 잘 협력하느냐에 따라 보수가 달라질 것이다."[7]

인간의 장점 알아차리기

이렇게 컴퓨터는 자신의 틀 안에서는 패턴 인식을 아주 잘 하는 반면, 그 바깥에서는 정반대다. 이 점은 인간 노동자에게는 희소식이다. 우리는 여러 가지 감각을 지닌 덕분에, 본질적으로 디지털 기술보다 훨씬 더 넓은 틀을 갖고 있다. 컴퓨터의 시각과 청각, 심지어 촉각까지 시간이 흐를수록 기하급수적으로 향상되고 있긴 해도, 우리의 코와 혀에 비하면 아직 멀었으며, 우리의 눈, 귀, 피부가 그에 상응하는 디지털 감지기보다 뛰어난 능력을 발휘하는 분야들도 아직 많다. 현재 그리고 앞으로도 당분간, 우리의 감각기관들 및 그와 긴밀하게 연결된 뇌라는 패턴 인식 엔진은 우리에게 더 폭넓은 틀을 제공할 것이다.

스페인 의류회사 자라(Zara)는 이런 이점을 적극 활용한다. 자라는 컴퓨터 대신 인간의 판단을 바탕으로 어떤 옷을 만들지를 판단한다. 대부분의 의류업체들은 옷을 실제로 상점에 내놓기 몇 달 전에 조사하여 얻은 통계 자료를 토대로 수요를 예측하고 판매 계획을 세운다. 자라는 다른 접근법을 취한다. 자라는 주로 십대와 청년층을 겨냥한 유행에 맞는 저렴한 옷 '패스트 패션(fast fashion)'을 전문적으로 생산한다. 이런 옷들은 금방 유행했다가 금방 시들해지므로, 자라는 유행하는 옷을 아주 빨리 만들고 운송할 수 있도록 공장과 창고를 배치했다. "어느 옷을 만들어서 각 매장에 보내야 할까?"라는 중요한 질문에 답하기 위해, 자라는 전 세계의 매장 관리자들에게 주문을 정확히 하도록 하고, 그런 다음 며칠에 걸쳐 그 지점에서 팔릴 만한 상품만을 만들어 보낸다.[8]

매장 관리자들은 알고리듬을 참조하는 것이 아니라, 매장 안을 돌아다니면서 고객(특히 멋지게 차려 입은 고객)이 어떤 옷을 입고 있는지 관찰하고 또한 어떤 옷을 좋아하고 어떤 옷을 찾고 있는지 이야기를 나누며, 일반적으로 사람들이 잘하는 여러 가지 일들을 해서 필요한 정보를 상세히 파악한다. 자라 매장 관리자들은 많은 시각 패턴을 인식하고, 소비자와 복잡한 의사소통을 하며, 그 모든 정보를 두 가지 목적에 이용한다. 폭넓은 입력 틀을 써서 기존 옷들을 주문하는 데 이용하고, 자기 매장에서 어떤 새 옷이 인기를 끌지를 본사에 알려줌으로써 그를 바탕으로 디자인이 나오도록 돕는다. 자라는 현재로서는 사람 기반의 주문 방식을 기계 기반의 주문 방식으로 바꿀 계획이 없으며, 우리는 그들이 아주 영리한 판단을 했다고 생각한다.

따라서 아이디어 떠올리기, 큰 틀의 패턴 인식, 가장 복잡한 형태의 의사소통이라는 인지 영역에서는 인간이 여전히 우위에 있는 것으로 보이며, 앞으로도 당분간 그 우위를 유지할 가능성이 높아 보인다. 그러나 유감스럽게도, 오늘날 대부분의 교육 환경은 이런 기능들을 강조하지 않고 있다. 대신에 초등 교육은 사실들을 기계적으로 암기하고, 토리당 국회의원인 윌리엄 커티스(William Curtis) 경이 1825년

경에 '3R'이라고 이름 붙인 읽기(reading)와 쓰기(writing)와 셈하기(ari-thmetic) 기능을 숙달하는 데에 초점을 맞추는 경우가 많다(말이 난 김에 덧붙이자면, 기계라면, '3R'처럼 기억하기 좋지만 학술적으로는 부정확한 별명을 붙일 가능성이 낮다).⁹

기능 교체하기, 학교 교체하기

개발도상국의 가난한 아이들에게 몇몇 적정 기술만 제공해도 스스로 훨씬 더 많은 것을 배울 수 있다는 사실을 보여준 바 있는 교육학자 수가타 미트라(Sugata Mitra)는, 학교에서 왜 암기 학습을 강조하는지 도발적인 설명을 내놓는다. 그는 2013년 미국의 비영리재단이 정기적으로 주관하는 기술(technology), 오락(entertainment), 디자인(design)에 관련된 TED 총회에서 연구 업적을 인정받아 100만 달러의 TED 상금을 받았는데, 당시 강연에서 사람들이 언제 왜 이 기능들에 가치를 부여하게 되었는지를 설명했다.

나는 우리가 학교에서 배우는 이런 종류의 학습이 어디에서 유래했는지를 찾아보려고 애썼습니다……. 그것은 이 지구의 마지막 제국이자 가장 컸던 제국에서 나왔습니다. 바로 대영제국이었어요.

그들이 한 일은 놀라웠습니다. 그들은 사람들로 이루어진 세계 컴퓨터를 만들었지요. 그 컴퓨터는 지금도 우리 곁에 있습니다. 바로 관료주의적 행정 기계(bureaucratic administrative machine)라는 것이지요. 그 기계를 가동하려면, 아주 많은 사람이 필요합니다. 그들은 그런 사람들을 양산하기 위해 또 다른 기계를 만들었습니다. 바로 학교입니다. 학교는 관료주의적 행정 기계의 부품이 될 사람들을 생산하게 되었지요······. 사람들은 세 가지를 알아야 합니다. 먼저 글씨를 잘 써야 합니다. 자료를 손으로 쓰기 때문이지요. 또 읽을 줄 알아야 합니다. 그리고 머릿속으로 곱셈, 나눗셈, 덧셈, 뺄셈을 할 줄 알아야 합니다. 그들은 뉴질랜드에서 어느 한 명을 골라서 배에 실어 캐나다로 보냈을 때 즉시 제 기능을 할 수 있을 만큼 동일한 기능을 갖추어야 합니다.[10]

물론 우리는 이 설명을 좋아한다. 인간을 컴퓨터와 기계로 묘사하기 때문이다. 하지만 우리가 그 설명을 좋아하는 더 근본적인 이유는 3R이 과거에 노동자들이 당시의 가장 발전된 경제에 기여하는 데 필요한 기능들이었다고 주장하기 때문이다. 미트라가 지적하듯이, 빅토리아 시대 영국의 교육 체제는 당시의 시대와 장소에 아주 적합하도록 고안된 것이었다. 하지만 우리는 더 이상 그 시간과 장소에 있지 않다. 미트라의 말을 계속 들어보자.

빅토리아 시대 사람들은 대단한 공학자들이었습니다. 그들은 대단히 견고한 체제를 만들어냈지요. 지금도 우리 곁에 있으면서, 더 이상 존재하지 않는 기계를 위해 일할 똑같은 사람들을 계속 생산할 만큼 견고한 체제이지요······. (오늘날에는) 컴퓨터가 서기입니다. 그들은 모든 사무실에 무수히 널려 있지요. 그리고 그 컴퓨터가 서기 일을 제대로 하도록 안내하는 사람들이 있지요. 그들은 손으로 글씨를 아름답게 쓰는 능력을 갖출 필요가 없습니다. 머릿속으로 숫자를 곱할 능력을

갖출 필요도 없지요. 읽을 수 있는 능력은 필요합니다. 사실 똑똑 끊어서 읽을 수 있어야 하지요.[11]

미트라의 연구는 아이들, 심지어 가난하고 교육을 받지 못한 아이들조차도 또박또박 읽는 법을 배울 수 있다는 것을 보여준다. 하지만 그는 아이들이 스스로 모둠을 짜서, 기술을 사용해 관련 정보를 폭넓게 검색하고, 서로에게 무엇을 배우고 있는지 토의하도록 하면, 이윽고 새로운(그들에게) 아이디어를 내놓으며, 그것들이 옳은 것일 때가 아주 많다는 점도 보여준다. 다시 말해, 아이들은 아이디어 떠올리기, 큰 틀의 패턴 인식, 복잡한 의사소통의 기능을 습득하고 실제로 적용한다. 따라서 미트라가 관찰한 '자기 조직적 학습 환경(SOLE, Self-Organizing Learning Environment)'은 디지털 노동자에 비해 더 유리한 위치에 서도록 해줄 기능을 아이들에게 가르치는 듯하다.

이 말에 그리 놀랄 필요는 없을 것이다. 자기 조직적 학습 환경은 한참 전부터 우리 곁에 있어왔고, 기계와 함께 달리는 일을 잘하는 많은 사람들을 양산해왔다. 20세기 초에 이탈리아의 의사이자 연구자인 마리아 몬테소리(Maria Montessori)는 현재 그녀의 이름이 붙어 있는 초등 교육 체계를 개발했다. 몬테소리 수업은 자기 주도 학습, 다양한 교재들(식물과 동물도 포함하여)과의 직접 접촉, 대체로 느슨하게 짜인 수업 일정을 강조한다. 그리고 최근에 몬테소리학교는 구글(래리 페이지와 세르게이 브린), 아마존(제프 베저스), 위키피디아(지미 웨일스)의 창업자들을 비롯한 졸업생들을 배출해왔다.

이 사례들은 더 폭넓은 추세의 일부분인 것처럼 보인다. 경영학자

제프리 다이어(Jeffrey Dyer)와 핼 그레거슨(Hal Gregersen)은 저명한 혁신가 500명을 면담했는데, 그들 중에 몬테소리학교에 다닌 사람의 비율이 유달리 높다는 것을 알았다. "그들은 그곳에서 자신의 호기심이 이끄는 대로 따르라고 배웠다." 〈월스트리트저널*The Wall Street Journal*〉의 블로거 중 한 명인 피터 심즈(Peter Sims)는 이렇게 요약했다. "몬테소리 교육 방식은 창의적인 엘리트층에 합류하는 가장 순수한 경로일지 모른다. 엘리트층에 그 학교 출신의 비율이 지나치게 높으므로, 몬테소리 마피아가 있는 것이 아닐까 하는 의심이 들 수도 있다."

이 마피아에 속하든 그렇지 않든 간에, 앤디는 자기 조직적 학습 환경의 힘을 보증할 것이다. 그도 학창 시절 초창기에 몬테소리학교를 다녔으며, 다음과 같은 페이지의 말에 전적으로 동의한다. "규칙과 질서를 고지식하게 따르지 말고, 스스로 동기를 부여하고, 세상이 어떻게 돌아가는지 질문을 하고, 남과 좀 다르게 행동하라는 것이 교육의 일부였다."[12]

'새로운 기계 시대에 가치 있는 지식 노동자로 남으려면 어떻게 해야 하는가'라는 질문에 우리는 직설적으로 권고한다. 단지 3R을 배우는 대신에 아이디어 떠올리기, 큰 틀의 패턴 인식, 복잡한 의사소통의 기능들을 갈고닦으라. 그리고 가능할 때마다 자기 조직적 학습 환경을 이용하고, 이 기능들의 발달 과정을 기록하라.

대학의 실패

물론 말은 쉽지만 실천하기는 어렵다. 그리고 많은 교육 환경에서는 그다지 잘 받아들이지 않는 듯하다. 학생들이 올바른 기능을 습득하고 있지 않음을 시사하는 가장 강력한 증거 중 하나는 사회학자 리처드 애럼(Richard Arum)과 요시파 록사(Josipa Roksa)가 《학문적 표류 Academically Adrift》에서 요약한 연구 결과와 그 후속 연구다.[13] 애럼과 록사는 대학생들의 비판적 사고, 작문, 문제 해결, 분석적 추론 능력을 평가하기 위해 최근에 개발된 검사법인 대학학습평가(CLA, Collegiate Learning Assessment)를 이용했다. CLA는 컴퓨터를 이용하긴 하지만, 다지선다형 답 대신 작문을 요구한다. 이 평가에는 '수행 과제(performance task)'라는 것이 비중 있는 항목을 차지한다. 학생들에게 몇 가지 지문을 제시한 뒤, 90분 동안 지문들에서 정보를 추출하여 자신의 견해나 제안을 담은 글을 쓰는 것이 과제다. 즉 수행 과제는 아이디어 떠올리기, 패턴 인식, 복잡한 의사소통의 능력을 평가하는 좋은 방법이다.

애럼과 록사는 동료들과 함께 미국의 여러 대학에서 4년제 과정에 입학한 학생 2천300명 이상을 추적했는데 우려할 만한 결과가 나왔다. 학생 중 45퍼센트는 대학을 2년 동안 다닌 뒤에도 CLA 점수에 의미 있다고 할 정도의 향상이 전혀 없었고, 36퍼센트는 4년이 지난 뒤에도 마찬가지였다. 4년 뒤의 평균 점수는 아주 미미하게 높아졌을 뿐이었다. 신입생 때 백분위수가 50이었던 학생을 살펴보자. 그가 대학을 4년 다니면서 평균 점수가 더 높아졌다고 해도, 다른 신입생 집단과 함께 다시 검사를 받는다면, 백분위수가 68에 불과할 것이다. CLA는 새로 개발된 것이라서 그보다 더 전이었다면 점수가 얼마나 더 높아졌을지 알 수 없지만, 다른 검사법들을 이용한 이전의 연구들을 살펴보면, 그 기간에 이보다 점수가 더 높아졌을 것이고, 수십 년 전만 해도 평균적인 대학생은 신입생에서 졸업생이 되는 사이에 아주 많은 것을 배웠다고 추정할 수 있다.

이 실망스러운 결과를 어떻게 설명할 수 있을까? 애럼과 록사 연구진은 지금의 대학생들이 학업에 쓰는 시간이 수십 년 전보다 훨씬 적은 9퍼센트밖에 안 되며('사교 활동을 하고 놀고 하는 일'에는 51퍼센트를 쓰는 데 반해), 이전 학기에 일주일에 적어도 책을 40쪽 읽고 적어도 총 20쪽의 글을 쓰라고 요구하는 강의를 들었다는 학생은 42퍼센트에 불과했다고 말한다. "(이 연구)로부터 도출되는 고등 교육기관의 모습은 학업 경험보다는 사교 활동에 더 초점을 맞춘 기관이라는 것이다. 학생은 공부하는 데 거의 시간을 투자하지 않으며, 교수는 읽기와 쓰기를 기준으로 할 때 학생에게 요구하는 것이 거의 없다."

한편으로, 연구진은 연구한 모든 대학에서 CLA 점수가 대폭 상승한 학생들도 있음을 발견했다. 대체로 그 학생들은 학업에(특히 혼자서 공부하는 데) 더 많은 시간을 투자했을 뿐 아니라, 읽기와 쓰기를 더 많이 요구하는 강의를 들었고, 더 많은 것을 요구하는 교수 밑에 있었다. 이 양상은 교육학자 어니스트 파스카렐라(Ernest Pascarella)와 패트릭 테렌지니(Patrick Terenzini)가 내린 결론과도 잘 들어맞는다. 그들은 20여 년에 걸친 연구 성과를 요약한 《대학은 학생들에게 어떻게 영향을 미치는가 How College Affects Students》라는 책에서 이렇게 썼다. "대학이 미치는 영향은 대체로 학업, 인간관계, 교내의 과외 활동에 학생 개인이 얼마나 노력과 참여를 하느냐에 따라 결정된다."[14]

이 연구 결과는 우리가 학생과 부모에게 권하는 가장 근본적인 조언과 직접 연결된다. "기술을 비롯한 모든 가용 자원을 이용하여 열심히 공부하여 '자신의 연장통을 채우고', 제2의 기계 시대에 필요할 기능과 능력을 습득하라."

우리를 돋보이도록 만드는 도구들

기술이 앞서 나갈 때 뒤처지지 않는 가장 좋은 방법은 우수한 교육을 받는 것이다. 실망스러운 소식은 오늘날 많은 학생들이 자신의 교육 기회 중 일부를 헛되이 낭비하는 듯이 보인다는 것이다. 그래도 희소식은 지금 기술이 예전보다 이런 기회를 더 많이 제공한다는 것이다.

동기 부여가 된 학생과 현대 기술의 조합은 가공할 힘을 발휘한다. 현재 사용자는 온라인에서 최상의 교육 자원들을 이용해 자기 조직적으로 자기 진도에 맞춘 학습 환경을 구축할 수 있다. 즉 해당 자료를 학습하는 데 필요한 만큼 시간을 투자할 수 있고, 그것을 숙달했는지 여부를 알려줄 시험을 치를 수 있게 해주는 학습 환경을 누릴 수 있다. 칸아카데미(Khan Academy)는 이 자원들 중 가장 우수하다고 알려진 것 중 하나다. 이 사이트는 헤지펀드 관리자였던 샐먼 칸(Salman Khan)이 자신의 어린 조카들에게 수학을 가르치기 위해 온라인에 이런저런 내용을 쓰고 유튜브 동영상으로 강의를 한 것이 출발점이 되었다. 그것이 엄청난 인기를 끌자, 그는 2009년에 직장을 그만두고 누구나 무료로 이용할 수 있는 온라인 교육 자료를 만드는 일에 전념했다. 2013년 5월이 되자, 칸아카데미의 동영상은 4천100편을 넘어섰다. 대부분 길이가 몇 분밖에 안 되는 것이며, 사칙연산에서 미적분, 물리학, 예술사에 이르기까지 다양한 주제를 다루고 있다. 이 동영상들은 시청 횟수가 2억 5천만 회가 넘으며, 칸아카데미의 학생들은 자동 생성되는

10억 가지가 넘는 문제들을 푼다.[15]

칸아카데미는 원래 초등학생들을 대상으로 했지만, 비슷한 도구와 기법은 더 상위 교육에도 적용되어왔다. 바로 온라인 대중 공개강좌(MOOC, Massive Online Open Course)를 하는 사이트들이다. 이 분야에서 가장 흥미로운 실험 중 하나는 2011년에 탁월한 인공지능 연구자이자 구글의 자율 주행 자동차를 만든 주요 인물 중 하나인 세바스티안 스런(Sebastian Thrun)이 스탠퍼드대학생들뿐 아니라 모든 이들이 인터넷을 통해 무료로 이용할 수 있는 무크(MOOC) 형태로 대학원 수준의 인공지능 강의를 할 것이라는 이메일을 보내면서 시작되었다. 16만 명이 넘는 학생이 그 강의를 신청했다. 그중에 모든 과제, 시험, 기타 요구 사항들을 다 해낸 학생은 수만 명에 이르렀고, 매우 뛰어난 성적을 낸 이들도 있었다. 사실 스탠퍼드대학에서 그 강의를 했을 때, 최고 성적을 낸 학생은 온라인 학생들 전체로 볼 때 411등에 불과했다. 스런은 이렇게 평했다. "우리는 스탠퍼드대학 최고의 대학생을 능가하는 사람을 전 세계에서 400명 이상 발견했다."[16]

8장에서 우리는 대학 학위가 있는 사람과 없는 사람의 소득 격차가 점점 더 벌어지고 있다고 말했다. MIT의 우리 동료인 데이비드 오토는 그 연구의 결과를 이렇게 요약한다. "학교 교육을 받음으로써 얻는 많은 보수는 4년제 대학 학위 및 대학원 학위와 점점 더 밀접한 관계를 맺고 있다. 대학 교육을 받지 않는 노동자들은 소득 분포에서 상대적으로 서로 더 가까이 모이고 있는 반면, 가장 교육을 많이 받은 집단은 더 멀리 떨어지고 있다."[17] 또 대학 졸업자는 그보다 교육 수준이 낮은 사람보다 실업자가 될 확률이 훨씬 적다. 경제 전문 기자 캐서린

램펠(Catherine Rampell)은 대학 졸업자가 2007년 대침체기가 시작된 이래로 고용률이 증가한 유일한 집단이며, 2011년 10월 학사 학위자의 실업률이 5.8퍼센트로 준학사 학위자(10.6퍼센트)의 절반, 고등학교 졸업자(16.2퍼센트)의 3분의 1에 불과했다고 지적한다.[18]

대학 프리미엄은 어느 정도는 가공되지 않은 많은 유형의 원 자료들(raw data)의 가격이 급격히 떨어지고 있고, 자료가 더 값싸짐에 따라 자료를 해석하고 활용하는 능력이 점점 더 병목 지점이 되고 있기 때문에 발생한다. 구글의 헬 배리언이 직업에 관해 종종 하는 조언도 이 점을 반영하고 있다. 점점 저렴해지고 풍부해지는 무언가에 반드시 있어야 하는 보완 역할을 하는 직업을 구하라는 것이다. 데이터과학자, 휴대전화 앱 개발자, 자신의 유전자 서열을 분석하는 사람들이 늘어나면서 수요가 점점 커지고 있는 유전 상담가 등이 그런 사례다. 빌 게이츠는 컴퓨터, 특히 마이크로컴퓨터가 가격이 빠르게 하락하고 늘어나는 것을 보고서 소프트웨어 분야로 진출하기로 마음먹었다고 한다. 제프 베저스는 저비용 온라인 상업이 일으키는 병목 현상과 기회를 체계적으로 분석하여, 수많은 물품들의 색인을 만드는 능력이 바로 그런 영역에 속한다고 보고 아마존을 설립했다. 현재 대학 졸업자—이른바 '스템(STEM)' 분야라고 하는 과학, 기술, 공학, 수학 분야뿐 아니라, 인문학, 예술, 사회과학 분야도 포함하는—의 인지 기능은 저비용 자료와 저렴한 컴퓨터의 성능을 보완하는 역할을 하곤 한다. 그것이 바로 그들에게 임금 프리미엄을 요구할 힘을 실어준다.

하지만 대학 프리미엄 중에는 그다지 권하고 싶지 않은 측면도 있다. 현재 대학 학위를 요구하는 고용자들이 점점 늘어나고 있다. 말단

직을 뽑는 데도 그렇다. 램펠은 이렇게 쓰고 있다. "대학 학위가 새로운 고등학교 졸업장이 되고 있다. 적지 않은 비용이 들어감에도, 가장 낮은 수준의 일자리를 얻는 데도 필요한 새로운 최소 자격 조건이 되고 있다……. 전 세계의 다양한 산업 분야들에서, 치과위생사, 화물 운송 직원, 점원, 손해사정인 등 기존에 졸업장을 요구하지 않았던 많은 직업들에서도 대학 졸업장을 요구하는 사례가 점점 늘고 있다."[19] 이 '학위 인플레이션'은 큰 걱정거리다. 대학 교육은 돈이 많이 들고, 그 때문에 빚을 지는 사람들이 많기 때문이다. 실제로 2011년 말 기준으로, 미국의 학자금 대출액은 자동차 융자 금액이나 신용카드 대출액보다 더 많다.[20] 우리는 무크를 비롯한 교육 혁신 사례들이 궁극적으로 전통적인 대학 교육보다 더 저렴한 비용으로 대안 교육을 제공할 것이고, 고용자들이 그 수료증을 진지하게 받아들이기를 희망하지만, 그때까지 대학 학위는 대다수의 직업으로 나아가는 가장 핵심적인 징검다리로 남아 있을 것이다.

미래에는 순수한 정보 업무, 즉 오로지 책상 앞에 앉아서 하는 일은 점점 줄어들 것이다. 대신에 물질세계를 돌아다니면서 상호작용을 하는 직업이 더 늘어날 것이다. 컴퓨터가 많은 인지 업무에서 점점 더 성능이 좋아지고 있다고 할지라도, 인간에 비해 상대적으로 여전히 부족하기 때문이다.

자율 주행 자동차, 무인 항공기, 백스터 로봇, 실내 지도를 작성할 수 있는 해킹된 키넥트 장치 같은 발전 사례들은 기계에 현실 세계의 능력을 부여하는 데 성공한 놀라운 성과들이지만, 수건을 개는 로봇은 모라벡의 역설을 무너뜨리는 일이 얼마나 요원한지를 잘 보여준다.

UC버클리의 한 연구진은 따로 떨어져 있거나 쌓여 있는 수건을 '볼' 수 있는 4대의 입체 카메라와 알고리듬을 갖춘 인간형 로봇을 개발했다. 이 알고리듬은 잘 작동했다. 수건을 제대로 집기 위해 두 차례 이상 시도를 해야 할 때도 있긴 했지만, 로봇은 수건을 집어서 개는 데 성공했다. 하지만 수건 한 장을 개는 데 걸린 시간은 평균 1천478초, 즉 24분이 넘었다. 그 시간의 대부분은 수건이 어디에 있는지 찾고 어떻게 집어야 하는지 알아내는 데 쓰였다.[21]

이런 연구 결과들은 요리사, 정원사, 수리공, 목수, 치과의사, 가정 간호사가 단기간에 기계로 대체될 가능성이 적음을 시사한다. 이 직업들은 모두 많은 감각운동 작업을 수반하며, 아이디어 떠올리기, 큰 틀의 패턴 인식, 복잡한 의사소통 기능을 필요로 하는 영역도 많다. 이 직업들이 모두 보수가 좋은 것은 아니지만, 기계와 직접적으로 경쟁할 가능성은 적다.

그렇긴 해도 사람들 사이의 경쟁이 더 심해질 가능성은 있다. 노동 시장이 점점 더 양극화하고 중간층이 계속 줄어들수록, 이전에 중간 기능의 지식 노동을 하던 사람들은 기능과 임금 사다리의 더 아래쪽에 놓인 일자리를 찾기 시작할 것이다. 예를 들어, 의료비 청구 업무가 자동화하면, 병원에서 그 업무를 담당하던 직원들은 가정 건강을 돌보는 것 같은 일자리를 찾기 시작할지도 모른다. 그러면 그 일자리를 구하기가 점점 더 어려워지고, 임금도 하락 압력을 받을 것이다. 따라서 설령 가정 간호사 업무가 대체로 자동화가 이루어지지 않은 채 남아 있다고 할지라도, 디지털화의 영향을 전혀 받지 않는 것은 아니다.

모호한 미래

여기서 우리의 예측과 권고를 일종의 복음처럼 받아들여서는 안 된다는 점을 강조하지 않을 수 없다. 우리는 컴퓨터와 로봇이 언제라도 곧 아이디어 떠올리기, 큰 틀의 패턴 인식, 고도로 복잡한 의사소통 같은 일반 기능을 획득할 것이라고 예상하지는 않으며, 모라벡의 역설이 조만간에 완전히 해결될 것이라고 생각하지도 않는다. 하지만 우리가 디지털 발전을 연구하면서 배운 것이 하나 있다면, '결코 안 된다고 말하지 말라(never say never)'는 것이다. 다른 많은 연구자들과 마찬가지로, 우리도 과학 소설에서 곧바로 튀어나온 듯한 기능과 능력을 보여주는 디지털 기술의 발전에 거듭 놀라고 있다.

사실 인간 특유의 창의성과 기계의 능력을 나누는 경계선은 계속 바뀌고 있다. 다시 체스 게임을 예로 들자면, 1956년 13세의 천재 바비 피셔(Bobby Fischer)는 그랜드 마스터인 도널드 번(Donald Byrne)을 상대로 놀라울 만큼 창의적인 두 수를 두었다. 먼저 아무런 이득도 없어 보이는 데 자신의 기사를 희생시켰고, 이어서 여왕이 잡히게끔 하는 수를 두었다. 언뜻 볼 때, 제정신이 아닌 것 같았지만, 피셔는 그 희생을 토대로 몇 수를 더 둔 뒤 결국 승리할 수 있었다. 당시 그는 대단히 창의적이라고 찬사를 받았다. 하지만 지금 평범한 체스 프로그램에 그와 똑같이 말들을 배치하면, 프로그램은 즉시 피셔가 둔 수들을 두라고 제안할 것이다. 컴퓨터가 피셔-브라이언 경기를 기억하고 있기 때문이 아니라, 그 수들이 유리한 결과로 이어질 것임을 알 정도까지 앞으로의 수들을 검색하기 때문이다. 때로 인간의 창의성은 기계의 강력한 분석력과 동일해질 수 있다.[22]

우리는 앞으로 더 놀라운 일들이 일어날 것이라고 확신한다. 손꼽히는 공학자들과 공동 연구를 하고, 인간만이 지닌 특징들로 이루어진 요새가 기술 혁신의 거침없는 진군 아래 하나둘 굴복하는 광경을 지켜보는 우리로서는, 어떤 업무가 자동화에 무한정 저항할 수 있을 것이라는 확신을 갖기가 점점 더 어려워지는 걸 느낀다. 이 말은 사람들이 직업을 갖고자 할 때, 앞으로 자동화가 이루어질 분야에서 다른 분야로 옮겨갈 준비를 갖추고, 기계가 인간의 능력을 보완하고 강화하는 분야에서 새로운 기회를 잡을 수 있도록, 더 많은 융통성과 적응성을 발휘할 필요가 있다는 의미다.

언젠가는 경영 환경 전반을 살피고, 기회를 포착하며, 벤처자본가의 투자 의욕을 고취시킬 만큼 뛰어난 사업 계획을 작성하는 프로그램이 나올 것이다. 복잡한 주제를 깊이 있게 다룬 통찰력 있는 보고서를 쓰는 컴퓨터도 나올 것이다. 인간 의사의 모든 지식과 식견을 갖춘 자동 질병 진단 로봇도 나올 것이다. 그리고 계단을 걸어올라 아픈 할머니가 사는 집을 찾아가 혈압을 재고 채혈을 하며 처방약을 먹었는지 질문하는 등의 일을 위화감을 주지 않고 할머니가 편안히 받아들이는 상황에서 할 수 있는 컴퓨터도 등장할 것이다. 우리는 이런 발전 중 어느 것이 조만간 이루어질 것이라고 보지는 않지만, 디지털화, 기하급수적 성장, 조합적 혁신의 힘을 과소평가하는 경우가 매우 많다는 사실도 깨달았다. 그러니 결코 안 된다고 말하지 말자.

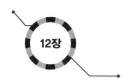

성장과 번영을 위한 권고

격차를 줄이면서, 아니 적어도 격차의 해로운 효과를 완화하면서 제 2의 기계 시대의 풍요를 촉진하려면 어떻게 해야 할까? 뒤처지는 사람이 가능한 한 없도록 하면서, 기술이 앞서 나아가도록 촉진할 최선의 방법은 무엇일까?

현재 매일같이 너무나 많은 과학 소설 속의 기술이 현실이 되고 있는 상황이기에, 어떤 근본적인 조치가 필요할 것이라는 생각이 들지도 모르겠다. 하지만 그렇지 않다. 적어도 지금 당장은 아니다. 전형적인 '경제학 개론' 교과서에 으레 실려 있는 성장과 번영을 위한 권고들은 이 자리에서 논의의 출발점으로 삼기에 딱 좋을 뿐 아니라, 앞으로도 당분간 유용할 것이다. 우리는 정책 결정자, 과학기술자, 기업가와 대화를 나누면서 한 가지 놀라운 사실을 깨달았다. 이런 권고들의 배경 논리를 제대로 이해하지 못한 사례가 아주 많다는 사실이었다. 그래서 이 장에서는 이 내용을 다루어보기로 한다.

표준 경제학 개론 교과서는 지금도 딱 맞는 지침서 역할을 한다. 최근에 급격히 발전이 이루어지고 있긴 해도, 디지털 노동이 인간 노동을 완전히 대체하려면 아직 멀었기 때문이다. 로봇과 컴퓨터가 강력하고 유능하긴 해도, 그들이 조만간 우리의 일자리를 모두 차지할 가능성은 적다. 구글의 자율 주행 자동차는 아직 모든 도로에서 모든 주행 조건에서 운전을 할 수 있는 수준에는 이르지 못했으며, 도로 한가운데에 교통경찰이나 모범 운전자가 나타나 수신호로 교통정리를 할 때 어떻게 해야 하는지 알지 못한다. (그렇다고 이 자동차가 계속 달려서 그 사람을 칠 것이라는 말은 아니다. 멈춰서서 상황이 정상화될 때까지 기다릴 것이다.) 왓슨을 그토록 강력하게 만든 기술들은 보건 의료, 금융, 고객 서비스를 비롯한 다양한 분야들에 적용되고 있지만, 현재로서는 아직 최고의 〈제퍼디!〉 참가자에 불과할 뿐이다.

단기적으로 볼 때, 기업은 소비자를 만족시키고 경제에서 성공하려면 여전히 인간 노동자가 필요할 것이다. (이 문제는 다음 장에서 더 상세히 논의할 것이다.) 제2의 기계 시대의 기술이 빠른 속도로 연구실을 벗어나 주류 경제로 진입하고 있는 것은 사실이다. 하지만 발전 속도가 아무리 빠르다 해도, 우리에게는 여전히 현금 출납원, 고객 서비스 담당 직원, 변호사, 운전사, 경찰, 가정 간호사, 관리자 등의 일을 할 사람이 많이 필요하다. 그들은 밀려드는 컴퓨터화의 거대한 파도에 휩쓸려 당장 일자리를 잃을 위험에 처해 있지 않다. 2013년 3월에 미국 노동 인구는 1억 4천200만 명이었다. 그들을 고용한 이들은 기업 컴퓨터가 50여 년에 걸쳐 쓰이고 개선되었음에도, 개인용 컴퓨터가 30년 동안 쓰였음에도, 월드와이드웹이 거의 20년 동안 사용되었음에도, 디지털 기술 대신(또는 그런 것들과 함께) 인간 노동자를 고용하는 쪽을 택했다.[1] 이 고용자들이 미래에는 디지털 노동을 선택할 가능성이 더 높지만, 그런 일이 지금 당장 일어날 것도 아니고 모든 사례가 다 그렇지도 않을 것이다.

현재로서는 경제를 성장시키는 것이 노동력 문제에 대처하는 최선의 방법이다. 기업이 성장의 기회를 보았을 때, 대다수는 그 기회를 잡을 사람들을 고용할 것이다. 일자리 증가율은 더 커질 것이고, 따라서 노동자의 미래 전망도 더 나아질 것이다.

성장이 그렇게 쉽기만 하다면 얼마나 좋겠는가. '경기 팽창을 가속화할 최선의 방법이 무엇인가'라는 문제는 격렬한 논쟁의 대상이다. 특히 사람들은 이 분야에서 정부의 적절한 역할이 무엇인가를 놓고 오랜 세월 심한 견해 차이를 보였다. 경제학자, 정책 결정자, 기업가 모두 통화 정책—미국 연방준비은행이 통화 공급량을 늘려야 할까? 금리는 얼마로 정해야 할까?— 과 재정 정책—정부는 거둔 세금을 어떻게 써야 할까? 정부 부채 규모를 어느 정도로 해야 할까? 소득세, 판매세, 법인세 등의 적정한 수준과 비율은 어느 정도일까? 최고 세율은 얼마로 해야 할까?— 을 놓고 논쟁을 벌인다.

이런 문제들을 둘러싼 견해 차이가 너무나 확고해 공통의 토대가 아예 없는 듯이 보일 수도 있지만, 실제로는 공통점이 아주 많다. 조지 부시와 미트 롬니에게 자문했던 보수주의 경제학자인 하버드의 그레고리 맨큐가 쓴 베스트셀러 개론서인 《맨큐의 경제학*Principles of Economics*》을 보든, 존 케네디와 린든 존슨의 자문가로 자유주의자인 MIT의 폴 새뮤얼슨이 쓴 《경제학*Economics*》을 공부하든 간에, 같은 내용을 많이 배우게 될 것이다.[*] 대중매체에서 보여주는 신랄한 공개 논쟁을 보면서 우리가 짐작하는 것보다, 좋은 경제학 교과서들과 훌륭한 경제학자들 사이에서는 정부가 경제성장을 도모하는 데 어떤 역할을 해야 하는지에 관해 의견이 일치하는 부분이 훨씬 더 많다. 우리도 경제학 개론서에 실린 내용에 동의하며, 그 내용들이 기계가 계속 앞서 나가는 상황에서 적절히 대응하기 위한 핵심 요소로 계속 남아 있을 것이라고 생각한다.

이러한 경제학 개론서는 몇몇 핵심 영역에서 정부의 정책과 개입이 필요하다고 주장한다. 그 정책들이 모두 제2의 기계 시대의 디지털 도구와 관련이 있는 것은 아니다. 눈부신 기술의 시대에 우리가 해야 할 일 중 상당수는 기술 자체와 무관하기 때문이다. 그것들은 더 전반적으로 경제성장과 기회를 도모하는 일과 관련이 있다. 경제학 개론서에는 그 일을 하는 방법을 다음과 같이 소개하고 있다.

1. 아이들을 잘 가르쳐라

미국은 20세기 전반기에 '교육과 기술의 경주(race between education and technology)'에서 불균형이 있음을 깨달은 뒤, 초등 교육 분야에서

---

[*] 폴 크루그먼과 로빈 웰스(Robin Wells), 타일러 코웬과 알렉스 태버릭, 윌리엄 노드하우스 같은 이들이 쓴 교과서도 마찬가지다.

가장 앞서 나가는 나라가 되었다. 이 용어는 제1대 노벨경제학상 수상자인 얀 틴베르헌(Jan Tinbergen)이 창안한 것으로, 2010년 경제학자 클라우디아 골딘(Claudia Goldin)과 로런스 카츠는 이를 제목으로 한 훌륭한 책을 출간한 바 있다.[2] 기술이 교육이 따라가지 못할 만큼 빠르게 발전할 때, 일반적으로 불균형이 나타난다. 미국은 지난 세기의 초기에 그 점을 깨닫고, 초등교육에 상당한 투자를 했다. 예를 들어, 골딘은 1955년에는 만 15세에서 19세의 미국 아이들 중 80퍼센트 가까이가 고등학교에 진학했는데, 이는 당시 유럽 국가들에 비해 두 배 이상 높은 수준이었다고 말한다.

그런데 지난 반세기가 흐르는 동안 초등교육에서 미국이 가진 우위는 사라졌다. 현재 미국은 부유한 국가들 중에서 중간쯤에 속해 있고, 몇몇 중요한 분야들에서는 그보다 더 순위가 낮다. OECD(경제협력개발기구)가 최근인 2009년도에 수행한 국제학업성취도평가(PISA, Program for International Student Assessment)에 따르면, 34개국 중에서 미국은 읽기 분야에서 14위, 과학에서 17위, 수학에서 25위를 차지했다.[3] 교육자인 마틴 웨스트(Martin West)는 이렇게 요약한다. "만 15세의 평균적인 미국 학생은 캐나다, 일본, 네덜란드를 비롯한 6개국의 평균 학생보다 수학에서 꼬박 1년을 뒤처졌다. 그리고 호주, 벨기에, 에스토니아, 독일 등의 다른 6개국 학생들보다는 반년 이상 뒤처져 있다."[4]

이 격차를 좁힐 때 얻는 경제적 혜택은 대단히 클 수 있다. 경제학자 에릭 하누셰크(Eric Hanushek)와 루저 와이스만(Ludger Woessmann)은 50개국에서 얻은 40년간의 자료를 분석한 끝에 시험 점수 향상과 빠른 경제성장 사이에 강한 상관관계가 있음을 밝혀냈다. 이것은 미국의 학생들이 국제 순위에서 상위에 오를 수 있다면, GDP도 상당히 증가할 수 있음을 시사한다. 미국의 제품과 서비스 중 상당수가 숙련 노동에 크게 의존하고 있기 때문에 더욱 그렇다. 더군다나 텍사스 주 오스틴, 보스턴, 미니애폴리스, 샌프란시스코처럼 미국에서 교육 수준이 가장 높은 지역들이 실업률이 낮은 것도 우연이 아니다.

사람들은 흔히 미국이 만든 가장 위대한 개념이 대중 교육(mass education)이라고 말한다. 이것은 지금도 유치원에서 고등학교와 대학교까지만이 아니라, 취학 전 교육, 직업 교육, 평생 학습 등 모든 수준의 교육에 적용되는 탁월한 개념이다.

그렇다면 어떻게 해야 더 나은 결과를 얻을 수 있을까?

교육 디지털화

우리는 지난 10년 또는 20년 동안 발전해온 디지털 기술을 활용함으로써 교육을 하는 방식을 바꿀 수 있다. 희소식은 미디어, 유통, 금융, 제조 같은 산업 분야들에 비해 교육이 기술 활용 면에서 대단히 뒤처져 있다는 것이다. 그것이 희소식인 이유는 단순히 다른 산업들을 따라잡는 것만으로도 엄청난 혜택을 볼 수 있음을 뜻하기 때문이다. 혁신가들은 앞으로 10년 사이에 이 분야에서 엄청난 변화를 일으킬 수 있다.

현재 온라인 대중 공개강좌, 즉 무크를 통해 이루어지는 엄청난 실험은 특히 고무적이다. 누구나, 때로 무료로 들을 수 있는 무크는 기계와 함께 달리는 법을 다룬 장에서 더 자세히 논의했다. 여기서는 그것이 주는 주요한 경제적 혜택 두 가지만 언급하기로 하자.

첫 번째이자 가장 확실한 혜택은 무크가 최고의 교사, 학습 내용, 학습 방법의 복제물을 저비용으로 접할 수 있게 해준다는 것이다. 오늘날 우리 모두가 세계 최고의 팝 가수나 첼로 연주자의 음악을 들을 수 있듯이, 학생들은 곧 가장 흥미진진한 지질학 설명, 가장 통찰력 있는 르네상스 미술 해설, 가장 효과적인 통계학 연습을 접하게 될 것이다. 많은 사례에서 우리는 학생이 집에서 강의를 듣고 전통적인 '숙제'—연습, 문제 풀이, 작문 과제—를 학교에서, 즉 자신을 도울 수 있는 또래, 교사, 지도자가 있는 학교에서 하는 식으로 '교실 뒤집기(flip the classroom)' 현상이 나타나는 학교를 보게 될 것이라고 예상할 수 있다.

교육 디지털화의 두 번째 혜택은 좀 더 미묘하면서도 궁극적으로는 더 중요한 것이다. 디지털 교육은 교사와 학생 모두에게 피드백을 가능하게 할 엄청난 자료 흐름을 만들어낸다. 교육자는 교수 방법에 관한 통제된 실험을 하고 지속적으로 향상이 이루어지는 학습 문화를 조성할 수 있다. 예를 들어, MITx(MIT의 온라인 교육 사업단)를 통해 제공되는 한 강좌에서는 학습 자료를 클릭한 횟수가 2억 3천만 회에 달했고, 수업 게시판에 10만 개가 넘는 댓글이 달렸다.[5] MITx의 단장인 아난트 아가왈(Anant Agarwal)은 학생 중 절반이 동영상 강의를 시청하기 전에 숙제를 하기 시작했다는 사실이 자료를 통해 드러나자 매우 놀랐다고 한다. 학생들은 일단 어떻게 극복해야 하는지를 배우게 될 도전 과제를 접하자, 그 강의의 내용을 실제로 이해하고자 하는 동기를 갖게 되었다.

대체로 무크의 진정한 효과는 아직 제대로 나타나지 않았다. 그것은 최고의 교사들의 영향 범위를 확대하고, 교육 수준을 전반적으로 향상시키는 방법을 고안하며, 학생의 향상을 촉진시킬 방법을 떠올리고 찾아낼 때 나타날 것이다. 수천 년 동안 교육 방법은 상대적으로 거의 변하지 않았다. 강사가 홀로 학생들 앞에 서서, 칠판에 분필로 써가면서 개념을 설명하는 식이다. 우리 세대는 디지털화와 분석법을 써서 수많은 개선을 할 준비가 되어 있다.

우리 동료인 기술 연구자이자 교수인 벤카트 벤카트라만(Venkat Venkatraman)은 이렇게 말한다. "우리에게는 학습과 교수의 디지털 모형이 필요하다. 단지 기존 교수와 학습 방식에 기술을 합치는 식이어서는 안 된다."◆ 우리는 정확히 어떤 방법이 만들어지고 받아들여질지 예측할 수 없지만, 거대한 진보가 눈앞에 펼쳐지리라는 사실을 분명히 알 수 있다. 이 분야에 팽배한 열정과 낙관론은 전염성이 있다. 현재 수많은 새로운 기술과 기법이 탐구되고 있다는 점을 생각할 때, 그중 일부—사실 우리는 많은 것들이 그러리라고 본다—가 현재의 교수와 학습 방식에 상당한 개선을 가져오리라는 것은 분명하다.

교사 봉급 인상과 책임 강화

교육 연구자들이 한결같이 내놓는 연구 결과 중 하나는 교사가 중요하다는 것이다. 사실 좋은 교사는 엄청난 영향력을 갖는다. 경제학자 라지 체티(Raj Chetty), 존 프리드먼(John Friedman), 조나 로코프(Jonah Rockoff)는 미국 학생 250만 명을 조사하여, 더 나은 교사(이전 학생들의 시험 점수에 미친 영향으로 평가한)로부터 배운 학생들이 어른이 되

◆ 이 말은 그가 페이스북 담벼락에 올린 글이었다. 때로는 매체가 메시지의 일부가 된다.

었을 때 소득이 더 높고, 대학에 들어갈 확률도 더 높으며, 십대 때 임신할 확률이 더 적다는 사실을 발견했다. 또 나쁜 교사와 평균 교사의 차이도 평균 교사와 우수한 교사의 차이만큼 중요하다는 것도 발견했다. "(하위 5퍼센트에 속한) 교사를 평균 교사로 대체하면, 현재 화폐 가치로 따져서 우리 표본의 평균 교실에 속한 학생의 평생 소득이 25만 달러 이상 증가할 것이다."[6]

따라서 새롭게 훌륭한 인물들이 교직을 선택하도록 만들고, 교직에 머물도록 하며, 능력이 떨어지는 인물을 교직에서 제외시키거나 재교육하는 노력을 하는 일도 미국의 교육 개혁에 포함시켜야 할 것이다.

수업 시간을 늘리고, 수업 일수를 연장하며, 방과 후 활동을 늘리고, 취학 전 교육의 기회를 더 늘리는 것도 이 일괄 타결의 일부가 되어야 한다. 하버드대학 경제학자인 롤런드 프라이어(Roland Fryer)를 비롯한 이들은 차터 스쿨(charter school, 자체 설립된 민간 위원회가 자율적으로 운영하는 대안 학교 성격의 미국 공립학교—옮긴이)의 성공 사례를 연구한 끝에 성공의 공식이 단순하다는 것을 발견했다. 비록 실행하기가 쉽다고는 할 수 없지만 말이다. 더 긴 수업 시간, 더 긴 수업 일수, 학생들—그리고 암묵적으로 그들의 교사들—을 정기적으로 평가하는 과정 등이 특징인 이른바 '변명하지 말라(no-excuses)'는 교육 철학이 그것이다.[7] 이 접근법은 싱가포르와 한국이 PISA에서 높은 순위에 오르는 데 기여했다. 두 나라는 모든 연령의 학생들에게 표준화한 시험을 치르게 하는 교육 방식에 크게 의존하고 있다.[8] 수업일수를 늘리면, 특히 가난한 학생들에게 더 유익할 수 있다. 학기 중에는 부유한 아이나 가난한 아이나 학습 속도가 비슷하지만, 학교에 가지 않는 여름 방학 동안 가난

한 아이는 뒤처진다는 사실을 시사하는 연구 결과가 나와 있기 때문이다.[9]

하지만 시험의 한 가지 위험은 다른 유형의 학습들을 도외시하고 시험에 대비한 내용만을 가르치도록 부추길 수 있다는 점이다. 시험을 위한 교육이 반드시 나쁘다고 생각할 필요는 없다. 적어도 세계적인 정보 기반 경제에 필요한 많은 기본 능력을 비롯하여, 실제로 가르치고 테스트할 수 있는 기능들을 학습한다는 측면에서는 그렇다. 하지만 기계가 점점 더 많은 일상적인 일들을 떠맡는 상황에서는 창의성과 비구조적인 문제 해결처럼 측정하기 어려운 기능들이 점점 더 중요해진다는 사실도 알아야 한다. MIT의 뱅트 홀름스트롬(Bengt Holmstrom)과 스탠퍼드대학의 폴 밀그롬(Paul Milgrom)은 선구적인 연구를 통해, 측정 가능한 목표를 달성하도록 하는 강한 유인책이 측정하기 어려운 학습을 내몰 수 있다는 것을 보여주었다.[10]

이런 문제에 대처하기 위해 그들은 직업 설계와 과제 할당을 이용하자는 탁월한 해결책을 내놓았다. 한 교사 집단에 가장 측정하기 쉬운 목표를 달성할 책임을 맡기는 한편으로, 덜 측정 가능한 유형의 학습이 외면당하는 것을 막기 위해 그런 학습에 중점을 두는 다른 교사들에게도 시간과 자원을 충분히 제공하자는 것이다. 원리상 이 방식은 양쪽 분야에서 다 최고의 성과를 올릴 수 있다.

우리는 이런 교육 개선이 신기술을 더 효과적으로 활용하는 데 필요한 보완 기능을 우리 경제에 더 많이 제공함으로써 풍요를 늘릴 것임을 거의 의심하지 않는다. 또 우리는 그것이 격차를 줄이는 데도 도움을 줄 것으로 기대한다. 숙련 편향적 기술 변화로 격차가 생긴다는 점을 생각할 때 더욱 그렇다. 그것은 대체로 수요와 공급의 문제다. 미숙련 노동자의 공급을 줄이면, 그들의 임금에 가해지는 하향 압력이 일부 줄어들 것이며, 동시에 교육을 받은 노동자의 공급이 늘어남으로써 그 분야들에서의 공급 부족 현상이 완화될 것이다. 또 우리는 올바른 교육 환경이 학생들뿐 아니라 사회 전체의 가능성을 높임으로써, 창의성도 함양할 수 있다고 본다.

하지만 우리는 새 교육 기술이 실제로 어떻게 이용되고 있는가라는 문제에서는 현실적인 관점을 취한다. 동기가 충만하여 자발적으로 학습에 나서는 이들이야말로 현재 이용 가능한 풍부한 온라인 자원의 혜택을 가장 많이 볼 것이다. 우리는 예전에는 결코 접근할 수 없었던 대학 강좌를 듣고 있는 만 12세에서 14세의 학생들을 알고 있다. 또래들은 듣지 않는 강좌들이다. 그 결과 처음에는 미미했을 그들 사이의 지식 격차는 훨씬 벌어지게 되었다. 여기서 우리는 교육의 디지털화가 더 폭넓게 영향을 미치도록 실질적인 노력을 하지 않는 한, 그 격차가 자동적으로 줄어들지는 않을 것임을 알 수 있다.

2. 신생 기업의 열기를 다시 불러일으켜라

우리는 기업가 정신을 옹호한다. 모든 사람이 기업을 세울 수 있거나 세워야 한다고 생각하기 때문이 아니라, 기업가 정신이 일자리와 기회를 창출하는 가장 좋은 방법이라고 보기 때문이다. 기존 업무가 자동화하면서 사라지고 해당 기능의 수요도 그에 따라 줄어들 때, 경제는 새로운 일자리와 산업을 창안해야 한다. 그 일에 가장 뛰어난 사람은 선의의 정부 지도자도, 선견지명을 지닌 학자도 아니다. 바로 야심적인 기업가다. 토머스 에디슨, 헨리 포드, 빌 게이츠 등 많은 기업가는 수십 년에 걸쳐 사라져간 농장 일자리들을 대신하고도 남을 만큼의 일자리를 창출하는 새로운 산업을 일으켰다. 현재 일어나고 있는 경제적 변화도 마찬가지로 대규모 기회를 창출한다.

기업가 정신은 적어도 경제학자 조지프 슘페터가 20세기 중반에 쓴 자본주의와 혁신의 본질을 다룬 기념비적인 저서 이래로 경제학 개론서의 중요한 한 부분을 차지해왔다. 슘페터는 우리가 좋아하는 혁신의 정의를 제시했다. 즉 혁신이란 "단지 새로운 것을 발명하는 차원이 아니라, 기술적 또는 조직적 참신함을 시장에 도입하는 것"이라고 했다. 그리고 우리처럼 그도 혁신을 본질적으로 재조합 과정이라고, "새로운 조합을 만들어내는 것"이라고 믿었다.[11]

또 그는 혁신이 기존 기업보다는 그들을 대체하려고 애쓰는 신생 기업에서 일어날 가능성이 더 높다고 주장했다. 그는 《경제 발전론*The Theory of Economic Development*》에 이렇게 썼다. "일반적으로 새로운 조합은 기업의 형태로 구현되지만, 대개 기존 기업에서 이루어지는 것이 아니다……. 철도는 역마차의 주인들이 건설한 것이 아니다."[12] 따라서 기업가 정신이야말로 혁신의 엔진이다. 그것은 일자리 증가의 주된 원천이기도 하다. 사실 미국에서는 그것이 유일하게 일자리를 창출하고 있는 듯하다. 2010년 카우프만재단(Kauffman Foundation)의 팀 케인(Tim Kane)은 인구조사국(Census Bureau) 자료를 이용하여 미국 기업을 신생 기업과 기존 기업(적어도 1년은 된 기업)이라는 두 가지 범주로 나누어서 살펴보았다. 그는 1977년에서 2005년 사이에 약 7년을 제외하고는 집단 전체로 보았을 때, 기존 기업이 연간 평균 약 100만 개의 일자리를 없애는 일자리 파괴자였다는 것을 밝혀냈다.[13] 정반대로 신생 기업은 연간 평균 300만 개의 일자리를 창출했다.

존 할티원저(John Haltiwanger)와 헨리 하이엇(Henry Hyatt) 연구진은 후속 연구를 통해 설령 임금은 더 낮다고 할지라도 젊은 기업이 일자리를 훨씬 더 많이 창출한다는 것을 재확인했다.[14] 또 그들의 연구는 신생 기업이 규모에 걸맞지 않게 훨씬 더 많이 '노동자 휘젓기(worker churn)'를 한다고 시사한다. 노동자 휘젓기라는 말이 안 좋은 현상처럼 보일지 모르지만, 실제로는 그렇지 않다. 그것은 대체로 노동자가 더 나은 기회를 찾아 일자리 사이를 수평 이동하는 것을 의미한다. '휘젓기'는 건강한 경제에서 중요한 활동이지만, 경기 침체기에는 급감하는 경향을 보인다. 사람들이 기존 일자리를 버리고 떠나는 것을 더 망설이기 때문이다. 연구진은 대침체기와 그 이후에 일어난 휘젓기 중에서 젊은 기업이 차지하는 비중이 증가한 것을 밝혀냈다. 그것은 신생 기업이 힘든 시기에 노동자들에게 더욱더 필요한 전직 기회를 제공했다는 의미다.

미국의 기업 환경은 여전히 나머지 세계의 선망의 대상이지만, 시간이 흐를수록 더 척박해지고 있다는 우려할 만한 증거들이 있다. 경제학자 로버트 페어리(Robert Fairlie)가 수행한 카우프만재단 연구 보고서에 따르면, 1996년에서 2011년 사이에 연간 신설 기업 수는 증가 추세를 보였지만, 그 신생 기업의 대부분은 직원이 창업자 한 명뿐인 1인 기업이었다.[15] 이런 형태의 기업은 사실 대침체기에 증가했다. 그것은 창업자들 중 일부가 아마도 직장을 잃은 뒤에 자기 사업을 하겠다고 나선 사람들임을 시사한다. 한편 1996년에서 2011년 사이에 '고용 사업체(employer establishment)', 즉 설립 당시에 두 명 이상을 고용한 기업의 신설률은 20퍼센트 넘게 줄어들었다.

이 감소의 원인이 완전히 밝혀진 것은 아니지만, 이민자 유입을 꺼리는 분위기가 한 요인일 수 있다. 2012년에 기업가 비백 와드화(Vivek Wadhwa)와 정치학자 애너리 색스니언(AnnaLee Saxenian)은 프랜시스 시칠리아노(Francis Siciliano)와 함께 이민자 기업가를 조사한 이전의 연구를 다시 실시했다. 그들은 "수십 년 만에 처음으로 이민자가 설립한 기업의 증가율이 설령 감소하지는 않았을지라도 정체 상태에 놓였다"는 것을 발견했다. "이민자가 세운 기업의 수가 지난 수십 년 동안 증가율을 보였던 것에 비해, 지난 7년 동안은 이 추세가 평탄한 양상으로 바뀌었다."[16] 이 변화는 실리콘밸리에서 특히 두드러진다. 1995년에서 2005년까지 실리콘밸리에서 설립된 기업의 절반 이상은 창업자 중에 적어도 이민자가 한 명은 끼어 있었다. 2006년에서 2012년에는 이 비율이 43.9퍼센트로, 거의 10퍼센트가 줄어들었다.

기업가 정신의 침체를 가져온 원인으로 흔히 언급되고 있는 또 한 가지는 지나친 규제다. 혁신 연구자인 마이클 맨델(Michael Mandel)은 어느 한 가지 규제가 창업을 크게 저해하지는 않을지라도, 각 규제는 하천에 놓인 바위 역할을 할 수 있다고 지적했다. 규제들은 누적되면서 가뜩이나 줄어든 일할 기회를 더욱 줄어들게 할 수 있다. 이런 '규제 덤불(regulatory thicket)'이 실제로 창업을 방해한다는 증거는 꽤 많다. 예를 들어, 경제학자 레오라 클래퍼(Leora Klapper), 루크 레이븐(Luc Laeven), 라구람 라잔(Raghuram Rajan)은 규제 수준이 높아질수록 기업 신설이 줄어든다는 것을 밝혀냈다.[17] 비록 그들의 연구는 유럽 자료를 토대로 한 것이지만, 그 결론은 적어도 어느 정도는 미국에도 적용될 수 있을 것이다.

우리는 불필요하고 중복되며 지나치게 부담을 주는 규제를 줄이라는 쪽이지만, 그 일이 어렵고 진척이 느릴 가능성이 높다는 점 역시 인정한다. 첫째, 규제 당국은 일단 권한을 얻으면 그것을 포기할 가능성이 거의 없다. 둘째, 기존 규제를 통해 보호를 받는 기업과 산업은 자신들의 특권을 보호하기 위해 열심히 로비할 것이 분명하다. 마지막으로, 미국에는 연방정부, 주정부, 지방정부가 따로따로 규제를 하고 있으므로, 어느 한 기관이 나서서 포괄적인 변화를 이끌어낼 수가 없다. 미국 헌법은 상업에 관한 권한을 대부분 각 주정부에 맡기고 있으므로, 기업가는 많은 지역에서 그 지역 특유의 규제들에 계속 직면할 가능성이 높다고 예상해야 한다. 하지만 우리는 규제의 부담을 줄이려는 노력을 계속하고, 가능한 한 기업가가 환영할 만한 기업 환경을 조성하는 것이 중요하다고 믿는다.

우리는 누군가가 또 다른 실리콘밸리를 조성할 것이라고는 기대하지 않지만, 정부, 기업, 개인이 창업을 늘리기 위해 할 수 있는 일이 더 있을 것이라고 생각한다. 한 가지 흥미로운 사례는 스티브 케이스(Steve Case)와 카우프만재단이 스타트업아메리카파트너십(Startup America Partnership)과 공동으로 하고 있는 일이다. 그들은 신설 벤처기업이 혁신을 마케팅, 제조, 유통망을 통해 보완할 수 있도록, 〈포천Fortune〉 500대 기업과 수월하게 협력 관계를 맺을 수 있는 '만남의 장소'를 갖춘 기업가 주도의 신생 기업 구역을 30여 곳 지정하여 지원하고자 하는 노력하고 있다.

3. 구직자와 기업을 더 많이 연결하라

비록 몬스터닷컴(Monster.com)과 애프터칼리지닷컴(Aftercollege.com) 같은 구직 알선 사이트나 링크드인(LinkedIn) 같은 네트워킹 사이트를 통해 고용자와 피고용자가 서로를 더 쉽게 찾을 수 있긴 하지만, 해마다 졸업하는 학생들의 대다수는 여전히 주로 친구, 친척 그리고 교수가 소개하는, 구두로 이루어지는 추천에 의존하고 있다. 우리는 구직자와 일자리의 연결을 불필요하게 어렵게 하는 마찰과 탐색 비용을 줄일 방법을 찾아야 한다.

링크드인은 기업이 원하는 기능을 기술하고 그 기능을 학생 등 잠재적인 피고용자들이 받는 교육과 연결 짓는 실시간 데이터베이스를 개발하고 있다. 구직자는 때로 이력서에 몇 가지 용어를 수정하는 것만으로도 스스로를 차별화할 수 있다. 한 예로, 안드로이드폰의 앱 개발자를 구하는 기업은 학생의 이력서에 적힌 소프트웨어 개발 과목을 수강했다는 내용만 보고는 그 강의에 안드로이드 운영 체제가 쓰였다는 점을 알아차리지 못할 수도 있다.

지역적·국가적·세계적 규모로 일자리와 구직자의 데이터베이스를 구축하면 엄청난 효과를 거둘 수 있다. 고용자는 동등하거나 더 나은 자격을 갖춘 구직자가 수천 명이 있는데도 몇몇 학교 출신만을 염두에 두는 경우가 매우 많다. 정부는 이런 데이터베이스의 개발을 자극하기 위해 상금을 내걸 수도 있을 것이다. 또 우리는 민간 기업이 필요한 기능을 파악하고 그것을 구직자와 연결 지을 더 나은 알고리듬과 기법을 개발하도록 장려하고 지원해야 한다.

예를 들어, 에릭이 자문을 하는 낵(Knack)이라는 기업은 각각 메가

바이트 단위의 자료를 생성하는 일련의 게임들을 개발해왔다. 닉은 이 자료를 분석하여 게임 참가자의 창의성, 인내심, 외향성, 근면성 등 대학 성적 증명서나 면접으로 파악하기 어려운 성격을 놀라울 만큼 정확히 평가할 수 있다. 하이어아트(HireArt)와 오데스크(oDesk) 같은 기업들도 분석 기법을 써서 고용시장에서 마찰을 덜 일으키면서 더 잘 맞는 일자리와 구직자를 연결해주고 있다. 또 구직자의 기능을 객관적으로 측정한 자료를 제공하는 탑코더(TopCoder)의 점수 같은 순위 평가 방식이 늘어나는 것도 고무적이다. 이 방식은 구직자는 더 손쉽게 자신에게 가장 적합한 일자리를 찾고, 기업가와 고용자는 필요한 인재를 찾을 수 있도록 해준다.

4. 과학자들을 지원하라

미국 연방정부의 기초과학 연구 지원 예산은 25년 동안 꾸준히 증가하다가 2005년부터 줄어들기 시작했다.[18] 이 점은 걱정을 불러일으킨다. 경제학은 기초 연구가 유익한 크나큰 외부 효과를 일으킨다고 가르치기 때문이다. 그 외부 효과 때문에 정부의 역할이 중요하고, 그 효과는 엄청날 수 있다. 한 가지 유명한 사례를 들자면, 인터넷은 폭격에도 끄떡없는 통신망을 구축하고자 한 미국 국방부의 연구를 통해 탄생했다. GPS 시스템, 터치스크린 디스플레이, 애플의 시리 같은 음성 인식 소프트웨어 등 수많은 디지털 혁신 사례들도 정부가 지원한 기초 연구로부터 탄생했다. 사실 정부의 지속적인 연구비 지원이 없었다면, 하드웨어, 소프트웨어, 네트워크, 로봇은 양, 다양성, 형태 면에서 오늘날 우리가 알고 있는 모습이 될 수가 없었다고 말해도 무리가 없다.[19] 이 예산 지원은 계속되어야 하며, 최근 미국 연방정부의 기초 연구 예산 감축이라는 실망스러운 추세는 바뀌어야 한다.

또 우리는 미국의 지적재산권 제도도 개혁해야 한다. 소프트웨어 특허와 저작권 존속 기간 부분에서는 더욱 그럴 필요가 있다. 어느 시대든 마찬가지겠지만, 특히 제2의 기계 시대에 지적재산권은 극도로 중요한 의미를 갖는다. 그것은 혁신의 보상(누군가가 더 나은 신제품을 발명하면, 그는 특허를 받는다)이자 혁신의 투입(대다수의 새로운 착상은 기존 착상의 재조합이다)이기도 하다. 따라서 정부는 미묘한 균형을 이루어야 한다. 혁신을 장려할 수 있을 만큼 지적재산권을 충분히 보호해야 하지만, 혁신을 억누를 만큼 너무 많이 보호해서는 안 된다. 현재 이 분야의 전문가들 중 상당수는 소프트웨어 특허가 지나치게 보호받고 있다고 결론짓는다. 이 말은 적어도 몇몇 저작권 항목에도 들어맞을 것이다. 디즈니의 1928년 애니메이션 〈증기선 윌리*Steamboat Willie*〉(미키 마우스 영화의 전신)나 〈해피 버스데이*Happy Birthday*〉 노래를 저작권으로 보호하는 법이 공공의 이익에 어떤 기여를 하는지 도무지 알 수가 없다.[20]

상금을 내걸어라

물론 많은 혁신들은 미리 알 수가 없다(그것이 바로 혁신인 이유이므로). 하지만 정확히 어디를 바라봐야 할지 알고 있고, 그저 창안할 누군가를 기다리기만 하면 되는 사례들도 있다. 그런 사례들에서는 상금을 내거는 것이 매우 효과적일 수 있다.♦ 구글의 자율 주행 자동차는 운전하는 사람이 없이 특정한 경로를 주행할 수 있는 자동차에 100만 달러라는 상금을 내건 다르파 경주의 직접적인 산물이었다. 미국 과학기술정책국(Office of Science and Technology Policy)의 정책 담당 부국장인 톰 칼릴(Tom Kalil)은 상금을 거는 방법에 관한 지침을 다음과 같이 제시한다.[21]

1. 한 가지 문제나 기회를 집중 조명한다.

2. 결과에만 보상을 한다.

3. 어느 참가자나 접근 방법이 가장 성공 가능성이 높은지에 대한 예측 없이 야심적인 목표를 설정한다.

4. 통상적으로 최고 인재가 해낼 것이라고 여기는 수준보다 목표를 더 높이 잡는다.

5. 상금 액수보다 훨씬 더 많은 민간 투자가 이루어지도록 자극한다.

6. 해당 분야 바깥의 관점들을 받아들인다.

7. 공평한 기회의 장을 제공함으로써 모험을 하도록 자극한다.

8. 목표를 명확히 계량화하고 검증 절차를 확정한다.

지난 10년 사이에 미국 연방정부와 민간 기금이 내건 큰 규모의 상금만 따져도 총액이 세 배 이상 늘었고, 지금은 3억 7천500만 달러가

✦ 상금의 역사는 길다. 1714년 영국 의회가 경도 상(Longitude prize)을 내건 시점으로 거슬러 올라간다. 위도는 계산하기가 비교적 쉽지만, 경도를 계산하기는 쉽지 않았다. 원양 항해 때는 더욱 그러했다. 상금 액수는 점점 늘어나 이윽고 10만 파운드에 이르렀고, 그에 힘입어 1700년대 내내 경도 측정 분야에서 중요한 발전들이 이루어졌다. 1919년에는 중간 기착 없이 대서양 횡단 비행에 성공하면 25만 달러를 주겠다는 오티그 상(Orteig prize)이 나왔다. 그에 힘입어 비행 분야에서 일련의 혁신들이 일어났다. 이윽고 1927년 찰스 린드버그(Charles Lindbergh)가 비행에 성공했다.

넘는다.[22] 엄청난 액수이지만, 정부가 연구에 쓰는 전체 예산에 비하면 미미한 수준이다. 따라서 혁신 경쟁의 규모와 다양성을 증가시킬 여지가 아직 많이 남아 있다.

5. 인프라스트럭처를 개선하라

정부가 인프라스트럭처를 건설하고 유지하는 데 힘써야 한다고 경제학자들은 거의 이구동성으로 말한다. 일반 도로와 고속도로, 다리, 항구, 댐, 공항과 항공 관제 시스템 등이 그렇다. 이유는 교육 및 연구와 마찬가지로, 인프라스트럭처도 긍정적인 외부효과를 일으키기 때문이다.

우수한 인프라스트럭처는 한 나라를 더 살기 쾌적한 곳이자 사업하기에 좋은 더 생산적인 곳으로 만든다. 하지만 미국의 인프라스트럭처는 그리 좋은 상태가 아니다. 미국 도시공학자협회(ASCE, The American Society of Civil Engineers)는 2013년에 미국의 인프라스트럭처에 전체적으로 D+ 등급을 주었고, 앞으로 인프라스트럭처에 3조 6천억 달러를 투자해야 할 것이라고 추정했다.[23] 하지만 2020년까지 투자하기로 한 예산은 2조 달러에 불과하므로, 격차가 아주 크다. 도시공학자협회가 인프라스트럭처 투자라는 문제에 너무 편향적인 태도를 보인다고 생각할지도 모르겠지만, 자료를 보면 그들의 말이 옳다. 2009년에서 2013년 사이에, 인프라스트럭처의 공공 투자액은 무려 1천200억 달러 이상 줄어들어, 2001년 이래로 최저 수준에 이르렀다.[24]

미국의 인프라스트럭처를 받아들일 만한 등급으로 높이는 것이 미국이 자신의 미래를 위해 할 수 있는 최선의 투자 중 하나가 될 것이다. 이 글을 쓰는 2013년 초인 현재, 주로 미국 내 오일셰일(shale oil) 채굴 열기에 힘입어 에너지 가격은 떨어지고 있고, 중국 같은 나라의 임금은 상승하고 있다. 이런 요인들 때문에, 우리는 경영자들로부터 미국 지멘스(Siemens)의 CEO 에릭 슈피겔(Eric Spiegel)이 어느 인터뷰에서 한 말과 아주 비슷한 어조의 이야기를 종종 듣는다. "요즘 미국은 제품을 제조하기에 대단히 좋은 곳입니다. 우리는 이곳 미국에서 중국으로 수출할 제품을 생산하고 있어요……. 우리는 그저 늘어나는 업무를 처리할 수 있는 인프라스트럭처가 제대로 갖춰지기만을 바랄 뿐입니다."[25]

인프라스트럭처 투자 논의는 역사적으로 한 차례 흥미로운 우여곡절을 거쳤다. 경기 부양책을 옹호하는 경제학파에 자신의 이름이 붙어 있는 전설적인 경제학자 존 메이너드 케인스는 1936년에 유명한 제안을 했다. 경기 침체기에 정부가 돈을 병에 넣어서 버려진 석탄 광산 깊숙한 곳에 묻은 다음, 그것을 캐낼 권리를 팔아야 한다는 것이다.[26] 그는 어느 정도는 농담조로, 그렇게 하는 편이 노동과 자본이 쓰이지 않은 채 방치된 시기에 수요를 일으킬 수 있으므로 "아무것도 하지 않는 것보다 나을" 것이라고 주장했다. 경제학자들은 이 방식이 실제로 먹힐지 여부를 두고 열띤 논쟁을 벌이지만, 좋은 도로와 다리 또는 그것들에 대한 정부의 투자가 긍정적인 외부효과를 일으키기 때문에 바람직하다는 말에는 거의 반론을 제기하지 않는다. 우리는 케인스의 경기 부양책이 무엇을 제공하느냐와 무관하게 바로 이 외부효과 때문에 인프라스트럭처에 투자하자는 주장을 하는 것이며, 그 점에서는 명백히 주류 경제학의 입장을 취한다.

세계의 인재를 받아들여라

자유주의적인 카토연구소(Cato Institute)와 진보적인 미국발전센터(Center for American Progress)가 주장하는 정책 전환은 무엇이든 간에, 진정으로 다양한 지지층을 확보하고 있다.[27] 미국에서 합법적인 외국인 노동자와 시민의 수를 늘린다는 포괄적인 목표 하에 다양한 제도 변화를 주장하는 이민 개혁도 마찬가지다. 자유주의적 이민 정책은 사실 경제학 개론서의 한 부분을 차지한다. 그 정책이 이민자 자신에게만이 아니라 그들이 유입되는 나라의 경제에도 혜택을 준다는 데 경제학자들은 대개 의견이 일치한다.

해당 국가의 특정한 노동자들, 특히 덜 숙련된 노동자들이 이민으로 임금 하락이 일어남으로써 더 열악한 처지에 놓인다는 연구 결과들이 나와 있지만, 다른 결론을 내린 연구들도 있다. 한 예로, 경제학자 데이비드 카드(David Card)는 1980년 쿠바의 이른바 마리엘 난민 송출 사건(Mariel boatlift, 피델 카스트로의 승인 하에 많은 쿠바인들이 미국으로 이주한 사건)이 마이애미의 노동시장에 미친 영향을 파악했다. 마리엘 항구를 통해 1년도 안 되는 기간에 10만 명이 넘는 인구가 마이애미로 밀려들면서 노동력이 7퍼센트 증가했지만, 카드는 "미숙련 노동자들의 임금이나 실업률에는 거의 아무런 영향이 없었으며, 이보다 앞서 이민을 온 쿠바인들의 임금과 실업률도 마찬가지였다."[28] 경제학자 레이첼 프리드버그(Rachel Friedberg)도 예전의 러시아를 비롯한 소련 지역에서 이스라엘로 유대인들이 대량 이주한 사례를 조사한 끝에 거의 같은 결론에 도달했다.[29] 1990년에서 1994년 사이에 이스라엘의 인구가 12퍼센트 증가했음에도, 이 이민이 이스라엘의 노동자들에게 미친 악영향은 거의 찾아보기 힘들었다.

이런 증거들이 있다고 해도, 미국인들은 미숙련 노동자들의 대규모 이민, 특히 멕시코를 비롯한 라틴아메리카 국가들에서 그것도 불법적인 수단을 써서 들어오는 이민자들이 자국 노동자들의 경제적 미래에 해를 끼칠 것을 계속 우려한다. 하지만 2007년 이후로 미국으로 들어오는 불법 이민자의 수는 거의 제로에, 아니 사실상 음수에 이른 듯하다.[30] 그리고 브루킹스연구소의 한 연구에 따르면, 지금은 교육 수준이 낮은 이민자보다 고등 교육을 받은 이민자의 수가 더 많다. 2010년 통계를 보면, 적어도 대학 교육을 받은 이민자가 30퍼센트를 차지한 반면, 고등학교 졸업장이 없는 이들은 28퍼센트에 불과했다.[31]

이민은 특히 경제의 기술 집약적 부문에서 미국의 기업가 정신을 놀라운 수준까지 드높인다. 최근 들어 미국 인구 중 외국에서 태어난 사람들의 비율은 13퍼센트 이하로 떨어졌지만, 와드화와 색스니언 연구진의 조사에 따르면 1995년에서 2005년에는 공학과 기술 분야의 신설 기업 중 공동 창업자 중 적어도 한 명이 이민자인 회사가 25퍼센트를 넘었다.[32] 이 기업들의 2005년 매출액은 총 520억 달러가 넘었고, 고용 인원은 45만 명에 육박했다. 이민 개혁을 옹호하는 집단인 미국 신경제를위한파트너십(Partnership for a New American Economy)에 따르면, 1990년에서 2005년에 미국에서 가장 성장 속도가 빨랐던 기업 중 25퍼센트는 외국에서 태어난 기업가가 세웠다.[33]

경제학자 마이클 크레머(Michael Kremer)가 지금은 고전이 된 논문에서 보여주었듯이, 이민자인 기술자는 창의적인 생태계가 번성하도록 돕기 때문에, 그들의 수가 늘어나면 본토박이 기술자들의 임금은 하락하는 것이 아니라 사실상 상승한다.[34] 세계의 더 고립된 지역들보다, 비슷하면서도 일반적으로 상보적인 기능들을 지닌 사람들이 모여 있는 실리콘밸리에 사는 우수한 소프트웨어 설계자들의 임금이 더 높다는 것도 놀랄 일이 아니다.

현재 이민자들은 미국에 이렇듯 엄청나게 유익한 효과를 미치고 있다. 미국의 절차와 정책 덕분이 아니라 종종 그것들로부터 피해를 보면서도 말이다. 사람들은 미국으로 이민하려면 시간이 한없이 오래 걸리고 복잡하며 비효율적이고 몹시 관료주의적인 절차를 거쳐야 한다는 말을 흔히 한다. 브루킹스연구소의 부회장 대럴 웨스트(Darrell West)는 2011년에 《두뇌 유입Brain Gain》이라는 책을 펴냈다. 그런 연구를 했음에도, 그는 독일인 아내와 혼인한 뒤 아내의 미국 시민권을 얻기 위해 애쓰면서 겪은 부조리한 상황 앞에서는 무력해질 수밖에 없었다. 그는 이렇게 썼다. "많은 이민자들로서는 수수료를 내고, 서류를 작성하며, 복잡한 관료주의 절차를 거쳐나가는 일을 해내기가 거의 불가능하다. 정치학 박사 학위가 있는 나조차도 온갖 신청서를 작성하고 수수료를 내며, 각종 서류를 제출하고, 인터뷰를 하기 위해 이민국까지 수없이 오가는 등의 복잡한 절차를 되풀이하다가 그만 두 손을 들고 말았다……. 미국 이민 과정은 21세기 세계에 있는 19세기 절차다."[35]

이민 절차만 엉망인 것이 아니라 미국의 이민 정책도 역효과를 일으킨다. 과학기술자들의 입장에서 이 점을 가장 분명히 보여주는 사례는 H1-B 비자를 발급하는 연간 인원을 제한하는 규정일 것이다. 이 때문에 미국 고용자는 전문직, 특히 기술 분야의 외국 노동자를 고용하려면 6년까지도 기다려야 한다. 21세기 초의 몇 년 동안은 연간 제한 인원이 19만 5천 명이었지만, 2004년에는 6만 5천 명으로 줄어들었다(2006년에는 미국 대학 졸업자 2만 명도 포함시키는 쪽으로 확대되었다).

H1-B 비자 제도는 더 확대되어야 한다. 우리는 대학 졸업장을 지닌 모든 이민자에게 영주권을 주었으면 한다. 또 우리는 기업가들이, 특히 이미 자금을 끌어모은 이들이 미국에서 벤처 사업을 더 쉽게 할 수 있도록 '창업 비자(startup visa)' 제도를 따로 만들자는 주장도 지지한다. 이는 미국의 벤처자본가들과 기업 집단들이 가장 소리 높여 주장해온 것이지만, 다른 나라들이 더 먼저 실시해왔다. 호주, 영국, 칠레는 초기 단계의 기업가 이민자를 끌어들이기 위한 제도를 이미 시행하고 있으며, 2013년 1월에 캐나다는 세계 최초로 창업 비자 제도를 전면적으로 실시하겠다고 선포했다.[36] 반면에 미국의 포괄적인 이민 개혁 법안은 그해 여름 내내 의회에서 잠자고 있었다.

6. 세금을 매기되, 현명하게 매겨라

일반적으로 무언가에 세금을 매기면, 생산은 억제된다. 그래서 대개 세금을 매기는 것을 좋지 않게 여기지만, 반드시 그렇게 볼 필요는 없다. 덜 필요한 것에 세금을 물릴 수도 있기 때문이다. 이런 규칙의 예외 사례인 상품과 서비스도 있다. 즉 세금을 매겨도 이용하는 양이 줄어들지 않는 경우다. 경제학자들은 이런 것들이 과세에 대해 비탄력적이라고 말한다. 우리는 이 점을 이용할 수 있고 실제로 이용해야 한다.

피구세

공장의 입장에서는 폐기물을 모조리 흐르는 강에 내버리는 것이 정말 값싸고 편리할지 모르지만, 분명 그 결과 물이 오염되고 물고기가 죽고 악취가 풍기는 것까지 원하지는 않을 것이다. 경제학자들은 이런 유형의 원치 않는 효과를 '부정적 외부효과'라고 말한다. 그래서 정부는 다양한 형태의 오염을 공공연히 금지하고 있지만, 모든 오염을 금하는 것은 가능하지도 않고 현명하지도 않다. 예를 들어, 발전소는 전기를 생산할 때 얼마간 오염을 일으킬 수밖에 없고, 오늘날의 자동차는 예전의 자동차보다 오염물질을 훨씬 덜 배출하지만, 그래도 온실가스를 배출한다. 몇몇 유형의 생산 과정에서 제품과 더불어 '나쁜 것'까지 나온다는 사실은 인류 생활의 불행한 측면이다.

이런 사례들을 다룰 때, 대다수의 경제학자는 오염에 과세를 하자고 주장한다. 그 주장을 맨 처음 한 인물 중 한 명인 20세기 초의 영국 경제학자 아서 피구(Arthur Pigou)의 이름을 따서 이런 세금을 '피구세(pigovian tax)'라고 한다.

피구세는 두 가지 중요한 혜택을 가져온다. 첫째, 바람직하지 않은 활동을 줄인다. 발전소에 대기로 뿜어내는 황산화물 배출량을 토대로 세금을 매긴다면, 발전소는 더 깨끗한 공기를 내보내는 정화 시설에 투자할 강력한 동기를 갖게 된다. 둘째, 피구세는 정부의 세입을 늘리며, 정부는 그 세금을 오염의 피해를 본 이들에게 보상을 해주는 데(또는 다른 어떤 목적에) 쓸 수 있다. 일석이조다.

이런 유형의 세금은 분야와 정파를 가리지 않고 대중과 정치가들로부터 환영을 받는다. 보수적인 경제학자 그레고리 맨큐가 설립한 시민 단체인 '피구클럽(Pigou Club)'에는 앨런 그린스펀(Alan Greenspan)뿐 아니라 시민운동가인 랠프 네이더(Ralph Nader)도 회원으로 있다.[37]

제2의 기계 시대의 기술은 측정하고 계량하는 능력을 향상시킴으로써 피구세의 실현 가능성을 더욱 높인다. 교통 정체를 생각해보자. 이미 혼잡한 고속도로에 우리가 들어서서 교통 흐름이 더욱 느려진다면, 우리 각자는 다른 모든 운전자들에게 비용을 부과하는 셈이 된다. 로스앤젤레스의 405번 주간도로는 정체가 가장 심한 시간에 주행 속도가 시속 22킬로미터로, 8분이면 갈 거리를 가는 데 네 배 이상의 시간이 더 걸린다. 자동 결제 시스템이나 디지털카메라의 도움을 받아 이 도로에 혼잡 통행료를 매긴다면, 도로 통행료를 역동적으로 조정할 수 있고, 따라서 운전자는 추가로 생기는 교통 정체를 포함해 그 도로를 이용할 때의 총비용이 그곳을 지남으로써 얻는 가치에 비해 적을 때만 그 도로를 택할 것이다.

혼잡 통행료가 부과되면 자동차 함께 타기, 출퇴근 시간 분산, 자전거 이용, 재택근무, 대중교통 이용 등 혼잡을 줄이는 활동들은 모두 늘어날 것이다. 이미 피구세 원리는 유료 도로와 런던의 혼잡 구역 등 기반 시설로부터 수익을 창출할 수 있는 영역에 적용되고 있다. 런던은 혼잡 구역을 설정하여 혼잡 시간대에 도심으로 들어오는 운전자들에게 통행료를 받음으로써, 통행량도 줄이고 세입도 올리는 효과를 얻고 있다. 한편 싱가포르는 전자 도로 통행료 시스템(electronic road pricing system)을 이용하여 교통 정체를 거의 없앴다.

미국인은 교통 정체로 1천억이 넘는 시간을 낭비하고 있으며, 그것은 혼잡 통행료가 아직 널리 채택되지 않고 있다는 사실을 말해주는 것이기도 하다. 몇몇 추정값에 따르면, 적정한 혼잡 통행료를 부과하면, 캘리포니아 주의 모든 세금을 다 없애도 될 만큼 세입이 늘어날 것이라고 한다. 예전에는 비용-효과적인 방식으로 도로 이용량을 계산하기가 불가능했기에, 가격을 매기지 않은 채 어떤 결과가 나오든 말든 그냥 방치하고 말았다. 그 결과 다른 상품과 서비스 분야에서는 예전의 소련 외의 곳에서는 거의 볼 수 없었던 형태의 길게 늘어서서 대기하는 줄들이 나타났다. 디지털 도로 통행료 시스템은 잃어버린 시간을 되찾고 다른 세원에서 얻는 세입을 대체하는 데 도움을 줄 수 있다.

경제 지대에 매기는 세금

토지 같은 몇몇 상품들은 공급이 완전히 비탄력적이다. 즉 세금을 얼마나 많이 매기든 간에, 토지 면적은 변하지 않는다. 그 말은 그 상품에서 얻는 수익(다른 말로, '경제 지대(economic rent)')에 세금을 매긴다고 해서 공급이 줄어들지 않을 것이라는 뜻이다. 그 결과 그런 세금은 상대적으로 효율적이 된다. 즉 유인책이나 활동을 왜곡하지 않는다. 19세기 경제학자 헨리 조지(Henry George)는 이 점에 착안하여 세금은 오로지 하나, 즉 토지세만 있어야 한다고 주장했다. 매혹적인 개념이긴 하지만, 현실적으로 경제 지대에서 얻는 세입은 모든 정부 서비스를 지원할 수 있을 만큼 많지 않다. 하지만 지금보다는 더 많은 세금을 물릴 수 있으며, 경제에는 정부 소유의 석유와 가스 같은 천연자원 매장지를 임차하여 얻는 지대를 포함하여 세금을 상당히 올릴 수 있는 지대들이 더 있다.

또 많은 슈퍼스타의 엄청난 고소득 중에서 상당 부분이 지대에 속한다고 보는 주장도 있다. 이런 논의들은 대다수의 직업 운동선수, CEO, 연예인, 록스타가 보상의 절대적인 수준 대 상대적인 수준, 명성, 자기 일을 사랑하는 마음 중 어느 것에 의해 진정으로 동기 부여가 되는가라는 문제로 이어진다. 우리는 최고 소득자의 한계 세율을 높임으로써 세입을 더 늘릴 수도 있을 것이다. 이를테면, 연소득 100만 달러와 1천만 달러 수준에서 새 세율 구간을 도입할 수도 있다. 이 집단에 더 높은 세금을 매기면, 고소득자의 의욕이 꺾여 경제성장에 피해가 갈 것이라는 반론이 있지만, 그런 논리를 뒷받침할 증거는 별로 없다.

사실 MIT의 우리 동료이자 노벨상을 받은 경제학자인 피터 다이아몬드(Peter Diamond)는 존 베이츠 클라크 메달 수상자인 이매뉴얼 사에즈(Emmanuel Saez)와 공동으로 소득 분포상 최상위 계층의 적정 세율이 76퍼센트에 달할 수도 있다고 시사하는 연구 결과를 내놓았다.[38] 우리는 그렇게 높은 수준의 과세가 필요하다고는 보지 않지만, 지난번 빌 클린턴 행정부 때 소득세를 상당히 높인 이후에 여러 해 동안 경제가 급속히 성장했다는 사실에서 위안을 얻는다. 경제학자 멘지 친(Menzie Chinn)이 말했듯이, 최고 세율과 전반적인 경제성장 사이에는 가시적인 상관관계가 전혀 없다.[39]

여기서 우리가 옹호하는 정책들이 현재의 정치적 분위기에서 쉽게 채택될 것이라거나, 그것들이 어떻게든 모두 채택된다면 즉시 완전 고용이 이루어지고 평균 임금이 상승할 것이라고 주장하는 것이 아니다. 우리는 요즘이 힘든 시기라는 것을 안다. 많은 사람들이 대침체기와 그 뒤의 더딘 회복 시기에 걸쳐 금전적인 면에서 힘들어하고 있으며, 기술과 세계화라는 한 쌍의 힘에 밀려 뒤처지고 있다. 불평등을 비롯한 여러 형태의 격차가 점점 더 벌어지고 있고, 경제가 만들어내는 갖가지 풍요를 모두가 공유하는 것도 아니다.

　이 장에서 우리가 개괄한 정책 권고들은 모두 한 가지 단순하면서도 소박한 공통의 목표를 갖고 있다. 전반적인 경제성장률을 더 높이겠다는 목표다. 경제성장률이 높아진다면, 노동자와 구직자의 미래 전망도 마찬가지로 나아질 것이다.

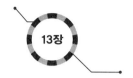

13장

미래를 위한 제언

"노동을 하면 세 가지 크나큰 악에서 멀어질 수 있으니,
바로 권태, 방탕, 궁핍이다."
_ 볼테르(Voltaire)

앞에서 한 권고들은 풍요를 늘리고 격차를 줄이거나 완화시키는 데 도움이 될 것이다. 하지만 우리가 제2의 기계 시대로 더 깊이 진입하고 체스판의 후반부에 들어설 때도, 경제학 개론서에 실린 지침들이 임금과 일자리를 양호한 수준으로 유지하는 데 충분한 역할을 할 수 있을까?

미래를 더 멀리―2020년대와 그 이후―를 내다보면, 안드로이드가 눈에 들어온다. 그들은 영화 〈매트릭스〉나 〈터미네이터〉에 나오는 기계와는 다르다. 아예 육체를 지니지 않은 것들도 있다. 그들은 우리에게 전쟁을 선포하지도 않을 것이고, 출현한 지 몇 년 사이에 인간 노동자의 전부는커녕 대다수를 대체하는 일도 일어나지 않을 것이다. 하지만 앞에서 살펴보았듯이, 기술은 인간의 기능과 능력을 꾸준히 잠식하고 있다. 그렇다면 안드로이드가 오고 있다는 사실을 앞두고 우리는 무엇을 해야 할까? 어떤 것을 미래를 내다보는 올바른 정책과 개입이라고 할 수 있을까?

중앙 통제는 바람직하지 않다

겸허하게 시작하자. 역사에는 좋은 의도로 실시한 사회 정책과 경제 정책이 뜻하지 않게 때로 비극적인 부작용을 일으킨 사례가 엄청나게 많다. 어떤 변화가 가장 파괴적일지, 어떤 변화가 의외로 쉽게 이루어질지, 사람들이 예전에 접한 적이 없던 환경에 어떻게 반응할지를 정확히 예측하기란 쉽지 않다.

이런 경고가 있긴 하지만, 우리는 어떤 방향으로 나가야 하고, 나가지 말아야 하는지에 관해 몇 가지 생각을 제시하고자 한다. 이를테면, 우리는 기술의 행군을 멈추려는 시도나, 현재 일어나고 있는 기하급수적 성장, 디지털화, 조합적 혁신의 혼합물을 어떤 식으로든 무력화하려는 시도가 올바른 정책이라고 보지 않는다. 그런 정책은 모든 학교의 문을 닫고 모든 과학 문헌을 불태우는 것만큼이나 나쁠 것이다. 그런 시도는 기껏해야 개선이나 진보를 희생시키면서 현상 유지를 하는 꼴이 될 것이다. 기술 전문가인 팀 오라일리(Tim O'Reilly)의 말마따나, 미래에 맞서 과거를 지키려고 애쓰는 것이다.[1] 따라서 그것은 미래의 기술을 방해함으로써 현재의 일자리를 지키려고 시도하는 셈이 될 것이다. 우리는 제2의 기계 시대의 기술이 자신의 일을 하도록 하면서 그에 수반되는 문제들을 처리할 방법을 찾아낼 필요가 있다.

우리는 자본주의의 근본적인 대안을 제시하고자 하는 시도에도 회의적이다. 여기서 우리는 '자본주의(capitalism)'라는 말을 생산 수단의 대부분이 민간의 수중에 있고(정부에 속해 있는 것과 반대로), 대부분의 교환이 자발적으로 이루어지고(어느 누구도 하기 싫은 계약에 서명하도록 당신을 압박할 수 없고), 대부분의 상품 가격이 중앙 권력이 정하는 것이 아니라 상대적인 수요와 공급에 따라 달라지는, 생산과 교환의 분산적인 경제 체제라는 의미로 쓴다. 오늘날 전 세계 대다수의 경제 체제는 이 특징들을 모두 지니고 있다. 심지어 아직 공식적으로 공산주의 체제에 속한 중국의 경제도 이런 특징들을 많이 갖고 있다.

이 특징들이 그토록 널리 퍼져 있는 이유는 그것들이 아주 잘 작동하기 때문이다. 자본주의는 고도로 효율적으로 자원을 분배하고 혁신을 일으키며 노력에 보상을 하고 풍요를 쌓는다. 사회가 잘 돌아가려면, 이 대단히 중요한 일들이 원활히 이루어져야 한다. 체제로서의 자본주의는 완벽하지 않지만, 지금까지 시도된 대안들보다는 훨씬 낫다. 윈스턴 처칠은 이렇게 말했다. "민주주의는 최악의 정부 형태다. 지금까지 시도했던 다른 정부 형태들을 다 제외하고서 말이다."[2] 우리는 그 말이 자본주의에도 똑같이 적용된다고 믿는다.

우리는 가장 변하기 쉽고, 문제를 야기하기 쉬운 요인을 아직 언급하지 않았다. 지금의 자본주의 경제에서 대다수의 사람들은 경제에 노동을 제공함으로써 상품과 서비스를 살 돈을 번다. 우리 대다수는 자본가가 아니라 노동자다. 하지만 우리의 안드로이드 사고 실험이 옳다면, 이 유서 깊은 교환은 시간이 흐를수록 점점 더 줄어들 것이다. 디지털 노동자가 더 흔해지고 유능해지고 강력해질수록, 기업은 점점 더 사람들이 받아들일 만한 그리고 익숙해져 있던 기존 생활수준을 유지할 수 있게 해줄 수준의 임금을 주지 않으려 할 것이다. 그렇게 되면, 인간 노동자들은 실업자로 남게 된다. 그것은 경제에 나쁜 소식이다. 실업자는 상품의 수요를 그다지 늘리지 못하며, 그에 따라 전반적으로 경제성장이 느려질 것이기 때문이다. 수요가 감소하면, 인적 자본과 물적 자본에 대한 투자도 줄어들고 임금과 실업 상황도 더 악화될 것이다. 그렇게 악순환이 되풀이될 수 있다.

기본 소득으로 돌아가라

많은 경제학자들은 자본주의가 이런 식으로 실패하지 않을까 하는 우려를 표명했다. 그중 많은 이들이 입을 모아 한 가지 단순한 해결책을 제시했다. 사람들에게 돈을 주라는 것이다. 돈을 주는 가장 쉬운 방법은 정부가 누가 돈이 필요한지 또는 누가 더 받고 덜 받아야 할지 조사하거나 평가하거나 하는 일을 아예 하지 말고, 해마다 전국의 모든 사람에게 동일한 액수의 돈을 나눠주는 것이다.

이 '기본 소득(basic income)' 제도를 주장하는 이들은 그것이 실시하기가 비교적 수월하며, 자신의 노동을 제공하여 생계를 유지할 수 없는 이들이 지닌 문제를 해결하는 동시에 잘 작동하고 있는 자본주의의 요소들을 보존한다고 말한다. 기본 소득은 모든 이들에게 최소한의 생활수준을 보장한다. 사람들이 일하거나, 투자하거나, 창업하거나, 자신이 확실히 할 수 있는 자본주의 엔진의 다른 어떤 활동을 함으로써 소득을 향상시키고 싶지만 그렇게 하지 못한다고 할지라도, 그들은 여전히 소비자로 행동할 수 있을 것이다. 그래도 돈을 받을 테니까 말이다.

기본 소득은 현재 정책 논의의 주류에 포함되어 있지 않지만, 놀라울 만큼 역사가 길며 20세기 미국에서 거의 실현될 뻔했다. 영국계 미국인 정치 활동가 토머스 페인(Thomas Paine)은 그것을 주창한 초기 인물 중 한 사람이다. 그는 1797년 소책자인 《토지 분배의 정의Agrarian Justice》에서 지주 집안에서 태어나는 사람이 있는 반면 그렇지 않은 사람도 있다는 부당한 현실을 보완하기 위해, 성년이 되는 모든 사람에게 일정한 액수의 돈을 주어야 한다고 주장했다. 나중에 철학자 버트런드 러셀(Bertrand Russell)과 인권 지도자 마틴 루터 킹(Martin Luther King, Jr.)도 동참했다. 킹은 1967년 이렇게 썼다. "지금 나는 가장 단순한 접근법이 가장 효과적임이 입증될 것이라고 확신한다. 빈곤의 해결책은 현재 널리 논의된 수단을 써서 직접 그것을 없애는 것이다. 바로 기본 소득이다."[3]

좌파와 우파 양쪽의 많은 경제학자들이 킹의 견해에 동의해왔다. 제임스 토빈(James Tobin), 폴 새뮤얼슨, 존 케네스 갤브레이스(John Kenneth Galbraith)를 비롯한 자유주의자들과 밀턴 프리드먼과 프리드리히 하이에크(Friedrich Hayek) 같은 보수주의자들은 이구동성으로 이런저런 형태의 기본 소득 보장을 주장했고, 1968년에는 1천200명이 넘는 경제학자들이 그 개념을 지지하는 청원서에 서명을 하여 미국 의회에 보냈다.[4]

그해에 선출된 공화당의 리처드 닉슨 대통령은 첫 임기 내내 그것을 법제화하기 위해 애썼다. 1969년 한 연설에서 그는 기본 소득 제도의 많은 특징들을 담은 가족 지원 계획(Family Assistance Plan)을 제시했다. 그 계획은 모든 정파로부터 고루 지지를 받았지만, 한편으로 많은 다양한 사람들의 반대에 직면했다.[5] 사회복지사를 비롯한 기존 복지 제도의 담당자들은 새 제도로 인해 자신들의 일자리를 잃을까 걱정했다. 일부 노동 운동 지도자들은 그 제도로 최저임금제가 약화될 것이라고 생각했다. 그리고 많은 일하는 미국인들은 자신이 내는 세금이 일할 수 있지만 일하려고 하지 않은 이들에게 쓰인다는 개념을 달가워하지 않았다. 닉슨은 1972년 재선 운동에 나설 무렵에 가족 지원 계획을 포기했고, 그 뒤로 선출직 공무원들과 정책 결정자들은 기본 소득 보장 제도를 진지하게 검토할 생각을 하지 않았다.◆

세 가지 거대한 악 멀리하기

앞으로 수십 년 안에 기본 소득 개념을 다시 꺼내야 하는 상황이 벌어질까? 그럴지도 모르지만, 그것이 우리의 첫 번째 대안은 아니다. 계몽사상가인 볼테르는 이 장의 첫머리에 인용한 문장에서 그 이유를 탁월하게 요약했다. "노동을 하면 세 가지 크나큰 악에서 멀어질 수 있으니, 바로 권태, 방탕, 궁핍이다."[6] 보편적인 기본 소득은 궁핍을 해결하지만, 다른 두 가지 문제는 해결하지 못한다. 그리고 우리가 살펴본 모든 연구와 증거는 볼테르의 말이 옳다는 것을 말해준다. 사람들에게 일이 대단히 중요한 이유는 돈을 버는 방법이기 때문만이 아니라, 자존감, 공동체, 사회 참여, 건강 가치, 구조, 근면 등 수많은 중요한

◆ 하지만 1980년 알래스카 주는 영구 기금(permanent fund)의 수익을 모두에게 배당하는 법을 통과시킴으로써, 주민들에게 일종의 기본 소득을 보장했다. 영구 기금은 원래 1976년 그 주의 풍부한 석유 자원에서 얻는 수익을 관리하게 위해 설치되었다. 4년 뒤 알래스카인들은 이 돈의 일부를 해마다 배당금 형태로 분배하기로 결정한 것이다.

것들을 얻는 주된 방법이기도 하기 때문이다.

초점을 개인에게 맞추든 공동체에 맞추든 간에, 결론은 같다. 일은 유익하다. 개인 수준에서 사람들에게 흡족하고 행복한 기분을 느끼게 하는 것이 무엇인지를 놓고 아주 많은 연구가 이루어져왔다. 대니얼 핑크(Daniel Pink)는 《드라이브 *Drive*》에서 문헌 조사를 통해 주요 동기를 세 가지라고 파악했다. 숙달(mastery), 자율성(autonomy), 목적(purpose)이 그것이다.[7] 이 중 마지막 동기는 2013년 2월 온라인 유통 거인 아마존이 영국에 짓고 있던 창고 일자리를 두고 벌어진 찬반 논란 때, 한 나이든 노동자가 강조한 것이다. "그것은 자긍심을 되돌려줍니다. 바로 그겁니다. 자긍심이요."[8] 경제학자 앤드루 오즈월드(Andrew Oswald)의 연구는 그의 견해를 강력하게 뒷받침한다. 오즈월드는 실직 상태가 6개월 이상 지속되면, 배우자가 사망했을 때만큼이나 행복감을 비롯한 정신 건강의 척도들이 나빠지며, 소득 상실 자체는 이 쇠퇴에 거의 영향을 미치지 않는다는 것을 발견했다. 주된 원인은 자존감의 상실이라는 것이다.[9]

여론 조사기관 갤럽(Gallup)이 여러 나라 국민들을 조사한 자료도 일을 원하는 기본 욕구가 있음을 확인해주었다. 갤럽의 CEO 짐 클리프턴(Jim Clifton)은 저서 《다가오는 일자리 전쟁 *The Coming Jobs War*》에서 이렇게 썼다. '세계인의 주된 의지'는 더 이상 평화나 자유도, 심지어 민주주의에 관한 것도 아니다. 가정을 꾸리는 것도, 신에 관한 것도, 집이나 땅을 갖는 것도 아니다. 세계인의 의지는 무엇보다도 좋은 직장을 갖는 것이다. 다른 모든 것은 그다음이다."[10] 전 세계에서 사람들은 권태, 방탕, 궁핍이라는 악에서 벗어나고, 대신에 일을 함으로써 숙달, 자율성, 목적을 찾고 싶어 하는 듯하다.

일자리가 부족하면 개인뿐 아니라 사회 전체도 해롭다. 사회학자 윌리엄 줄리어스 윌슨(William Julius Wilson)은 1996년에 쓴 책《일이 사라질 때*When Work Disappears*》에서 오랜 직장 경력의 가치를 요약했다. 그의 결론은 명확하다.

> 가난에 찌든 동네에 사는 사람들보다 실직자가 많은 동네에 사는 사람들이 더 황폐해진다. 사람들이 가난하지만 일을 하는 동네는 가난하면서 실직한 사람들이 많은 동네와 다르다. 오늘날 도심 빈민가 동네에서 일어나는 문제들─범죄, 가정 해체, 복지, 낮은 수준의 사회 조직 등─중 상당수는 근본적으로 일이 사라진 결과물이다.[11]

사회학자 찰스 머리(Charles Murray)는 2012년에 내놓은《해체*Coming Apart*》라는 책에서 윌슨이 말한 문제들에 구체적인 통계 자료를 대입하는 한편으로, 그런 문제들이 도심 빈민가나 대체로 소수 민족이 사는 동네에만 한정된 것이 아님을 보여주었다. 미국의 주류 백인 사회에서도 마찬가지로 일어나는 문제들이었다. 머리는 두 집단이 있다고 했다. 첫 번째 집단은 적어도 대학 교육을 받고 전문직이나 관리직에 있는 미국인들이다. 이들은 보스턴의 부유한 교외 지역 이름을 딴 '벨몬트'라는 가상 소도시의 주민들이 된다. 두 번째 집단은 기껏해야 고등학교까지 다니고 육체노동이나 점원 일을 하는 사람들로 이루어진다. 이들은 필라델피아의 노동자들이 사는 교외 지역의 이름을 딴 가상의 소도시인 '피시타운'의 주민들이 된다. 2010년에 미국 노동력의

약 30퍼센트는 벨몬트에 살았고, 20퍼센트는 피시타운에 살았다.[12]

머리는 다양한 자료를 토대로, 1960년부터 2010년까지 벨몬트와 피시타운에서 무슨 일이 일어났는지를 추적했다. 처음에 이 두 소도시는 공동체의 건강을 알려주는 대다수의 지표—혼인율, 이혼율, 범죄율 등—에서 큰 차이를 보이지 않았으며, 일하는 사람들로 가득했다. 1960년에 벨몬트 가구 중 90퍼센트에는 일주일에 40시간 이상을 일하는 어른이 적어도 한 명 있었고, 피시타운 가구 중에는 81퍼센트가 그러했다. 2010년에는 두 소도시 중 한 곳의 상황이 대폭 달라져 있었다. 벨몬트 가구 중 87퍼센트에는 여전히 그만큼 일하는 어른이 적어도 한 명 있었던 반면, 피시타운 가구에서는 그 비율이 53퍼센트로 급감했다.

피시타운에서 또 무엇이 달라졌을까? 많은 변화가 있었는데, 좋은 변화는 하나도 없었다. 결혼 생활은 덜 행복해졌고, 혼인 부부의 비율도 줄어들었다. 1960년에는 30세에서 49세의 피시타운 주민 중 약 5퍼센트만이 이혼했거나 별거한 상태였다. 2010년에는 그 비율이 3분의 1까지 높아졌다. 시간이 흐르면서 피시타운에서 부모가 다 있는 가정에서 자라는 아이의 수는 크게 줄었다. 2004년에는 그 비율이 30퍼센트 이하로 떨어졌다. 그리고 구금률이 급상승했다. 1974년에는 피시타운 주민 10만 명당 213명이 교도소에 있었다. 그 뒤로 30년이 흐르는 동안 그 수는 957명으로 네 배 이상 증가했다. 벨몬트에서도 이런 항목들 중 몇 가지에서 부정적인 변화가 나타났지만, 피시타운에 비하면 미미했다. 한 예로, 2004년까지도 벨몬트의 아이들 중 90퍼센트는 생물학적 부모가 다 있는 가정에서 살고 있었다.

벨몬트와 피시타운의 격차를 벌린 힘이 일자리 감소만은 아니었지만—머리 자신도 다른 요인들에 초점을 맞추고 있다—우리는 그것이 대단히 중요한 요인이라고 믿는다.[13] 자료들은 다른 조건들이 모두 같을 때, 일하는 주민이 많은 공동체가 일자리가 드문 공동체보다 훨씬 더 건강하다고 시사한다. 그래서 우리는 제2의 기계 시대로 진입하는 상황에서도 일자리를 늘리는 정책을 지지한다.

그리고 우리는 여기서 두 가지 희소식을 찾을 수 있었다. 첫 번째는 경제학자들이 기본 소득 보장만으로는 할 수 없는 방식으로 일자리와 보수를 늘릴 수 있는 개입 방안들을 개발해왔다는 것이다. 두 번째는 혁신가들과 기업가들이 인간 노동을 대체하는 것이 아니라, 인간 노동을 보완하는 기술을 개발해왔다는 것이다. 다시 말해, 디지털 도구는 경제에서 일자리를 뺏기만 하는 것이 아니다. 사람들이 일을 통해 경제에 기여할 새로운 기회도 창출한다. 기술이 계속 앞서 나갈 때, 최상의 접근법은 이 두 가지 희소식을 결합하고 노동자들의 경제를 유지하려 애쓰는 것이다. 그렇게 함으로써 볼테르가 말한 세 가지 악을 모두 피하고, 풍요로운 경제뿐 아니라 건강한 사회를 유지할 훨씬 더 좋은 기회를 얻게 될 것이다.

역소득세

노벨상을 받은 보수적인 경제학자 밀턴 프리드먼은 정부가 개입을 많이 하는 것을 좋지 않게 보았지만, 가난한 사람을 돕기 위해 자신이 이름 붙인 이른바 '역소득세(negative income tax)'를 물리는 것은 찬성했다. 그는 1968년 텔레비전에 나와 역소득세를 이렇게 설명했다.

현재의 법률 하에서 우리는 누구나 다 알다시피 양의(positive) 소득세를 냅니다……. 양의 소득세 제도에서는 여러분이 4인 가족의 가장이고 소득이 3천 달러라면, 소득세를 내지도 않고 환급받는 돈도 없습니다. 일종의 손익분기점에 있는 셈이지요. 이제 여러분의 소득이 4천 달러라고 합시다. 그러면 과세할 수 있는 소득이 1천 달러가 되고, 현재의 세율(14퍼센트)을 곱하면 140달러를 세금으로 내게 됩니다. 반면에 소득이 2천 달러라면 어떻게 될까요? 3천 달러까지는 소득 공제가 되는데, 소득이 2천 달러이지요. 따라서 역과세가 가능한 소득이 1천 달러가 됩니다. 하지만 현행 법률에서는 이 사용되지 않은 공제액의 혜택이 전혀 없습니다. 역소득세라는 개념은 여러분의 소득이 손익분기점보다 낮을 때, 그중 일부를 정부로부터 지급받는다는 겁니다. 세금을 내는 대신 돈을 받는 거지요.[14]

그가 예로 든 내용을 마무리해보자. 역소득세율이 50퍼센트라면, 2천 달러를 버는 사람은 정부로부터 1천 달러(역과세 대상 소득)에 0.5(역소득세율이 50퍼센트이므로)를 곱한 값인 500달러를 받을 것이므로, 연간 총소득은 2천500달러가 될 것이다. 소득이 제로인 사람은 역과세 대상 소득이 3천 달러이므로, 정부로부터 1천500달러를 받을 것이다.

역소득세는 기본 소득을 노동 유인책과 결합시킨다. 위 사례에서 소득이 기준선(1968년에는 3천 달러였지만, 2013년을 기준으로 하면 약 2만 달러가 될 것이다)보다 낮은 사람은 1달러를 벌 때마다 총소득은 1.5달러가 될 것이다. 따라서 사람들은 설령 일을 해서 얻는 임금이 적다고 할지라도, 일을 시작하고 일거리를 더 찾고자 하는 동기를 갖게 된다. 또 그들은 세금 환급을 위해 소득을 신고하려고 할 것이고, 그럼으로써 파악하기 쉬운 주류 노동력의 일부가 된다. 게다가 역소득세는 실시하기도 비교적 쉽다. 이미 있는 기반 시설을 이용하여 세금을 계산하고 환급하면 된다.

이 모든 이유들 때문에 우리는 역소득세 개념을 좋아한다. 현재 미국 연방 조세 제도에는 근로장려세제(EITC, Earned Income Tax Credit)라는 유사한 개념이 포함되어 있다. 하지만 40년 전에 프리드먼이 제시한 개념에 비해, 근로장려세제는 액수가 적다. 2012년에 자녀가 세 명 이상인 가구는 많아야 6천 달러 미만, 자녀가 없는 가구는 500달러 미만을 받았을 뿐이다. 게다가 소득이 아예 없는 사람은 이 제도를 이용할 수 없다. 물론 이렇게 액수가 적다고 할지라도, 근로장려세제는 대단한 위력을 발휘한다. 하버드 경제학자 라지 체티와 너새니얼 헨드런(Nathaniel Hendren)이 UC 버클리의 패트릭 클라인(Patrick Kline) 및 이매뉴얼 사에즈와 공동으로 한 연구에 따르면, 더 후한 근로장려세 정책을 쓴 주에서 세대 간 이동성이 상당히 더 높게 나타났다.[15]

우리는 근로장려세를 더 확대하고 더 보편적으로 적용하여 전면적인 역소득세로 전환할 것을 주장한다. 또 우리는 근로장려세제를 더 쉽고 더 눈에 잘 띄게 다듬어야 한다고 생각한다. 이 제도의 혜택을 받을 수 있는 납세자 중 약 20퍼센트는 이 제도를 이용하지 않고 있는데, 이런 제도가 있는지 모르거나 너무 복잡해서 신청을 포기하기 때문일 것이다.[16]

근로장려세는 사실 노동 보조금이다. 위의 사례에서처럼 기준선 미만의 노동 소득 1달러를 1.5달러의 가치가 있도록 만드는 것이다. 그것은 가장 오래된 경제적 조언 중 몇 가지를 실행에 옮기고 있다. 원치 않는 것에 세금을 물리고, 더 원하는 것에 보조금을 주라는 것이다. 예를 들어, 우리는 담배와 매연을 마구 내뿜는 자동차에 세금을 물리고, 태양전지판 설치에 보조금을 준다.[17] 물론 그것은 세금이 원치 않는 활동(흡연, 매연 차량 운전)의 비용을 더 증가시킴으로써 그 활동을 줄이는 반면, 보조금은 정반대 효과를 낳을 것이라는 개념을 토대로 한다. 우리는 실업이 일종의 '시장 실패', 즉 외부효과라고 보는 우리의 MIT 동료 토머스 코칸(Thomas Kochan)의 견해에 동의한다. 즉 고용 계약을 하면 당사자인 고용자와 피고용자만이 혜택을 보는 것이 아니라, 사회 전체도 고용 증가의 혜택—범죄율 감소, 투자 증가, 더 건강한 공동체—을 본다는 의미다. 실업이 부정적인 외부효과를 일으킨다면, 우리는 고용에 세금을 물리는 대신에 보상을 해주어야 한다.

하지만 이 조언을 따르는 것이 불가능할 때도 있다. 미국 정부는 노동에 세금을 물리지만, 사람들이 게을러지기를 원해서가 아니라 어떻게든 세수입을 늘릴 필요가 있고 소득세와 근로세가 역사적으로 선호되어 온 수단이기 때문이다. 소득세는 미국의 남북전쟁 때 처음 출현했으며, 1913년 제16차 연방 수정 헌법으로 영구적인 세금이 되었다.[18] 2010년에 연방 정부가 거둔 세수입의 80퍼센트 이상이 개별 소득세와 근로세에서 나왔다. 근로세는 두 가지로 나뉜다. 첫 번째는 고용자가 피고용자의 임금에서 원천징수하는 세금이다. 두 번째는 피고용자에게 개별적으로 물리는 피고용자 세금이다. 근로세는 의료 보장, 사회 보장, 실업 보험 같은 제도의 예산으로 쓰이며, 1950년대 초에는 연방 세수입의 약 10퍼센트에 불과했지만, 지금은 약 40퍼센트를 차지함으로써 개인 사업 소득세와 거의 비슷한 수준이다.[19]

소득세는 노동과 고용을 억제하려는 의도를 지니고 있지 않지만, 그럼에도 그런 효과를 일으킬 수 있다. 근로세도 비슷한 효과를 가져다줄 수 있고, 본래 주로 저소득층과 중간 소득층에 영향을 미치게 되어 있다.[20] 근로세의 영향으로 기업은 국내 노동자를 더 고용하지 않고 외주를 주거나 시간제 계약직을 쓰는 쪽으로 나아갈 수도 있다. 디지털 기술이 새로운 기능과 능력을 계속 획득하고 있으므로 기업은 점점 더 또 한 가지 대안도 지니게 될 것이다. 즉 인간이 아니라 디지털 노동자를 이용할 수 있게 될 것이다. 인간 노동의 비용이 더 올라갈수록, 고용자는 더 기꺼이 인간을 기계로 대체할 것이다. 그리고 근로세는 인간 노동의 비용을 더 상승시키므로, 이 대체를 촉진하는 효과를 낳을 가능성이 매우 높다. 고용자가 제공하는 의료 보장도 같은 효과를 미칠 것이다. 다른 조건들이 같은 때, 의료 보장은 인간 노동에 매기는 세금처럼 보임으로써 고용을 억제한다.[21]

우리가 이런 점들을 이야기하는 이유는 사회 보장이나 의료 보장을 싫어하기 때문이 아니다. 우리는 그 두 가지를 대단히 선호하며 그것들이 계속되기를 원한다. 우리는 그저 그것들을 비롯한 인기 있는 제도들이 전체적으로든 부분적으로든 노동에 물리는 세금을 예산으로 쓴다는 점을 지적하는 것일 뿐이다. 대다수의 일자리를 인간이 맡는 것 외에 이렇다 할 대안이 없던 시대에는 그 개념이 타당했을지 몰라도, 더 이상은 그렇지 않다. 인간 노동을 대체하는 기계가 더 나아질수록, 인간 고용에 부과되는 세금이나 의무의 부정적인 효과는 더욱 커질 것이다.

그래서 우리는 역소득세를 통해 노동에 보조금을 주자고 주장할 뿐 아니라, 애당초 노동에 세금을 많이 부과하지 말고 고용자에게 부과하는 부담과 의무도 줄이자고 주장하는 바다. 경제와 정책이 만날 때 으레 그렇듯이, 이 문제도 말하기는 쉽지만 실행하기는 극도로 어렵다. 노동에 세금을 물리지 않는다면, 사회 보장이나 의료 보장 같은 비용이 많이 드는 대중적이면서 중요한 제도들의 예산을 어떻게 마련한단 말인가? 고용자가 제공하지 않는다면, 피고용자의 의료 보장을 어떻게 제공해야 할까?

우리는 이 모든 중요한 문제들에 답이 있다고 주장하는 것은 아니지만, 경제학자의 연장통에 노동에 부과하는 세금 말고 다른 종류의 세금들도 있다는 것을 안다. 바로 앞장에서 논의했듯이, 오염이나 그 밖의 부정적인 외부효과에 부과하는 피구세, 소비세, 기업이 들어간 비용(노동, 원료 등)과 소비자에게 매기는 가격의 차이를 토대로 내는 부가가치세(VAT) 등이 그렇다. 부가가치세는 몇 가지 매력적인 특성 — 비교적 거두기가 쉽고, 조정 가능하며, 많이 거둘 수 있다 — 을 지니지만, 현재 미국에서는 쓰이지 않는다. 사실 미국은 OECD 34개국 중에서 부가가치세가 없는 유일한 국가다. 경제학자 브루스 바틀릿(Bruce Bartlett), 법학자 마이클 그레츠(Michael Graetz) 등은 현행 미국 세제의 대안으로 부가가치세에 크게 의존하는 세제들을 제안해왔다.[22] 그런 대안들은 제2의 기계 시대에 정부 서비스에 필요한 예산을 확보하는 가장 좋은 방법이 무엇인가라는 논의에 가치 있는 기여를 하며, 따라서 진지하게 고려할 필요가 있다.

공유 경제와 인공적인 인공지능

노동에 대한 세금과 보조금을 개편하는 것은 단기적인 해결책처럼 보일지도 모른다. 어쨌거나 제2의 기계 시대는 대체로 또는 전적으로 후기 노동 경제로 이어질 가차 없는 자동화로 정의되지 않던가?

이 책에서 우리는 많은 분야들에서 그럴 것이라고 주장해왔다. 하지만 또 희망 섞인 어조로 살펴보았듯이, 사람들은 아직 자동화가 이루어지지 않은 기능과 능력을 지니고 있다. 어느 시점이 되면 자동화가 가능해질지도 모르지만, 아직까지는 심각하게 받아들일 만한 진척이 이루어지지 않고 있으며, 그래서 우리는 앞으로도 당분간 그럴 것이라고 믿는다. 우리는 앞으로도 당분간 인간인 데이터과학자, 회의 주최자, 부서 관리자, 간호사, 잡역부를 보게 될 것이라고 생각한다.

앞서 논의했듯이, 자동화가 상당히 이루어진 분야에서도 인간은 여전히 기여하는 바가 많다. 비록 현재 최고의 체스 컴퓨터를 이길 수 있는 사람은 아무도 없다고 해도, 인간과 디지털 노동력이 적절히 결합되면 그런 컴퓨터도 쉽게 이긴다. 따라서 어느 한 영역에서 컴퓨터가 인간을 능가한다고 해도 인간이 가치 없는 존재가 되는 것은 아니다. 기계에 맞서는 대신에 기계와 짝을 지어 달려간다면, 인간은 대단히 가치 있는 존재가 될 수 있다.

컴퓨터 검색 같은 고도로 자동화한 분야에서도 이런 사례를 볼 수 있다. 2013년 3월 〈뉴욕타임스〉 기사에서 스티브 로어(Steve Lohr)는 이렇게 설명했다.

미트 롬니가 지난 가을 대통령 후보 토론회에서 정부의 공영 방송 지원 예산을 삭감하겠다는 이야기를 하면서 빅버드(Big Bird)라고 말했을 때, 그 용어를 언급하는 트위터 메시지가 급증했다. 트위터에서 검색어 분류 업무를 담당한 사람들은 그 맥락에서 그 시점에 쓰인 '빅버드'라는 말이 '세서미 스트리트(Sesame Street)'를 가리킨 것이 아니라 정치적인 용어였고, 누군가가 '빅버드'를 검색하면 정치와 관련된 메시지들이 떠야 한다는 것을 즉시 알아차렸다. 사람은 소프트웨어보다 더 빠르고 더 정확하게 그런 말들을 이해할 수 있으며, 그들이 내리는 판단은 즉시 트위터의 검색 알고리듬에 입력된다…….

구글에서도 평가자라는 인간 도우미들이 월 1천억 건에 달하는 질의를 처리하는 자동화의 발전소인 검색 알고리듬을 수정하는 일을 돕고 있다.[23]

따라서 설령 그런 알고리듬이 점점 더 나아지고 있다 할지라도, 그 알고리듬은 스스로를 개선하지는 못한다. 이 깨달음으로부터 기술을 토대로 일을 조직하고 해내는 새로운 방식이 출현해왔다.

2000년대 중반에 온라인 유통 거인인 아마존은 판매 상품을 설명하는 수백만 쪽의 내용 가운데 중복되는 부분이 적지 않다는 것을 알아차렸다. 알고리듬만으로는 그것들을 모두 찾아내는 엄청난 일을 할 수 없었기에, 직원인 피터 코언(Peter Cohen)이 이끄는 팀은 중복 가능성이 있는 항목들을 뽑아 사람에게 보여주고 사람이 최종 판단을 내리도록 하는 소프트웨어를 개발했다.[24] 코언과 아마존은 곧 그것이 전반적으로 유용한 혁신임을 알아차렸다. 그것은 거대한 문제(수백만 쪽 중에서 중복되는 내용을 찾아내기)를 많은 작은 과제로 나누고(이 두 쪽에 중복되는 내용이 있는가?), 그 과제를 많은 사람들로 구성된 집단에 보낸 뒤 그들의 반응을 취합하여 문제를 조금씩 해결하는(중복된 항목을 제거하기) 방식이었다.

이 소프트웨어는 원래 회사 내부에서만 쓰려고 했지만, 2005년 11월 아마존은 그것을 메커니컬 터크(Mechanical Turk)라는 이름으로 공개했다. 메커니컬 터크는 18세기에 유명했던 체스 두는 '로봇'이었는데, 나중에 그 안에 사람이 들어 있었던 것으로 밝혀졌다.[25] 메커니컬 터크 소프트웨어는 과제를 자동적으로 해내는 듯이 보이지만, 사실은 인간 노동을 이용한다는 점에서 바로 그 로봇과 비슷했다. 그것은 아마존의 CEO 제프 베저스가 "인공적인 인공지능(artificial artificial intelligence)"이라고 부른 것의 한 예이자, 비록 아주 고임금을 받는 것은 아닐지라도 사람이 기계와 함께 달리는 또 하나의 방법이었다.[26]

메커니컬 터크는 금방 인기를 끌었고, 나중에 정보통신 연구자인 대런 브래범(Daren Brabham)이 "온라인 분산 문제 해결 및 생산 모형"이라고 정의한 크라우드소싱의 초기 사례가 되었다.[27] 이 모형은 매우 흥미롭다. 크라우드소싱은 기술을 이용하여 어떤 절차를 자동화하는 대신에, 그것을 의도적으로 노동 집약적으로 만들기 때문이다. 이 노동은 대다수의 산업 공정에서처럼 미리 정해진 피고용자 집단이 제공하는 것이 아니라, 미리 정하지 않은 스스로 참여하겠다고 나선 한 명 이상의 사람들(때로 아주 많은 사람들)이 제공한다.

그로부터 10년이 채 지나기도 전에, 크라우드소싱을 이용한 생산은 중요한 현상이 되었다. 사실 그것은 새로운 많은 기업들을 탄생시켰으며, 그 기업들은 '공유 경제'라는 이름으로 묶이기도 한다. 공유 경제

기업들은 크라우드소싱을 통해 소비자의 요구를 충족시킨다. 한 예로, 독자가 이 책에서 본 그래프 중 몇 개는 우리가 만난 적이 없는 사람들이 그리거나 수정한 것들이다. 우리는 태스크래빗(TaskRabbit)의 사이트에 그래프가 필요하다고 도움을 요청하는 글을 올려 도움을 받았다. 태스크래빗은 2008년 소프트웨어 공학자인 레아 버스크(Leah Busque)가 세운 회사다. 버스크는 어느 날 밤 개 사료가 떨어졌을 때, 자신을 위해 기꺼이 사료를 구해줄(그리고 돈을 지불할) 사람을 찾을 가장 쉽고도 빠른 방법이 인터넷이라는 사실을 깨달은 뒤에 태스크래빗 개념을 떠올렸다.[28]

같은 해에 조 게비아(Joe Gebbia), 브라이언 체스키(Brian Chesky), 네이선 블레차르지크(Nathan Blecharczyk)도 인터넷과 군중을 이용하여 수요와 공급을 더 잘 연결할 웹사이트를 개설했다. 그들이 대상으로 삼은 수요는 어떤 과제를 도와줄 사람이 아니라 머물 장소였다. 그들은 사람들이 방문객을 위해 자기 집의 방을 제공할 수 있도록 한 에어베드앤브렉퍼스트닷컴(Airbedandbreakfast.com)을 창설했다. 그 사이트는 게비아와 체스키가 2007년 샌프란시스코에서 디자인 대회가 열렸을 때, 호텔 방이 부족하여 자신들의 아파트를 참가자들에게 숙소로 제공했던 경험에서 탄생했다.

2009년 에어비앤비닷컴(Airbnb.com)이라고 명칭을 바꾼 그 사이트의 서비스는 금방 인기를 끌었다. 2012년의 마지막 날에는 전 세계의 14만 명이 넘는 사람들이 에어비앤비를 통해 예약한 장소에서 머물렀다. 라스베이거스스트립(Las Vegas Strip)의 모든 호텔들에 투숙할 수 있는 인원을 더한 것보다 50퍼센트 더 많은 숫자였다.[29] 태스크래빗도

급성장했다. 2013년 1월에 그 회사는 "거래 규모가 매달 두 자릿수씩 성장"하고 있다고 발표했다.[30]

사람들은 태스크래빗을 통해 군중에게 자신의 노동을 제공할 수 있고, 에어비앤비를 통해 자산을 제공할 수 있다. 현재 공유 경제에는 이 양쪽 유형의 기업들이 많이 포함되어 있다. 프로그래밍, 디자인, 세탁 같은 전문 영역뿐 아니라, 일반적인 업무를 수행하는 분야에서도 크라우드소싱 노동시장이 존재한다. 그리고 현재 사람들은 웹사이트와 앱을 이용하여 자신의 카메라, 도구, 자전거, 주차 공간, 개집 등 자신이 소유한 거의 모든 것을 빌려주고 있다. 이 두 모형을 결합하여 사람들이 인터넷을 통해 노동과 자산의 조합을 제공할 수 있게 하는 서비스들도 나와 있다.

앤디는 2010년에 미국의 다른 주로 오토바이를 운반해야 했는데, 유십(uShip)을 통해 그 일을 해줄 사람—트레일러를 소유하고 있으면서 시간도 남는 사람—을 찾아냈다. 2011년에 설립된 리프트(Lyft)는 사람들이 원할 때마다 자신의 차를 사실상 택시로 전환하여 다른 사람을 태울 수 있도록 중개한다. 택시 담당 기관을 비롯한 당국의 반대를 피하기 위해, 리프트는 요금이나 요율을 정하지 않았다. 대신 고객이 자신을 태워준 사람에게 '기부금'을 내도록 한다.

리프트의 사례에서 잘 드러나듯이, 공유 경제가 성장하려면 해결해야 할 법적 문제와 규제 문제가 많다. 우리는 공공의 안전을 확보해야 한다는 점도 분명 인정하지만, 이 새로운 분야가 규제로 질식당하지 않고 공유 경제가 계속 성장하기를 바란다. 우리가 크라우드소싱을 좋아하는 이유는 그것이 효율성 제고와 가격 하락뿐 아니라, 일자리도 가져오기 때문이다. 태스크래빗과 에어비앤비 같은 서비스는 사람들에게 전에 없던 경제적 기회를 제공하며, 할 일도 제공한다. 따라서 볼테르가 말한 세 가지 '크나큰 악'을 모두 해결할 잠재력을 지닌다. 그러니 정책, 규제, 역소득세 같은 유인책, 그 외의 활용 가능한 조치들을 통해 더욱 장려해야 한다.

공유 경제는 GDP와 절대적인 통계 수치 양쪽으로 아직 새롭고 규모도 작다. 예를 들어, 2013년 4월에 태스크래빗의 인증을 받은 과제 완수자 집단에는 매달 1천 명씩 사람들이 늘어나고 있었다.[31] 고무적인 일이지만, 같은 달에 적어도 27주 동안 실직 상태에 있는 미국인이 거의 450만 명이었다.[32] 이런 비교 결과들은 크라우드소싱이 아직 실업을 줄이고 일을 경제 전체로 되돌리는 데 중요한 역할을 하지 못하고 있음을 강하게 시사한다.

그렇다고 해서 공유 경제를 장려하거나 지원할 필요가 없다는 의미는 아니다. 오히려 정반대. 미래에 일어날 노동력 문제의 가장 좋은 해결책—아마도 사실상 실질적인 유일한 해결책—은 시장과 자본주의에서, 기술에 힘입은 혁신가들과 기업가들의 발명에서 나올 것이다. 공유 경제 기업은 인간 노동의 가치를 줄이기보다는 증가시키는 혁신의 사례다. 우리는 일이 대단히 중요하다고 믿기 때문에, 정책 결정자들이 그런 발명을 장려해야 한다고 생각한다.

대담한 아이디어가 환영받는다

우리는 과학기술자와 노동 운동 지도자, 경제학자와 사회학자, 기업가와 소매점 점원, 심지어 과학 소설 작가 등 다양한 사람들과 미래 및 그 미래를 어떻게 만들어갈 것인지를 논의해왔으며, 그에 관한 폭넓은 아이디어들에 깊은 인상을 받았다. 이 브레인스토밍은 유용하다. 기술 발전의 결과에 대응하려면 더 새로우면서도 급진적인 아이디어—'상자 바깥의 생각'—가 필요하기 때문이다. 다음은 우리가 들은 아이디어들 중 몇 가지다. 이에 반드시 찬성하기 때문이 아니라 기계가 계속 앞서 나갈 때, 어떤 형태의 개입이 효과가 있을지 더 깊이 생각해보기 위해 여기에 싣는다.

- 자본의 소유를 폭넓게 때로는 양도 불가능할 정도까지 분산시키고, 모든 시민에게 꾸준히 배당금을 지급하며, 자본 이득이 심하게 집중되지 않도록 국가 뮤추얼 펀드를 만든다.
- 세금, 규제, 경연, 대도전 등의 유인책을 써서 기계가 인간을 대체하기보다는 인간의 능력을 강화하고, 새로운 상품과 서비스를 제공하며 일자리는 줄이지 않는 방향으로 기술 변화를 유도하려 노력한다.
- 비영리단체나 다른 어떤 기관을 통해 민주적인 절차를 통해 정해진 바에 따라 '사회적으로 유익한' 일을 하는 사람에게 보상을 한다.
- 사람만이 할 수 있는 특정한 일의 범주를 장려하거나 찬미한다. 아기나 어린아이 또는 죽어가는 이를 돌보는 일이 이 범주에 속할 것이다.
- 현재 유기농 식품에 붙이는 라벨과 유사하게 '사람이 만듦(made by humans)'이라는 라벨을 붙이거나, 탄소배출권을 구입할 수 있는 것과 유사하게 사람을 고용할 수 있는 권리를 기업에 주는 운동을 시작하자. 어떤 소비자가 인간 노동자의 수요를 늘리고 싶다면, 그런 라벨이나

권리를 통해 그렇게 할 수 있을 것이다.

- 극빈층을 없애는 한편으로 그보다 높은 소득층은 시장이 관리하도록 허용하는, 의식주 같은 기본 생필품을 구입할 수 있는 상품권을 나눠 준다.
- 미국 대공황 때의 시민보전단(civilian conservation corp) 같은 단체들을 정부가 고용하여 환경 미화, 인프라스트럭처 건설, 그 밖의 공공재 구축에 활용한다. '일하는 복지(workfare)', 즉 일하는 것을 조건으로 부조를 하는 방식을 늘리는 것도 그중 하나다.

이 아이디어 하나하나는 결함뿐 아니라 유망한 측면도 지니고 있다. 우리는 더욱 밝은 전망이 엿보이는 아이디어들이 더 나올 것임을 의심하지 않는다.◆

물론 이론을 제시하는 것만으로는 한계가 있다. 정책 실험을 장려하고, 아이디어를 체계적으로 검증할 기회를 마련하며, 그 성공과 실패로부터 배우라는 것이 우리가 할 수 있는 최선의 조언일 것이다. 사실 개인, 산업, 심지어 국가 전체에서도 현재 제2의 기계 시대 경제의 몇몇 측면들이 가시적으로 드러나고 있다. 우리가 배울 교훈들은 매우 많다. 예를 들면, 이렇다. 복권 당첨자들은 더 이상 일할 필요가 없어진 상황에 어떻게 대처할까? (참고로, 모두가 잘 대처하는 것은 아니다.) 스포츠, 동영상, 음악 같은 분야의 슈퍼스타에게 소득이 집중되는 산업에

◆ 우리는 독자가 어떤 아이디어를 가장 좋아하는지, 또 어떤 새로운 제안을 하고 싶은지 관심이 많다. 독자의 착상을 세컨드머신에이지닷컴(www.SecondMachineAge.com)을 통해 우리에게 말해주기 바란다.

서 우리는 무엇을 배울 수 있을까? 국부 펀드를 통해 엄청난 부를 타고나는 노르웨이나 아랍에미리트 같은 나라의 국민들은 어떤 도전과 기회에 직면할까? 17세기의 부유한 지주의 자식 중에 그렇지 못한 이들과 달리 행복하고 창의적인 삶을 살아간 이들이 있었는데, 그들에게 도움을 준 제도와 유인책은 무엇이었을까?

다음 10년 안에 우리는 경이로운 기술의 물결이 밀려드는 광경을 목격하는 행운을 누릴 것이다. 그 물결은 우리의 경제 제도와 경제적 관점을 바꾸라고 요구할 것이다. 우리의 체제와 마음속 모형의 융통성을 최대로 확대한다면, 우리는 이런 변화를 간파하고 이행할 가장 좋은 위치에 있게 될 것이다. 다른 아이디어들로부터 배워 자신의 행동에 적용하려는 의지, 즉 열린 마음과 열린 체제를 지니려는 의지야말로 성공의 보증 수표가 될 것이다.

14장

기술과 미래˙

> "기계는 자연의 크나큰 문제들로부터 인간을 단절시키는 것이 아니라 그 문제들에 더 깊이 빠뜨린다."
>
> _ 앙투안 드 생텍쥐페리(Antoine de Saint-Exupéry)

인류의 가장 오래된 환상 중 하나는 다음과 같다. 지루한 일을 하지 않고서도 모든 물질적 욕구를 충족시킬 수 있게 되어, 우리의 진정한 관심사, 흥밋거리, 열정을 마음껏 추구할 수 있는 날이 언젠가는 오리라는 것이다. 그리고 그날이 오면, 자동화한 하인들이 우리가 시키는 대로 하면서 의식주뿐 아니라 생활에 필요한 모든 것을 제공할 것이기 때문에, 어느 누구도 불쾌한 일을 지겹게 할 필요가 없어진다는 것이다. 그 환상은 뛰어난 이야기를 낳기도 한다. 하지만 역사의 대부분에 걸쳐, 그런 이야기는 그저 이야기에 그치고 말았다. 점토로 만들거

˙"기술이 미래다"는 말과는 전혀 다르다.

나(유대교의 골렘이나 토르와 싸우라고 만든 북구의 거인 모케르칼페 같은), 금으로 만들거나(《일리아드 Lliad》에서 호머는 혜파이스토스 신이 금으로 하인과 스스로 움직이는 발 세 개 달린 탁자를 만들었다고 노래했다), 가죽과 나무로 만든(고대 중국 문헌인 《열자 列子》에 실린 언사라는 장인이 만든 것) 환상적인 자동인형들이 등장하는 신화와 전설이 그렇다. 재료는 바뀌어도 그 꿈은 여전히 꿈으로 남아 있다.

기계 노동을 통한 인간의 자유라는 꿈을 마침내 실현시키기 위해 우리는 실리콘, 금속, 플라스틱을 이용하고 있다. 이 물질들은 제2의 기계 시대의 핵심 재료다. 전 세계에서 대단히 빠른 속도로 만들어지고 확산되는 디지털컴퓨터, 케이블, 감지기의 핵심 성분이다.

그것들을 이용하여 우리는 역사적으로 유례없는 일을 실현시키려 하고 있다. 이전의 모든 세대들에서는 가장 머리가 좋은 이들이 이용할 수 있는 물질들을 갖고 인공 일꾼을 만들고자 갖은 노력을 기울였어도, 결국 이야기를 꾸며내는 일밖에 할 수 없었다.

하지만 우리 세대는 다르다.

오늘날 인간의 일을 하는 기계를 상상할 때, 우리는 자동인형이 아직 등장하지 않았다 해도 적어도 세계 어딘가의 연구실이나 차고에서 누군가가 그것의 0.1판에 해당하는 것을 뚝딱거리면서 만들고 있을 가능성이 매우 높다고 확신한다. 지난 1년 동안 우리 두 사람은 이 혁신가들과 그들의 작업장을 수없이 방문했으며, 제2의 기계 시대의 눈부신 기술들을 지켜보면서 경탄을 금치 못했다.

그 세계를 조사한 뒤 우리는 자신이 변곡점에, 즉 산업혁명이 일으킨 것에 못지않은 심오한 변화의 초기 단계에 와 있음을 확신했다. 새로운 기술은 기하급수적 성장, 디지털화, 조합적 혁신이라는 특성을 지니며, 그 혜택의 대부분은 아직 실현되지 않은 상태다. 앞으로 24개월 이내에 지구의 컴퓨터 성능은 이전의 컴퓨터 역사에 등장한 모든 컴퓨터들을 다 합친 것보다 좋아질 것이다. 그리고 앞으로 24년에 걸쳐 1천 배 이상 더 증가할 가능성이 높다. 우리는 이미 디지털 정보량의 엑사바이트 시대에 와 있지만, 디지털화하는 자료의 양은 무어의 법칙보다도 더 빨리 증가하고 있다.

우리 세대는 역사상 가장 놀라운 두 가지를 경험하는 행운을 누리게 될 가능성이 높다. 진정한 기계 지능의 탄생과 공통의 디지털 네트워크를 통한 모든 사람의 연결이다. 그 결과 세계경제가 바뀔 것이다. 혁신가, 기업가, 과학자, 땜장이, 그 밖의 많은 괴짜들은 이 풍요로움을 이용하여 우리를 놀라게 하고 즐겁게 하고 우리를 위해 일할 기술들을 발명할 것이다. 그들은 충분히 발전한 기술은 마법과 구별할 수 없다고 간파한 아서 클라크의 통찰이 얼마나 옳았는지를 또다시 보여줄 것이다.

우리가 무릅써야 할 위험

하지만 앞서 살펴보았듯이, 모든 소식이 다 좋은 것은 아니다. 이 책의 중간 장들에서 우리는 기술이 풍요를 증대시키는 한편으로 격차도 증대시킨다는 것을 살펴보았다. 그리고 앞으로 다가올 눈부신 기술의 시대에 나타날 부정적인 결과가 격차 확대만은 아닐 것이다. 우리 시대는 다른 문제들, 경제에서 비롯되지 않은 문제들에도 직면할 것이다.

제2의 기계 시대로 더 깊이 진입할수록 우연한 사고로 생겨나거나 악의적으로 일으키는 이런 위험들은 더욱 커질 것이다. 그런 한편으로 물질적 욕구 충족은 상대적으로 덜 중요해질 가능성이 높다. 우리는 재앙, 진정한 존재론적 위험, 자유 대 독재 등 기술이 낳을 의도하지 않았거나 예상하지 못한 부작용들을 점점 더 우려하게 될 것이다.

디지털 세계는 대단히 복잡하고 치밀하기 때문에 위험을 수반하게 마련이다. 우리의 기술 인프라스트럭처는 점점 더 복잡해지고 상호 연결되고 있다. 한 예로, 인터넷과 인트라넷은 현재 사람과 컴퓨터만이 아니라, 텔레비전, 온도계, 도난 경보기, 산업 시설의 감지기와 조절 장치, 기관차, 자동차 등 이루 헤아릴 수 없는 온갖 장치들과 연결되어 있다. 이 연결된 장치들 중 상당수는 서로에게 피드백을 제공하며, 대부분 인터넷 트래픽을 중계하는 라우터 같은 소수의 공통된 하위 시스템에 의존한다.

이렇게 복잡하고 치밀하게 연결된 시스템은 서로 연관된 두 가지 약점을 지니게 마련이다. 첫째, 처음의 사소한 결함이 예측하지 못한 연쇄적인 사건들을 통해 확대되면서 훨씬 더 큰 규모의 피해를 일으킬 수 있다. 사회학자 찰스 페로(Charles Perrow)가 '시스템 사고(system accident)' 또는 '정상 사고(normal accident)'라고 이름 붙인 이런 연쇄 효과는 1979년의 스리마일 섬(Three Mile Island) 원자력 발전소 노심 융해 사건, 미국 북동부 전역의 주민 4천500만 명이 피해를 입은 2003년 8월의 정전 사고 등 많은 사건 사고에서 나타난 특징이다.[1]

둘째, 복잡하고 치밀하게 연결된 시스템은 스파이, 범죄자, 파괴와 혼란을 일으키려는 이들의 표적이 되기 쉽다. 최근에 문제를 일으킨

스턱스넷(Stuxnet)이라는 컴퓨터 바이러스가 그런 사례다. 이 컴퓨터 바이러스는 정부 연구실에서 배양된 것인지도 모른다. 2010년 스턱스넷은 지멘스 산업 설비의 통제 시스템에 고장을 일으켜 이란 핵시설 중 적어도 한 곳을 마비시켰다. 이 바이러스는 PC에서 PC로 전혀 해를 끼치지 않으면서 전파되다가 표적에 이르렀다. 그리고 기회를 포착하자 지멘스 설비로 들어가서 피해를 입힌 것이다.[2]

최근까지 우리 종은 스스로를 파괴할 능력을 지니고 있지 않았다. 지금은 다르다. 게다가 기술이 점점 더 강력해지고 저렴해짐에 따라―그리하여 더 흔해짐에 따라― 점점 더 많은 개인들이 그 힘을 수중에 넣을 수 있을 것이다. 그 사람들이 모두 건전하고 선한 의도를 지닐 것이라고는 장담할 수 없다.

빌 조이(Bill Joy) 같은 이들이 주장했듯이, 유전공학과 인공지능으로 자기 복제하는 존재가 탄생할 수도 있다.[3] 퀴퀴한 지하 연구실에서 일하는 누군가가 언젠가는 이 기술을 이용하여 지구 전체에 피해를 입힐 파괴적인 힘을 만들어낼지도 모른다는 의미다. 질병 치료에 쓰일 수 있는 유전체 서열 분석 분야에서 이루어진 과학적 돌파구들은 천연두 바이러스를 생물 무기화하는 데도 쓰일 수 있다.[4] 컴퓨터 프로그램도 자기 복제하는 디지털 바이러스가 될 수 있고, 아이디어와 혁신을 퍼뜨리는 세계의 네트워크도 파괴를 전파하게 될 수 있다. 한 개인이나 소집단이 끼칠 수 있는 피해의 범위를 제한하는 물리적 제약들은 점점 약해져왔다. 우리가 계속 안전을 확보할 수 있을 만큼 기술의 파괴적인 이용 가능성을 미리 신속히 파악하여 대응할 능력을 갖추게 될까? 이 질문은 점점 더 중요해질 것이다.

조지 오웰(George Orwell), 윌리엄 깁슨(William Gibson) 같은 작가들은 자유가 없고 독재자가 기술을 이용하여 권력을 휘두르며 정보 흐름을 통제하는 디스토피아 미래를 그려왔다. 에릭 슈미트(Eric Schmidt)와 재러드 코언(Jared Cohen)은 저서 《새로운 디지털 시대*The New Digital Age*》에서 이 기술들 중 몇 가지와 대처 방안을 살펴보고 있다.

세상을 더 자세히 살펴볼 수 있게 하는 도구들은 정부와 그 적대 세력에게 사람들이 무엇을 하고 있으며 누구와 대화를 나누는지를 감시하는 능력을 제공하기도 한다. 우리의 더 많이 알아낼 수 있는 능력과 남들이 우리 자신에 관해 알아내지 못하게 막는 능력은 팽팽한 긴장 상태를 이루고 있다. 정보가 대체로 아날로그적이고 국지적이었던 시대에는 물리 법칙에 따라 자동적으로 사생활 보호 구역이 형성되었다. 디지털 시대에는 사생활을 보호하려면 어떤 정보 흐름을 허용하고 차단할지, 장려하고 억제할지를 명시적으로 정한 제도, 유인책, 법, 기술, 표준이 필요하다.

중독성 게임과 디지털 산만함에서 이익집단들의 사이버발칸화(cyberbalkanization, 온라인에서 마음에 맞는 이들끼리 모이고 다른 이들을 적대시하는 경향─옮긴이)에 이르기까지, 또한 사회적 고립에서 환경 파괴에 이르기까지 기술은 다른 수많은 방식으로 예기치 않은 부작용을 일으킬 수 있다.[5] 수명을 대폭 늘리는 기술처럼 유익해 보이는 발명조차도 엄청난 사회 격변을 일으킬 수 있다.◆

◆ 그레고리 맨큐는 삼키면 수명을 1년 늘려주는 알약이 발명된다면, 어떤 일이 일어날지 사고 실험을 하고 있다. 그 알약을 생산하는 데 들어간 비용이 10만 달러이기에 대다수의 사람은 구입할 수가 없다. 우리는 그 알약을 금지할까, 배급할까, 아니면 어떤 식으로든 규제할까?

특이점이 올까

마지막으로 가장 극단적인 가능성이 있는데, 그것도 과학 소설의 소재 중 하나다. 바로 온전한 의식을 지닌 기계의 탄생이다. 컴퓨터와 로봇이 '진짜' 마음을 얻을 때, 어떤 일이 일어날지를 생각하는 관점은 크게 두 가지다. 하나는 디스토피아 관점이고 다른 하나는 유토피아 관점이다. 디스토피아 관점은 영화 〈터미네이터〉와 〈매트릭스〉를 비롯한 무수한 SF 영화에서 찾을 수 있다. 그 관점은 압도적인 오락거리를 제공하며, 기술이 점점 더 발전하면서 인간과 유사한 능력들을 보여줌에 따라 더욱 설득력을 띠는 듯하다. 어쨌든 이들 능력 중 하나는 협동인데, 그렇다면 왓슨, 구글 자율 주행 자동차, 보스턴다이내믹스의 빅독 로봇, 무인 항공기 등 많은 영리한 기계들의 미래 형태들이 협력하기로 결정하지 않을 이유가 어디 있겠는가? 그리고 그들이 협력한다면, 곧 인류가 자신들의 기술을 좀 마음에 안 들면 당장 고철로 만들면서 몹시 푸대접하고 있다는 사실을 깨닫게 되지 않을까? 이 디지털 군대는 그저 자신을 지킨다는 차원에서도 우리와 맞서 싸울 것이 확실하지 않을까(아마 시리를 적군과의 통역자로 삼아서 말이다)?

반면에 디지털 의식의 유토피아 관점에서 보면, 인간은 기계와 싸우지 않는다. 우리는 클라우드에 뇌를 업로드하는 등 '기술적 특이점(technological singularity)'의 일부가 됨으로써 기계와 결합한다. 기술적 특이점이라는 용어는 1983년 과학 소설 작가 버너 빈지(Vernor Vinge)가 만든 것이다. 그는 이렇게 예측했다. "우리는 곧 자신보다 더 뛰어난 지능을 지닌 존재를 창조할 것이다……. 그 일이 일어날 때, 인류역사는 일종의 특이점에 도달해 있을 것이다. 블랙홀의 중심에 있는 뒤얽힌 시공간처럼 불가해한 지적 전이가 일어나는 시점에 도달할 것이며, 세계는 더 이상 우리가 이해할 수 없는 곳이 될 것이다."[6]

빈지를 비롯한 이들은 무어의 법칙에 힘입어 우리가 그런 특이점을 향해 나아가고 있다고 주장해왔다. 성능이 두 배씩 증가하면서 누적되어 결국 인간의 뇌보다 처리와 저장 능력이 더 뛰어난 컴퓨터가 나온다는 것이다. 일단 그 일이 일어나면, 세상은 예측할 수 없는 곳이 된다. 기계는 자의식을 지닐 수 있을 것이고, 인간과 컴퓨터는 솔기 없이 하나로 융합될 수 있을 것이며, 그 밖의 근본적인 전환들이 일어날 수 있을 것이다. 기하급수적 개선의 힘을 설명하기 위해 어느 누구보다도 많은 노력을 해온 레이 커즈와일은 2005년에 출간한 《특이점이 온다The Singularity Is Near》에서 현재의 발전 속도로 볼 때, 약 2045년이면 이러한 전환이 일어날 것이라고 예측했다.[7] 특이점 또는 터미네이터의 실현 가능성이 과연 얼마나 될까? 솔직히 우리는 알지 못한다. 디지털에 관한 모든 것들이 그렇듯이, 결코 안 된다고 말하지 않는 편이 현명하겠지만, 어쨌든 아직은 한참 뒤의 일이다.

〈제퍼디!〉에서 우승한 슈퍼컴퓨터와 자율 주행 자동차 같은 과학소설에서 튀어나온 듯한 능력은 우리를 오도할 수 있다. 그것들이 인간과 유사한 일을 하는 디지털 기술의 사례들이므로, 우리는 자칫 기술 자체가 인간과 비슷해지고 있다는 결론에 이를 수도 있다. 하지만 기술은 그렇지 않다. 아직은 아니다. 우리 인간은 세계에서 동물과 인간이 하는 일을 보고서 그 일을 할 로봇을 만들지만, 대개 자연이 우리를 빚어낸 것과 똑같은 방식으로 기계를 만들지는 않는다. 인공지능의 선구자인 프레더릭 옐리네크(Frederick Jelinek)의 멋진 표현을 빌리자면,

"항공기는 날개를 퍼덕이지 않는다".[8]

과학자, 공학자, 그 밖의 혁신가들이 일할 때 때로 생물학에서 단서를 얻곤 하는 것은 사실이지만, 언제나 그렇다고 생각하거나 최근에 인공지능 분야에서 일어난 주요 발전들이 인간의 사고를 더 잘 모방함으로써 얻은 성과라고 생각한다면 오산이다. 언론인 스티븐 베이커(Stephen Baker)는 《왓슨 인간의 사고를 시작하다 *Final Jeopardy!*》를 쓰기 위해 왓슨의 개발팀과 1년을 함께 지내면서 깨달은 바가 있었다. "IBM 개발팀은 왓슨을 프로그래밍할 때, 인간의 뇌에 거의 아무런 관심도 없었다. 왓슨과 인간의 뇌가 비슷해 보인다면, 겉으로 보기에만 그럴 뿐이지, 그것은 우연의 산물에 불과하다."[9]

이 책을 쓰기 위해 조사를 하는 동안 우리가 대화를 나눈 혁신가들도 대부분 비슷한 말을 했다. 그들 대부분은 인간 의식의 수수께끼를 풀거나, 우리가 정확히 어떤 식으로 생각을 하는지 이해하려는 노력을 하거나 하지 않았다. 그들은 그저 문제를 해결하고 기회를 움켜쥐려고 노력할 뿐이었다. 그 과정에서 그들은 때로 인간과 유사한 기능과 능력을 지닌 기술을 발명하곤 했다. 하지만 그 도구들 자체는 결코 인간과 비슷하지 않았다. 한 마디로, 현재의 인공지능은 지적으로 보이지만, 그것은 인위적인 유사성에 불과하다. 미래에는 달라질지도 모른다. 우리는 현재 급속히 발달하고 있는 기술인 뇌를 훑고 지도화하는 능력까지 활용하여 우리의 마음을 더 세밀하게 모사한 디지털 도구를 만들기 시작할지도 모른다. 그리고 그렇게 된다면, 그 디지털 마음은 우리의 마음을 증대시키고 더 나아가 우리 마음과 융합하거나, 스스로 자의식을 갖출 것이 확실하다.

우리의 운명은 어떻게 될까

경제, 인프라스트럭처, 생물학, 사회, 실존 측면의 이런 온갖 문제들을 마주하고 있어도 우리는 여전히 낙관적이다. 마틴 루터 킹의 말을 좀 바꾸어 표현하자면, 역사는 긴 호를 그리지만, 결국에는 정의를 향해 휘어진다.[10] 우리는 자료들도 그렇게 말한다고 본다. 우리는 부가 더 크게 늘어났을 뿐 아니라, 전반적으로 자유와 사회 정의가 더 실현되고, 폭력이 줄어들고, 불행한 이들의 생활 조건이 개선되고, 점점 더 많은 이들이 더 많은 기회를 얻는 것을 목격해왔다.

찰스 디킨스(Charles Dickens)의 《크리스마스 캐럴*Christmas Carol*》에서 미래의 크리스마스 유령이 스크루지의 묘비를 가리키자, 스크루지는 이렇게 묻는다. "이것이 반드시 일어날 일인가요, 아니면 일어날지도 모르는 일인가요?" 기술과 세계의 미래를 놓고 같은 질문을 하면, 답은 후자가 된다. 기술은 가능성과 잠재력을 낳지만, 궁극적으로 우리가 도달할 미래는 우리가 어떤 선택을 하느냐에 따라 달라질 것이다. 우리는 유례없는 풍요와 자유를 얻을 수도 있고, 인류가 경험하지 못한 엄청난 재앙을 일으킬 수도 있다.

우리가 창조하고 있는 기술은 세계를 바꿀 훨씬 더 강한 힘을 제공하지만, 그 힘에는 더 큰 책임이 따른다. 그것이 바로 우리가 기술 결정론자가 아닌 이유이며, 이 책의 3분의 1을 우리가 번영의 성과를 공유하는 사회를 이룰 가능성을 높이는 데 도움이 될 것이라고 생각한 권고들을 제시하는 데 할애한 이유다.

하지만 궁극적으로 우리가 다룰 진정한 문제들은 경제성장이라는 테두리를 넘어설 것이다. 기계가 점점 더 많은 일을 떠맡음에 따라, 사람들은 다른 활동들에 더 많은 시간을 할애할 수 있다. 단지 여가 활동과 오락만이 아니라, 발명과 탐구, 창의성과 제작 활동, 사랑과 우정과 공동체 생활로부터 더 깊은 만족감을 얻는 쪽으로도 시간을 쓸 것이다. 우리는 그런 가치들을 계량할 공식적인 수단들을 그다지 많이 갖고 있지 못하며, 앞으로도 계속 그렇겠지만, 우리의 경제적 기본 욕구가 더 충족될수록 그런 가치들은 더욱 중요해질 것이다. 제1의 기계 시대가 화학 결합에 갇힌 에너지를 해방시켜 물질세계를 변화시키는 데 도움을 주었다면, 제2의 기계 시대는 진정으로 인간의 창의성이라는 힘을 해방시키는 데 도움을 줄 것이다.

우리의 성공은 기술 면에서 어떤 선택을 하는가뿐 아니라, 더 나아가 새로운 조직과 제도의 공동 발명에도 달려 있다. 우리가 할 수 있는 일을 제약하는 것들이 점점 줄어듦에 따라, 필연적으로 우리가 무엇에 가치를 두느냐가 점점 더 중요해질 것이다. 우리는 정보를 더 널리 퍼뜨리는 쪽을 택할까, 더 치밀하게 통제하는 쪽을 택할까? 우리의 번영을 폭넓게 공유하는 쪽을 택할까? 혁신가에게 어떤 성격의 보상을 얼마나 하게 될까? 활기찬 인간관계와 공동체를 이룰까? 자기 삶에서 가장 좋은 것을 발견하고 창조하고 즐길 기회를 얼마나 균등하게 갖게 될까?

제2의 기계 시대에는 개인과 사회가 정말로 원하는 것이 무엇이고 무엇에 가치를 두는지를 훨씬 더 깊이 성찰할 필요가 있다. 우리 세대는 역사상 그 어떤 세대보다도 세상을 바꿀 기회를 더 많이 물려받았다. 그것이 바로 낙관론을 펼치는 근거이지만, 그 낙관론은 우리가 사려 깊게 선택을 할 때만 가능하다.

기술은 운명이 아니다. 우리의 운명은 우리 손에 달려 있다.

우리는 이 책이 어떻게 나오게 되었나 하는 일반적인 이야기도 들려줄 수 있고 특별한 이야기도 들려줄 수 있다. 많은 분들이 어느 한쪽의 이야기에 도움을 주었으며, 양쪽에 다 기여한 분들도 있다.

일반적인 이야기는 디지털 기술의 발전 특성과 그것의 경제적 및 사회적 결과를 이해하려는 우리의 연구를 담고 있다. 이 연구의 일환으로 우리는 크게 두 부류의 괴짜(geek, 우리로서는 최고의 찬사를 담은 꼬리표다)들과 이야기를 나누었다. 경제학을 비롯한 사회과학을 연구하는 이들과, 기술을 창안하는 이들이다. 수전 애티, 데이비드 오토, 조에 베어드, 닉 블룸, 타일러 코웬, 찰스 파델, 크리스티아 프릴랜드, 로버트 고든, 톰 칼릴, 래리 카츠, 토머스 코칸, 프랭크 레비, 제임스 마니카, 리처드 머네인, 로버트 퍼트넘, 폴 로머, 스콧 스턴, 래리 서머스, 핼 배리언이 전자에 속한 분들인데, 우리의 생각을 가다듬는 데 지대한 도움을 주었다.

후자에 속한 분들로는 크리스 앤더슨, 로드니 브룩스, 피터 디아만디스, 에프라임 헬러, 레이드 호프만, 제러미 하워드, 케빈 켈리, 레이 커즈와일, 존 레너드, 토드 루프버로, 힐러리 메이슨, 팀 오라일리, 샌디 펜틀랜드, 브래드 템플턴, 비벡 와드화가 있다. 모두 놀라울 만큼 아낌없이 시간과 인내심을 갖고 우리의 질문에 답해주었다. 우리는 그들이 전해준 깨달음을 이해하고자 최선을 다했으며, 이 책에서 그 내용을 전달하기 위해 애쓰다가 저지른 실수가 있다면 용서하기 바란다.

양쪽 집단의 몇몇 사람들은 레너드, 레비, 다니엘라 루스, 세스 텔러가 MIT에서 조직한 점심 모임에 함께 모이곤 했다. 경제학과, 슬론경영대학원, 컴퓨터과학인공지능연구소에 있는 사람들이 함께 모여 우리가 가장 관심을 갖고 있는 바로 그 주제들을 놓고 대화를 나누었다. 우리는 다른 어떤 분위기에 휘둘리지 않은 채 오로지 자신의 호기심이 이끄는 대로 진실로 학제 간 대화를 나누었다. 이를 통해 학자로 살아가면서 온갖 요구 사항에 시달리면서도 우리는 여전히 호기심이 강하게 남아 있음을 깨달았다.

이런 점심 모임이 말해주듯이, MIT 자체도 이 책의 일반적인 이야기의 일부다. 그곳은 우리에게 늘 이상적인 직장이었다. 전폭적인 지원을 해준 슬론경영대학원과 데이비드 슈미틀라인 학장께 감사드린다. 그리고 MIT 자체를 보잘것없어 보이게 할 만큼 뛰어난 지식인들께도 감사드린다. 그들 덕분에 MIT는 더욱 매력적인 곳이 된다.

이 책의 특수한 이야기는 래피얼 새걸린에게 받은 의뢰에서 시작되었다. 우리는 곧 그가 저작권 에이전시업계의 유명 인사임을 알게 되었다(그를 소개한 사람은 마찬가지로 유명한 앤디의 강연 업무 대리인인 조앤 파웰이었다). 래피얼은 우리가 자체 출판한 얇은 전자책인 《기계와의 경쟁》을 진짜 책으로, 즉 출판사, 편집자, 양장 표지가 갖추어진 작품으로 내는 데 관심이 있는지 알고 싶어 했다. 물론 래피얼은 '진짜'라는 말을 몹시 전문적인 의미로 썼지만, 우리는 무슨 뜻인지 알아들었다.

그리고 우리는 흥미가 동했다. 《기계와의 경쟁》을 쓴 뒤에도 그 책에 담긴 개념들을 생각하고 토론하는 일을 계속하고 있었기 때문이다. 사실 우리는 그 전자책을 내고 나서 기술 발전과 그것의 경제적 효과라는 개념들에 더욱 관심을 갖게 되었고, 그 책이 계기가 되어 전 세계의 많은 이들과 대화를 나누어왔다. 그래서 시간을 끌지 않고 래피얼과 함께 이 관심사를 주류 출판사를 통해 책으로 냄으로써 많은 독자들과 공유하기로 결심했다.

그리하여 우리는 W. W. 노턴출판사의 편집장 브랜던 커리와 그 동료들을 만나게 되었다. 촉박한 마감 시한에 쫓기면서 브랜던과 동료인 미첼 코홀스, 타라 파워스는 우리의 원고를 책으로 만들었다. 그들의 조언과 예리한 관찰력에 감사드린다. 그들은 압력을 가하면서도 우아한 태도로 우리에게 수정할 사항을 알려주었다.

우리의 일반적인 관심사와 책을 쓰겠다는 특수한 관심사가 교차하는 지점에는 단순히 감사하다는 말로 때우고 넘어갈 수가 없는 동료, 가족, 친구가 있다. 먼저 우리가 사용하고 있는 기술들을 직접 접하게 해준 분들이다. 왓슨을 대학으로 가져온 IBM의 데이브 페루치와 동료들, 인간형 로봇인 백스터를 소개한 브룩스, 3D 프린터로 인쇄한 다양한 제품들을 만져볼 수 있도록 해준 오토데스크 본사의 칼 배스, 자율주행 자동차를 타볼 수 있도록 해준 구글의 벳시 마시엘로와 배리언이 그렇다. 또 이 책에 실린 많은 내용들과 실리지 못한 더 많은 내용들을 듣고 반응을 보여주는 여론 수렴 기구 역할을 한 우리 강의를 들은 학생들에게도 감사한다.

특히 우리와 관심사가 같은 이들이 스스로 모여 만든 디지털프론티어 팀에게도 감사한다. 그들은 정기적으로 모여 아이디어를 내고 토론하며 다듬었고, 그중 많은 것들이 이 책에 실렸다. 디지털 변경의 탐사를 도와준 매트 빈, 그렉 짐펠, 샨 후앙, 김희경, 토드 루프버로, 프랭크 매크로리, 오주희, 샤차 라이크만, 기욤 생 자크, 마이클 슈레이그, 디팩 셰티, 게이브리얼 엉거, 조지 웨스터만에게 고맙다는 말을 전한다. 더 나아가 매트는 이 책에 실린 그래프 중 여러 개를 작성하는 데 도움을 주었고, 게이브리얼, 조지, 그렉, 마이클, 토드는 원고를 읽고 자세히 평가를 해주었다. 점점 엉망진창이 되어가는 에릭의 업무 일정을 관리해준 메건 헤네시, 암과 맞서 싸우면서도 힘과 용기와 우아함을 잃지 않음으로써 인생에서 정말 중요한 것이 무엇인지를 일깨워준 마사 파블라키스에게도 고마움을 전한다. 앤디가 엇나가지 않고 일정을 지킬 수 있었던 것은 에스더 시먼스 덕분이며, 제정신을 유지할 수 있었던 것은 가족 덕분이었고, 나티아나 링고스 덕분에 계속 웃음을 지을 수 있었다(당시에 그것은 결코 쉬운 일이 아니었다).

마지막으로 MIT의 디지털비즈니스센터(Center for Digital Business)와 디지털경제선도사업단(Initiative on the Digital Economy)의 동료들에게 우리는 이루 말할 수 없는 신세를 졌다. 모든 일이 일정에 딱딱 맞추어서 돌아가도록 애쓴 태미 버젤과 저스틴 로컨위츠, 돌아가는 상황을 한눈에 꿰뚫고 매사를 막힘없이 해냄으로써 우리를 계속 놀라게 한 사무국장 데이비드 베릴에게도 감사한다. 전에도 말한 바 있지만, 다시 한 번 말할 가치가 있는데, 기술이 어떤 기능과 능력을 얻든 간에, 그의 발끝에도 못 미칠 것이다.

주

서문

1 Ian Morris, *Why the West Rules—For Now: The Patterns of History, and What They Reveal About the Future* (New York: Farrar, Straus and Giroux, 2010), p.73.

2 Ibid., p.74.

3 Ibid., p.71.

4 Ibid., p.112.

5 Karl Jaspers, *The Origin and Goal of History. Translated From the German by Michael Bullock* (London: Routledge K. Paul, 1953), p.51.

6 "Major Religions of the World Ranked by Number of Adherents," 2007, http://www.adherents.com/Religions_By_Adherents.html/.

7 Anne Rooney, *The History of Mathematics* (New York: The Rosen Publishing Group, 2012), p.18.

8 Morris, *Why the West Rules—For Now*, p.142.

9 Louis C. Hunter and Eleutherian Mills-Hagley Foundation, *A History of Industrial Power in the United States, 1780-1930: Steam Power* (Charlottesville, VA: University Press of Virginia, 1979), 601-30.

10 Morris, *Why the West Rules—For Now*, p.497.

11 Ibid., p.492.

12 Martin L. Weitzman, "Recombinant Growth," *Quarterly Journal of Economics* 113, no.2 (1998): 331-60.

13 Bjørn Lomborg, *The Skeptical Environmentalist: Measuring the Real State of the World* (Cambridge, UK: Cambridge University Press, 2001), p.165.

1장 기술이 인간을 능가하다

1 Frank Levy and Richard J. Murnane, *The New Division of Labor: How Computers Are Creating the Next Job Market* (Princeton, NJ: Princeton University Press, 2004).

2 Michael Polanyi, *The Tacit Dimension* (Chicago, IL: University of Chicago Press, 2009), p.4.

3 Joseph Hooper, "DARPA's Debacle in the Desert," *Popular Science*, June 4, 2004, http://www.popsci.com/scitech/article/2004-06/darpa-grand-challenge-2004darpas-debacle-desert.

4 Mary Beth Griggs, "4 Questions About Google's Self-Driving Car Crash," *Popular Mechanics*, August 11, 2011, http://www.popularmechanics.com/cars/news/indus try/4-questions-about-googles-self-driving-car-crash; John Markoff, "Google Cars Drive Themselves, in Traffic," *New York Times*, October 9, 2010, http://www.nytimes.com/2010/10/10/science/10google.html.

5 Ernest Hemingway, *The Sun Also Rises* (New York: HarperCollins, 2012), p.72.

6 Levy and Murnane, *The New Division of Labor*, p.29.

7 "Siri Is Actually Incredibly Useful Now," *Gizmodo*, accessed August 4, 2013, http://gizmodo.com/5917461/siri-is-better-now.

8 Ibid.

9 "Minneapolis Street Test: Google Gets a B+, Apple's Siri Gets a D – Apple 2.0 –Fortune Tech," *CNNMoney*, http://tech.fortune.cnn.com/2012/06/29/minneapolis-streettest-google-gets-a-b-apples-siri-gets-a-d/ (accessed June 23, 2013).

10 Ning Xiang and Rendell Torres, "Architectural Acoustics and Signal Processing in Acoustics: Topical Meeting on Spatial and Binaural Evaluation of Performing Arts Spaces I: Measurement Techniques and Binaural and Interaural Modeling," 2004, http://scitation.aip.org/getpdf/servlet/GetPDFServlet?filetype=pdf&id=JASM AN000116000004.

11 As quoted in John Markoff, "Armies of Expensive Lawyers, Replaced by Cheaper Soft ware," *New York Times*, March 4, 2011, http://www.nytimes.com/2011/03/05/scien ce/05legal.html?pagewanted=all&_r=0.

12 "Spring Cleaning for Some of Our APIs," *The Official Google Code Blog*, June 3, 2011, http://googlecode.blogspot.com/2011/05/spring-cleaning-for-some-of-our-apis.html.

13 Douglas Adams, *The Hitchhiker's Guide to the Galaxy* (New York: Random House, 2007), p.54.

14 2011년 9월 라이언브리지의 투자자 관리 및 기업 발전 담당 부회장인 사라 부다(Sara Buda)와 나눈 개인적인 대화.

15 "Top 10 TV Ratings / Top 10 TV Shows / Nielsen," *Evernote*, August 18, 2012, https://www.evernote.com/shard/s13/sh/a4480367-9414-4246-bba4-d588d60e64 ce/bb3f380315cd10deef79e33a88e56602 (accessed June 23, 2013).

16 "Meet Watson, the Jeopardy!-Playing Computer," *TV.com*, December 1, 2004, http://www.tv.com/news/meet-watson-the-jeopardy-playing-computer-25144/.

17 "What's The Most Money Won On Jeopardy?," *Celebrity Net Worth*, May 20, 2010, http://www.celebritynetworth.com/articles/entertainment-articles/whats-the-most-money-won-o/.

18 Stephen Baker, *Final Jeopardy: Man Vs. Machine and the Quest to Know Everything* (Houghton Mifflin Harcourt, 2011), p.19.

19 "IBM and 'Jeopardy!' Relive History With Encore Presentation of 'Jeopardy!'," *Did You Know*··· 2013, http://www.jeopardy.com/showguide/abouttheshow/showhistory/.

20 왓슨과 사람의 대국에 관한 통계값들은 모두 다음 문헌에서 인용. Willy Shih, "Building Watson: Not So Elementary, My Dear!" Harvard Business School Case 612-017, September 2011 (revised July 2012), http://hbr.org/product/buildingwatson-not-so-elementary-my-dear/an/612017-PDF-ENG.

21 저자의 개인적인 조사.

22 Ken Jennings, "My Puny Human Brain," *Slate*, February 16, 2011, http://www.slate.com/articles/arts/culturebox/2011/02/my_puny_human_brain.single.html.

23 Isaac Asimov, "The Vocabulary of Science Fiction," in *Asimov on Science Fiction* (New York, Doubleday, 1981), p.69.

24 "The Robot Panic of the Great Depression," *Slate*, November 29, 2011, http://www.slate.com/slideshows/technology/the-robot-panic-of-the-great-depression.html (accessed June 23, 2013).

25 "Isaac Asimov Explains His Three Laws of Robots," *Open Culture*, October 31, 2012, http://www.openculture.com/2012/10/isaac_asimov_explains_his_three_laws_of_robotics.html (accessed June 23, 2013).

26 Brian Lam, "Honda ASIMO vs. Slippery Stairs," December 11, 2006, http://gizmodo.com/220771/honda-asimo-vs-slippery-stairs?op=showcustomobject&postId=220771&item=0.

27 Hans Moravec, *Mind Children: The Future of Robot and Human Intelligence* (Cambridge, MA: Harvard University Press, 1988), p.15.

28 "Moravec's Paradox," *Wikipedia, the Free Encyclopedia*, April 28, 2013, http://en.wikipedia.org/w/index.php?title=Moravecpercent27s_paradox&oldid=540679203.

29 Steven Pinker, *The Language Instinct* (New York: HarperPerennial ModernClassics, 2007), pp.190–91.

30 Christopher Drew, "For iRobot, the Future Is Getting Closer," *New York Times*, March 2, 2012, http://www.nytimes.com/2012/03/03/technology/for-irobot-the-future-is-getting-closer.html.

31 Danielle Kucera, "Amazon Acquires Kiva Systems in Second-Biggest Takeover," *Bloomberg*, March 19, 2012, http://www.bloomberg.com/news/2012-03-19/amazon-acquires-kiva-systems-in-second-biggest-takeover.html (accessed June 23, 2013).

32 Marc DeVidts, "First Production Run of Double Has Sold Out!," August 16, 2012, http://blog.doublerobotics.com/2012/8/16/welcome-double-update.

33 "DARPA Robotics Challenge," n.d., http://www.darpa.mil/Our_Work/TTO/Programs/DARPA_Robotics_Challenge.aspx.

34 DARPA, "Broad Agency Announcement DARPA Robots Challenge Tactical Technology Office," April 10, 2012, http://www.fbo.gov/utils/view?id=74d674ab011d5954c7a46b9c21597f30.

35 예를 들어, *Philips Vital Signs Camera*, n.d., http://www.vitalsignscamera.com/;Steve Casimiro, "2011 Best Outdoor iPhone Apps—Best Weather Apps," n.d., http://www.adventure-journal.com/2011-best-outdoor-iphone-apps-%E2%80%94-bestweather-apps/; *iSeismometer*, n.d., https://itunes.apple.com/us/app/iseismometer/id304190739?mt=8.

36 "SoLoMo," *Schott's Vocab Blog*, http://schott.blogs.nytimes.com/2011/02/22/solomo/ (accessed June 23, 2013).

37 "SCIgen -An Automatic CS Paper Generator," accessed September 14, 2013, http://pdos.csail.mit.edu/scigen/.

38 Herbert Schlangemann, "Towards the Simulation of E-commerce," in *Proceedings of the 2008 International Conference on Computer Science and Software Engineering*, vol.5, CSSE 2008 (Washington, D.C.: IEEE Computer Society, 2008), 1144-47, doi:10.1109/CSSE.2008.1.

39 Narrative Science, "Forbes Earnings Preview: H. J. Heinz," August 24, 2012, http://www.forbes.com/sites/narrativescience/2012/08/24/forbes-earnings-preview-h-j-heinz-3/.

40 "How Stereolithography 3-D Layering Works," *HowStuffWorks*, http://computer.howstuffworks.com/stereolith.htm (accessed August 4, 2013).

41 Claudine Zap, "3D Printer Could Build a House in 20 Hours," August 10, 2012, http://news.yahoo.com/blogs/sideshow/3d-printer-could-build-house-20-hours-224156687.html; Samantha Murphy, "Woman Gets Jawbone Made By 3D Printer," February 6, 2012, http://mashable.com/2012/02/06/3d-printer-jawbone/;"Great Ideas Soar Even Higher with 3D Printing," 2013, http://www.stratasys.com/resources/case-studies/aerospace/nasa-mars-rover.

2장 이미 시작된 기하급수적 성장

1 G. E. Moore, "Cramming More Components onto Integrated Circuits," *Electronics* 38, no. 8 (April 19, 1965): 114-17, doi:10.1109/jproc.1998.658762.

2 Ibid.

3 Michael Kanellos, "Moore's Law to Roll on for Another Decade," *CNET*, http://news.cnet.com/2100-1001-984051.html (accessed June 26, 2013).

4 Rick Merritt, "Broadcom: Time to Prepare for the End of Moore's Law," *EE Times*, May 23, 2013, http://www.eetimes.com/document.asp?doc_id=1263256.

5 Adam Sneed, "A Brief History of Warnings About the Demise of Moore's Law," *Future Tense* blog, *Slate.com*, May 3, 2012, http://www.slate.com/blogs/future_tense/2012/05/03/michio_kako_and_a_brief_history_of_warnings_about_the_end_of_moore_s_law.html (accessed June 26, 2013).

6 "Moore's Law: The Rule That Really Matters in Tech," *CNET*, October 15, 2012, http://news.cnet.com/8301-11386_3-57526581-76/moores-law-the-rule-that-really-matters-in-tech/.

7   H. J. R Murray, *A History of Chess* (Northampton, MA: Benjamin Press, 1985).

8   Ray Kurzweil, *The Age of Spiritual Machines: When Computers Exceed Human Intelligence* (London: Penguin, 2000), p.36.

9   http://www.cuug.ab.ca/~branderr/pmc/012_coal.html (accessed September 23, 2013).

10 Ionut Arghire, "The Petaflop Barrier Is Down, Going for the Exaflop?," *Softpedia*, June 10, 2008, http://news.softpedia.com/news/The-Petaflop-Barrier-Is-Down-Going-for-the-Exaflop-87688.shtml.

11 "The Tops in Flops," *Scribd*, http://www.scribd.com/doc/88630700/The-Topsin-Flops (accessed June 26, 2013).

12 Matt Gemmell, "iPad Multi-Touch," May 9, 2010, http://mattgemmell.com/2010/05/09/ipad-multi-touch/.

13 "Company News; Cray to Introduce A Supercomputer," *New York Times*, February 11, 1988, http://www.nytimes.com/1988/11/02/business/company-news-cray-tointroduce-a-supercomputer.html (accessed June 26, 2013).

14 Thomas Fine, "The Dawn of Commercial Digital Recording," *ARSC Journal* 39 (Spring 2008): 1-17; Jurrien Raif, "Steven Sasson Named to CE Hall of Fame," *Let's Go Digital*, September 18, 2007, http://www.letsgodigital.org/en/16859/ce-hall-of-fame/.

15 "Hendy's Law," Nida Javed, December 7, 2012, http://prezi.com/v-rooknipogx/hendys-law/.

16 Josep Aulinas et al., "The SLAM Problem: A Survey," in *Proceedings of the 2008 Conference on Artificial Intelligence Research and Development: Proceedings of the 11th International Conference of the Catalan Association for Artificial Intelligence* (Amsterdam: IOS Press, 2008), pp.363-71, http://dl.acm.org/citation.cfm?id=1566899.1566949.

17 Dylan McGrath, "Teardown: Kinect Has Processor after All," *EE Times*, November 15, 2010, http://www.eetimes.com/electronics-news/4210757/Teardown—Kinecthas-processor-after-all.

18 "Microsoft Kinect Sales Top 10 Million, Set New Guinness World Record," *Mashable*, March 9, 2011, http://mashable.com/2011/03/09/kinect-10-million/ (accessed June 26, 2013).

19 "Xbox Kinect's Game Launch Lineup Revealed," *Mashable*, October 18, 2010, http://mashable.com/2010/10/18/kinect-launch-games/ (accessed June 26, 2013).

20 "KinectFusion: The Self-Hack That Could Change Everything," *The Creators Project*, August 18, 2011, http://thecreatorsproject.vice.com/blog/kinectfusion-the-self-hack-that-could-change-everything (accessed June 26, 2013).

21 Sarah Kessler, "KinectFusion HQ-Microsoft Research," http://research.microsoft.com/apps/video/dl.aspx?id=152815 (accessed June 26, 2013).

22 "Microsoft's KinectFusion Research Project Offers Real-time 3D Reconstruction, Wild AR Possibilities," *Engadget*, August 9, 2011, http://www.engadget.com/2011/08/09/microsof ts-kinectfusion-research-project-offers-real-time-3d-re/(accessed June 26, 2013).

23 Thomas Whelan et al., "Kintinuous: Spatially Extended KinectFusion," n.d., http://dspace.mit.edu/bitstream/handle/1721.1/71756/MIT-CSAIL-TR-2012-020.pdf?sequence=1.

24 Brett Solomon, "Velodyne Creating Sensors for China Autonomous Vehicle Market," *Technology Tell*, July 5, 2013, http://www.technologytell.com/in-car-tech/4283/velodyne-creating-sensors-for-china-autonomous-vehicle-market/.

3장 만물의 디지털화

1 Nick Wingfield and Brian X. Chen, "Apple Keeps Loyalty of Mobile App Developers," *New York Times*, June 10, 2012, http://www.nytimes.com/2012/06/11/technology/apple-keeps-loyalty-of-mobile-app-developers.html.

2 "How Was the Idea for Waze Created?," http://www.waze.com/faq/ (accessed June 27, 2013).

3 Daniel Feldman, "Waze Hits 20 Million Users!," July 5, 2012, http://www.waze.com/blog/waze-hits-20-million-users/.

4 Carl Shapiro and Hal R. Varian, *Information Rules: A Strategic Guide to the Network Economy* (Boston, MA: Harvard Business School Press, 1998), p.3.

5 Jules Verne, *Works of Jules Verne* (New York: V. Parke, 1911), http://archive.org/details/worksofjulesvern01vernuoft.

6 Shapiro and Varian, *Information Rules*, p.21.

7 "Friendster," *Wikipedia*, http://en.wikipedia.org/w/index.php?title=Friendster&old id=559301831 (accessed June 27, 2013); "History of Wikipedia," *Wikipedia*, http://en.wikipedia.org/w/index.php?title=History_of_Wikipedia&oldid=561664870(acces sed June 27, 2013); "Blogger (service)," *Wikipedia*, http://en.wikipedia.org/w/index. php?title=Blogger_(service)&oldid=560541931 (accessed June 27, 2013).

8 "Top Sites," *Alexa: The Web Information Company*, http://www.alexa.com/topsites (accessed September 8, 2012).

9 "IBM Watson Vanquishes Human Jeopardy Foes," *PCWorld*, February 16, 2011, http://www.pcworld.com/article/219893/ibm_watson_vanquishes_human_jeopardy_ foes.html.

10 "IBM's Watson Memorized the Entire 'Urban Dictionary,' Then His Overlords Had to Delete It," *The Atlantic*, January 10, 2013, http://www.theatlantic.com/technology/ archive/2013/01/ibms-watson-memorized-the-entire-urban-dictionary-then-hisoverlords-had-to-delete-it/267047/.

11 Kevin J. O'Brien, "Talk to Me, One Machine Said to the Other," *New York Times*, July 29, 2012, http://www.nytimes.com/2012/07/30/technology/talk-to-me-one-machine-said-to-the-other.html.

12 "VNI Forecast Highlights," *Cisco*, http://www.cisco.com/web/solutions/sp/vni/vni_ forecast_highlights/index.html (accessed June 28, 2013).

13 Ibid.

14 Infographic, "The Dawn of the Zettabyte Era," *Cisco Blogs*, http://blogs.cisco.com/news /the-dawn-of-the-zettabyte-era-infographic/ (accessed June 28, 2013).

15 Russ Rowlett, "How Many? A Dictionary of Units of Measurement," April 16, 2005, http://www.unc.edu/~rowlett/units/prefixes.html.

16 Rumi Chunara, Jason R. Andrews, and John S. Brownstein, "Social and News Media Enable Estimation of Epidemiological Patterns Early in the 2010 Haitian Cholera Outbreak," *American Journal of Tropical Medicine and Hygiene* 86, no.1 (2012):39-45, doi:10.4269/ajtmh.2012.11-0597.

17 Sitaram Asur and Bernardo A. Huberman, *Predicting the Future with Social Media*, arXiv e-print, Cornell University Library, March 29, 2010, http://arxiv.org/ abs/1003.5699.

18 Jennifer Howard, "Google Begins to Scale Back Its Scanning of Books From University Libraries," *Chronicle of Higher Education*, March 9, 2012, http://chronicle.com/article/Google-Begins-to-Scale-Back/131109/.

19 "Culturomics," http://www.culturomics.org/ (accessed June 28, 2013).

20 Jean-Baptiste Michel et al., "Quantitative Analysis of Culture Using Millions of Digitized Books," *Science* 331, no. 6014 (2011): 176-82, doi:10.1126/science. 1199644.

21 Steve Lohr, "For Today's Graduate, Just One Word: Statistics," *New York Times*, August 6, 2009, http://www.nytimes.com/2009/08/06/technology/06stats.html.

22 Boyan Brodaric, *Field Data Capture and Manipulation Using GSC Fieldlog V3.0*, U.S. Geological Survey Open-File Report 97-269 (Geological Survey of Canada, October 7, 1997), http://pubs.usgs.gov/of/1997/of97-269/brodaric.html.

23 *Selective Availability* (National Coordination Office for Space-Based Positioning, Navigation, and Timing, February 17, 2012), http://www.gps.gov/systems/gps/modernization/sa/.

4장 재조합 혁신

1 Henry Southgate, *Many Thoughts of Many Minds: Being a Treasury of Reference Consisting of Selections from the Writings of the Most Celebrated Authors...* (Griffin, Bohn, and Company, 1862), p.451.

2 Paul R. Krugman, *The Age of Diminished Expectations: U.S. Economic Policy in the 1990s* (Cambridge, MA: MIT Press, 1997), p.11.

3 Joseph Alois Schumpeter, *Business Cycles: A Theoretical, Historical, and Statistical Analysis of the Capitalist Process* (Philadelphia, NJ: Porcupine Press, 1982), p.86.

4 Robert J. Gordon, *Is U.S. Economic Growth Over? Faltering Innovation Confronts the Six Headwinds*, Working Paper (National Bureau of Economic Research, August 2012), http://www.nber.org/papers/w18315.

5 Ibid.

6 Tyler Cowen, *The Great Stagnation: How America Ate All the Low-hanging Fruit of Modern History, Got Sick, and Will (Eventually) Feel Better* (New York: Dutton, 2011).

7 Gavin Wright, "Review of Helpman (1998)," *Journal of Economic Literature* 38 (March

2000): 161-62.

8 Boyan Jovanovic and Peter L. Rousseau, "General Purpose Technologies," in *Handbook of Economic Growth*, ed. Philippe Aghion and Steven N. Durlauf, vol. 1, Part B (Amsterdam: Elsevier, 2005), 1181-224, http://www.sciencedirect.com/science/article/pii/S157406840501018X.

9 Alexander J. Field, *Does Economic History Need GPTs?* (Rochester, NY : Social Science Research Network, 2008), http://papers.ssrn.com/abstract=1275023.

10 Gordon, Is U.S. *Economic Growth Over?*, p.11.

11 Cowen, *The Great Stagnation*, location 520.

12 Gordon, *Is U.S. Economic Growth Over?*, p.2.

13 Kary Mullis, "The Polymerase Chain Reaction" (Nobel Lecture, December 8, 1993), http://www.nobelprize.org/nobel_prizes/chemistry/laureates/1993/mullis-lecture.html?print=1.

14 W. Brian Arthur, *The Nature of Technology: What It Is and How It Evolves* (New York: Simon and Schuster, 2009), p.122.

15 Paul Romer, "Economic Growth," *Library of Economics and Liberty*, 2008, http://www.econlib.org/library/Enc/EconomicGrowth.html.

16 Ibid.

17 Associated Press, "Number of Active Users at Facebook over the Years," *Yahoo! Finance*, http://finance.yahoo.com/news/number-active-users-facebook-over-years-214600186—inance.html (accessed June 29, 2013).

18 Martin L. Weitzman, "Recombinant Growth," *Quarterly Journal of Economics* 113, no. 2 (1998): 331-60.

19 Ibid., p.357.

20 Eric Raymond, "The Cathedral and the Bazaar," September 11, 2000, http://www.catb.org/esr/writings/homesteading/cathedral-bazaar/.

21 "NASA Announces Winners of Space Life Sciences Open Innovation Competition," *NASA-Johnson Space Center-Johnson News*, http://www.nasa.gov/centers/johnson/news/releases/2010/J10-017.html (accessed June 29, 2013).

22 Steven Domeck, "NASA Challenge Pavilion Results," 2011, http://www.nasa.gov/pdf/651444main_InnoCentive%20NASA%20Challenge%20Results%20CoECI_

D1_0915%20to%200955.pdf.

23 Lars Bo Jeppesen and Karim Lahkani, "Marginality and Problem Solving Effectiveness in Broadcast Search," *Organization Science* 20 (2013), http://dash.harvard.edu/bitstream/handle/1/3351241/Jeppesen_Marginality.pdf?sequence=2.

24 "Predicting Liability for Injury from Car Accidents," *Kaggle*, 2013, http://www.kaggle.com/solutions/casestudies/allstate.

25 "Carlsberg Brewery Harnesses Design Innovation Using Affinnova," *Affinnova*, http://www.affinnova.com/success-story/carlsberg-breweries/ (accessed August 6, 2013).

5장 인공지능과 인간 지능

1 John Markoff, "Israeli Start-Up Gives Visually Impaired a Way to Read," *New York Times*, June 3, 2013, http://www.nytimes.com/2013/06/04/science/israeli-start-up-gives-visually-impaired-a-way-to-read.html.

2 "Press Announcements-FDA Approves First Retinal Implant for Adults with Rare Genetic Eye Disease," *WebContent*, February 14, 2013, http://www.fda.gov/NewsEvents/Newsroom/PressAnnouncements/ucm339824.htm.

3 "Wheelchair Makes the Most of Brain Control," *MIT Technology Review*, September 13, 2010, http://www.technologyreview.com/news/420756/wheelchair-makesthe-most-of-brain-control/.

4 "IBM Watson Helps Fight Cancer With Evidence-based Diagnosis and Treatment Suggestions," *Memorial Sloan-Kettering Cancer Center*, January 2013, http://www-03.ibm.com/innovation/us/watson/pdf/MSK_Case_Study_IMC14794.pdf.

5 David L. Rimm, "C-Path: A Watson-Like Visit to the Pathology Lab," *Science Translational Medicine* 3, no. 108 (2011): 108fs8-108fs8.

6 Andrew H. Beck et al., "Systematic Analysis of Breast Cancer Morphology Uncovers Stromal Features Associated with Survival," *Science Translational Medicine* 3, no.108 (2011): 108ra113-108ra113, doi:10.1126/scitranslmed.3002564.

7 Julian L. Simon, *The Ultimate Resource* (Princeton, NJ: Princeton University Press, 1981), p.196.

8 Julian L. Simon, *The Ultimate Resource 2* (rev. ed., Princeton, NJ: Princeton University Press, 1998), p.xxxviii.

9 World Bank, *Information and Communications for Development 2012: Maximizing Mobile* (Washington, DC: World Bank Publications, 2012).

10 Robert Jensen, "The Digital Provide: Information (Technology), Market Performance, and Welfare in the South Indian Fisheries Sector," *Quarterly Journal of Economics* 122, no. 3 (2007): 879-924, doi:10.1162/qjec.122.3.879.

11 Erica Kochi, "How The Future of Mobile Lies in the Developing World," *Tech-Crunch*, May 27, 2012, http://techcrunch.com/2012/05/27/mobile-developing-world/.

12 Marguerite Reardon, "Smartphones to Outsell Feature Phones in 2013 for First Time," *CNET*, March 4, 2013, http://news.cnet.com/8301-1035_3-57572349-94/smartphones-to-outsell-feature-phones-in-2013-for-first-time/.

13 Jonathan Rosenblatt, "Analyzing Your Data on the AWS Cloud (with R)," *R-statistics Blog*, July 22, 2013, http://www.r-statistics.com/2013/07/analyzing-yourdata-on-the-aws-cloud-with-r/.

14 Carl Bass, "We've Reached Infinity—So Start Creating," *Wired UK*, February 22, 2012, http://www.wired.co.uk/magazine/archive/2012/03/ideas-bank/weve-reachedinfinity.

15 Noam Cohen, "Surviving Without Newspapers," *New York Times*, June 7, 2009, http://www.nytimes.com/2009/06/07/weekinreview/07cohen.html.

6장 풍요의 시대

1 성장률은 경기 후퇴 때 요동치곤 하지만, 더 장기적으로 보면 놀라울 만큼 안정적이었다. 사실 1957년 경제학자 니컬러스 칼더(Nicholas Kaldor)는 당시에 경제성장에 관해 알려진 것을 고전적인 논문에 요약했다. "A Model of Economic Growth," *Economic Journal* 67, no. 268 (1957): 591-624. 임금 증가율과 노동자 1인당 자본량 같은 핵심 변수들의 성장률이 비교적 일정하다는 것을 포함하여 그가 간파한 사항들은 '칼더의 사실들(Kaldor Facts)'이라고 알려지게 되었다.

2 Bret Swanson, "Technology and the Growth Imperative," *The American*, March 26, 2012, http://www.american.com/archive/2012/march/technology-and-the-growth-imperative (accessed Sept 23, 2013).

3 Congressional Budget Office, *The 2013 Long-Term Budget Outlook*, September 2013, p.95. http://www.cbo.gov/sites/default/files/cbofiles/attachments/44521-LTBO2013.pdf.

4   Robert Solow, "We'd Better Watch Out," *New York Times Book Review*, July 12, 1987.

5   Erik Brynjolfsson, "The Productivity Paradox of Information Technology," *Communications of the ACM* 36, no.12 (1993): 66–77, doi:10.1145/163298.163309.

6   Erik Brynjolfsson and Lorin Hitt, "Paradox Lost: Firm Level Evidence on the Returns to Information Systems," *Management Science* 42, no.4 (1996): 541–58. Brynjolfsson and Hitt, "Beyond Computation: Information Technology, Organizational Transformation and Business Performance," *Journal of Economic Perspectives* 14, no.4 (2000): 23–48, 이 문제에 관한 많은 문헌을 요약했다.

7   Dale W. Jorgenson, Mun S. Ho, and Kevin J. Stiroh, "Will the U.S. Productivity Resurgence Continue?," *Current Issues in Economics and Finance* (2004), http://ideas.repec.org/a/fip/fednci/y2004idecnv.10no.13.html.

8   C. Syverson, "Will History Repeat Itself? Comments on 'Is the Information Technology Revolution Over?," *International Productivity Monitor* 25 (2013): 37–40.

9   "Computer and Dynamo: The Modern Productivity Paradox in a Not-Too-Distant Mirror," *Center for Economic Policy Research*, no.172, Stanford University, July 1989, http://www.dklevine.com/archive/refs4115.pdf.

10 예를 들면, 자재 관리(MRP, Materials Resource Planning) 시스템은 전사적 자원 관리 (ERP, Enterprise Resource Planning)를 낳았고, 그것은 공급망 관리(SCM, Supply Chain Management), 고객관계관리(CRM, Customer Relationship Management)로 이어졌고, 더 최근에는 비즈니스 지능(BI, Business Intelligence), 분석학 등 많은 대규모 시스템으로 발전했다.

11 Todd Traub, "Wal-Mart Used Technology to Become Supply Chain Leader," *Arkansas Business*, http://www.arkansasbusiness.com/article/85508/wal-mart-used-technology-to-become-supply-chain-leader (accessed July 20, 2013).

12 이것은 스티븐 올리너와 대니얼 시셸(Stephen Oliner and Daniel Sichel)(2002)이 수행한 비슷한 분석 결과와도 들어맞는다. 그들은 이렇게 썼다. "IT의 활용과 IT의 생산 효율 증대는 생산성 재도약의 핵심 요소였다." 올리너, 시셸, 케빈 스티로(2007)도 IT가 이 재도약의 핵심 요소임을 밝혀냈다. 업존연구소(Upjohn Institute)의 경제학자 수전 하우스먼(Susan Housman)은 컴퓨터 제조업의 엄청난 생산성 향상이 제조 부분의 생산성을 심하게 왜곡시켰다고 주장한다(http://www.minneapolisfed.org/publications_papers/pub_display.cfm?id=4982). "컴퓨터 산업은 작다. 제조업 부가가치의 약 12퍼센트를 차

지할 뿐이다. 하지만 컴퓨터 산업이 없다면, 제조업의 실질 부가가치 증가율은 3분의 2가 감소하고 생산성 증가율은 거의 절반으로 줄어든다. 제조업은 컴퓨터가 없다면, 강한 부문으로 보이지 않는다." 하지만 우리는 같은 자료를 긍정적인 관점에서 해석하며, 설령 다른 부문들이 지체되고 있다고 해도 컴퓨터의 기여를 환영한다.

13 K. J. Stiroh, "Information Technology, and the U.S. Productivity Revival: What Do the Industry Data Say?," *American Economic Review* 92, no. 5 (2002): 1559 – 76.; and D. W. Jorgenson, M. S. Ho, and J. D. Samuels, "Information Technology and U.S. Productivity Growth: Evidence from a Prototype Industry Production Account," *Journal of Productivity Analysis*, 36, no. 2 (2011): 159 – 5. 특히 표 5는 IT를 이용하는 부문이 그렇지 않은 부문보다 총요소 생산성 증가율이 약 열 배 더 높다는 것을 보여준다.

14 Erik Brynjolfsson, and Lorin Hitt, "Computing Productivity: Firm-level Evidence," *Review of Economics and Statistics* 85, no.4 (2003): 793-808. 마찬가지로 스탠퍼드대학의 니컬러스 블룸(Nicholas Bloom), 하버드대학의 라파엘라 사둔(Rafaela Sadun), 런던 정경대학의 존 밴 리넨(John Van Reenen)은 미국 기업들이 IT의 가치를 최대화하는 경영 기법을 실행하는 데 아주 뛰어나며, 그것이 가시적인 생산성 향상으로 이어졌다는 것을 밝혀냈다. N. Bloom, R. Sadun, and J. Van Reenen "Americans Do IT Better: U.S. Multinationals and the Productivity Miracle (No.w13085)," *National Bureau of Economic Research*, 2007.

15 Andrew McAfee, "Pharmacy Service Improvement at CVS (A)," *Harvard Business Review*, Case Study, 2005, http://hbr.org/product/pharmacy-service-improvement-at-cvs-a/an/606015-PDF-ENG.

16 Erik Brynjolfsson, Lorin Hitt, and Shinkyu Yang, "Intangible Assets: Computers and Organizational Capital," Brookings Papers on Economic Activity, 2002, http://ebusiness.mit.edu/research/papers/138_Erik_Intangible_Assets.pdf.

17 Erik Brynjolfsson and Adam Saunders, *Wired for Innovation: How Information Technology Is Reshaping the Economy* (Cambridge, MA; London: MIT Press, 2013).

18 미국 노동통계국의 자료에 따르면, 생산성 증가율은 2001년에서 2010년에 평균 2.4퍼센트, 1991년에서 2000년에 2.3퍼센트, 1981년에서 1990년에는 1.5퍼센트, 1971년에서 1980년에는 1.7퍼센트였다.

7장 GDP를 넘어서

1 Joel Waldfogel, "Copyright Protection, Technological Change, and the Quality of New Products: Evidence from Recorded Music Since Napster," Working Paper (National Bureau of Economic Research, October 2011), http://www.nber.org/papers/w17503.

2 Albert Gore, *The Future: Six Drivers of Global Change* (New York: Random House, 2013), p.45.

3 영어 위키피디아의 단어 수는 25억 개로 《브리태니커 백과사전》보다 50배 이상 많다. "Wikipedia: Size Comparisons," *Wikipedia, the Free Encyclopedia*, July 4, 2013, http://en.wikipedia.org/w/index.php?title=Wikipedia:Size_comparisons&oldid=562880212 (accessed August 17, 2013).

4 실제로 현재 스마트폰의 앱 중 90퍼센트는 무료다. Alex Cocotas, "Nine Out Of Ten Apps On Apple's App Store Are Free," *Business Insider*, July 19, 2013, http://www.businessinsider.com/nine-out-of-10-apps-are-free-2013-7#ixzz2cojAAOCy (accessed August 17, 2013).

5 시장조사 기관인 오범(OVUM)에 따르면, 2013년에 무료 OTT(Over-The-Top, 인터넷을 통한 동영상 서비스-옮긴이)가 문자메시지 서비스를 잠식함으로써, 통신 회사들이 입은 손해가 300억 달러를 넘는다고 추정한다. Graeme Philipson, "Social Messaging to Cost Telcos \$30 Billion in Lost SMS Revenues," *IT Wire*, May 2, 2013, http://www.itwire.com/it-industry-news/strategy/59676-social-messaging-to-cost-telcos-\$30-billion-in-lost-sms-revenues (accessed August 17, 2013). 미국 경제분석국에서 열심히 일하는 통계학자들은 이론적으로 품질 조정을 고려한 가격 변동을 설명하려고 애쓴다. 현실적으로 이 방법은 작은 변동에는 들어맞지만, 새로운 상품과 용역이 심하게 교란을 일으키는 사례에는 적용할 수 없다. 더군다나 때로는 GDP 증가가 복지 감소를 반영하기도 한다. 예를 들어, 범죄율이 증가하면, 도난 경보기, 경찰력, 교도소에 들어가는 지출이 늘어날 수 있고, 이런 활동들에 소요되는 돈은 GDP를 상승시킨다. 하지만 물론 국가로서는 범죄율이 줄어서 이런 지출을 덜할수록 더 좋을 것이다.

6 http://archive.org/stream/catalogno12400sear#page/370/mode/2up (accessed September 15, 2013).

7 1912년 시어스 상품 안내서를 찾아보라(p.873). 가격이 72센트에 불과하다.

8 1993년에 지닌 '행복'을 2013년 목록을 써서 재현하는지, 2013년에 지닌 행복을

1993년 목록을 써서 재현하는지에 따라 답이 조금씩 다르다. 이것은 경제학자들이 파셰(Paasche) 가격 지수와 라스파이레스(Laspeyres) 가격 지수라고 말하는 것의 차이에 해당한다. 해당 상품들의 가격을 끊임없이 조정하는 연쇄 가격 지수라는 접근법도 있다. 미묘하기 하지만 어느 가격 지수를 선택하느냐에 따라, 시간이 흐르면서 수천억 달러까지 차이가 생길 수 있다. 생계비 변동에 맞추어 사회 보장 지급액을 지수 산정할 때에도 그렇다.

9 원칙적으로 동일한 상품을 더 낮은 가격에 이용할 수 있게 되면, 명목 GDP는 하락하겠지만 실질 GDP는 그렇지 않을 것이며, 그 차이는 가격 지수에 반영된다. 하지만 현실적으로 이런 소비 변화는 가격 지수 변화에 반영되지 않으며, 그 결과 명목 GDP와 실질 GDP의 공식 값은 떨어진다.

10 Erik Brynjolfsson, "The Contribution of Information Technology to Consumer Welfare," *Information Systems Research* 7, no. 3 (1996): 281-300, doi:10.1287/isre.7.3.281.

11 Erik Brynjolfsson and Joohee Oh, "The Attention Economy: Measuring the Value of Free Goods on the Internet," in NBER Conference on the Economics of Digitization, Stanford, 2012, http://conference.nber.org/confer//2012/EoDs12/Brynjolfsson_Oh.pdf.

12 Hal Varian, "Economic Value of Google," March 29, 2011, http://cdn.oreillystatic.com/en/assets/1/event/57/The%20Economic%20Impact%20of%20Google%20Presentation.pdf (accessed August 23, 2013). Yan Chen, Grace Young Joo Jeon, and Yong-Mi Kim, "A Day without a Search Engine: An Experimental Study of Online and Offline Search," http://yanchen.people.si.umich.edu/.

13 Emil Protalinski, "10.5 Billion Minutes Spent on Facebook Daily, Excluding Mobile," *ZDNet*, http://www.zdnet.com/blog/facebook/10-5-billion-minutes-spent-on-facebook-daily-excluding-mobile/11034 (accessed July 23, 2013).

14 Daniel Weld, "Internet Enabled Human Computation," July 22, 2013, Slide 49, https://docs.google.com/viewer?a=v&q=cache:HKa8bKFJkRQJ:www.cs.washington.edu/education/courses/cse454/10au/slides/13-hcomp.ppt+facebook+hours+panama+canal+ahn&hl=en&gl=us&pid=bl&srcid=ADGEESjO16Vz-Mrtg5P2gFvRC82qOoJvsHNVmr56N1XbswDpmqoxb1pUMLoJacAgvNdPRk5OCU0gPCjLbf_3SIvu4oiqCYAqywUkC18VLBdwiE2SwTQrGJXOxuxZFpu_gy6JrmzAtri0&sig=AHIEtbQnKV

Dd9ybDuAJQJMIMhD8R_oNt8Q.

15 Clive Thompson, "For Certain Tasks, the Cortex Still Beats the CPU," *Wired*, June 25, 2007.

16 National Science Foundation, "Industry, Technology, and the Global Marketplace," *Science and Engineering Indicators 2012*, 2012, http://www.nsf.gov/statistics/seind12/ c6/c6h.htm#s2 (accessed July 27, 2013).

17 Michael Luca, "Reviews, Reputation, and Revenue: The Case of Yelp.com," Harvard Business School Working Paper (Harvard Business School, 2011), http://ideas.repec. org/p/hbs/wpaper/12-016.html (accessed September 12, 2013).

18 Ralph Turvey, "Review of: Toward a More Accurate Measure of the Cost of Living: Final Report to the Senate Finance Committee from the Advisory Committee to Study the Consumer Price Index. by Michael J. Boskin; Ellen R. Dullberger; Robert J.Gordon," *Economic Journal* 107, no.445 (1997): 1913-15, doi:10.2307/2957930.

19 Jonathan Rothwell et al., "Patenting Prosperity: Invention and Economic Performance in the United States and Its Metropolitan Areas," February 2013, http://www. brookings.edu/research/reports/2013/02/patenting-prosperity-rothwell (accessed September 12, 2013).

20 Carol Corrado, Chuck Hulten, and Dan Sichel, "Intangible Capital and Economic Growth," NBER Working Paper No. 11948, 2006, http://www.nber.org/papers/ w11948.

21 Erik Brynjolfsson, Lorin Hitt, and Shinkyu Yang, "Intangible Assets: Computers and Organizational Capital," Brookings Papers on Economic Activity, 2002, http:// ebusiness.mit.edu/research/papers/138_Erik_Intangible_Assets.pdf (accessed August 18, 2013); Erik Brynjolfsson and Lorin Hitt, "Computing Productivity: Firm-Level Evidence," SSRN Scholarly Paper (Rochester, NY : Social Science Research Network, 2003), http://papers.ssrn.com/abstract=290325.

22 Rick Burgess, "One Minute on the Internet: 640TB Data Transferred, 100k Tweets, 204 Million E-mails Sent," *TechSpot*, http://www.techspot.com/news/52011-one- minute-on-the-internet-640tb-data-transferred-100k-tweets-204-million-e- mails-sent.html (accessed July 23, 2013).

23 "Facebook Newsroom," http://newsroom.fb.com/content/default.aspx?NewsAreaId=

21 (accessed July 23, 2013).

24 Dale Jorgenson and Barbara Fraumeni, "The Accumulation of Human and Nonhuman Capital, 1948–84," in *The Measurement of Saving, Investment, and Wealth* (Chicago, IL: University of Chicago Press for National Bureau of Economic Research, 1989), p.230, http://www.nber.org/chapters/c8121.pdf.

25 Adam Smith, *An Inquiry into the Nature and Causes of the Wealth of Nations*, ed. Edwin Cannan (Library of Economics and Liberty, 1904), http://www.econlib.org/library/Smith/smWN20.html (accessed September 23, 2013).

26 Ana Aizcorbe, Moylan Carol, and Robbins Carol, "Toward Better Measurement of Innovation and Intangibles," *BEA Briefing*, January 2009, http://www.bea.gov/scb/pdf/2009/01%20January/0109_innovation.pdf.

27 "GDP: One of the Great Inventions of the 20th Century," *January 2000 Survey of Current Business*, http://www.bea.gov/scb/account_articles/general/0100od/maintext.htm.

28 Joseph E. Stiglitz, "GDP Fetishism," *Project Syndicate*, http://www.project-syndicate.org/commentary/gdp-fetishism (accessed July 23, 2013).

29 "Human Development Index (HDI)," *Human Development Reports*, 2012, http://hdr.undp.org/en/statistics/hdi/ (accessed July 23, 2013).

30 "Policy—Multidimensional Approach," *Oxford Poverty & Human Development Initiative*, 2013, http://www.ophi.org.uk/policy/multidimensional-poverty-index/.

31 "DHS Overview," *Measure DHS: Demographic and Health Surveys*, 2013, http://www.measuredhs.com/What-We-Do/Survey-Types/DHS.cfm (accessed September 11, 2013).

32 Joseph Stiglitz, Amartya Sen, and Jean-Paul Fitoussi, "Report by the Commission on the Measurement of Economic Performance and Social Progress," *Council on Foreign Relations*, August 25, 2010, http://www.cfr.org/world/report-commission-measurement-economic-performance-social-progress/p22847 (accessed August 9, 2013).

33 http://www.socialprogressimperative.org/data/spi.

34 http://www.well-beingindex.com/.

35 http://bpp.mit.edu.

36 Hyunyoung Choi and Hal Varian, "Predicting the Present with Google Trends," *Google*

Inc., April 10, 2009, http://static.googleusercontent.com/external_content/untrusted_
dlcp/www.google.com/en/us/googleblogs/pdfs/google_predicting_the_present.pdf
(accessed September 11, 2013); Lynn Wu and Erik Brynjolfsson, "The Future of
Prediction: How Google Searches Foreshadow Housing Prices and Sales," SSRN
Scholarly Paper (Rochester, NY: Social Science Research Network, 2013), http://papers.
ssrn.com/abstract=2022293.

8장 격차의 시대

1 Jonathan Good, "How Many Photos Have Ever Been Taken?," *1000memories*, Sep-
   tember 15, 2011, http://blog.1000memories.com/94-number-of-photos-ever-
   takendigital-and-analog-in-shoebox (accessed August 10, 2013).

2 Ibid.

3 Tomi Ahonen, "Celebrating 30 Years of Mobile Phones, Thank You NTT of Japan,"
   Communities Dominate Brands, November 13, 2009, http://communities-dominate.
   blogs.com/brands/2009/11/celebrating-30-years-of-mobile-phones-thank-you-
   ntt-of-japan.html (accessed September 11, 2013).

4 Good, "How Many Photos Have Ever Been Taken?"

5 Craig Smith, "By the Numbers: 12 Interesting Instagram Stats," *Digital Marketing
   Ramblings* ···, June 23, 2013, http://expandedramblings.com/index.php/important-
   instagram-stats/ (accessed August 10, 2013).

6 Leena Rao, "Facebook Will Grow Headcount Quickly In 2013 To Develop Money-
   Making Products, Total Expenses Will Jump By 50 Percent," *TechCrunch*, January
   30, 2013, http://techcrunch.com/2013/01/30/zuck-facebook-will-grow-headcount
   quickly-in-2013-to-develop-future-money-making-products/ (accessed August 10,
   2013).

7 Brad Stone and Ashlee Vance, "Facebook's 'Next Billion': A Q&A With Mark Zuc-
   kerberg," *Bloomberg Businessweek*, October 4, 2012, http://www.businessweek.com/
   articles/2012-10-04/facebooks-next-billion-a-q-and-a-with-mark-zuckerberg
   (accessed September 11, 2013).

8 "Kodak's Growth and Decline: A Timeline," *Rochester Business Journal*, January 19,
   2012, http://www.rbj.net/print_article.asp?aID=190078

9 UC버클리 이매뉴얼 사에즈의 2006년 미국 세금 환급금 분석 자료.

10 대조적으로, 이 시기에 고등학교 이상의 교육을 받은 남녀의 기대수명은 증가했다.

11 Sylvia Allegretto, "The State of Working America's Wealth, 2011," Briefing Paper No.292, Economic Policy Institute, Washington, D.C.

12 Josh Bivens, "Inequality, Exhibit A: Walmart and the Wealth of American Families," *Working Economics*, Economic Policy Institute blog, http://www.epi.org/blog/inequality-exhibit-wal-mart-wealth-american/ (accessed September 17, 2013).

13 Luisa Kroll, "Inside the 2013 Forbes 400: Facts and Figures On America's Richest," *Forbes*, September 16, 2013, http://www.forbes.com/sites/luisakroll/2013/09/16/inside-the-2013-forbes-400-facts-and-figures-on-americas-richest/ (accessed September 16, 2013).

14 이 차이의 약 3분의 1은 생산성 계산을 할 때 쓴 제품 가격을 계산하는 방식과 소득을 계산할 때 쓴 소비자 가격의 기술적 차이를 반영했다. 게다가 약 12퍼센트는 보건 의료 같은 비임금 혜택의 증가에서 비롯된 것이었다. Lawrence Mishel, "The Wedges between Productivity and Median Compensation Growth," *Economic Policy Institute*, April 26, 2012, http://www.epi.org/publication/ib330-productivity-vs-compensation/. 가계 소득을 보면, 하락의 약 20퍼센트는 30년 전보다 가구의 규모가 다소 더 작다는 사실을 반영한다.

15 OECD의 자료는 22개국 중에서 멕시코, 미국, 이스라엘, 영국, 이탈리아, 호주, 뉴질랜드, 일본, 캐나다, 독일, 네덜란드, 룩셈부르크, 핀란드, 스웨덴, 체코, 노르웨이, 덴마크를 포함한 17개국에서 소득 불평등이 심해졌음을 보여준다.

16 Robert M. Solow, "Technical Change and the Aggregate Production Function," *Review of Economics and Statistics* 39, no.3 (1957): 312-20, doi:10.2307/1926047.

17 David H. Autor, Lawrence F. Katz, and Alan B. Krueger, "Computing Inequality: Have Computers Changed the Labor Market?," Working Paper (National Bureau of Economic Research, March 1997), http://www.nber.org/papers/w5956; F. Levy and R. J. Murnane, *The New Division of Labor: How Computers Are Creating the Next Job Market* (Princeton, NJ: Princeton University Press, 2012); D. Autor, "The Polarization of Job Opportunities in the U.S. Labor Market," The Brookings Institution, http://www.brookings.edu/research/papers/2010/04/jobs-autor (accessed August 10, 2013); and Daron Acemoglu and David Autor, "Skills, Tasks and Technologies: Implications for Employment and Earnings," Working Paper (National Bureau of Economic Research, June 2010), http://www.nber.org/papers/w16082.

18 Daron Acemoglu and David Autor, "Skills, Tasks and Technologies: Implications for Employment and Earnings," *Handbook of Labor Economics* 4 (2011): 1043-1171.

19 "Digest of Education Statistics, 1999," *National Center for Education Statistics*, http://nces.ed.gov/programs/digest/d99/d99t187.asp (accessed August 10, 2013).

20 Timothy Bresnahan, Erik Brynjolfsson and Lorin Hitt, "Information Technology, Workplace Organization, and the Demand for Skilled Labor: Firm-level Evidence," *Quarterly Journal of Economics*, 117, no.1 (2002): 339-76; Eric Brynjolfsson, Lorin Hitt, and Shinkyu Yang, "Intangible Assets: Computers and Organizational Capital," Brookings Papers on Economic Activity, 2002, pp.137-98.

21 Brynjolfsson, Hitt, and Yang, "Intangible Assets: Computers and Organizational Capital," and Erik Brynjolfsson, David Fitoussi, and Lorin Hitt, "The IT Iceberg: Measuring the Tangible and Intangible Computing Assets," Working Paper (October 2004).

22 Eric Brynjolfsson and Lorin Hitt, "Computing Productivity: Firm-level Evidence," *Review of Economics and Statistics* 8, no.4 (2003): 793-808.

23 Timothy Bresnahan, Erik Brynjolfsson, and Lorin Hitt, "Information Technology, Workplace Organization, and the Demand for Skilled Labor: Firm-Level Evidence," *Quarterly Journal of Economics* 117, no.1 (2002): 339-76, doi:10.1162/003355302753399526.

24 리엔지니어링 자문가들은 17세기에 보스턴커먼(Boston Common)과 주변 지역에 소들이 무리지어 돌아다녔는데, 시간이 흐르면서 이 소들이 다니는 길이 잘 다져졌고, 그 주변으로 상점과 주택이 들어섰으며, 그 길로 마차와 수레가 다녔고, 이윽고 자갈이 깔린 길이 되었으며, 20세기에는 그 길의 대부분이 아스팔트로 포장되었고, 더 이상 소들은 찾아볼 수 없다는 이야기를 즐겨한다. 보스턴에서 운전해본 사람이라면 알겠지만, 소 떼에 맞게 설계된 통행로는 현대 도시에서 최상의 도로망이 아닐 수도 있다.

25 David Autor, "The Polarization of Job Opportunities in the U.S. Labor Market," Brookings Institution (April 2010), http://www.brookings.edu/research/papers/2010/04/jobs-autor (accessed August 10, 2013); Daron Acemoglu and David Autor, "Skills, Tasks and Technologies: Implications for Employment and Earnings," Working Paper

(National Bureau of Economic Research, June 2010), http://www.nber.org/papers/w16082.

26 N. Jaimovich and H. E. Siu, "The Trend is the Cycle: Job Polarization and Jobless Recoveries (No.w18334)," *National Bureau of Economic Research*, 2012.

27 한스 모라벡은 이렇게 말한다. "지능 검사나 체스 대국에서 어른 수준의 실력을 발휘하는 컴퓨터를 만들기는 비교적 쉽지만, 지각과 운동 능력 면에서 만 한 살짜리 아기에 상응하는 기능을 부여하기란 어렵거나 불가능하다." Hans Moravec, *Mind Children: The Future of Robot and Human Intelligence* (Cambridge, MA: Harvard University Press, 1988).

28 Jonathan Schaeffer, *One Jump Ahead: Computer Perfection at Checkers* (New York: Springer, 2009), http://public.eblib.com/EBLPublic/PublicView.do?ptilD=418209.

29 Daniel Crevier, *AI: The Tumultuous History of the Search for Artificial Intelligence* (New York: Basic Books, 1993), p.108.

30 Jack Copeland, "A Brief History of Computing," June 2000, http://www.alanturing.net/turing_archive/pages/Reference%20Articles/BriefHistofComp.html.

31 2009년 아르헨티나 부에노스아이레스에서 열린 코파메르코수르(Copa Mercosur) 대회에서 휴대전화 체스 게임인 포켓프리츠(Pocket Fritz)가 우승했다.

32 Steve Musil, "Foxconn Reportedly Installing Robots to Replace Workers" *CNET*, November 13, 2012, http://news.cnet.com/8301-1001_3-57549450-92/foxconn-reportedly-installing-robots-to-replace-workers/ (accessed November 13, 2012).

33 로드니 브룩스는 2012년 11월 12일 애리조나 주 툭손에서 열린 테크노미 2012 총회에서 앤드루 맥아피와 공개 토론을 하던 중에 나온 질문에, 백스터의 시간당 경비를 약 4달러로 본다고 했다.

34 Karl Marx, *Capital: A Critique of Political Economy* (New York: Modern Library, 1906), pp.708-9.

35 Dale Jorgenson, *A New Architecture for the U.S. National Accounts* (Chicago, IL: University of Chicago Press, 2006).

36 Susan Fleck, John Glaser, and Shawn Sprague, "The Compensation-Productivity Gap: A Visual Essay," *Monthly Labor Review* (January 2011), http://www.bls.gov/opub/mlr/2011/01/art3full.pdf, pp.57-69.

37 L . Karabarbounis and B. Neiman, "The Global Decline of the Labor Share (No.

注-349

w19136)," *National Bureau of Economic Research*, 2013.

38 http://w3.epi-data.org/temp2011/BriefingPaper324_FINAL %283%29.pdf.

39 http://blogs.wsj.com/economics/2011/09/28/its-man-vs-machine-and-man-is-losing/.

40 Lucian A. Bebchuk and Yaniv Grinstein, "The Growth of Executive Pay," *Oxford Review of Economic Policy* 21 (2005): 283-303; *Harvard Law and Economics Discussion Paper* No. 510. Available at SSRN, http://papers.ssrn.com/abstract=648682 (accessed August 10, 2013).

9장 슈퍼스타 경제

1 *Nike—You Don't Win Silver, You Lose Gold*, 2012, http://www.youtube.com/watch?v=ZnLCeXMHzBs&feature=youtube_gdata_player.

2 대부분의 사례에서는 승자가 말 그대로 시장을 독식하지는 않는다. 아마 '승자가 가장 많이 가져가는'이라는 말이 더 정확한 표현일 것이다. 하지만 더 낫든 더 나쁘든 간에, 경제학자들 사이에서 개념의 명칭을 확보하기 위한 경쟁에서 '승자 독식'이라는 용어가 시장을 거의 독차지했으며, 그래서 우리도 그 용어를 쓰겠다.

3 Emmanuel Saez, "Striking It Richer: The Evolution of Top Incomes in the United States," January 23, 2013, http://elsa.berkeley.edu/~saez/saez-UStopincomes-2011.pdf.

4 "Why The Haves Have So Much : NPR," *NPR.org*, October 29, 2011, http://www.npr.org/2011/10/29/141816778/why-the-haves-have-so-much (accessed August 11, 2013).

5 Alex Tabarrok, "Winner Take-All Economics," *Marginal Revolution*, September 13, 2010, http://marginalrevolution.com/marginalrevolution/2010/09/winner-take-all-economics.html.

6 Steven N. Kaplan and Joshua Rauh, "It's the Market: The Broad-Based Rise in the Return to Top Talent," *Journal of Economic Perspectives* 27, no.3 (2013): 35-56.

7 David Streitfeld, "As Boom Lures App Creators, Tough Part Is Making a Living," *New York Times*, November 17, 2012, http://www.nytimes.com/2012/11/18/business/as-boom-lures-app-creators-tough-part-is-making-a-living.html.

8 Heekyung Kim and Erik Brynjolfsson, "CEO Compensation and Information Technology," *ICIS 2009 Proceedings*, January 1, 2009, http://aisel.aisnet.org/icis2009/38.

9 Xavier Gabaix and Augustin Landier, "Why Has CEO Pay Increased so Much?," SSRN Scholarly Paper (Rochester, NY: Social Science Research Network, May 8, 2006), http://papers.ssrn.com/abstract=901826.

10 Robert H. Frank and Philip J. Cook, *The Winner-take-all Society: Why the Few at the Top Get so Much More Than the Rest of Us* (New York: Penguin Books, 1996).

11 Sherwin Rosen, "The Economics of Superstars," *American Economic Review* 71, no.5 (1981): 845-58, doi:10.2307/1803469.

12 D. Rush, "Google buys Waze map app for $1.3bn," *Guardian* (UK), June 11, 2013, http://www.theguardian.com/technology/2013/jun/11/google-buys-waze-maps-billion.

13 이 동영상과 시청 횟수 자료, https://www.youtube.com/watch?v=OYpwAtnywTk.

14 Roy Jones and Haim Mendelson on this point: "Information Goods vs. Industrial Goods: Cost Structure and Competition," *Management Science* 57, no.1 (2011):164-76, doi:10.1287/mnsc.1100.1262.

15 아주 적은 한계비용도 크게 묶음으로써 더 수익이 나도록 할 수 있다. 그것이 바로 케이블 TV의 프로그램이 한 편씩 고르는 식이 아니라 묶음으로 팔리고, 마이크로소프트 오피스가 단품보다 시장을 더 많이 차지할 수 있는 이유 중 하나다. 묶으면 더 완결된 제품을 만들어서 묶음 제품의 가치에 관해 각기 다른 견해를 지닌 소비자들에게 더 많이 팔 수 있기 때문에, 슈퍼스타와 틈새 생산자 양쪽에게 이익이 된다. 하지만 묶음 판매가 흔한 시장은 승자 독식 시장이 되는 경향이 있다.

16 Michael D. Smith and Erik Brynjolfsson, "Consumer Decision-making at an Internet Shopbot: Brand Still Matters," *NBER* (December 1, 2001): 541-58.

17 Catherine Rampell, "College Degree Required by Increasing Number of Companies," *New York Times*, February 19, 2013, http://www.nytimes.com/2013/02/20/business/college-degree-required-by-increasing-number-of-companies.html.

18 우리 논문에서 더 자세히 다루었다. "Investing in the IT That Makes a Competitive Difference," July 2008, http://hbr.org/2008/07/investing-in-the-it-that-makesa-competitive-difference.

19 Alfred Marshall, *Principles of Economics*, 8th edition (New York: Macmillan, 1947), p.685.

20 http://www.koomey.com/books.html or http://www.johntreed.com/FCM.html.

21 우리는 이 문제를 더 상세히 논의한 글을 〈하버드비즈니스리뷰*Harvard Business Review*〉에 실었다. A. McAfee and E. Brynjolfsson, "Investing in the IT That Makes a Competitive Difference: Studies of Corporate Performance Reveal a Growing Link between Certain Kinds of Technology Investments and Intensifying Competitiveness," *Harvard Business Review* (2006): 98-103.; E. Brynjolfsson, A. McAfee, M. Sorell, and F. Zhu, "Scale without Mass: Business Process Replication and Industry Dynamics," MIT Center for Digital Business Working Paper, 2008.

22 더 딱딱하게 표현하자면, 멱법칙의 공식은 이렇다. $f(x) = ax^k$. 예를 들면, 아마존의 한 책의 판매부수 $f(x)$는 그 책의 순위 x와 멱지수 k의 함수가 된다. 멱법칙의 한 가지 멋진 특성은 로그-로그 눈금으로 나타냈을 때 직선을 그린다는 것이며, 이 직선의 기울기는 지수 k에 따라 정해진다.

23 Erik Brynjolfsson, Yu Jeffrey Hu, and Michael D. Smith, "Consumer Surplus in the Digital Economy: Estimating the Value of Increased Product Variety at Online Booksellers," SSRN Scholarly Paper (Rochester, NY: Social Science Research Network, June 1, 2003), http://papers.ssrn.com/abstract=400940.

24 다시 말해, 이른바 '검은 백조' 출현 사건은 기본 분포가 정규분포가 아니라 멱법칙을 따를 때 더 흔하게 나타난다.

25 학술적으로 소득 분포는 전통적인 정규분포의 변형 형태인 로그-정규분포에 가장 잘 들어맞으며, 이 분포에서 상위 소득은 멱법칙에 가장 잘 들어맞는다.

26 2013년 8월 1일, 제21차 애스펀연구소 정보기술 연례원탁회의(Annual Aspen Institute Roundtable on Information Technology)에서 김 테이페일이 발표한 내용이다.

27 독자가 과학기술계의 괴짜라면, 멱법칙 분포의 평균값이 사실상 무한이 되는 사례도 있음을 알지 모르겠다. 특히 이 분포의 지수(위 방정식의 k)가 2보다 작을 때, 이 분포의 평균값은 무한이 된다.

28 "Dollars and Sense Part Two: ML B Player Salary Analysis," *Purple Row*, http://www.purplerow.com/2009/4/23/848870/dollars-and-sense-part-two-mlb (accessed August 10, 2013). 슈퍼스타가 맺는 광고 계약을 고려하면 이 차이는 더욱 커질 가능성이 높다.

1 "The World's Billionaires: 25th Anniversary Timeline," *Forbes*, 2012, http://www. forbes.com/special-repor t /2012/billionaires-25th-anniversary-timeline.html (accessed August 7, 2013); "Income, Poverty and Health Insurance Coverage in the United States: 2011," U.S. Census Bureau Public Information Office, September 12, 2012, http://www.census.gov/newsroom/releases/archives/income_wealth/cb12-172. html (accessed August 9, 2013).

2 N . G. Mankiw, "Defending the One Percent," *Journal of Economic Perspectives*, June 8, 2013, http://scholar.harvard.edu/files/mankiw/files/defending_the_one_percent_0.pdf.

3 Felix Salmon, "Krugman vs. Summers: The Debate," *Reuters Blogs—Felix Salmon*, November 15, 2011, http://blogs.reuters.com/felix-salmon/2011/11/15/krugman-vs-summers-the-debate/ (accessed August 10, 2013).

4 Donald J. Boudreaux and Mark J. Perry, "The Myth of a Stagnant Middle Class," *Wall Street Journal*, January 23, 2013, http://online.wsj.com/article/SB1000142412788732 34686045782497231381 61566.html.

5 Mark J. Perry, "Thanks to Technology, Americans Spend Dramatically Less on Food Than They Did 3 Decades Ago," *AEIdeas*, April 7, 2013, http://www.aei-ideas. org/2013/04/technology-innovation-and-automation-have-lowered-the-cost-of-our-food-and-improved-the-lives-of-all-americans/.

6 Scott Winship, "Myths of Inequality and Stagnation," The Brookings Institution, March 27, 2013, http://www.brookings.edu/research/opinions/2013/03/27-inequalitymyths- winship (accessed August 10, 2013).

7 Jared Bernstein, "Three Questions About Consumer Spending and the Middle Class," *Bureau of Labor Statistics*, June 22, 2010, http://www.bls.gov/cex/duf2010bernstein1. pdf.

8 Annamaria Lusardi, Daniel J. Schneider, and Peter Tufano, "Financially Fragile Households: Evidence and Implications," Working Paper (National Bureau of Economic Research, May 2011), http://www.nber.org/papers/w17072.

9 Jason Matthew DeBacker et al., "Rising Inequality: Transitory or Permanent? New Evidence from a Panel of U.S. Tax Returns 1987-2006," SSRN Scholarly Paper (Rochester, NY: Social Science Research Network, January 2, 2012), http://papers.

ssrn.com/abstract=1747849.

10 Robert D. Putnam, "Crumbling American Dreams," *Opinionator, New York Times* blog, August 3, 2013, http://opinionator.blogs.nytimes.com/2013/08/03/crumblingameri can-dreams/.

11 "Repairing the Rungs on the Ladder," *The Economist*, February 9, 2013, http://www. economist.com/news/leaders/21571417-how-prevent-virtuous-meritocracy- entrenching-itself-top-repairing-rungs (accessed August 10, 2013).

12 Daron Acemoglu and James A. Robinson, "The Problem with U.S. Inequality," *Huffington Post*, March 11, 2012, http://www.huffingtonpost.com/daron-acemoglu/ us-inequality_b_1338118.html (accessed August 13, 2013).

13 John Bates Clark, *Essentials of Economic Theory as Applied to Modern Problem of Industry and Public Policy* (London: Macmillan, 1907), p.45.

14 W. M. Leiserson, *The Problem of Unemployment Today* 31, *Political Science Quarterly* (1916), http://archive.org/details/jstor-2141701, p.12.

15 John Maynard Keynes, *Essays in Persuasion* (New York: W. W. Norton & Company, 1963), p.358.

16 Linus Pauling, *The Triple Revolution* (Santa Barbara, CA: Ad Hoc Committee on the Triple Revolution, 1964), http://osulibrary.oregonstate.edu/specialcollections/coll/ pauling/peace/papers/1964p.7-02.html.

17 Wassily Leontief, "National Perspective: The Definition of Problems and Opportuni- ties," *The Long-Term Impact of Technology on Employment and Unemployment* (National Academy of Engeneering, 1983): 3-7.

18 Richard M. Cyert and David C. Mowery, eds., *Technology and Employment: Innovation and Growth in the U.S. Economy* (National Academies Press, 1987), http://www.nap. edu/catalog.php?record_id=1004.

19 Raghuram Rajan, Paolo Volpin, and Luigi Zingales, "The Eclipse of the U.S. Tire Industry," Working Paper (Center for Economic Studies, U.S. Census Bureau, 1997), http://ideas.repec.org/p/cen/wpaper/97-13.html.

20 William D. Nordhaus, "Do Real Output and Real Wage Measures Capture Reality? The History of Lighting Suggests Not," *Cowles Foundation Discussion Paper* (Cowles Foundation for Research in Economics, Yale University, 1994), http://ideas.repec.org/

p/cwl/cwldpp/1078.html.

21 에릭은 한 논문에서 컴퓨터 하드웨어의 수요 탄력성이 약 1.1이라고 추정했다. 즉 가격이 1퍼센트 오를 때 수요가 약 1.1퍼센트 증가한다는 의미다. 기술 발달로 컴퓨터의 성능이 더 좋아지면서 총지출이 증가하기 때문이다. Erik Brynjolfsson, "The Contribution of Information Technology to Consumer Welfare," *Information Systems Research* 7, no 3 (1996): 281-300.

22 이것은 수요와 공급이 늘 균형을 이룬다는 '세이의 법칙(Say's Law)'의 한 예다.

23 John Maynard Keynes, "Economic Possibilities for Our Grandchildren," *Keynes on Possibilities*, 1930, http://www.econ.yale.edu/smith/econ116a/keynes1.pdf.

24 Tim Kreider, "The 'Busy' Trap," *Opinionator*, June 30, 2012, http://opinionator. blogs. nytimes.com/2012/06/30/the-busy-trap/.

25 노벨상 수상자인 조지프 스티글리츠는 휘발유 엔진을 장착한 트랙터를 쓰는 등 농업에서 일어난 급속한 자동화가 1930년대에 나타난 고실업 중 일부를 설명한다고 주장했다. Joseph Stiglitz, *The Price of Inequality: How Today's Divided Society Endangers Our Future* (New York: W. W. Norton & Company, 2013).

26 Wassily Leontief, "Technological Advance, Economic Growth, and the Distribution of Income," *Population and Development Review* 9, no.3 (September 1, 1983), 403-10.

27 Michael Spence, *The Next Convergence: The Future of Economic Growth in a Multispeed World* (New York: Macmillan, 2011).

28 D. Autor, D. Dorn, and G. H. Hanson, "The China Syndrome: Local Labor Market Effects of Import Competition in the United States," *American Economic Review* (forthcoming, December 2013).

29 J. Banister and G. Cook, "China's Employment and Compensation Costs in Manufacturing through 2008," *Monthly Labor Review* 134, no.3 (2011): 39-52. 중국의 통계를 더 자세히 살펴보면, 분류 방법이 시간이 흐르면서 조금씩 변해왔음을 알 수 있다. 따라서 고용의 정확한 변화 양상은 공식 발표와 좀 다를 수도 있지만, 전반적인 추세는 뚜렷해 보인다.

11장 기계와 함께 달리는 법

1 "Computers Are Useless. They Can Only Give You Answers," *Quote Investigator*, November 5, 2011, http://quoteinvestigator.com/2011/11/05/computers-useless/.

2   D. T. Max, "The Prince's Gambit," *The New Yorker*, March 21, 2011, http://www. newyorker.com/reporting/2011/03/21/110321fa_fact_max.

3   Garry Kasparov, "The Chess Master and the Computer," *New York Review of Books*, February 11, 2010, http://www.nybooks.com/articles/archives/2010/feb/11/the-chess-master-and-the-computer/.

4   "Chess Quotes," http://www.chessquotes.com/player-karpov (accessed September 12, 2013).

5   Kasparov, "The Chess Master and the Computer."

6   Evan Esar, *20,000 Quips & Quotes* (Barnes and Noble, 1995), p.654.

7   Kevin Kelly, "Better than Human: Why Robots Will—and Must—Take Our Jobs," *Wired*, December 24, 2012.

8   자라의 접근 방식은 앤디와 두 동료와 함께 〈하버드 비즈니스 케이스 스터디*Harvard Business Review Case Study*〉에 발표한 논문에 더 자세히 나와 있다.

9   John Timbs, "The Mirror of Literature, Amusement, and Instruction (London: John Limbird, 1825)," p.75.

10 Sugata Mitra, "Build a School in the Cloud," *TED*, video on TED.com, February 2013, http://www.ted.com/talks/sugata_mitra_build_a_school_in_the_cloud.html.

11 Ibid.

12 Peter Sims, "The Montessori Mafia," *Wall Street Journal*, April 5, 2011, http://blogs. wsj.com/ideas-market/2011/04/05/the-montessori-mafia/.

13 Richard Arum and Josipa Roksa, *Academically Adrift: Limited Learning on College Campuses* (Chicago, IL: University of Chicago Press, 2010); Richard Arum, Josipa Roksa, and Esther Cho, "Improving Undergraduate Learning: Findings and Policy Recommendations from the SSRC-CLA Longitudinal Project," *Social Science Research Council*, 2008, http://www.ssrc.org/publications/view/D06178BE-3823-E011-ADEF-001CC477EC84/.

14 Ernest T. Pascarella and Patrick T. Terenzini, *How College Affects Students: A Third Decade of Research*, 1st ed. (San Francisco: Jossey-Bass, 2005), p.602.

15 Michael Noer, "One Man, One Computer, 10 Million Students: How Khan Academy Is Reinventing Education," *Forbes*, November 19, 2012, http://www.forbes.com/sites/ michaelnoer/2012/11/02/one-man-one-computer-10-million-students-how-

khan-academy-is-reinventing-education/.

16 William J. Bennet, "Is Sebastian Thrun's Udacity the Future of Higher Education?" *CNN*, July 5, 2012, http://www.cnn.com/2012/07/05/opinion/bennett-udacity-education/index.html.

17 David Autor, "The Polarization of Job Opportunities in the U.S. Labor Market: Implications for Employment and Earnings," Brookings Institution, April 2010, http://www.brookings.edu/research/papers/2010/04/jobs-autor.

18 Catherine Rampell, "Life Is O.K., If You Went to College," *Economix* blog, *New York Times*, May 3, 2013, http://economix.blogs.nytimes.com/2013/05/03/life-is-o-k-if-you-went-to-college/.

19 Catherine Rampell, "College Degree Required by Increasing Number of Companies," *New York Times*, February 19, 2013, http://www.nytimes.com/2013/02/20/business/college-degree-required-by-increasing-number-of-companies.html.

20 Meta Brown et al., "Grading Student Loans," *Liberty Street Economics* blog, Federal Reserve Bank of New York, March 5, 2012, http://libertystreeteconomics.newyorkfed.org/2012/03/grading-student-loans.html?utm_source=feedburner&utm_medium=feed&utm_campaign=Feed:+LibertyStreetEconomics+(Liberty+Street+Economics).

21 Tim Hornyak, "Towel-folding Robot Won't Do the Dishes," *CNET*, March 31, 2010, http://news.cnet.com/8301-17938_105-10471898-1.html.

22 Nate Silver, *The Signal and the Noise: Why So Many Predictions Fail—But Some Don't*, *1st* ed. (New York: Penguin, 2012).

12장 성장과 번영을 위한 권고

1 "Employment Level," *Economic Research—Federal Reserve Bank of St. Louis* (U.S. Department of Labor, Bureau of Labor Statistics, August 2, 2013), http://research.stlouisfed.org/fred2/series/LNU02000000.

2 Claudia Goldin and Lawrence F. Katz, *The Race Between Education and Technology* (Cambridge, MA: Belknap Press of Harvard University Press, 2010).

3 "PISA 2009 Key Findings," *OECD*, http://www.oecd.org/pisa/pisaproducts/pisa2009/pisa2009keyfindings.htm (accessed August 12, 2013).

4 Martin West, "Global Lessons for Improving U.S. Education," September 29, 2011, http://www.issues.org/28.3/west.html.

5 Marcella Bombardieri, "Professors Take Lessons from Online Teaching," *Boston Globe*, June 9, 2013, http://www.bostonglobe.com/metro/2013/06/08/professors-take-lessons-from-online-teaching/K5XTNA8N1cVGLQ8JJW5PCL /story.html (accessed August 19, 2013).

6 Raj Chetty, John N. Friedman, and Jonah E. Rockoff, "The Long-Term Impacts of Teachers: Teacher Value-Added and Student Outcomes in Adulthood," NBER Working Paper (National Bureau of Economic Research, 2011), http://ideas.repec.org/p/nbr/nberwo/17699.html.

7 Ray Fisman, "Do Charter Schools Work?," *Slate*, May 22, 2013, http://www.slate.com/articles/news_and_politics/the_dismal_science/2013/05/do_charter_schools_work_a_new_study_of_boston_schools_says_yes.single.html (accessed August 12, 2013).

8 Olga Khazan, "Here's Why Other Countries Beat the U.S. in Reading and Math," *Washington Post*, December 11, 2012, http://www.washingtonpost.com/blogs/worldviews/wp/2012/12/11/heres-why-other-countries-beat-the-u-s-in-reading-and-math/ (accessed August 12, 2013).

9 Miles Kimball's praise of the "Knowledge is Power Program": "Confessions of a Supply-Side Liberal," July 23, 2012, http://blog.supplysideliberal.com/post/27813547755/magic-ingredient-1-more-k-12-school (accessed August 12, 2013).

10 B. Holmstrom and P. Milgrom, "Multitask Principal-Agent Analyses: Incentive Contracts, Asset Ownership, and Job Design," *Journal of Law, Economics & Organization* 7, no.24 (1991).

11 Joseph Alois Schumpeter, *The Theory of Economic Development: An Inquiry Into Profits, Capital, Credit, Interest, and the Business Cycle* (Piscataway, NJ: Transaction Publishers, 1934).

12 Ibid., p.66.

13 Press Release, "U.S. Job Growth Driven Entirely by Startups, According to Kauffman Foundation Study," *Reuters*, July 7, 2010, http://www.reuters.com/article/2010/07/07/idUS165927+07-Jul-2010+MW20100707.

14 John Haltiwanger et al., "Business Dynamics Statistics Briefing: Job Creation, Worker

Churning, and Wages at Young Businesses," SSRN Scholarly Paper (Rochester, NY: Social Science Research Network, November 1, 2012), http://papers.ssrn.com/abstract=2184328.

15 "Kauffman Index of Entrepreneurial Activity," *Ewing Marion Kauffman Foundation*, 2012, http://www.kauffman.org/research-and-policy/kauffman-index-of-entrepreneurial-activity.aspx.

16 Vivek Wadhwa, AnnaLee Saxenian, and Francis Daniel Siciliano, "Then and Now: America's New Immigrant Entrepreneurs," Part 7, Stanford Public Law Working Paper No. 2159875; Rock Center for Corporate Governance at Stanford University Working Paper No. 127, SSRN Scholarly Paper (Rochester, NY : Social Science Research Network, October 1, 2012), http://papers.ssrn.com/abstract=2159875.

17 Leora Klapper, Luc Laeven, and Raghuram Rajan, "Entry Regulation as a Barrier to Entrepreneurship," *Journal of Financial Economics* 82, no.3 (2006): 591-629, doi:10.1016/j.jfineco.2005.09.006.

18 "Research and Development: Essential Foundation for U.S. Competitiveness in a Global Economy," in *A Companion to Science and Engineering Indicators 2008* (National Science Board, January 2008), http://www.nsf.gov/statistics/nsb0803/start.htm.

19 마리아나 마추카토(Mariana Mazzucato)는 새 저서 《기업가 국가*The Entrepreneurial State*》에서 애플의 돌파구가 된 아이폰에 담긴 핵심 기술들인 무선 통화, 인터넷, GPS, 마이크로칩, 용량형 감지기, 터치스크린, 심지어 시리까지도 모두 정부 예산을 지원 받은 연구에서 나온 것임을 지적하면서 이 점을 잘 보여주고 있다.

20 독자가 지난주에 식당에서 그 생일 축하 노래를 부르고 저작료를 안 냈다면, 좀 걱정이 될지도 모르겠지만 운이 좋은 셈이다. '해피 버스데이'의 저작권 소유자는 한 해에 200만 달러의 저작료를 받고 있다. 이 문제로 소송이 걸려 있고 저작권 소멸 판결이 날 수도 있다.

21 이 목록은 톰 칼릴이 발표한 〈대도전*Grand Challenges*〉이라는 자료에 실려 있다.

22 자세한 목록은 다음 문헌의 부록 참조. McKinsey and Company, "And the Winner Is…" Research Report, 2009, http://mckinseyonsociety.com/downloads/reports/Social-Innovation/And_the_winner_is.pdf (accessed September 18, 2013).

23 "2013 Report Card for America's Infrastructure," *ASCE*, 2013, http://www.infrastructurereportcard.org/a/#p/home (accessed August 12, 2013).

24 Matthew Yglesias, "The Collapse of Public Investment," *Moneybox* blog, *Slate*, May 7, 2013, http://www.slate.com/blogs/moneybox/2013/05/07/public_sector_investment_collapse.html (accessed August 12, 2013); and the underlying data at "Real State & Local Consumption Expenditures & Gross Investment, 3 Decimal," *Economic Research —Federal Reserve Bank of St. Louis* (U.S. Department of Commerce: Bureau of Economic Analysis, July 31, 2013), http://research.stlouisfed.org/fred2/series/SLCEC 96.

25 "Siemens CEO on US Economic Outlook," *CNBC*, March 14, 2013, http://video.cnbc.com/gallery/?video=3000154454 (accessed August 12, 2013).

26 John Maynard Keynes, *The General Theory of Employment, Interest, and Money*, October 21, 2012, http://ebooks.adelaide.edu.au/k/keynes/john_maynard/k44g/.

27 Peter B. Dixon and Maureen T. Rimmer, "Restriction or Legalization? Measuring the Economic Benefits of Immigration Reform," Cato Institute, August 13, 2009, http://www.cato.org/publications/trade-policy-analysis/restriction-or-legalization-measuring-economic-benefits-immigration-reform (accessed December 14, 2012); Robert Lynch and Patrick Oakford, "The Economic Effects of Granting Legal Status and Citizenship to Undocumented Immigrants," *Center for American Progress*, March 20, 2013, http://www.americanprogress.org/issues/immigration/report/2013/03/20/57351/the-economic-effects-of-granting-legal-status-and-citizenship-to-undocumented-immigrants/ (accessed August 12, 2013).

28 David Card, "The Impact of the Mariel Boatlift on the Miami Labor Market," Working Paper (National Bureau of Economic Research, August 1989), http://www.nber.org/papers/w3069.

29 Rachel M. Friedberg, "The Impact of Mass Migration on the Israeli Labor Market," *Quarterly Journal of Economics* 116, no. 4 (2001): 1373-1408, doi:10.1162/00335530 1753265606.

30 Amy Sherman, "Jeb Bush Says Illegal Immigration Is 'Net Zero'," *Miami Herald*, September 3, 2012, http://www.miamiherald.com/2012/09/01/2980208/jeb-bush-saysillegal-immigration.html.

31 Gordon F. De Jong et al., "The Geography of Immigrant Skills: Educational Profiles of Metropolitan Areas," Brookings Institution, June 9, 2011, http://www.brookings.edu/research/papers/2011/06/immigrants-singer.

32 "State and County QuickFacts," *United States Census Bureau*, June 27, 2013, http://quickfacts.census.gov/qfd/states/00000.html; Vivek Wadhwa et al., "America's New Immigrant Entrepreneurs: Part I," SSRN Scholarly Paper, Duke Science, Technology & Innovation Paper No. 23 (Rochester, NY: Social Science Research Network, January 4, 2007), http://papers.ssrn.com/abstract=990152.

33 "The 'New American' Fortune 500," *Partnership for a New American Economy*, June 2011, http://www.renewoureconomy.org/sites/all/themes/pnae/img/newamerican-fortune-500-june-2011.pdf.

34 Michael Kremer, "The O-Ring Theory of Economic Development," *Quarterly Journal of Economics* 108, no. 3 (1993): 551-75, doi:10.2307/2118400.

35 Vivek Wadhwa et al., "America's New Immigrant Entrepreneurs: Part I," SSRN Scholarly Paper, Duke Science, Technology & Innovation Paper No. 23 (Rochester, NY: Social Science Research Network, January 4, 2007), http://papers.ssrn.com/abstract=990152; Darrell West, "Inside the Immigration Process," *Huffington Post*, April 15, 2013, http://www.huffingtonpost.com/darrell-west/inside-the-immigration-pr_b_3083940.html (accessed August 12, 2013).

36 Nick Leiber, "Canada Launches a Startup Visa to Lure Entrepreneurs," *Bloomberg Businessweek*, April 11, 2013, http://www.businessweek.com/articles/2013-04-11/canada-launches-a-startup-visa-to-lure-entrepreneurs.

37 Greg Mankiw, "Rogoff Joins the Pigou Club," *Greg Mankiw's* Blog, September 16, 2006, http://gregmankiw.blogspot.com/2006/09/rogoff-joins-pigou-club.html; Ralph Nader and Toby Heaps, "We Need a Global Carbon Tax," *Wall Street Journal*, December 3, 2008, http://online.wsj.com/article/SB122826696217574539.html.

38 P.A. Diamond and E. Saez, "The Case for a Progressive Tax: From Basic Research to Policy Recommendations," *Journal of Economic Perspectives* 25, no. 4 (2011): 165-90.

39 더 정확히 기술하자면, 그는 사실 평균적으로 더 높은 세금이 어떤 식으로든 더 빠른 성장과 상관관계가 있다는 것을 발견했다. Menzie Chinn, "Data on Tax Rates, by Quintiles," *Econbrowser*, July 12, 2012, http://www.econbrowser.com/archives/2012/07/data_on_tax_rat.html.

13장 미래를 위한 제언

1   Craig Tomlin, "SXSW 2012 Live Blog Create More Value Than You Capture," *Useful Usability*, March 12, 2012, http://www.usefulusability.com/sxsw-2012-live-blog-create-more-value-than-you-capture/.

2   Sir Winston Churchill and Robert Rhodes James, *Winston S. Churchill: His Complete Speeches, 1897-1963: 1943-1949* (Chelsea House Publishers, 1974), p.7,566.

3   Martin Luther King, Jr., *Where Do We Go from Here: Chaos or Community?* (New York: Harper & Row, 1967), p.162.

4   Jyotsna Sreenivasan, *Poverty and the Government in America: A Historical Encyclopedia*, 1st ed. (Santa Barbara, CA: ABC-CLIO, 2009), p.269.

5   "WGBH American Experience. Nixon | PBS," *American Experience*, http://www.pbs.org/wgbh/americanexperience/features/general-article/nixon-domestic/ (accessed August 12, 2013).

6   Voltaire, *Candide*, trans. Francois-Marie Arouet (Mineola, NY : Dover Publications, 1991), p.86.

7   Daniel Pink, *Drive: The Surprising Truth About What Motivates Us* (New York: Riverhead Books, 2011).

8   Sarah O'Connor, "Amazon Unpacked," *Financial Times*, February 8, 2013, http://www.ft.com/intl/cms/s/2/ed6a985c-70bd-11e2-85d0-00144feab49a.html#slide0.

9   Don Peck, "How a New Jobless Era Will Transform America," *The Atlantic*, March 2010, http://www.theatlantic.com/magazine/archive/2010/03/how-a-new-jobless-era-will-transform-america/307919/?single_page=true.

10   Jim Clifton, *The Coming Jobs War* (New York: Gallup Press, 2011).

11   William Julius Wilson, *When Work Disappears: The World of the New Urban Poor*, 1st ed. (New York: Vintage, 1997).

12   Charles Murray, *Coming Apart: The State of White America, 1960-2010* (New York: Crown Forum, 2013, repr.).

13   머리는 사람들이 미덕이라고 여기는 것들에 나타난 해로운 변화가 가장 중요한 설명 요인이라고 주장한다. "하층 백인들의 사회 자본 악화로 미국인들이 행복을 추구하는 데 토대가 되어온 그 주요 자원 중 하나에 의지하여 살아가는 사람들이 사라지고 있다. 부부 관계, 근면, 정직, 신앙심의 악화에도 같은 말을 할 수 있을 것이다. 이런

것들은 인생에서 개인의 선호 여부에 따라 중요할 수도 있고 그렇지 않을 수도 있는 측면들이 아니다. 그것들이 모인 것이 바로 삶이기 때문이다." (p.253)

14 Interview with Milton Friedman, *Newsfront*, NET, May 8, 1968; quoted in Gordonskene, "Milton Friedman Explains The Negative Income Tax—1968," *Newstalgia*, December 6, 2011, http://newstalgia.crooksandliars.com/gordonskene/milton-friedman-explains-negative-inco.

15 Raj Chetty et al., "The Economic Impacts of Tax Expenditures: Evidence From Spatial Variation Across the U.S.," White Paper, 2013, http://obs.rc.fas.harvard.edu/chetty/tax_expenditure_soi_whitepaper.pdf.

16 "Citi Community Development Marks National EITC Awareness Day with Release of Money Matters Publication," *News*, Citigroup Inc., January 25, 2013, http://www.citigroup.com/citi/news/2013/130125a.htm.

17 "Gas Guzzler Tax," *Fuel Economy*, United States Environmental Protection Agency, http://www.epa.gov/fueleconomy/guzzler/ (accessed August 12, 2013).

18 "History of the Income Tax in the United States," *Infoplease*, 2007, http://www.infoplease.com/ipa/A0005921.html.

19 Roberton Williams, "The Numbers: What Are the Federal Government's Sources of Revenue?" *The Tax Policy Briefing Book: A Citizens' Guide for the Election, and Beyond* (Tax Policy Center: Urban Institute and Brookings Institution, September 13, 2011), http://www.taxpolicycenter.org/briefing-book/background/numbers/revenue.cfm.

20 미국에서 2013년에 소득이 11만 3천700달러 미만인 사람들만이 사회 보장 제도의 과세 대상이었다. "Social Security and Medicare Tax Rates; Maximum Taxable Earnings," *Social Security: The Official Website of the U.S. Social Security Administration*, February 6, 2013, http://ssa-custhelp.ssa.gov/app/answers/detail/a_id/240/~/social-security-and-medicare-tax-rates%3B-maximum-taxable-earnings.

21 세금을 명목상 고용자가 부담한다고 해도, 그 세금의 상당 부분은 궁극적으로 임금 하락이나 심하면 고용 감소라는 형태로 피고용자가 부담하게 될 것이다. Melanie Berkowitz, "The Health Care Reform Bill Becomes Law: What It Means for Employers," *Monster: Workforce Management*, n.d., http://hiring.monster.com/hr/hr-best-practices/workforce-management/employeebenefits-management/health-care-reform.aspx.

22 Bruce Bartlett, *The Benefit and The Burden: Tax Reform—Why We Need It and What It Will Take* (New York: Simon & Schuster, 2012).

23 Steve Lohr, "Computer Algorithms Rely Increasingly on Human Helpers," *New York Times*, March 10, 2013, http://www.nytimes.com/2013/03/11/technology/computer-algorithms-rely-increasingly-on-human-helpers.html.

24 Jason Pontin, "Artificial Intelligence, With Help From the Humans," *New York Times*, March 25, 2007, http://www.nytimes.com/2007/03/25/business/yourmoney/25 Stream.html.

25 Gregory M. Lamb, "When Workers Turn into 'Turkers,'" *Christian Science Monitor*, November 2, 2006, http://www.csmonitor.com/2006/1102/p13s02-wmgn.html.

26 Pontin, "Artificial Intelligence, With Help From the Humans."

27 Daren C. Brabham, "Crowdsourcing as a Model for Problem Solving An Introduction and Cases," *Convergence: The International Journal of Research into New Media Technologies* 14, no.1 (2008): 75–90, doi:10.1177/1354856507084420.

28 Alyson Shontell, "Founder Q&A: Make a Boatload of Money Doing Your Neighbor's Chores on TaskRabbit," *Business Insider*, October 27, 2011, http://www.business insider.com/taskrabbit-interview-2011-10 (accessed August 12, 2013).

29 Tomio Geron, "Airbnb and the Unstoppable Rise of the Share Economy," *Forbes*, January 23, 2013, http://www.forbes.com/sites/tomiogeron/2013/01/23/airbnb-andthe-unstoppable-rise-of-the-share-economy/ (accessed August 12, 2013).

30 Johnny B., "TaskRabbit Names Google Veteran Stacy Brown-Philpot as Chief Operating Officer," *TaskRabbit* Blog, January 14, 2013, https://www.taskrabbit.com/blog/taskrabbit-news/taskrabbit-names-google-veteran-stacy-brown-philpot-as-chief-operating-officer/ (accessed August 12, 2013).

31 Johnny B., "TaskRabbit Welcomes 1,000 New TaskRabbits Each Month," *TaskRabbit* Blog, April 23, 2013, https://www.taskrabbit.com/blog/taskrabbit-news/taskrabbit-welcomes-1000-new-taskrabbits-each-month/.

32 "Employment Situation News Release," Bureau of Labor Statistics, May 3, 2013, http://www.bls.gov/news.release/empsit.htm.

14장 기술과 미래

1 Charles Perrow, *Normal Accidents: Living with High-Risk Technologies* (Princeton, NJ: Princeton University Press, 1999); *Interim Report on the August 14, 2003 Blackout* (New York Independent System Operator, January 8, 2004), http://www.hks.harvard.edu/hepg/Papers/NY ISO.blackout.report.8.Jan.04.pdf.

2 Steven Cherry, "How Stuxnet Is Rewriting the Cyberterrorism Playbook," *IEEE Spectrum Podcast*, October 13, 2010, http://spectrum.ieee.org/podcast/telecom/security/how-stuxnet-is-rewriting-the-cyberterrorism-playbook.

3 Bill Joy, "Why the Future Doesn't Need Us," *Wired*, April 2000, http://www.wired.com/wired/archive/8.04/joy_pr.html.

4 유전자 서열 분석 비용은 컴퓨터 연산 비용보다 더 빠르게 하락하고 있다. 유전체 혁명을 상세히 다루는 것은 이 책의 범위를 넘어선다. 여기서는 그저 그것이 실제로 일어나는 현상이며, 앞으로 수년 또는 수십 년 안에 엄청난 변화를 일으킬 가능성이 높다는 말만 하고 넘어가기로 하자. Kris Wetterstrand, "DNA Sequencing Costs: Data from the NHGRI Genome Sequencing Program (GSP)," *National Human Genome Research Institute*, July 16, 2013, http://www.genome.gov/sequencingcosts/.

5 Nicholas Carr, *The Shallows: What the Internet Is Doing to Our Brains* (New York: W. W. Norton & Company, 2011); Marshall van Alstyne and Erik Brynjolfsson, "Electronic Communities: Global Villages or Cyberbalkanization?" *ICIS 1996 Proceedings*, December 31, 1996, http://aisel.aisnet.org/icis1996/5; Eli Pariser, *The Filter Bubble: How the New Personalized Web Is Changing What We Read and How We Think* (New York: Penguin, 2012); Sherry Turkle, *Alone Together: Why We Expect More from Technology and Less from Each Other* (New York: Basic Books, 2012); Robert D. Putnam, *Bowling Alone: The Collapse and Revival of American Community*, 1st ed. (New York: Simon & Schuster, 2001); Albert Gore, *The Future: Six Drivers of Global Change*, 2013.

6 Chad Brooks, "What Is the Singularity?" *TechNewsDaily*, April 29, 2013, http://www.technewsdaily.com/17898-technological-singularity-definition.html.

7 커즈와일은 그 특이점이 오는 날까지 살아 있을 확률을 높이기 위해서(2045년에 그는 97세가 될 것이다), 매일 150가지의 영양 보조제를 섭취하는 등 스스로 고안한 식단으로 건강을 유지하고 있다. Kristen Philipkoski, "Ray Kurzweil's Plan:

Never Die," *Wired*, November 18, 2002, http://www.wired.com/culture/lifestyle/news/2002/11/56448.

8 Steve Lohr, "Creating Artificial Intelligence Based on the Real Thing," *New York Times*, December 5, 2011, http://www.nytimes.com/2011/12/06/science/creating-artificial-intelligence-based-on-the-real-thing.html.

9 Gareth Cook, "Watson, the Computer *Jeopardy*! Champion, and the Future of Artificial Intelligence," *Scientific American*, March 1, 2011, http://www.scientific-american. com/article.cfm?id=watson-the-computer-jeopa.

10 Martin Luther King Jr., "Sermon at Temple Israel of Hollywood," February 26, 1965, http://www.americanrhetoric.com/speeches/mlktempleisraelhollywood.htm.

그림 자료

그림 1과 그림 2　Human Social Development Index figures from Ian Morris, *Why the West Rules…For Now: The Patterns of History, and What They Reveal About the Future* (New York: Picador, 2011).: Worldwide human population figures are an average of estimates from the U.S. Census Bureau's "Historical Estimates of World Population," http://www.census.gov/population/international/data/worldpop/table_history.php.: World population for 2000 from the CIA World Factbook.

그림 2.1　저자 자신

그림 2.2　저자 자신

그림 2.3　Supercomputer speeds: http://www.riken.jp/en/pr/publications/riken_research/2006/http://www.intel.com/pressroom/kits/quickrefyr.htmhttp://www.green500.org/home.phpHard drive cost:http://www.riken.jp/en/pr/publications/riken_research/2006/http://www.intel.com/pressroom/kits/quickrefyr.htmhttp://www.green500.org/home.phpSupercomputer energy efficiency:http://ed-thelen.org/comp-hist/CRAY-1-HardRefMan/CRAY-1-HRM.htmlhttp://www.green500.org/home.phpTransistors per chip:http://www.intel.com/pressroom/kits/quickrefyr.htmDownload speed:http://www.akamai.com/stateoftheinternet/

그림 6.1　U.S. Bureau of Economic Analysis

그림 6.2　Chad Syverson, "Will History Repeat Itself? Comments on 'Is the Information Technology Revolution Over?'," *International Productivity Monitor* 25 (2013), 37–

40; John W. Kendrick, "Productivity Trends in the United States," *National Bureau of Economic Research*, 1961. David M. Byrne, Stephen D. Oliner, and Daniel E. Sichel, "Is the Information Technology Revolution Over?," *International Productivity Monitor* 25 (Spring 2013), 20-36.

그림 8.1   http://research.stlouisfed.org/fred2/graph/?id=USARGDPChttp://www.census.gov/hhes/www/income/data/historical/people/

그림 8.2   D. Acemoglu and David Autor, "Skills, tasks and technologies: Implications for employment and earnings," *Handbook of Labor Economics* 4 (2011), 1043-171.

그림 8.3   http://research.stlouisfed.org/fred2/graph/?id=GDPCAhttp://research.stlouisfed.org/fred2/graph/?id=A055RC0A144NBEAhttp://research.stlouisfed.org/fred2/graph/?id=W270RE1A156NBEA

그림 9.1   해당 없음.

그림 10.1   http://research.stlouisfed.org/fred2/series/USPRIVhttp://research.stlouisfed.org/fred2/graph/?id=USARGDPH

개인의 승용차를 택시처럼 이용하게 하는 서비스인 우버(Uber)는 우리나라에서 왜 공유 경제가 아닌 형태로 운영될까? 늘어나는 퇴직자와 실업자는 왜 치킨집 같은 음식 자영업에 주로 몰리고, 최신 과학기술 분야에서 새로 벤처기업을 설립하는 사례는 왜 그리 많지 않을까? 스마트폰과 앱 생태계가 활황인데, 왜 취업 인구는 그만큼 늘지 않는 것일까? 자율 주행 자동차가 난폭하기로 유명한 우리나라 도로를 달릴 수 있을까? 드론(Drone)과 달리는 로봇 등 온갖 첨단기술의 산물들이 매일 같이 언론을 장식하고 있는데, 우리는 점점 뒤처지고 있는 것이 아닐까? 구글 번역기와 시리 같은 기술이 급격히 발달함에 따라, 번역가라는 직업도 사라지지 않을까?

최신 과학기술과 관련이 있는 새로운 뉴스를 접할 때마다 이런 궁금증이 일곤 한다. 그러면서 우리는 뒤처지고 있는 것이 아닐까 하는 불안감을 느낀다. 다른 사람들과 다른 나라들 그리고 고도로 발달한 기계 자체가 우리보다 저 멀리 앞에서 점점 더 빠르게 질주하는 것은 아닐까 하는 불안감이다. 그 불안감의 근원을 따지면 이런 질문이 될 것이다. 무섭도록 발전하고 있는 이 과학기술은 과연 우리를 어디로 데려가고 있는 것일까?

이 책은 기술의 최근 발전 사례들을 살펴보고 기술과 경제의 관계를 다방면으로 탁월하게 분석함으로써, 이 언뜻언뜻 드는 의문들이 모두 하나로 연결되어 있음을 보여준다. 모두 기하급수적으로 발전하고 있는 현재의 디지털 기술이 빚어낸 현상들이라고 말이다. 저자들은 역사적으로 인류 생활에 가장 큰 변화를 일으킨 것이 농경도 가축도 아니라고 말한다. 기술이야말로 인류 발전의 궤도를 획기적으로 바꾼 유일한 요인이라고 본다. 증기기관의 발명과 개량이 바로 그 원동력이라는 것이다. 저자들은 지금 인류 역사의 궤도가 다시금 크게 변하고 있다고 본다. 이번에는 컴퓨터와 인터넷 같은 디지털 기술이 변화의 원동력이다. 그래서 저자들은 증기기관이 제1의 기계 시대를 열었다면, 디지털 기술이 제2의 기계 시대를 열고 있다고 말한다. 제1의 기계 시대의 기계가 인류의 육체적 능력을 강화했다면, 제2의 기계 시대의 기계는 정신적 능력을 강화할 것이라고 예측한다.

저자들은 자율 주행 자동차, 시리 등 최근에 등장한 첨단기술의 산물들을 예로 들면서, 자신들도 디지털 기술이 이렇게 급격히 발전할 것이라고는 미처 예상하지 못했다고 말한다. 그러면서 기술이 기하급수적으로 발전한다는 것이 어떤 의미인지를 되짚어본다. 기하급수적 성장이 어느 수준까지 반복되면, 우리 뇌가 그 성장 규모를 이해할 수 없는 시점에 이르게 된다는 것이다. 그리고 바로 지금이 그 시점이다.

저자들은 기술이 현재 빚어내는 경제적 상황들을 분석한다. 경제가 성장해도 고용은 늘지 않고, 중산층의 임금은 하락하며, 구글이나 페이스북의 창업자나 잘나가는 연예인 같은 슈퍼스타의 소득과 학력이 낮은 단순 노동자의 임금 격차가 더욱 벌어지는 등의 현상들을 살펴본다. 그런 좋지 못한 영향들도 있지만, 저자들은 해결책도 기술 발전에 달려 있다고 말한다. 저렴한 비용으로 무한 복사가 가능한 디지털 기술은 본질적으로 풍요의 경제를 낳을 것이며, 소득 격차를 줄이고 기계와 함께 달리는 방안을 마련하려는 노력이 수반된다면 바람직한 경이로운 미래가 펼쳐질 것이라고 내다본다.

이 낙관적인 전망이 현재 우리가 갖고 있는 불안감을 잠재울 수 있을까? 저자들의 말대로 미래는 불확실하기에 장담할 수는 없다. 하지만 기술을 보완하는 직업을 택하라는 등 이 책에 실린 권고들은 우리에게 시사하는 바가 많다. 최근의 과학기술 발전 추세가 어떤 의미를 지니며, 우리의 미래가 어떤 방향으로 나아갈지 궁금하다면, 이 책이 틀림없이 큰 도움이 될 것이다.

이한음

옮긴이 이한음

서울대학교 생물학과를 졸업한 뒤 실험실을 배경으로 한 과학 소설《해부의 목적》으로 1996년
〈경향신문〉 신춘문예에 당선되었다. 전문적인 과학 지식과 인문적 사유가 조화를 이룬 대표 과
학 전문 번역자이자 과학 전문 저술가로 활동하고 있다. 리처드 도킨스, 에드워드 윌슨, 리처드
포터, 제임스 왓슨 등 저명한 과학자의 대표작이 그의 손을 거쳤다.《만들어진 신》으로 한국 출
판 문화상 번역 부문을 수상했다. 저서로는 과학 소설집《신이 되고 싶은 컴퓨터》가 있으며, 옮
긴 책으로는《인간 본성에 대하여》,《지구의 정복자》,《복제양 돌리 그 후》,《DNA: 생명의 비밀》,
《기술의 충격》,《살아 있는 지구의 역사》등 다수가 있다.

인간과 기계의 공생이 시작된다

제2의 기계 시대

1판 1쇄 발행 2014년 10월 14일
1판 16쇄 발행 2024년 10월 18일

지은이 에릭 브린욜프슨, 앤드루 맥아피
옮긴이 이한음
펴낸이 고병욱

펴낸곳 청림출판(주)
등록 제2023-000081호

본사 04799 서울시 성동구 아차산로17길 49 1010호 청림출판(주)
제2사옥 10881 경기도 파주시 회동길 173 청림아트스페이스
전화 02-546-4341 **팩스** 02-546-8053

홈페이지 www.chungrim.com **이메일** cr1@chungrim.com
인스타그램 @chungrimbooks **블로그** blog.naver.com/chungrimpub
페이스북 www.facebook.com/chungrimpub

ISBN 978-89-352-1021-3 03320

THE
SECOND
MACHINE
AGE